À NOS AMOURS !

Gilles Jacob
Marie Colmant Gérard Lefort

À NOS AMOURS !

Un florilège des actrices et des acteurs français

CALMANN LEVY GRASSET

COUVERTURE
Maquette : Olo.éditions

ISBN : 978-2-7021-8759-3

« Jouer, c'est cesser d'être acteur. »
Enrique VILA-MATAS

AVANT-PROPOS

Pour peu qu'à l'instar de Rimbaud (« *Je est un autre* ») on soit sensible à l'altérité, le beau mot de « comédien » fait rêver. Chez les actrices et les acteurs, les catégories évoquent des destinées : les « monstres sacrés », les stars, les noms « au-dessus du titre » sur l'affiche, les seconds rôles, les troisièmes couteaux – tous ces interprètes qu'on fréquente à la une des magazines, dans moult émissions de télévision, certains sites Internet et surtout, bien sûr, sur tous les écrans, du téléphone portable à la salle de cinéma. Aux personnages qu'ils font vivre par procuration, ils offrent leur physique, leur comportement, leurs sentiments, leur voix, leur mentalité, jusqu'à leurs petites manies.

Plusieurs générations d'entre eux figurent dans ce recueil avec leur portrait, leur histoire, leurs films. Parmi les chers disparus, il en est qui ont survécu à l'oubli. Certains sont au purgatoire de la mémoire dans l'attente d'hommages cinéphiles les exaltant. D'autres se sont évaporés en dépit de leurs mérites. Il était temps qu'ils resurgissent. Par ailleurs, de nouveaux venus sont apparus, à la carrière en devenir. L'objet de cet ouvrage est d'offrir à tous ces « héros » d'hier et d'aujourd'hui une pérennité aléatoire.

Il ne s'agit pas ici d'un dictionnaire mais plutôt d'une ode à trois voix évoquant en toute subjectivité des artistes choisis et estimés. Et leur existence, leur méthode de travail, leur itinéraire couvrant l'histoire du cinéma français (et même francophone), de la naissance du film parlant à nos jours. Nous avons tenté de situer d'emblée l'importance de chacun en lui attribuant l'espace correspondant à sa catégorie, tenant compte qu'au fil du temps le métier d'acteur a évidemment muté.

Par exemple, au fur et à mesure que les machines d'enregistrement du son se perfectionnaient, on entendit plus distinctement les répliques, les conversations, les récits, les monologues intérieurs, les cris et les chansons. Mieux parlant, les comédiens augmentaient leurs moyens d'expression.

À la fin des années 1950, une autre métamorphose les attendait : la Nouvelle Vague. Il ne s'agissait plus de déclamer ni de respecter à la lettre un texte sanctuarisé. Désormais, la parole, parfois improvisée, était accompagnée par des bruits, de la musique, du brouhaha. Le grouillement de la vie au grand air plutôt qu'une qualité à la française (selon l'expression de Truffaut) confinée dans l'académisme. En inventant une autre façon de jouer, cette révolution a singularisé une nouvelle génération d'actrices et d'acteurs qui firent du cinéma français un des plus juvéniles du monde.

Le surgissement de l'intelligence artificielle va-t-il radicalement modifier et même menacer le métier d'acteur ? À l'été 2023, une grève des comédiens hollywoodiens catalysa cette crainte. Un film avec des clones numérisés de Tom Cruise et Meryl Streep, voire de James Dean ressuscité, c'est désormais possible…

La Nouvelle Vague, animée en grande partie par des critiques de cinéma, rappela aussi que, si on prend le risque de s'exposer, on prend aussi celui d'être critiqué, sinon on n'est pas tout à fait un artiste.

Reste que cette critique étend son empire au-delà de la frontière du seul cinéma. Les comédiens incarnant par définition bien des personnages, dont celui du quidam au coin de la rue, leur public exerce sur eux, surtout s'ils sont célèbres, un droit de regard élargi. Être connu, donc reconnu, induit des privilèges et quelques désagréments.

Tout voir, tout savoir. Ce méli-mélo, fonds de commerce de certaines gazettes, n'est pas nouveau mais il est aujourd'hui surmultiplié par les réseaux sociaux où pullulent rumeurs et ragots.

La confusion privé/public a cependant pris ces derniers temps une autre amplitude, nettement plus encourageante. Grâce en grande partie au mouvement féministe #metoo, l'omerta se lève sur les pratiques d'un milieu cinématographique dominé par le virilisme avec ce que cela comporte de dérives sexistes et d'abus sexuels inacceptables. Au cinéma, le charme naît souvent d'une fraîcheur, d'une innocence, qu'on ne retrouve pas toujours dans le sillage de certains comédiens.

« Les acteurs doivent être traités comme du bétail », assénait sir Alfred Hitchcock, un jour d'agacement. Une estimation qui frôle celle de Diderot dans son *Paradoxe du comédien* où il soutient que la qualité première d'un acteur, quand il est grand, est son absence de sensibilité qui lui permet, « froid et tranquille », de tout imiter.

Pour notre part, le titre de film se rapprochant le plus de notre propos serait *À nos amours*. Revoir tous ces films, évoquer ces figures à nos yeux emblématiques, a suffi à notre bonheur.

G.J., M.C. et G.L.

ISABELLE ADJANI
(NÉE EN 1955)

« Ils veulent mes yeux ! » C'est ainsi qu'Isabelle Adjani justifie sa crainte des photographes et son port de lunettes noires en public. Apogée de cette appréhension au festival de Cannes où, lors de la fameuse montée des marches du Palais, les paparazzis la sommèrent bruyamment d'enlever ses lunettes noires. Elle refusa et, pour manifester leur colère, les photographes posèrent leur appareil à terre. Elle expliqua ultérieurement que ce n'était pas pour faire son intéressante qu'elle portait des lunettes noires ce jour-là, mais parce qu'elle était dévorée par une conjonctivite. Ce genre de malentendu est consubstantiel à la carrière d'Isabelle Adjani et aux nombreuses gloses, plus ou moins farfelues, sur sa vie privée. On l'a dite folle parce qu'elle répond parfois de traviole à des questions idiotes posées par des journalistes indélicats. Comble de la malveillance à son endroit : en 1986, une rumeur la dit atteinte du sida, voire morte, ce qui l'obligera à un démenti en janvier 1987 sur le plateau du JT de TF1. D'une intense délicatesse, elle prit soin de préciser, par respect envers les victimes de l'épidémie, qu'elle avait honte d'avoir à affirmer qu'elle n'était pas malade, comme s'il s'agissait de dire qu'elle n'était pas coupable.

La rumeur s'éteignit mais le mal était fait. Des années plus tard, elle l'analysa politiquement dans le magazine *Grazia* : « On me considérait métaphoriquement comme un corps français infecté par un corps étranger. Mes racines algériennes, du côté de mon père, devenaient un virus… On était sans doute dans l'archéologie de ce que l'on appelle aujourd'hui la fachosphère, le spectre de la haine que l'on retrouve sur Internet. » Née en effet d'un père algérien kabyle et d'une mère allemande, Emma-Augusta Schweinberger, Isabelle Yasmine est donc une métisse, avec ce que cela comporte de mythologie : dans le panthéon grec, Métis est une figure olympienne aux mille visages qui se joue des entourloupes des dieux. Un portait réalisé par François-Marie Banier à la fin des années 1980 la montre tenant devant elle l'agrandissement d'une photo de jeunesse de son père, Mohammed Chérif Adjani, qu'elle dit autoritaire. La monstration a la valeur d'une réconciliation après le décès de ce père, mais on découvre surtout d'où vient l'exceptionnelle beauté d'Isabelle Adjani. Même regard plus profond qu'un abîme, même moue délicieuse. L'image est aussi un retour à ses sources. On mesure mal à quel point Isabelle Adjani, dans les années 1980, fut l'idole *assoluta* de toutes les beurettes et beurs de France.

Camille Claudel la montre comme la sculptrice était : traquée, disqualifiée autant par son mentor Auguste Rodin que par son frère Paul Claudel qui finit par la faire interner. Il y a de quoi hurler et Adjani ne s'en prive pas, totalement en osmose. Certains voulurent y déceler, terrible maldonne, un autoportrait. Adjani la cinglée, Isabelle l'hystérique. Alors qu'elle manifestait avec maîtrise un immense talent d'interprète. Qui vit le jour dès l'aurore de sa carrière, aussi bien dans *La Gifle* (1974), de Claude Pinoteau, *Barocco* (1976), d'André Téchiné, ou, plus tard, dans *L'Été meurtrier* (1983), de Jean Becker, qui la sacra star populaire. Jusqu'à *La Reine Margo*t (1994), de Patrice Chéreau, où elle est impériale.

D'autres films se bousculent, certains en forme d'égarement. Mais c'est un droit à nos yeux inaliénable de ne retenir que les chefs-d'œuvre et de détourner le regard des rendez-vous ratés. Alors s'il fallait privilégier un film, ce sera *L'Histoire d'Adèle H.* (1975), summum de François Truffaut et sommet dans la carrière d'Adjani, plus que prégnante en fille malmenée de Victor Hugo que sa liberté indisposait. Petites lunettes cerclées de fer, cheveux au vent de ses folies et de ses amours, faussement sage et profondément révoltée, belle et déterminée, elle proclame face à la caméra : « Je m'appelle Adèle, simplement Adèle, c'est mon nom. » On dira la même chose d'Adjani : elle s'appelle Isabelle, simplement Isabelle, c'est son nom. Et ça nous suffit.

Autres films notables :
Les Sœurs Brontë (1979), d'André Téchiné ;
Adolphe (2002), de Benoît Jacquot ;
Peter von Kant (2022), de François Ozon.

ANOUK AIMÉE

(NÉE EN 1932)

D'où vient ce pseudonyme qui exprime si bien nos sentiments à son égard ? De Jacques Prévert, qu'elle rencontre après la guerre, toute jeune actrice, pour le projet inabouti d'un film de Marcel Carné. Merci au poète : aimée, Anouk l'est tous azimuts.

D'évidence dans *Lola* (1961), de Jacques Demy, qui en fait une chanteuse-entraîneuse à L'Eldorado, officine interlope, moitié bar, moitié claque, où Lola se produit et parfois finit la nuit avec un marin de hasard. Nantes en noir et blanc, passions en gris. Lola ne se remet pas de son premier amour qui l'a abandonnée. Même si tout finira à peu près bien, il fait triste dans les rues humides et sur les quais du port. N'était l'embellie permanente de cette fille, superbe d'élégance aussi bien en tenue de ville (trench ceinturé) qu'en tenue de scène dans les salons de L'Eldorado, où elle virevolte en guêpière, talons aiguilles et bas noirs, boa et chapeau claque. Un hommage à la Lola-Lola de *L'Ange bleu* (1930), de Sternberg. Une Marlene Dietrich brune qui n'a qu'une chose à dire et à chanter : « C'est moi, c'est Lola. »

Juste avant *Lola*, Federico Fellini était tombé sous le charme de cette évidence. Dans *La Dolce Vita* (1960), elle est une grande bourgeoise romaine qui traîne son oisiveté de dérives noctambules en aventures fugaces, notamment avec le journaliste Marcello Rubini (le *bellissimo* Marcello Mastroianni). Trouvaille de Fellini, la plupart des scènes où Anouk Aimée apparaît, elle porte des lunettes noires, même en pleine nuit, aveugle à ce qui l'entoure. Comme dans *La Somnambule*, l'opéra de Bellini, Anouk Aimée, languide, divagante et insomniaque, est le sphinx du récit, qui pose plus d'énigmes qu'il n'en résout. En 1963, elle retrouve Fellini pour *Huit et demi.* Cheveux coupés court à la garçonne, elle est une épouse distante qui assiste au naufrage pathétique de son mari Guido, cinéaste dépressif (Mastroianni). Un sphinx, de nouveau, dont Fellini dira : « Il n'y a rien à comprendre d'elle au-delà de ce qu'on voit. » Elle continuera une carrière italienne, sous la direction, entre autres, de Vittorio De Sica (*Le Jugement dernier* [1961]) ou d'Alberto Lattuada (*L'Imprévu* [1961]). Dans les années 1980, elle tourne pour Marco Bellocchio (*Le Saut dans le vide* [1980]) et Bernardo Bertolucci (*La Tragédie d'un homme ridicule* [1981]).

Mais c'est en France qu'Anouk Aimée rimera à jamais avec une ritournelle en forme de « Chabadabada ». En 1966, elle est l'actrice principale d'un film modeste, produit avec une poignée de francs et une équipe minimum : *Un homme et une femme*, de Claude Lelouch, où elle est la femme et Jean-Louis Trintignant, l'homme. Lelouch improvise, aussi bien pendant le tournage de ce pseudo-reportage que pour les dialogues, laissés souvent à l'inspiration des protagonistes. Dans l'exercice de cette liberté, Anouk Aimée est d'un naturel sidérant. Elle est une femme subitement amoureuse et ça s'entend dans la chaleur sensuelle de sa voix. Succès phénoménal, récompenses à foison (dont la Palme d'or) et notoriété mondiale. Suivront une palanquée d'autres films avec le fidèle Lelouch, et un petit rôle mémorable dans *Le Succès à tout prix* (1984), de Jerzy Skolimowski.

Presque comme un aparté, il faut se souvenir d'Anouk Aimée dans le film de Marceline Loridan-Ivens, *La Petite Prairie aux bouleaux* (2003). Elle y est Myriam, une Française exilée à New York qui revient au camp d'Auschwitz-Birkenau où elle a vécu l'enfer nazi. Le récit est romancé mais c'est à peine une fiction. Pendant la Seconde Guerre mondiale, Anouk Aimée, née Nicole Dreyfus, fut une gamine parisienne qui échappa de justesse à la déportation. Son visage, quand elle découvre ce qui reste du camp d'Auschwitz, est une leçon de dignité et d'espoir. Anouk, à cet instant délicat, est plus que jamais notre bien-aimée.

Autres films notables :
Montparnasse 19 (1958), de Jacques Becker ;
Un soir… un train (1968), d'André Delvaux ;
Prêt-à-porter (1994), de Robert Altman.

ANDRÉ ALERME
(1877-1960)

On ne l'imagine pas jeune tant il nous a habitués à un physique de quadragénaire, quinquagénaire et au-delà : chauve, rondouillard, moustache poivre et sel, ossature massive, corpulence assumée, avec de petits gestes des bras, des petits pas, des courbettes, des minirévérences... Il n'ignore pas que l'art de la comédie nécessite une précision qu'il possède au plus haut degré. S'y ajoute, volontaire ou non, une bonne dose de ridicule, qui force le rire. Sa diction est parfaite, ses intonations sont d'une telle justesse et ses répliques d'un tel tombé qu'on croirait qu'il a joué Feydeau, Labiche, Renard, Flers et Caillavet toute sa vie. Sa rythmique est au point et surtout, surtout, sa force de conviction est si inébranlable qu'on n'envisage même pas une autre vérité que la sienne. Sinon, gare à la colère du dindon ! Dès qu'il a en face de lui un ou une partenaire ayant du répondant, comme Françoise Rosay dans *La Kermesse héroïque* (1935), de Jacques Feyder, on se régale à les voir s'affronter, échanger des ripostes comme des balles de tennis. Dans cette fresque historique où une ville flamande, vers 1616, est occupée par les Espagnols, Alerme, en bourgmestre, plastronne comme jamais. Puis, quand l'envahisseur approche, une trouille d'enfer l'incite à accepter que son autorité soit bafouée, il a l'idée de se faire passer pour mort – sa femme le remplacera, prélude à des situations hautement comiques...

Si tous ses personnages profitent d'une faconde aussi volubile, c'est aussi qu'il est d'une obstination à toute épreuve, aucun humour dans sa manière imperturbable de jouer, et surtout il dispose tout sur le même plan si bien qu'il est impossible d'être plus sérieux que lui. Le moindre incident de la vie, la plus minuscule anicroche se situent, à l'entendre, sur le même niveau qu'une conflagration internationale. Et le voilà qui part, flamberge au vent, comme si tout était suspendu à cette peccadille et, quand le rôle le lui offre, on peut s'attendre à une brassée d'explications, un délire rationnel entrecoupé d'onomatopées convulsives qui ne souffrent pas la moindre discussion.

On en conclura peut-être que c'est loin d'être un rigolo que cet homme-là. Et pourtant, si !

Autres films notables :
Pension Mimosas (1935), de Jacques Feyder ;
L'Homme du jour (1937), de Julien Duvivier ;
Paradis perdu (1939), d'Abel Gance.

MATHIEU AMALRIC
(NÉ EN 1965)

Il joue de son corps comme d'un couteau suisse dont il teste tous les usages, tranchant, tire-bouchonnant, inventant de nouvelles gestuelles pour chacun de ses personnages, que Mathieu Amalric fixe en instantanés de son regard noir, deux billes rondes captivantes, chaudes ou froides, c'est selon. Acteur-réalisateur, il est adoubé par Jean-Luc Godard lui-même, qui aura ces mots, après le visionnage de *Mange ta soupe* (1997), premier film partiellement autobiographique d'Amalric : « C'est un grand film réalisé par un grand acteur. »

Le cinéaste qui l'invente, en tant qu'acteur, c'est Arnaud Desplechin, rencontré au festival Premiers plans d'Angers. Pour Desplechin, il sera Paul Dédalus, ce professeur de philosophie, polyamoureux et un rien velléitaire, dans *Comment je me suis disputé... ma vie sexuelle* (1996). Présenté au festival de Cannes, le film d'Arnaud Desplechin est un coup de tonnerre dans le paysage du cinéma français, marquant ainsi à la fois la naissance d'un metteur en scène et la mise en avant d'une bande d'acteurs inconnus pour la plupart, au centre desquels Mathieu Amalric nous sidère. Chiffonné, la tignasse en bataille, affairé, son Paul Dédalus ne marche jamais tout droit (d'où son nom), il zigzague, absorbé dans de véhémentes explications, comme si l'heure était grave à chaque instant de sa vie. Avec Mathieu Amalric, Arnaud Desplechin a trouvé le conteur idéal de ses histoires. Ensemble, ils tourneront six films, qui donneront à l'acteur autant d'occasions d'expérimenter son art. Son côté caoutchouc, par exemple, ce corps qu'il peut étirer, retourner comme dans cette incroyable scène de danse dans *Rois et Reine* (2004), d'Arnaud Desplechin, où il est Ismaël, interné dans un hôpital psychiatrique, faisant une démonstration de hip-hop, vêtu d'un pauvre jogging grisâtre, devant des patients enthousiastes. Cette élasticité se reflète aussi dans son visage débridé, jouant de son regard, d'expressions changeantes et toujours fugaces, pour ne pas prendre le risque d'appuyer le trait. Subtil.

Mathieu Amalric devient un acteur très demandé. Jusqu'à Steven Spielberg qui lui propose le rôle de Louis, l'informateur français du Mossad dans *Munich* (2005). Une prestation qui marque l'entrée en scène de Mathieu Amalric dans des rôles de glace. Psychologue d'entreprise menaçant dans *La Question humaine* (2007), de Nicolas Klotz, il darde son regard noir, bardé de certitudes avant de vaciller lui-même. Dans cette galerie d'individus peu fréquentables, on retient son Dominic Greene, l'homme d'affaires ennemi de l'agent 007, dans *Quantum of Solace* (2008), de Marc Forster. Très chic dans son smoking et méprisant à souhait, Mathieu Amalric se compose ici une attitude tout en finesse.

Deux ans plus tard, l'acteur se donne le rôle de l'imprésario douteux d'une troupe de danseuses de *new burlesque*, dans son troisième long-métrage, *Tournée* (2010). Malgré son look d'affranchi, chemise à col pelle à tarte sur blouson de cuir, et les motivations pas très claires de son personnage, Mathieu Amalric n'est jamais vulgaire, évoquant plutôt la bienveillance inquiète d'un Ben Gazzara dans *Meurtre d'un bookmaker chinois* (1976), de John Cassavetes. Tout en restant fidèle à Arnaud Desplechin – on n'est pas près d'oublier son psychiatre qui traite les victimes de stress post-traumatique dans *Jimmy P.* (*Psychothérapie d'un Indien des Plaines*) (2013) –, l'acteur s'engage sur d'autres terrains cinématographiques, celui d'Arnaud et Jean-Marie Larrieu, par exemple, qui lui proposent une errance à poil à travers les rues d'une ville du Sud-Ouest, dans *Les Derniers Jours du monde* (2009), ou de jouer un chanteur des rues qui se recrée une famille quelque part du côté de Lourdes, dans *Tralala* (2021). Il y gagne encore plus de liberté dans le jeu.

Dans cette impressionnante filmographie, on garde une place très spéciale dans notre cœur pour Bertrand, le cadre au chômage au regard éteint, au fond du trou de la dépression, arrosant ses céréales d'un cocktail d'anxiolytiques et d'antidépresseurs, qui refait surface, à travers la pratique de la natation synchronisée et de la camaraderie, dans *Le Grand Bain* (2018), de Gilles Lellouche.

Autres films notables :
Fin août, début septembre (1999), d'Olivier Assayas ;
Le Scaphandre et le Papillon (2007), de Julian Schnabel ;
Le Fils de Joseph (2016), d'Eugène Green.

ANDREX
(1907-1989)

Avant la guerre, les plateaux parisiens étaient courus par ces Marseillais montés à la capitale qui invoquaient la Bonne Mère à tout bout de champ et se gardaient bien de perdre leur accent. Pagnol, Raimu et Fernandel, bien sûr, mais aussi la ribambelle de leurs protégés, qui végétaient dans les seconds rôles. Au cinéma, le crime paie. Au pays des mauvais garçons, on est sûr de ne pas s'ennuyer. Andrex (André Alexis Jaubert, pour les dames) l'avait compris, qui n'est jamais meilleur que lorsqu'il joue les petites frappes. Affaire de physique : visage fuyant, regard en coin, attitude fanfaronne qu'il abandonne à la première épreuve, puis veulerie gardée pour le dessert. Affaire de morale aussi, en tout cas pour les personnages qu'il incarne : le chantage est son fort, l'intimidation aussi, l'escroquerie au sentiment. Crainte, remords, culpabilité ? Connais pas ! En cas de pépin, il joue la fille de l'air et bonsoir la compagnie. L'avantage de jouer les voyous est qu'il n'est pas nécessaire de donner dans la nuance.

Dans *Un carnet de bal* (1937), de Julien Duvivier, apprenant que son père adoptif épouse sa bonne, Paul/Andrex s'aventure à le faire chanter. Il tombe mal. Le vieux, c'est Raimu. L'étrange attitude de son mécréant de fils provoquera chez lui une de ses saintes colères. Ils sont dans l'écurie, il a tôt fait de décrocher un fouet et, correction reçue, le petit salopard détale à toute berzingue. Quand il ne sert pas Fernandel à l'écran, on le retrouve en truand, chef de bande, contrebandier, trafiquant. Un titre de Jean-Pierre Mocky résume bien ses entrées en matière : *La Bourse et la vie* (1966). Une fois cependant, dans *Monsieur* (1964), de Jean-Paul Le Chanois, le malfrat se fait rouler.

Le cocasse de l'histoire, c'est qu'Andrex, petit voyou à l'écran, s'est taillé une réputation de chanteur archi-connu sur les scènes les plus prestigieuses : Casino de Paris, Concert Mayol, ABC. Son aisance, son naturel jovial sont garants de son succès, ses tubes font fureur : « La plus bath des javas », « La samba brésilienne », « Viens, poupoule », c'est lui, et bien sûr, reliant ses deux univers, il y a aussi « Bébert (le monte-en-l'air) ». Après tout, être une vedette au music-hall et un troisième couteau au cinéma, ce n'est tout de même pas un crime !

Autres films notables :
Angèle (1934), de Marcel Pagnol ;
L'Étrange Monsieur Victor (1938), de Jean Grémillon ;
Circonstances atténuantes (1939), de Jean Boyer.

ANÉMONE

(1950-2019)

Anémone (née Anne Bourguignon) tient son pseudonyme du premier film dans lequel elle a tourné : *Anémone* (1968), de Philippe Garrel. Anémone, la réputée rigolote, dans un film d'auteur dit « radical » ? Oui, car c'est toujours plus compliqué qu'on imagine avec des actrices d'une certaine ampleur.

Certes, elle devient populaire dans une palanquée de comédies, pour la plupart hilarantes. Impossible de ne pas associer son nom à celui de Thérèse dans *Le père Noël est une ordure* (1982), de Jean-Marie Poiré. Assistante godiche de Pierre Mortez (Thierry Lhermitte) à la permanence téléphonique de l'association SOS Détresse Amitié, Thérèse est une super tricoteuse de pulls hideux (« Je me disais encore hier soir qu'il me manquait quelque chose pour descendre les poubelles », commente Lhermitte), une impayable godiche au point de flinguer accidentellement un dépanneur d'ascenseur. « Oh zut ! », dit-elle.

À part ce sommet, elle caracole dans moult fantaisies. Entre autres : *Viens chez moi, j'habite chez une copine* (1981), de Patrice Leconte ; *Le Mariage du siècle* (1985), de Philippe Galland ; *Pas très catholique* (1994), de Tonie Marshall.

Quelque sonores que soient tous ses éclats (de rire), Anémone, pas du tout accessoirement quoique dans un autre registre, est une des protagonistes majeures de *Certaines nouvelles* (1980), récit mélancolique de Jacques Davila, ou une voyeuse inquiétante dans *Péril en la demeure* (1985), de Michel Deville. La fidélité étant une de ses qualités, elle retrouve Philippe Garrel dans *Les Baisers de secours* (1989).

Mais au plus haut de notre reconnaissance, elle est l'actrice principale de *Le petit prince a dit* (1992), de Christine Pascal. Transcendant la notion d'incarnation, elle est la maman courage d'une petite fille dévorée par une tumeur au cerveau. Pour une seule scène du film, on l'aime à vie. Dans la cuisine, elle prépare une poêlée de bananes au chocolat pour distraire sa gamine recluse. « Humm, c'est bon ça les bananes au chocolat ! », claironne maman Anémone. Prière de fondre en larmes et d'admirer.

Autres films notables :
I Love You (1986), de Marco Ferreri ;
Après après-demain (1990), de Gérard Frot-Coutaz ;
Marquise (1997), de Véra Belmont.

JEAN-HUGUES ANGLADE

(NÉ EN 1955)

Un jeune homme qui déambule dans une gare, il ne sait pas ce qu'il cherche, il ne sait pas ce qu'il veut, l'amour, peut-être, avec un homme de passage. Une séquence, extraite de *L'Homme blessé* (1983), de Patrice Chéreau, devenue, avec le temps, indissociable de Jean-Hugues Anglade. Et pas seulement parce que c'est le film qui va le révéler au cinéma.

Il y a parfois une douleur qui traverse le regard de Jean-Hugues Anglade, une faille, que Chéreau, cinéaste de l'intime, a détectée et littéralement extirpée de l'acteur au corps fragile, à vif presque.

Le grand public le découvre trois ans plus tard dans *37°2 le matin*, de Jean-Jacques Beineix. Le jeune homme fébrile a fait place à un trentenaire blasé (déjà) qui vivote de petits boulots dans un camping, jusqu'à l'arrivée d'une bouleversante jeune femme, Betty, avide d'aventure et de liberté. Le film de Beineix est une déflagration qui vient fixer une certaine image des années 1980 rêvant d'un autre monde, et révèle, au passage, une Béatrice Dalle à la beauté insolente. Le film d'une époque, et un triomphe : plus de 3 millions d'entrées.

La carrière du comédien décolle sérieusement. Il tourne beaucoup, au risque de se perdre parfois. Et c'est encore une fois Patrice Chéreau qui vient nous rappeler l'incroyable talent de Jean-Hugues Anglade en lui offrant de jouer le roi Charles IX dans *La Reine Margot* (1994). Encore un rôle d'homme blessé, pris dans une tempête politique et familiale. À mi-chemin entre une masculinité brutale et une douceur très féminine qu'il exprime souvent de la voix, Anglade trouve la juste posture pour incarner ce roi maudit. Un coup de maître.

Et puis, plus grand-chose, ou presque. Comme si le cinéma français le boudait. La télévision lui fait alors les yeux doux : un premier rôle, de flic, dans une adaptation d'un roman policier de Fred Vargas, suivi d'un autre, un flic encore, cette fois pour une série, *Braquo* (2009-2016), d'Olivier Marchal. L'occasion pour Anglade de prouver qu'il peut aussi jouer les brutes mal rasées, les sans-scrupules et, mieux que jamais, les désespérés. Mais, au cinéma, il n'est pas oublié de tous. La preuve en 2018 avec *Le Grand Bain*, de Gilles Lellouche, où Anglade rejoint cette bande de quinquas qui tentent de se reconstruire à travers la pratique de la natation synchronisée. Sa partition est celle d'un rocker sur le retour, Simon, vivant dans sa caravane et courant les cachets. Aigri ? Pas du tout. Anglade lui prête au contraire un regard candide d'éternel ado, des gestes de gamin à deux doigts du ridicule complet, et tout l'enthousiasme d'un débutant. Et fait de son Simon l'un des personnages les plus attachants du film de Gilles Lellouche. L'occasion de mesurer, à cet instant, à quel point cet acteur est précieux pour le cinéma français.

Autres films notables :
Nikita (1990), de Luc Besson ;
Il est plus facile pour un chameau (2003),
de Valeria Bruni-Tedeschi ;
Villa Amalia (2009), de Benoît Jacquot.

ANNABELLA
(1907-1996)

À l'arrivée du parlant (1929-1930), la photogénie n'était plus suffisante, le timbre de la voix se mit à compter autant que le sex-appeal, et l'on vit des stars comme John Gilbert mises à l'écart pour voix de fausset. Annabella, qui entrait dans le métier, n'était pas seulement ravissante, sa diction coulait, mélodieuse, dans plusieurs langues, en un temps où les cordes vocales de la star devaient faire vibrer la corde sensible du spectateur. À 23 ans, la voici qui court l'Europe, sautant d'un studio à l'autre, affrontant d'imposantes machines d'enregistrement dans des coques où le silence est d'or. Elle brûle son énergie dans cette existence éreintante et y apprend beaucoup, notamment grâce à Abel Gance, qui lui confia un rôle dans *Napoléon* (1927), et à René Clair, qui réclamait cette fille gracieuse pour ses comédies du début : *Le Million* (1931), *14 Juillet* (1933). Il la voulait en tutu, pour voir ses jambes, ou en étoffe légère au bal des pompiers, pour montrer sa bouche, ses bras, sa silhouette adorable de petite Parigote au corps parfait. Surtout, Clair lui faisait pratiquer les changements d'humeur à répétition dans les rapports de l'héroïne avec son amoureux du film. Elle refuse une sortie en sa compagnie, le repousse gentiment, feint de s'effaroucher puis, quand elle cède en attendant la prochaine brouille, son sourire est si lumineux, sa beauté si charmante que le spectateur dans la salle de cinéma, se fait une joie de l'embrasser par procuration. Ensuite, on la demandait partout, si bien qu'elle prit goût à son importance et se mit à tourner des films à version unique où elle serait la vedette féminine avec de grands cinéastes, dont elle ignorait jusqu'au nom, comme le Hongrois Paul Fejos, pour *Marie, légende hongroise* (1932), ou le Suédois Victor Sjöström, pour son dernier film *Sous la robe rouge* (1937), qu'elle tourne lors d'une de ses escapades américaines. Entre-temps, elle rafle en coup de vent la coupe Volpi de la meilleure interprétation féminine à la Mostra de Venise en 1936, avec un Marcel L'Herbier solidement théâtral, *Veille d'armes* (1935). Partout, elle incarne la Française dans toute sa fraîcheur. Sa beauté ne se discute pas, sa classe non plus. Son problème, à l'écran comme dans la vie, c'est une certaine crédulité, mais on la découvre en femme bien sous tous rapports quand, pendant la guerre de 40, elle collecte des fonds pour la France libre et aide la Croix-Rouge. Lorsqu'elle incarne une résistante dans *13, rue Madeleine* (1947), de Henry Hathaway, on jurerait qu'il s'agit de sa vie.

Même si le rôle est court, elle illumine de ses regards de braise et de ses ondulations *La Bandera* (1935), de Julien Duvivier, film de légionnaires entassés dans un fortin autour duquel l'ennemi rôde. Elle y joue Aïscha la Slaoui, qui épouse Gabin selon les rites berbères, et c'est soudain pour ces briscards voués à mourir comme une brise du désert sur leur peau moite. Dans *Hôtel du Nord* (1938), de Marcel Carné, le duo suicidaire qu'elle forme avec Jean-Pierre Aumont se fait voler la vedette par l'autre couple, Arletty-Jouvet, même si deux belles scènes d'amour avec Jouvet sauvent son rôle.

N'importe. Elle n'est déjà plus là. À Hollywood, elle va rencontrer Tyrone Power et l'aimer si fort qu'elle en oublie d'abord de divorcer de son premier mari, le distingué Jean Murat, rencontré en 1932 sur le tournage de *Paris-Méditerranée*, de Joe May. Elle et Tyrone vont mener à Brentwood la vie artistique et mondaine d'un couple mythique qui aura tout de même tenu neuf ans. Trop *frenchy*, la petite Annabella ! Elle rentre en Europe, tente une nouvelle vie en Espagne, abandonne le cinéma, se retire dans les Pyrénées où elle devient pour un temps visiteuse de prison. Comme on est loin, désormais, de la vedette sophistiquée qui, à son retour d'Amérique à la Libération, s'empressera, faute de clés, d'escalader la grille de sa maison, sans même ôter son vison !

Sur les photos d'époque, elle révèle le même visage triangulaire de petit animal effarouché, ce visage éploré d'une belle dame qui reconnaît avoir eu sa part de bonheur.

Autres films notables :
Maldone (1928), de Jean Grémillon ;
L'Équipage (1935), d'Anatole Litvak ;
Suez (1938), d'Allan Dwan.

FANNY ARDANT

(NÉE EN 1949)

En 2002, Vincent Delerm a la bonne idée de faire une chanson sur Fanny Ardant. Son tempo accroche, une ritournelle un peu swing qui coïncide avec tout ce qu'on peut imaginer ou fantasmer de l'actrice : entêtante et volatile, présente et absente. Lorsqu'elle rencontre Vincent Delerm pour la première fois, dans une émission de Michel Drucker, pendant qu'il interprète la chanson de son idole, la caméra cadre le visage de l'actrice en plan serré. On la voit souriante, et soudain émue lorsque les paroles évoquent *Vivement dimanche !* (1983), film dont elle dira qu'il coïncide avec une de périodes les plus heureuses de sa vie.

Après sa révélation en 1979 dans la série télé *Les Dames de la côte*, de Nina Companeez, François Truffaut devient un des hommes de sa vie et il lui confie deux rôles en forme de yin et de yang. Yin dans *La Femme d'à côté* (1981), yang dans *Vivement dimanche !*. Dans le premier, elle est Mathilde, qui, par un hasard de voisinage, renoue avec Bernard (Gérard Depardieu). Une banale affaire d'adultère qui mute en une passion si folle qu'elle se conclut, ni avec toi ni sans toi, par la mort des amants. *La Femme d'à côté* relève de la part sombre et non négligeable de la filmographie de Truffaut. Fanny Ardant y est moins la femme d'à côté que la femme de côté, dont l'éclat oblique nous parvient comme celui d'une étoile qui brille au loin mais qui a peut-être disparu depuis des millions d'années. Comme un exorcisme de cette noirceur, Truffaut la met en scène dans *Vivement dimanche !*, une comédie quasi policière, où elle est Barbara Becker, une apprentie détective menant une contre-enquête pour prouver l'innocence de son patron (Jean-Louis Trintignant), accusé de meurtre. En noir et blanc étincelant, le film sera le dernier de Truffaut, qui meurt d'une tumeur au cerveau en octobre 1984. Le jeu de Fanny Ardant est comme un cadeau magnifique à son amour. Un au revoir, tout en gaieté, malice et don de soi, qui n'est pas un adieu.

Fanny Ardant, Fanny ardente. Ce n'est pas qu'un jeu de mots facile. Ardant est ardente aussi bien dans ses indéfectibles amitiés, notamment avec Gérard Depardieu, qu'elle défend contre vents mauvais et marées noires, que dans ses rares interviews, où elle a le chic de retourner le gant des questions idiotes ou indiscrètes en essayant de les rendre intelligentes. On la sent cultivée mais sans ostentation, on l'imagine lectrice de bons livres, citant volontiers Marguerite Duras (« Attendre l'amour, c'est déjà de l'amour »), dont, en 2018, elle lira au théâtre le texte *L'Été 80*. Avec un phrasé si particulier, scandé comme un alexandrin, et un accent interlope, sur lequel il est impossible de coller le tampon d'une nationalité précise. Fanny Ardant parle un français impeccable mais hanté par d'autres langues, d'autres horizons. Distante si l'on veut et, qui sait ?, timide, mais si proche et si désirable du fait de sa sidérante beauté qui se joue du temps. Pour preuve, *Les Beaux Jours* (2013), de Marion Vernoux, où elle joue Caroline, une jeune retraitée dont l'oisiveté va être distraite par la rencontre amoureuse impromptue avec un beau jeune homme (Laurent Lafitte). Stupeur de ses fans : pour le film, ses cheveux de jais ont été teints en blond. Mais cette blondeur a priori gaguesque lui va si bien qu'elle semble naturelle.

Fanny Ardant a réalisé quatre films, parmi lesquels *Cadences obstinées* (2014), où elle confie à Asia Argento un rôle en forme d'autoportrait, à la fois grave et léger.

Ce qu'on voudrait dire à lady Ardant tient en une courte phrase : Fanny, on vous aime. Gageons que cette déclaration gaillarde la ferait éclater de rire.

Autres films notables :
Mélo (1986), d'Alain Resnais ;
Pédale douce (1996), de Gabriel Aghion ;
Les Volets verts (2022), de Jean Becker.

NIELS ARESTRUP

(NÉ EN 1949)

Son regard métallique, bleu polaire, est un héritage de son père danois. Mais ce qui retient d'abord l'attention chez Niels Arestrup, c'est son phrasé, comme on le dirait d'un chanteur. En l'occurrence, un crooner avec des répliques en voix de basse, jetées en un souffle, comme pour dire : « Si vous voulez comprendre ce que je dis, il faut m'écouter. » Se concentrer sur l'acteur, en somme.

On imagine que cet art de s'imposer physiquement pour mieux envoûter un auditoire, lui vient de ses années de théâtre, puisque c'est par là qu'il a commencé, en 1968. L'année de son bac, qu'il rate, préférant, ce jour-là, aller au ciné voir *Les Tontons flingueurs*. La grande prêtresse des arts dramatiques, Tania Balachova va lui montrer la voie de la rigueur et de l'exigence, qui deviendront, avec le temps, la marque de cet acteur. Le cinéma lui propose alors une jolie collection de seconds rôles dans des films d'auteur tout au long des années 1970 et suivantes. Photographe dans *La Femme flic* (1980), d'Yves Boisset, polyamoureux d'Ornella Muti et d'Hanna Schygulla dans *Le futur est femme* (1984), de Marco Ferreri, et surtout chef d'orchestre très mal embouché dans *La Tentation de Vénus* (1991), d'István Szabó, avec Glenn Close pour partenaire.

Il s'épanouit au théâtre, dirigé par les plus grands, Peter Brook, Andréas Voutsinas, ou encore Andreï Kontchalovski. Il fonde sa propre école à la fin des années 1980. Et puis le cinéma le néglige. Un homme n'a pourtant pas oublié le nom de Niels Arestrup : le réalisateur français Jacques Audiard, à la recherche de celui qui pourrait bien incarner le père de Romain Duris, dans *De battre mon cœur s'est arrêté* (2005). Le cheveu en bataille, la silhouette alourdie par les années, Arestrup revient en majesté au cinéma avec ce rôle de père odieux, vulgaire et terriblement pervers. Ses chuchotements distillent vacheries et grossièretés, souvent avec le sourire. Le réalisateur et le comédien, amateurs de sensations fortes, se sont trouvés.

Au summum de cette collaboration, il y a *Un prophète* (2009) et ce personnage de César Luciani, mafieux corse qui fait la pluie et le beau temps dans la maison d'arrêt où il est détenu. Une brute dont le pouvoir s'effiloche et qui tente de mettre sous sa coupe un nouvel arrivant (Tahar Rahim). Pour préparer ce rôle, Niels Arestrup s'est imprégné des toiles de Francis Bacon. Tout l'art de l'acteur est dans cette incarnation de la férocité qui glisse lentement vers une vulnérabilité insoupçonnée, et plus particulièrement dans un des derniers plans du film où il apparaît assis sur un coin de banc, dans la cour de la prison, seul, tel un fauve blessé, jetant des regards inquiets par-dessus le col relevé de son manteau. Dès lors, il embrasse avec bon cœur les rôles de salauds, des nobles tel ce von Choltitz qui hésite à suivre l'ordre du Führer de bombarder Paris dans *Diplomatie* (2014), de Volker Schlöndorff, des plus cauteleux aussi tel ce directeur de cabinet tout en murmures fielleux dans *Quai d'Orsay* (2013), de Bertrand Tavernier. Plus marrants aussi. Arestrup reste rare au cinéma, retournant inlassablement au théâtre et à ses élèves pour, dit-il, « se poser des questions sur son travail ». Son rêve ? Jouer une femme.

Autres films notables :
La Dérobade (1979), de Daniel Duval ;
L'Affaire Farewell (2009), de Christian Carion ;
Cheval de guerre (2011), de Steven Spielberg.

SWANN ARLAUD

(NÉ EN 1981)

Un visage pointu percé de deux yeux bleus en amande, qui dégage paradoxalement une grande douceur. Ce visage c'est celui de Swann Arlaud, découvert en éleveur de vaches laitières dans *Petit paysan* (2017), d'Hubert Charuel. Héritier de l'exploitation de ses parents, Pierre aime son métier, ses bêtes. Une épidémie de maladie bovine va bouleverser sa vie. Né dans une famille de professionnels du spectacle, avec pour beau-père Bruno Nuytten et Jean Carmet comme grand-père (par alliance), Swann Arlaud épate par sa capacité à se couler sans difficulté aucune dans la combinaison du paysan, dans ses gestes, ses répétitions, ses mots chuchotés à la dernière vache du troupeau, celle qui traîne un peu. Dans son désespoir aussi. Swann Arlaud joue cartes sur table. « Ce métier me permet d'extérioriser un trop-plein d'émotions et, étonnamment, puisqu'il s'agit d'un jeu, mes larmes sont vraies. Mon approche reste très premier degré, voire simpliste », explique-t-il.

On le retrouve très vite dans *Grâce à Dieu* (2019), le film de François Ozon sur un groupe de victimes d'abus sexuels commis par des prêtres. Dans ce cercle d'hommes, Swann Arlaud est Emmanuel, celui qui ne s'est jamais remis de ce qu'il a subi enfant. Douloureux, solitaire, le regard perdu, il est inoubliable. Il a clairement trouvé ses marques dans le drame. Comme le confirme la suite de sa filmographie : militant d'extrême gauche embauché à la chaîne dans *L'Établi* (2023), de Mathias Gokalp, infirmier parti en Syrie chercher sa femme et son fils, dans *Exfiltrés* (2019), d'Emmanuel Hamon, ou encore Yann Andréa, le dernier compagnon de Marguerite Duras, dont il fait un homme amoureux, habité de doutes et d'incompréhensions dans *Vous ne désirez que moi* (2021), de Claire Simon. Les choix de Swann Arlaud s'orientent le plus souvent vers un registre tendu. Parce qu'il s'y sent à l'aise, dit-il, moins dans la comédie. Pour le moment.

Autres films notables :
Les Anarchistes (2015), d'Elie Wajeman ;
Anatomie d'une chute (2023), de Justine Triet.

ARLETTY

(1898-1992)

Avant de faire du cinéma, elle a été secrétaire, mannequin, girl de revue. Ce ne sera pas la seule fois où elle se montrera en tenue légère, mais il y a un monde entre son court métrage initial, *Mais n'te promène donc pas toute nue* (1936), de Léo Joannon, et le sommet de sa carrière, la Garance des *Enfants du paradis* (1945), de Marcel Carné, où sa chair expose la « vérité toute nue » dans l'évidence de sa splendeur. Entre les deux, Léonie Bathiat, native de Courbevoie, est devenue Arletty. Autrement dit, un personnage, une présence, une gouaille. Une lady Paname en combinaison, une gigolette qui ne craint pas de laisser son peignoir entrouvert – bas noirs sur cuisses d'albâtre. Le visage est franc, le sourire narquois, l'accroche-cœur à sa place : voilà une comédienne à l'aise dans ses rôles comme dans ses toilettes et qui a l'air de se moquer de ce qu'on lui fait dire alors que pas du tout. Avec sa verve, sa repartie, son accent du faubourg traînant sur certaines syllabes, elle est la championne des répliques les plus fameuses de notre cinéma. Les grands dialoguistes comme Prévert ou Jeanson auraient dû lui baiser les pieds à l'instar de Bernard Blier dans *Hôtel du Nord* (1938) de Marcel Carné, qui bécote sa « petite reine » en lui enfilant ses mules à pompons. Mais c'est Jouvet, son souteneur, qu'elle a dans la peau. On se rappelle la scène : sur la passerelle du canal Saint-Martin, M. Edmond et Mme Raymonde partent à la pêche, même si, entre eux, l'orage est dans l'atmosphère. Elle porte la canne de son homme mais bientôt c'est elle qui prend la mouche. Elle comprend de travers une remarque peu aimable et c'est parti. « Atmosphère ! Est-ce que j'ai une gueule d'atmosphère ? » Le ton monte, elle lui balance sa canne en lui souhaitant : « Bonne pêche et bonne atmosphère ! » La scène devait servir Jouvet : c'est Arletty qui rafle la mise.

Dès lors, quel itinéraire magique ! Trois autres Carné, pour suivre : l'assistante du montreur de chiens (Jules Berry) dans *Le jour se lève* (1939) ; l'assistante du diable (encore Berry) dans *Les Visiteurs du soir* (1942), tout en jouant, dans le même film, les troubadours androgynes auprès d'Alain Cuny. Jusqu'à l'apothéose en forme de chant du cygne : voilà Garance qui promène sa dégaine déhanchée et sa bonne humeur sur le boulevard du crime, reconstitué par Alexandre Trauner, le chef-décorateur de tous les grands films de Carné sans exception. Pierre Brasseur, qui incarne avec panache le grand Frédérick Lemaître, la drague. Elle le plante là de sa voix si reconnaissable : « Paris est tout petit pour ceux qui s'aiment comme nous d'un aussi grand amour. » Même ironie envers Marcel Herrand (Lacenaire) : « Vous avez tué beaucoup de monde ces jours-ci, Pierre-François ? »

À côté des chefs-d'œuvre, elle aura brillé dans des films mineurs, en femme sans illusion qui se donne à qui lui plaît. Ainsi la délurée Loulou de *Fric-frac* (1939), de Maurice Lehmann et Claude Autant-Lara, accepte-t-elle en souriant le « J'eusse préféré que vous vinssiez seule » dit par Fernandel. Ou la rieuse tapineuse Marie-qu'a-de-ça entraîne-t-elle le juge Michel Simon à chanter « Comme de bien entendu », dans le caboulot de *Circonstances atténuantes* (1939), de Jean Boyer. En goualeuse, elle a d'ailleurs beaucoup de succès au music-hall, avec cette voix traînante et haut perchée à la Mistinguett.

Atténuation que, dans la vraie vie, elle n'obtiendra pas après son coup de foudre peu reluisant pour un frisé de la Wehrmacht sous l'Occupation. On la traîne un an de prison en prison. Elle paie. Elle a toujours payé. Elle a payé aussi quand une teinture pour cheveux l'a rendue chauve et porteuse de turbans. Est-ce cette teinture qui a fait d'elle une aveugle encore jeune ? Patatras !

Voilà notre antistar en préretraite. Il faudra de la compagnie pour s'occuper d'Arletty quai Conti où elle a longtemps habité. Oui, quai Conti, où siège l'Académie française. En art, l'académie, c'est la nudité. Mlle Arlette – ses amis l'appelaient ainsi –, la nudité, décidément, c'était son truc.

Autres films notables :
Je te confie ma femme (1933), de René Guissart ;
Madame Sans-Gêne (1941), de Roger Richebé ;
Le Grand Jeu (1954), de Robert Siodmak.

FRANÇOISE ARNOUL
(1931-2021)

En 1949, elle est encore mineure quand Willy Rozier, dans *L'Épave*, s'emploie à dénuder sa silhouette menue, même si ce sont les seins de sa doublure qui sont à l'écran. Françoise Gautsch, dite Arnoul, étant fille d'un général d'active, on imagine les commentaires au mess des officiers, alors que les producteurs ne voient en elle qu'une jolie fille aux jambes fines, à la poitrine aguichante et aux lèvres bien dessinées. Cette belle gosse type (danse-théâtre) sera bientôt remarquée dans deux films d'Henri Verneuil où elle s'applique à lever les hommes mûrs en pleine crise de la quarantaine. En 1952, dans *Le Fruit défendu* et, en 1956, dans *Des gens sans importance*, tous deux d'après Simenon avec deux stars : Fernandel pour le premier, Gabin pour le second. Tant qu'il s'agissait d'une jeune fille délurée, il n'y avait rien là de très troublant, mais Françoise Arnoul y gagne en vérité comme en sensualité. Surtout, avec Gabin en routier-marié-trois-enfants que séduit Clotilde, la serveuse du bistrot où il casse la croûte. Elle ne se prostitue pas, elle cherche juste quelqu'un d'humain qui l'aide à subsister. Françoise Arnoul y est désirable, d'une simplicité charmante comme pour se faire pardonner ce physique de femme fatale.

En 1954, elle décroche le pompon : Renoir la choisit pour la Nini de *French cancan*, qui sortira un an plus tard. Elle triomphe en petite blanchisseuse de la butte Montmartre enivrée par la promesse de Gabin, patron de music-hall, d'en faire une étoile. Elle exhibe son frais minois et ses jambes gracieuses que des répétitrices écartèlent pour le cancan. Elle se montre vive, attachante, têtue, rigolote : son plus joli rôle.

Reproduit à des milliers d'exemplaires sur le papier glacé des magazines, leur beau visage photogénique fait croire aux vedettes de cinéma qu'elles sont éternelles. Tout va bien pour Françoise : perverse à l'écran, agréable dans la vie. Mais à peine a-t-elle remplacé Martine Carol qu'elle devient à son tour la victime de l'ouragan Bardot, la bombe de Roger Vadim dans *Et Dieu… créa la femme*, en novembre 1956.

Succès phénoménal. Coup dur pour la reine de la veille. Le temps de plaire est-il passé ? A-t-on jamais vu quelqu'un en préretraite à 25 ans ? On change d'ère. Qui donc va l'aider, cette pauvre Françoise ? Le publiciste Georges Cravenne, qu'elle vient d'épouser, la persuade de se réinventer. De se composer un masque d'innocence et d'intellectualisme. On ne saurait transformer sa carrière à sa guise, mais on peut au moins définir un nouveau cap. Espionne au ciré noir brillant dans *La Chatte* (1958), d'Henri Decoin, et, du même, *La chatte sort ses griffes* (1960), elle fait preuve de courage, de vulnérabilité, estompant son sex-appeal au profit d'une frimousse discrète. Succès. Elle a tourné *Sait-on jamais…* (1957), de Vadim, mais son évincement par Bardot l'a déstabilisée. Elle croit pouvoir durer en se contentant de stéréotypes plutôt que d'ambitionner des rôles plus originaux. Ses convictions de gauche la rapprochent un temps de Pierre Kast, cinéaste à la pensée brillante, qui convenait à ses désillusions et à son tempérament contemplatif. Elle joue dans *La Morte Saison des amours* (1961) et *Vacances portugaises* (1963), puis elle s'attache à Bernard Paul, réalisateur mort à 50 ans, compagnon dont elle s'est occupée plus que d'elle-même.

Elle a tourné ce qui s'offrait, à mesure que la maturité gagnait du terrain, des oeuvres attachantes parfois comme *Lucky Jo* (1964), de Michel Deville ou *Violette et François* (1977), de Jacques Rouffio. En tout, soixante-dix films au bout desquels elle se convainc qu'il vaut mieux en rester là. Comme si, la sagesse aidant, l'ex-Nini de Jean Renoir renonçait sans regrets à la frénésie du french cancan au profit de la douceur de vivre.

Autres films notables :
Nous irons à Paris (1950), de Jean Boyer ;
Le Diable et les Dix Commandements (1962),
de Julien Duvivier ;
Voir l'éléphant (1990), de Jean Marboeuf.

ARIANE ASCARIDE
(NÉE EN 1954)

Aller au cinéma pour voir un film où figure Ariane Ascaride, c'est prendre régulièrement de ses nouvelles, comme on le fait d'une amie de longue date. Comment va-t-elle ? Qu'est-ce qu'elle devient ? On l'a connue jeunette, on l'a vue grandir et atteindre une magnifique maturité. Au long de dix-huit films, tous réalisés par Robert Guédiguian, qui est aussi son époux comme on dit dans les bonnes familles. La bourgeoisie n'étant pas le genre de sa maison, Ariane Ascaride dirait plutôt « mon bonhomme », ou « mon compagnon de route » comme du temps du Parti communiste français, dont ils furent tous les deux des sympathisants critiques.

Mais Ariane Ascaride a aussi joué pour d'autres metteurs en scène. À commencer par René Féret qui l'a fait débuter dans *La Communion solennelle* (1977). Déjà un film de groupe et de troupe qui, lors d'un banquet, communie autour de souvenirs familiaux. Plus tard, on la voit et on l'aime dans *Retour à Marseille* (1980), de René Allio, *L'Autre Côté de la mer* (1997) et *Nadia et les hippopotames* (2000), de Dominique Cabrera, *Drôle de Félix* (2000), d'Olivier Ducastel et Jacques Martineau, ou *L'Art d'aimer* (2011), d'Emmanuel Mouret.

Mais ce n'est pas lui faire offense, bien au contraire, que de considérer qu'il y a deux vies de cinéma pour Ariane Ascaride : les films des autres et les films de l'Autre, le Robert de L'Estaque, le Guédiguian interlope et tête chercheuse, éternellement en quête d'une utopie encourageante. Comment faire pour vivre ensemble ?

Comment faire fructifier le bien commun de l'humanité ? Un itinéraire bis, un chemin de traverse, où Ariane Ascaride est une randonneuse infatigable. Elle ne sait pas toujours où elle va, vers quel horizon, mais elle y va d'un pas ferme et résolu. Quelle que soit, de film en film, la farandole de ses prénoms (Josiane, Marie, Simona, et bien sûr Jeannette – *because Marius et Jeannette*) et de ses personnages (femme de ménage, caissière, ouvrière à la criée, résistante, militante mélancolique), elle maintient son propre cap et joue comme elle est : rieuse, radicale, aventurière, inquiète, à prendre ou à laisser, et furieusement féministe quand il s'agit de rappeler aux hommes, et pas seulement au cinéma, qu'ils ne sont pas les seuls au monde à pouvoir parler, penser, contester.

Si la religion ne lui était pas totalement étrangère, on verrait bien Ariane Ascaride en Bonne Mère (avé l'assen) de la basilique marseillaise Notre-Dame de la Garde. Mais une Bonne Mère façon Almodóvar, une sainte païenne, prolo, pétroleuse, sexy et sexuée, la tête près du bonnet, qui nous serre sur son cœur sans nous étouffer.

Autres films notables :
Rouge Midi (1985), *La ville est tranquille* (2001),
La Villa (2017), tous de Robert Guédiguian.

MICHEL AUCLAIR

(1922-1988)

Les choses ne se passent pas toujours comme on le voudrait. Voici un garçon issu d'une belle diversité : Vladimir Vujovic, dit Michel Auclair, est serbe, né à Coblence (Allemagne), d'un père avocat exécuté lors des purges staliniennes de 1936 et d'une mère biologiste française. Comment imaginer qu'elle se fondrait, cette diversité, dans une carrière somme toute univoque après une entrée au Conservatoire de Paris à 18 ans ? Soixante-douze films au compteur, également répartis sur cinq décennies, sans compter le théâtre où son itinéraire est riche aussi. On s'attendrait à ce qu'un grand et bel homme comme lui ait empilé des rôles de jeune premier. Or, pas du tout. Dès son troisième film, *Les Maudits* (1947), de René Clément, où il a un rôle important, on cantonne ce gaillard dans un gouffre de perversion, de cynisme et de mort dont il ne se dépêtrera plus guère. Il y est l'un des passagers d'un sous-marin nazi qui, à l'approche de la chute de Berlin, tente de gagner l'Amérique du Sud. L'itinéraire de Willy Morus (c'est son nom) est aussi erratique que celui du navire. Ce qui se passe, en effet, entre ces fuyards est un festival de coups tordus, de trahisons, d'assassinats : Auclair se régale de jouer les dépravés dans ce concert de laideur et de veulerie. Il traduit avec maestria l'ambiguïté malsaine de son personnage, ses hésitations et ses doutes quand il s'agira de trahir et de tuer son vieux protecteur.

Ce film lui servira de lettre de créance. L'accueil des *Maudits* fait flamber sa carrière, mais même quand on le distribue enfin dans un premier rôle à vocation follement romantique, le Des Grieux de la discutable *Manon* (1949), de Clouzot, l'affaire n'ira pas sans colères, violences et sordides histoires de prostitution et de meurtres. Le sort en est jeté : le comédien qui, au théâtre, interprète Ibsen, Dostoïevski, Shakespeare et un Tartuffe sensationnel chez Planchon, au cinéma devra se contenter de ces rôles de méchants, d'individus au caractère louche, douteux, de sales types, osons le mot, situation d'autant plus paradoxale qu'il les incarne avec aisance, gouaille et ce douloureux sourire qui lui va comme un gant. Hélas, son accès au vedettariat, au lieu qu'il prenne légitimement son tour, n'aura été que transitoire. Tel quel, cependant, et en dépit de cette paresse des décideurs qui classent les acteurs une fois pour toutes, sa liste de films compte quelques bons metteurs en scène (Duvivier, Astruc, Téchiné, Rouffio, Boisset, Girod) qui ont su exploiter ce que sa personne avait d'ambigu et son charme de troublant. Dans les films noirs ou criminels, ce genre d'emploi est souvent affublé d'un physique dur dont le public reconnaît aussitôt la marque maléfique. Tout au contraire, Michel Auclair évoquerait plutôt un ange issu de l'univers de Cocteau (il a d'ailleurs fait partie du casting de *La Belle et la Bête*, en 1946). Un « ange exterminateur », aurait dit Luis Buñuel.

Autres films notables :
La Fête à Henriette (1952), de Julien Duvivier ;
L'Éducation sentimentale (1962), d'Alexandre Astruc ;
Sept Morts sur ordonnance (1975), de Jacques Rouffio.

STÉPHANE AUDRAN

(1932-2018)

« Une douceur lasse. » C'est ainsi que la pertinente France Roche qualifie Stéphane Audran, dans un article de *France-Soir*, lors de la sortie des *Bonnes Femmes* (1960), deuxième film où Claude Chabrol la dirige, après un petit rôle dans *Les Cousins* (1959). Elle y interprète Ginette, vendeuse dans un magasin d'électroménager, qui, pour se dépoisser de son ennui, chante le soir en cachette dans un cabaret. Une de ses collègues dit d'elle : « Elle a l'air déçue par la vie. » Une voix et une allure traînantes, à la fois douces et lasses en effet. Qui vont faire florès dans une vingtaine d'autres films de Chabrol, devenu son compagnon, et notamment dans le cycle dit « des Hélène » où, quel que soit le sujet, elle porte ce même prénom. Belle Hélène, très belle même, dans *La Femme infidèle* (1969), portrait d'une petite-bourgeoise qui, saisie de bovarysme, prend un amant, bientôt assassiné par son mari. Aux antipodes mais tout aussi tragique, elle est une jeune institutrice dans *Le Boucher* (1970), où elle tombe sous le charme d'un boucher donc (Jean Yanne, idoine), dont il s'avère qu'il ne découpe pas que de la viande. De nouveau bourgeoise dans *La Rupture* (1970), elle est l'épouse d'un inquiétant psychopathe, (Jean-Claude Drouot), prise dans les rets d'une famille réactionnaire qui l'empêche de divorcer.

Sa palette est contrastée, mais le style de Stéphane Audran semble toujours le même : grande dame ou prolo, elle ne fait que passer, fantomatique parfois, mais accrochant justement l'attention par son énigmatique distance, à la façon de Kim Novak dans *Vertigo*, d'Hitchcock. Hors Chabrol, Luis Buñuel va exploiter cette fausse évanescence. Elle est un des charmes puissants du *Charme discret de la bourgeoisie* (1972). Elle y campe Alice, parfaite maîtresse de maison, mais qui a bien du mal à planifier un dîner pour ses amis car toujours distraite par d'autres urgences, dont son envie impérative d'entreprendre son mari à l'heure de l'apéritif. Tempérament de feu et allure de marbre. Comme Chabrol, Buñuel utilise Stéphane Audran comme un lance-flammes qui incendie les us et coutumes de la bourgeoisie. Elle développe aussi à cette occasion une puissance comique qui la distingue. Un sourire moqueur toujours aux portes du fou rire.

C'est dans *Le Festin de Babette* (1988), de Gabriel Axel, que Stéphane Audran va faire feu de tous ses bois. Elle y est Babette, une rescapée de la Commune, qui se met au service d'une austère famille de pasteurs danois. Une domestique soumise, jusqu'au jour où elle apprend qu'elle a gagné le gros lot dans une loterie. Babette va dépenser son gain dans l'organisation d'un festin dont l'épicurisme, bonne chère et bons vins, va tournebouler les luthériens invités à sa table. Sorte de Louise Michel des fourneaux, elle est prête à révolutionner la gastronomie française tout en conservant ses fondamentaux, déterminée et souriante, s'activant aux casseroles comme si elle leur faisait l'amour, goûtant les grands crus en déesse de la treille, comme s'ils étaient un nectar dégoulinant de l'Olympe. Et si désirable quand elle pétrit vivement la pâte à pain ou teste les assaisonnements du bout de ses lèvres gourmandes. Une bonne vivante certes, mais pas mécontente de remporter à la force des couteaux et des fourchettes sa lutte des classes. Un pur bloc de sensualité, qui invente la recette d'un féminisme à sa façon. À table !

Autres films notables :
Vincent, François, Paul et les autres (1974), de Claude Sautet ;
Violette Nozière (1978), de Claude Chabrol ;
Les Saisons du plaisir (1988), de Jean-Pierre Mocky.

JEAN-PIERRE AUMONT

(1911-2001)

Un bon acteur est-il celui qui peut tout jouer, celui qui connaît ses limites, ou celui qui accepte sa condition d'éternel second ? Issu d'une famille d'artistes (son frère est le cinéaste François Villiers), Jean-Pierre Salomons, dit Aumont, entre au Conservatoire, s'en fait exclure pour un fou rire, et commence à jouer de petits rôles au théâtre (grâce à Cocteau, qui lui préférera néanmoins Jean Marais) et au cinéma, où il apparaît dans *Jean de la lune* (1931), de Jean Choux. Mais tel est le destin de ce sportsman éternellement juvénile : ses collègues lui dament le pion ou, quand on lui attribue un rôle dans un grand film, le scénariste l'oublie en route.

Pourtant, il avait eu, avec *Lac aux dames* (1934), de Marc Allégret, grand découvreur de talents de l'époque, sa part de vedettariat et même de gloire. En maître baigneur à la blondeur romantique, il n'a pas besoin de mouiller le maillot pour faire chavirer les deux héroïnes : Simone Simon, la sauvageonne, se sacrifie pour lui, et Rosine Deréan, la riche héritière, le conquiert.

Un peu plus tard, sa présence au générique de deux Carné coup sur coup laisse augurer une consécration. Dans *Drôle de drame* (1937), il arpente les rues dès potron-minet, la tête couverte d'un gibus, il pédale sur son triporteur en criant « Le laiiittt ! » et il dépose ses flacons chez les gens comme on leur livrait à l'époque des pains de glace. Mais, à sa sortie, *Drôle de drame* a connu un échec si retentissant qu'il a fallu une quinzaine d'années pour que le public en savoure les cocasseries et les personnages hautement truculents (ô les échanges de Louis Jouvet et de Michel Simon autour d'un canard à l'orange d'anthologie...). Et puis le rôle d'Aumont manque d'épaisseur, tout comme dans *Hôtel du Nord*, en 1938, où il ne tire pas davantage son épingle du jeu en jeune premier amoureux d'Annabella, avec laquelle il forme un petit couple ingrat en peine de suicide, face à Jouvet (encore) et à Arletty. Peu à peu, une cascade de rôles (cinquante en tout), dont un soupirant dans *Maria Chapdelaine* (1934), de Julien Duvivier, un cosaque dans *Tarass Boulba* (1936), d'Alexis Granowsky, un journaliste dans *Le Chemin de Rio*[1] (1937), de Robert Siodmak, etc.

La guerre arrive : exil à Hollywood, contrat chez MGM où on exploite sa notoriété pour des films de guerre et de propagande. Aumont s'engage bientôt dans les Forces françaises libres, deux blessures, deux médailles, deux citations : on ne joue plus.

La paix. Les années passent. Entre la France et Hollywood, il devient le nouveau *French lover*, mais là encore c'est un autre, Charles Boyer, qui emporte le morceau. Sans s'imposer par un jeu percutant, Aumont garde son rang de vedette internationale. Il est là, il fait partie du paysage, on l'aime bien. Il s'en arrange et puise toute une sagesse dans cette morale de l'acceptation.

À présent, il gère une carrière qui tient plus du statut mondain que de la stature du comédien, tant sa notoriété, sa bonne humeur et son sourire bienheureux sont parvenus à un niveau suffisant pour qu'il soit reçu partout – niveau au maintien duquel les femmes, ses femmes, comptent pour beaucoup. Quand, à Beverly Hills, il pousse la porte de Kirk Douglas, au bras de Maria Montez, son épouse (elle mourra d'une crise cardiaque dans sa baignoire), ou plus tard de Marisa Pavan (dont il divorcera pour, finalement, l'épouser à nouveau), voire, furtivement, de Grace Kelly, Anne, la maîtresse de maison, le présente à la ronde et Kirk s'abstient de lui faire remarquer qu'il est 19 h 35 alors qu'on était prié à 19 h 30, la vue de ces belles compagnes

1. Aussi intitulé *Cargaison blanche*.

dissipant son agacement. Ex-jeune premier toujours séducteur, le sacré Frenchy est devenu un membre apprécié de la haute société hollywoodienne.

Sur le tard, deux Guitry, un Lelouch, et il atteint son apogée avec *La Nuit américaine* (1973), de François Truffaut, grand film sur le cinéma et qui remporte un Oscar. Plus, pour Jean-Pierre, un César d'honneur en 1991. Malgré cette revanche tardive, la carrière d'Aumont ne se sera jamais emballée, même s'il a suivi sa route, en gentil compagnon si facile à vivre.

Autres films notables :
L'Équipage (1935), d'Anatole Litvak ;
La Croix de Lorraine (1943), de Tay Garnett ;
Lili (1953), de Charles Walters.

DANIEL AUTEUIL

(NÉ EN 1950)

Le *New York Times*, vénérable institution, n'en revient pas : Daniel Auteuil, le nouvel espoir du cinéma français, découvert à l'occasion de la sortie de *Jean de Florette* (1986), de Claude Berri, est peut-être doué, mais qu'est-ce qu'il est laid, s'exclame le quotidien américain. Il est vrai que pour décrocher le rôle d'Ugolin, Daniel Auteuil n'y est pas allé de main morte : des ratiches noirâtres dans le désordre, une splendide paire de feuilles de chou en guise d'oreilles, la tignasse en bataille, sans parler de la crasse qui lui tient lieu de seconde peau. Tous ces efforts pour convaincre Claude Berri qu'il peut être Ugolin, lui, le natif d'Avignon né avec l'accent chantant. Le réalisateur avait, de son côté, pensé à Coluche, le vieux complice de *Tchao pantin* (1983), mais ce dernier refuse. D'autres entrent dans la danse jusqu'à ce que Simone Signoret souffle le nom de Daniel Auteuil, un type qui a un jeu vif pour équilibrer les pesanteurs du papet Yves Montand. *Jean de Florette* sera la consécration pour Daniel Auteuil. Après des années à jouer les comiques troupiers, il se révèle surdoué, récompensé en 1987 d'un César du meilleur acteur.

Quand il parle de sa carrière, Daniel Auteuil aime recourir à la métaphore : « Je suis comme Claude François, j'ai mes périodes. » La première, c'est celle du jeune homme qui monte d'Avignon pour faire l'acteur à Paris, dans les années 1970. Il rate le Conservatoire, s'inscrit au Cours Florent et aligne figurations et petits rôles au théâtre et à la télévision. L'homme providentiel de cette époque s'appelle Claude Zidi, qui recherche de jeunes acteurs comiques pour son film *Les Sous-doués* (1980). C'est la période Benny Hill de l'acteur, celle où il tourne, en passe-montagne, *Pour cent briques t'as plus rien !* (1982), d'Édouard Molinaro, ou encore *T'empêches tout le monde de dormir !*, de Gérard Lauzier la même année. À en croire *Télérama* qui, en 1992, avait fait raconter à Daniel Auteuil et à d'autres comédiens leurs jeunes années, cette première période d'acteur ressemble à une prolongation de son enfance passée à tenir tous les rôles de gamins dans les opéras où ses parents officiaient en tant que choristes. À 4 ans, il était le fils de Mme Butterfly et à 6, il marchait la tête haute aux côtés des cigarières de Carmen. Pas étonnant alors qu'il trouve un air gai aux chanteurs et qu'il décide à 14 ans de suivre leur exemple.

Daniel Auteuil a gagné ses galons d'acteur comique. Il aimerait bien passer au drame. *Jean de Florette* sera son *Tchao pantin.* Enfin débarrassé de son image de pitre, à la fin des années 1980, Daniel Auteuil entame sa deuxième période. Il est sollicité par le gratin du cinéma français : Patrice Chéreau, Claude Sautet, Michel Deville, André Téchiné entre autres… *Quelques jours avec moi* (1988), de Sautet, lui ouvre les portes d'un emploi dans lequel il excelle : le cadre sup' flippé, au bord de la crise de nerfs. Daniel Auteuil se mue en bloc taiseux : « Sautet m'a donné une colonne vertébrale. Il m'a appris la rigueur et la simplicité aussi. » Le meilleur d'entre tous reste incontestablement, dans le film de Coline Serreau, *Romuald et Juliette* (1989), ce Romuald, PDG des entreprises Blanlait, piégé par ses collaborateurs, traqué par la brigade financière, demandant asile et aide à Juliette, sa femme de ménage antillaise, qui élève seule ses cinq enfants dans une cité HLM. Une occasion de plus de prouver que Daniel Auteuil sait raconter une histoire : son Romuald se métamorphose au fur et à mesure qu'il ouvre les yeux sur le monde. L'homme rigide se mue en amoureux de la vie. Un conte de fées. Sept ans plus tard, Daniel Auteuil renoue avec les cadres sup pour le film de Jaco Van Dormael, *Le Huitième Jour*. Le défi est grand car son partenaire, Pascal Duquenne, est atteint de trisomie 21. La complicité, évidente à l'écran, entre les deux acteurs n'est pas feinte. Daniel Auteuil expliquera plus tard, que le film fut pour lui un voyage vers son partenaire, pour établir une authentique communication. L'histoire est celle d'une rencontre entre un PDG débordé et un jeune pensionnaire évadé de son foyer pour handicapés mentaux, à la recherche de sa mère. Le film bouleverse le festival de Cannes en 1996, et Daniel Auteuil reçoit le prix du meilleur acteur, *ex aequo* avec Pascal Duquenne.

Pour le cinéaste autrichien Michael Haneke, avec qui il tournera *Caché* (2005), aux côtés de Juliette Binoche, Daniel Auteuil a « un spectre de jeu immense et peut tout faire avec justesse. C'est très rare. Chaque fois il montre quelque chose de différent. Et cela ne passe pas forcément par sa façon de jouer ou par son apparence physique, mais par ce qu'il dégage ». Ça ne lui monte pas à la tête. Quand il parle de son métier, Daniel Auteuil se compare volontiers à un plombier : « On m'appelle quand il y a une fuite. » Il est vrai qu'il en a colmaté quelques-unes dans le cinéma français. Et de fort belle manière.

Autres films notables :
La Fille sur le pont (1999), de Patrice Leconte ;
L'Adversaire (2002), de Nicole Garcia ;
La Belle Époque (2019), de Nicolas Bedos.

SABINE AZÉMA
(NÉE EN 1949)

Dans la troupe des fidèles comédiens d'Alain Resnais (dont, en tête, Pierre Arditi et André Dussolier), il n'y a qu'une seule femme : Sabine Azéma, qui joue dans une dizaine de ses films, depuis leur rencontre au début des années 1980. Mascotte ? Inspiratrice ? Plus sûrement coréalisatrice, tant son jeu d'actrice exhausse toutes les métamorphoses d'elle-même imaginées par Resnais. Exaltée dans *La vie est un roman* (1983) ; sombre dans le bien nommé *L'Amour à mort* (1984) ; polymorphe via cinq personnages différents dans le climatique *Smoking / No smoking* (1993) ; hilarante dès la bande-annonce d'*On connaît la chanson* (1997), où elle secoue la tête sur l'air de « C'est une poupée qui fait non, non, non, non » ; angoissée puis angoissante dans *Les Herbes folles* (2009), en harcelée devenant harceleuse.

Azéma et Resnais, Sabine et Alain : un vrai duo, quasiment au sens musical du terme. On songe à un autre très beau couple de cinéma : Sacha Guitry et Jacqueline Delubac. Sabine Azéma a le chic, censément parisien, de Delubac, et Resnais, comme Guitry, a une passion pour le théâtre transposé à l'écran sans que ce soit du théâtre filmé. Et aussi, chez Azéma comme chez Delubac, cette légèreté mutine qui conjure la noirceur, beaucoup de films de Resnais passant par la case cimetière.

Y a-t-il pour Sabine Azéma une vie (de cinéma) après Resnais ? La question, qu'on ne poserait pas à un homme, serait cruelle et déplacée si Sabine Azéma n'y avait pas répondu par avance. Non seulement après Resnais, mais avant et pendant, Sabine Azéma va voir ailleurs et s'y trouve. En 1984, Bertrand Tavernier la projette dans la lumière d'*Un dimanche à la campagne*, où elle semble transférée d'un tableau d'Auguste Renoir. En 1995, elle est plus que rigolote dans *Le bonheur est dans le pré*, d'Étienne Chatiliez, en attendant, de nouveau pour Chatiliez, d'être la maman atterrée d'un fils incrusté dans *Tanguy* (2001). À retenir aussi, sa sensationnelle incarnation de vraie fausse victime, en 2003, dans *Le Mystère de la chambre jaune*, de Bruno Podalydès. Et, mazette !, trois films de Jean-Marie et Arnaud Larrieu. *Peindre ou faire l'amour* (2005), où elle est une femme mature qui découvre qu'elle peut voir la vie et surtout l'amour en peinture. *Le Voyage aux Pyrénées* (2008), où la voilà qui essaie de se guérir, heureusement en vain, de ses nombreux penchants pour les hommes. *Les Derniers Jours du monde* (2009), où, préposée à la philosophie du récit, elle incarne une marquise sadienne qui attend l'apocalypse avec stoïcisme.

Autres films notables :
Noir comme le souvenir (1995), de Jean-Pierre Mocky ;
La Chambre des officiers (2001), de François Dupeyron ;
Vous n'avez encore rien vu (2012), d'Alain Resnais.

JEAN-PIERRE BACRI

(1951-2021)

Le râleur préféré du cinéma français. Jean-Pierre Bacri connaît sur le bout des doigts toute la gamme des agacements, des fulminations, du grommellement *mezzo voce*, jusqu'à l'explosion de colère, en passant par les différents stades de la vitupération. De là à récolter une étiquette de grognard perpétuel, il n'y a qu'un pas. Que le public, qui l'adore, lui colle sans l'ombre d'un doute. Au sujet de sa réputation, il a une explication : « Il y a des clichés sur moi comme il y en a sur tous les sujets. Je n'ai jamais aimé jouer les héros. Les gars très sympathiques et merveilleux à qui le monde fait des misères, je trouve ça abject. Ça n'existe pas. »

Fort de ce principe de réalité dès son plus jeune âge, Jean-Pierre Bacri fait ses débuts professionnels à Cannes, la ville où ses parents, pieds-noirs d'Algérie, se sont installés après l'indépendance. Il travaille dans une banque, où le règlement intérieur recommande de sourire aux clients. Tout le temps. C'est trop pour Jean-Pierre Bacri qui estime qu'un sourire, ça ne se force pas, ça a de la valeur. Et que la politesse envers autrui recommande d'être sincère. « Quand je n'ai rien à dire et aucune raison de sourire, je fais la gueule. Je fais ma gueule », expliquait-il au journal *Le Monde*, en 2011.

La colère au cinéma (de Funès, Bourvil, Lino Ventura) est un moteur comique puissant. Mais les exaspérations et les rouspétances hilarantes de Jean-Pierre Bacri ont quelque chose de plus que celles de ses illustres aînés, les siennes sont gorgées d'humanité. Prenons Georges, dans *Cuisine et dépendances* (1993), de Philippe Muyl, adapté d'une pièce écrite par Bacri et son *alter ego* Agnès Jaoui. Parce que, disait Bacri, « Georges, c'est un décalque de moi ». Hébergé par ses copains, alors qu'il traverse une mauvaise passe, Georges est énervé par le retard des invités à dîner, un fameux présentateur de télévision et sa femme. Il commence *piano* (« T'as vu l'heure ? ») et finit dans une envolée lyrique *pianissimo*, hoquetant de colère, sur le thème : « Les riches et célèbres font exprès d'arriver en retard pour qu'on les attende comme le Messie. » La scène est d'anthologie du point de vue comique, mais il apparaît aussi que derrière cet emballement il y a un homme déçu, un homme qui a perdu ses illusions, inconsolé. C'est là que Bacri fait mouche.

Il n'en serait probablement pas arrivé là si son chemin n'avait croisé celui d'une jeune comédienne, en 1987, alors qu'il répétait une pièce d'Harold Pinter. L'affaire est d'importance, puisque Agnès Jaoui et Jean-Pierre Bacri connaîtront près de vingt-cinq ans de vie commune et de travail en commun. Ils partagent le même (mauvais ?) esprit et la même vision du monde. Et la même excellence. Ensemble, ils sont irrésistibles.

Avant « les Jabac » – c'est ainsi que le réalisateur Alain Resnais surnommait le duo qui écrivit pour lui le scénario du mémorable *On connaît la chanson* (1997) –, Jean-Pierre Bacri se coulait dans l'univers de ses metteurs en scène successifs, d'Alexandre Arcady à Diane Kurys en passant par Jean-Pierre Mocky ou Luc Besson. Le travail en duo avec Agnès Jaoui leur permet de concocter un univers dans lequel le comédien s'épanouit comme jamais, glanant au passage de grands succès populaires, du *Goût des autres* (2000) à *Place publique* (2018). Il enrichit son jeu, la mélancolie affleure parfois derrière le rire. Mais elle ne l'éclipse pas pour autant, surtout quand Jean-Pierre Bacri rencontre d'autres partenaires de jeu tel Alain Chabat, forcément inspiré par une telle liberté. Leur complicité aura un prénom : *Didier*, titre du film réalisé par Chabat, en 1997. Une réplique culte que Bacri lance à ce chien métamorphosé en être humain : « On ne sent pas le cul des filles. » Vingt ans plus tard, autre rencontre choc avec Éric

Toledano et Olivier Nakache (*Intouchables*, pour mémoire) qui lui proposent le rôle de Max, organisateur d'un mariage confronté à quelques galères dans *Le Sens de la fête* (2017). Un pur régal. Bacri y est parfait, hilarant, coléreux comme il se doit, mais toujours humain.

Autres films notables :
Mes meilleurs copains (1989), de Jean-Marie Poiré ;
Place Vendôme (1998), de Nicole Garcia ;
Adieu Gary (2009), de Nassim Amaouche.

ÉDOUARD BAER

(NÉ EN 1966)

Une voix surgit au petit jour sur Radio Nova à la fin des années 1990. Une voix chaude, enveloppante dans les basses. Ce n'est pas un animateur, ni un journaliste, ou encore un des DJ stars de cette radio. Quoique. Dans cette manière si particulière qu'il a de faire jouer les mots, Édouard Baer a quelque chose d'un DJ, réalisant des boucles, travaillant la litote, l'euphémisme, l'allitération, l'antiphrase, comme une déclinaison inédite des cadavres exquis des surréalistes. Que dit-il ? Tout et rien, il digresse, sur n'importe quel sujet, les couloirs, les gens bien, la météo, les marionnettes, la nuit.

Et puis, un soir, à la télévision, on découvre son visage, mal rasé, les cheveux en bataille, le regard tombant, affichant un éternel sourire poli quelle que soit la situation. Édouard Baer n'est pas tombé de nulle part, il vient du Cours Florent, où il travaille sous la direction d'Isabelle Nanty qui deviendra plus tard sa meilleure complice. Son père spirituel de cinéma est probablement Jean Rochefort, même loufoquerie, même grandiloquence poétique. Mais Édouard Baer est tout aussi imprégné de l'humour absurde et du flegme très britannique des Monty Python. Il lâche radio et télé pour devenir Otis le scribe, dans la comédie *Astérix et Obélix : mission Cléopâtre* (2002), réalisée par Alain Chabat. L'occasion d'un mémorable monologue qui se termine sur ces mots : « Moi, je dis merci à la vie, je chante la vie, je danse la vie... »

Édouard Baer est drôle, très drôle. Naturellement, il trouve sa place dans le registre de la comédie, avec Isabelle Nanty, ou encore Tonie Marshall. Il fait parfois un pas de côté vers le drame et ça lui réussit aussi. Père de famille traqué dans *Un monde à nous* (2008), de Frédéric Balekdjian, on le découvre tendu, fiévreux et plus du tout souriant. Sa retenue dans le registre comique est aussi sa force dans les rôles plus sombres. C'est sa voix qui retient l'attention du réalisateur Alain Resnais qui lui demande d'être le narrateur des *Herbes folles* (2009). On le retrouve au cinéma en marquis des Arcis, calculateur et froid, double crédible de Valmont dans *Mademoiselle de Joncquières* (2018), d'Emmanuel Mouret. Mais finalement dupé par celle qu'il croyait prendre. Le comédien a élargi son registre, mais ne perd pas l'essentiel, sa légèreté, son idée à lui de l'élégance.

Autres films notables :
Le Bison (et sa voisine Dorine) (2002), d'Isabelle Nanty ;
Mensonges et trahisons, et plus si affinités… (2004), de Laurent Tirard ;
La Lutte des classes (2019), de Michel Leclerc.

JOSIANE BALASKO
(NÉE EN 1950)

En 2023, revenant sur ses débuts, lors d'une rencontre avec des jeunes gens, Josiane Balasko confie : « Je ne me sentais ni belle ni laide, moyenne. Mais je fais un métier où l'apparence est souvent importante, surtout pour une femme. Je croisais des garçons qui n'avaient pas un physique terrible et qui réussissaient à travailler. Je me suis demandé pourquoi ça ne serait pas possible pour les filles. Et je me suis dit : "Je vais devenir vedette." » Une centaine de films plus tard, on ne saurait dire si Josiane Balasko est une vedette, mais à coup sûr elle est une étoile singulière qui a réussi briller dans un ciel qui n'appartient qu'à elle.

Quand elle paraît au cinéma, de façon mémorable, elle est encore une parmi d'autres dans la bande de branquignoles du Splendid. C'est elle la dame coincée dans l'ascenseur du *Père Noël est une ordure* (1982), de Jean-Marie Poiré. Une dame très dadame, sévère présidente de l'association SOS Détresse Amitié. Qui, pour supporter son incarcération dans l'ascenseur, pioche dans les cadeaux de Noël qu'elle destinait à ses neveux, entre autres une petite trompette en plastique qu'elle utilise pour appeler à l'aide et dont elle abuse à crever les tympans.

On ne l'appelle pas encore la Balasko, mais elle semble bien engagée dans une carrière de marrante, entre bonne copine à problèmes et jeune femme bourrée de complexes. En particulier dans la série des *Bronzés* (1978, 1979 et 2006), de Patrice Leconte. Mais ce serait négliger que Josiane Balasko a déjà fait un pas de côté dans le pas marrant du tout *Hôtel des Amériques* (1981), d'André Téchiné. Un itinéraire bis qu'elle va emprunter tout au long de sa filmographie. Pas une carrière parallèle pour autant, car elle a le chic pour que justement les parallèles se croisent. Cas d'espèce : *Trop belle pour toi* (1989), de Bertrand Blier. Elle y est une secrétaire « ordinaire » dont tombe raide dingue son patron (Gérard Depardieu), marié à une icône de beauté (Carole Bouquet). Elle fait parfois sourire cette femme foudroyée par une passion extraordinaire : « Je viens de faire l'amour pendant trois heures, trois heures inoubliables, j'en ai encore des crampes nerveuses. » Mais confrontée à sa somptueuse rivale, elle lui murmure, au bord des larmes, à propos de leur amour partagé : « Vous ne pouvez pas me le prêter encore un petit peu, il est bien avec moi. » Balasko tragédienne ? On l'entendrait bien répondre, façon Bernard Blier : « Faites pas chier avec ça ! »

Bien reçu, mais permettez, madame Balasko, qu'on insiste. Certes ça continue à rigoler un max dans *La Vengeance du serpent à plumes* (1984), de Gérard Oury, ou dans les films qu'elle réalise elle-même : *Sac de nœuds* (1985), *Les Keufs* (1987) et surtout *Gazon maudit* (1995), où elle campe Marie-Jo, une lesbienne tendance camion hilarante.

Certes, donc, mais pas que. Par exemple, dans *Cette femme-là* (2003), de Guillaume Nicloux, où elle joue une flic dépressive qui ne surmonte pas la mort de son fils. Ou encore, toujours pour Guillaume Nicloux, *La Clef* (2007), où elle est très active en ange noir au cœur d'une sombre machination.

Avec *Tout le monde n'a pas eu la chance d'avoir des parents communistes* (1993), de Jean-Jacques Zilbermann, Josiane Balasko emmêle avec délice tous ses pinceaux. Dans cette fantaisie sur les petits matins dont certains espéraient, dans les années 1950, qu'ils chanteraient « L'Internationale », elle est Irène une militante communiste mariée à un petit commerçant de droite (« un fasciste », dit Irène). Pas tout à fait une composition pour Josiane Balasko, née dans une famille de prolos d'origine yougoslave. La vie d'Irène est plus que chamboulée par l'arrivée dans sa banlieue des Chœurs de l'Armée rouge. D'où un intense ballet

« soviétique » d'une rare drôlerie : travestie en popov, Irène tape allégrement de la botte en la joyeuse compagnie de ses nouveaux « camarades ». Le visage de Josiane Balasko est alors une merveille de bonheur radieux, comme celui d'une gamine qui imagine la révolution à venir comme une opérette enchantée. N'était un petit caillou dans la chaussure de la comédie : Irène est rescapée des camps nazis. Josiane Balasko est grandiose d'humanité pour faire passer le message : vive la vie quand on est revenu de la mort.

Autres films notables :
Les Frères Pétard (1986), d'Hervé Palud ;
Une nuit à l'Assemblée nationale (1988),
de Jean-Pierre Mocky ;
Grâce à Dieu (2019), de François Ozon.

JEANNE BALIBAR

(NÉE EN 1968)

Quand Jeanne Balibar était gamine, à la voir déambuler dans un état assez puissant d'excentricité, ses parents, Françoise et Étienne, tous deux universitaires renommés, s'inquiétèrent pour son avenir : leur fille sera ou folle ou actrice. Jeanne Balibar est devenue actrice, avec ce que cela comporte de folie.

Délaissant des études très supérieures (Normale Sup, etc.), elle choisit la vie d'artiste. D'abord au théâtre. À l'été 1993, elle est remarquée au festival d'Avignon dans le rôle d'Elvire du *Dom Juan* de Molière. Mais le cinéma lui fait les yeux doux en la personne de Mathieu Amalric. Ensemble, ils feront des enfants et des films qui sont une autre manière d'avoir des enfants. En 1997, dans *Mange ta soupe*, tragédie familiale métamorphosée en comédie burlesque, elle est « la fille », aucun des personnages n'ayant de nom ou de prénom, jeune maman bouleversante de maîtrise et de fragilité. En 2002, dans *Le Stade de Wimbledon*, elle est la narratrice et la belle errante, un personnage hautement littéraire dans la ville italienne de Trieste, hantée entre autres par le fantôme de James Joyce. Sa voix de basse est aussi obsédante que sa silhouette de longue dame brune. On dirait Barbara et ça tombe bien puisqu'en 2017 elle est Barbara, dans *Barbara*, toujours de Mathieu Amalric, tellement ressemblante jusqu'au moindre geste, et si différente pourtant par sa façon très personnelle d'interpréter la célèbre interprète.

Mais Jeanne Balibar existe ô combien sans Mathieu Amalric. La plupart du temps du côté du cinéma d'auteur et non des moindres. *Fin août, début septembre* (1999), d'Olivier Assayas, *Va savoir* (2001), de Jacques Rivette, ou *Ne touchez pas la hache* (2007), du même Rivette. Et commissaire de choc dans *Les Misérables* (2019), de Ladj Ly.

On guettait Jeanne Balibar quand, passant à la mise en scène, elle se dirige elle-même. En priorité dans *Merveilles à Montfermeil* (2019), une utopie urbaine qui se situe, dit-elle, dans un « endroit délaissé voire martyrisé par la République, mais qui n'est pas dépourvu d'une réalité enchanteresse ». Mission bellement accomplie pour cette fable qui, entre autres bontés, préconise la sieste obligatoire pour les habitants de Montfermeil ainsi qu'une journée du kilt... Fée d'une troupe d'excentriques, Jeanne Balibar nous enchante en slalomant entre comédie, gravité et militantisme bienveillant. Jeanne Bali-bazar. Vivement la suite !

Autres films notables :
Trois Ponts sur la rivière (1999), de Jean-Claude Biette ;
L'Idiot (2009), de Pierre Léon ;
Memoria (2021), d'Apichatpong Weerasethakul.

MIREILLE BALIN

(1909-1968)

Dans *Pépé le Moko* (1937), un sublime film d'avant-guerre signé Julien Duvivier, et que beaucoup ont oublié, elle voyageait avec son vieil amant, Charles Granval, dans un palace du port d'Alger, entourée de valises, comme prête à tout lâcher pour suivre un grand amour si d'aventure elle le rencontrait. Justement, elle visite la casbah dont Pépé le Moko (c'est Gabin), un caïd du milieu, ne sort jamais pour cause de police qui le recherche mais en vain tant les gens le protègent. Il faut le faire sortir, elle va servir d'appât. Elle le croise dans les ruelles, lui tape dans l'œil et sera cause de sa perte. Elle repart sans rien savoir, avec ses bijoux clinquants, ses robes de grand couturier et ses valises inutiles. Lui, descendu au port pour la revoir, puis traqué, s'ouvre le ventre au coutelas. Fin du film. Elle est belle, maléfique, Mireille Balin, de cette beauté d'ancien mannequin dont la poudre de riz adoucit le visage, celui d'une actrice qui ne fut pas la plus mythique ni la plus talentueuse mais à qui le destin offrit une immense renommée dans les années 1930. Pour un modèle (de chez Patou), jouer les vamps fait partie du défilé, elle y exhibe ses accessoires vestimentaires et un air détaché de femme fatale qu'on lui retrouve chez Grémillon dans *Gueule d'amour* (1937), toujours avec Gabin, mais en spahi un peu gauche cette fois. Elle y est moins sophistiquée, plus dégourdie, plus spontanée, elle éclate de rire sans craindre pour son rouge à lèvres et même s'y montre odieuse (scénario oblige) au point que Gabin finit par lui serrer le kiki. Première issue tragique mais là on est encore à l'écran.

Elle a joué chez Genina, Becker, même Delannoy. Elle a écouté Tino Rossi chanter dans sa salle de bains d'autant plus facilement qu'elle partageait sa vie. Elle a été la Dulcinée de Chaliapine dans le *Don Quichotte* (1933), de Pabst. Bref, pas grand-chose à part les deux gros morceaux cités plus haut.

Pendant l'Occupation, patatras !, la voilà qui s'éprend d'un jeune officier de la Wehrmacht. La Libération arrive, ils seront capturés à Monaco par des FFI revanchards, lui, remis aux Américains, elle, après avoir été violée et rouée de coups, est emprisonnée, puis libérée sans avoir été condamnée. Ensuite, le milieu du cinéma se détourne d'elle. Elle ne s'en remettra pas. Solitude, alcoolisme, dépression, misère : à sa mort, à 59 ans, elle qui avait possédé de superbes appartements parisiens du temps de sa splendeur, évitera de peu la fosse commune (grâce à l'association La Roue Tourne), au terme d'un itinéraire contrasté l'ayant conduite en si peu de temps des douceurs du paradis aux foudroiements de l'enfer.

Autres films notables :
Macao, l'enfer du jeu (réalisé en 1939, sorti en 1942), de Jean Delannoy ;
Menaces (1940), d'Edmond T. Gréville ;
Dernier Atout (1942), de Jacques Becker.

BRIGITTE BARDOT
(NÉE EN 1934)

B.B. Le simple énoncé de ces initiales suffit pour allumer la lumière du projecteur. B.B., c'est évidemment, universellement, Brigitte Bardot. Serge Gainsbourg, un de ses amoureux, ne s'y trompa pas quand, en 1968, il chanta « Initiales B.B. », titre qui, par-delà les mots, suggérait une foultitude d'images sans qu'il soit besoin de les montrer. L'album photo est en effet pléthorique. Des centaines de couvertures de magazines, des milliers de portraits, plus ou moins consentis, de celle qui fut un temps la femme la plus photographiée du monde. Jusqu'à la suffocation, parfois. Louis Malle, en 1962, avec *Vie privée*, en fit une fiction en miroir. L'histoire de Jill, une jeune star de cinéma traquée par les photographes de la presse à sensation. Dans l'éclair des flashs, le dénouement sera tragique.

Vie privée, vie publique. Pour Bardot la confusion fut totale et surmédiatisée : ses fiestas dans son refuge tropézien de La Madrague, ses mariages (Vadim, Jacques Charrier, Gunther Sachs), ses amants magnifiques (Jean-Louis Trintignant, Sami Frey, Sacha Distel...), son fils unique, Nicolas Charrier, né en 1960 et dont la garde lui fut ultérieurement confisquée. La chronique rapporte que des sommes colossales furent promises au « reporter » qui parviendrait à s'introduire dans la chambre de son accouchement. Sans parler des insultes ignobles, des crachats dans la rue, des agressions de bigots qui la traitaient de ce qu'elle n'était pas. C'est difficilement imaginable, un tel déchaînement de passions, faussement bienveillantes ou vraiment haineuses. Le documentaire de Jacques Rozier intitulé explicitement *Paparazzi* (1964), réalisé en marge du tournage du *Mépris* (1963), de Godard, en donne un aperçu terrifiant. Lunettes noires, perruque brune, pas une sortie en dehors du plateau, pas une minute de repos qui soit une minute de répit.

Le Mépris, donc. S'il n'y avait pas eu Godard ? On se pose la question en parcourant une filmographie importante (une trentaine de titres de 1952 à 1973, date de son retrait volontaire) mais où ne se bousculent pas les chefs-d'œuvre. Même *Et Dieu... créa la femme* ? Oui, même ce film « à scandale » qu'on regarde aujourd'hui moins comme une fiction que comme un documentaire de Vadim sur sa jeune épouse en train de le quitter. Godard est un des rares qui, en la baptisant Camille, sut cadrer B.B. comme elle était – la plus belle fille du monde –, mais aussi la décadrer vers un quant-à-soi intrigant, tour à tour mélancolique et rieur. « Je te méprise, dit-elle à Paul (Michel Piccoli), son époux quasi-proxénète, mais je ne te dirai jamais pourquoi. » Et aussi envoyant bouler Prokosch (Jack Palance), caricature de producteur hollywoodien macho : « Remonte dans ton Alfa, Roméo. » Bardot la drôlesse, que l'on avait adorée en 1959 dans *Babette s'en va-t-en guerre*, de Christian-Jaque, et qu'on adule en 1965 dans *Viva Maria !*, de Louis Malle. Summum de cette fantaisie au gré de ses chansonnettes hédonistes et loufoques : « Nue au soleil », « Ay que viva la sangria », « C'est rigolo ».

Comme une épine dans le pied qui meurtrit l'admiration, il y a ce que Bardot devint : certes, son combat honorable pour la cause animale, mais aussi ses idées brunes, un penchant certain pour l'extrême droite. Malaise, c'est le moins qu'on puisse dire. Jane Birkin, qui fut sa partenaire lesbienne dans *Don Juan 73, ou si Don Juan était une femme* (1973), de Vadim, prit sa défense dans un entretien délicat avec Laure Adler, diffusé sur France Culture en 2007 : « Elle fut malmenée par les hommes prudes et les femmes vertueuses. Ce n'est pas un cadeau d'être née aussi extraordinairement belle, libre et libertine. Je crois qu'on la juge trop cruellement pour ses égarements antipathiques. Brigitte est un drôle de petit animal, qui a décidé de défendre les animaux et de détester les humains. Les gens ne sont jamais exactement ce qu'on pense d'eux. »

Qui est donc B.B. lorsque, à l'instar de Jane Birkin on diffracte notre vision par-delà l'actrice et la femme égarée ? Une légende, un mythe, une icône érotique, bien sûr. Mais aussi, une ritournelle entêtante, un murmure délicieux qui donne envie de se jeter à ses pieds. Dans un film de Michel Boisrond de 1959, elle demandait : « Voulez-vous danser avec moi ? » Avec délice, Brigitte chérie ! Jusqu'au bout de la nuit.

Autres films notables :
En cas de malheur (1958), de Claude Autant-Lara ;
La Vérité (1960), d'Henri-Georges Clouzot ;
Histoires extraordinaires (1968) – sketch « William Wilson », de Louis Malle.

JEAN-MARC BARR
(NÉ EN 1960)

C'est le film d'ouverture du festival de Cannes en 1988. *Le Grand Bleu*, troisième long métrage du réalisateur Luc Besson, est le film d'une génération, qui révèle un acteur totalement inconnu dans le rôle principal, celui de Jacques Mayol, homme-poisson, capable de défier les grandes profondeurs et de battre des records. Et quelle incarnation ! L'inconnu s'appelle Jean-Marc Barr, et il a déjà un incroyable charisme. Avec ses 10 millions d'entrées, *Le Grand Bleu* offre à Jean-Marc Barr une incroyable plate-forme d'envol vers le cinéma grand public. Surprise, ce n'est pas du tout la direction qu'il emprunte, préférant se coltiner le cinéma d'auteur rugueux du Danois Lars von Trier, dans *Europa* (1991), grâce, entre autres, à sa maîtrise de l'anglais, héritage de son père, militaire américain. Une complicité se noue entre les deux hommes, le réalisateur se régalant peut-être de ce jeune homme faussement lisse capable de cacher une grande violence. Ensemble, ils tourneront sept films qui feront la part belle à l'acteur, pas toujours dans des premiers rôles, qui semble nous donner tacitement rendez-vous de film en film.

Jean-Marc Barr ne néglige pas pour autant le cinéma français, mais pas n'importe lequel. Il est Philippe, chef d'entreprise arrogant, frère de Gérard Lanvin, dans *Le Fils préféré* (1994), de Nicole Garcia ; Didier, l'ancien amant de Gilbert Melki, dans *Crustacés & Coquillages* (2005), d'Olivier Ducastel et Jacques Martineau ; ou encore Nigel, ex-mari de Chiara Mastroianni, dans *Non ma fille tu n'iras pas danser* (2009), de Christophe Honoré.

Une filmographie sélective, dont il peut s'enorgueillir, qui va jusqu'à faire une apparition remarquée en réalisateur cassant dans *Garçon chiffon* (2020), de Nicolas Maury.

Autres films notables :
Le Brasier (1991), d'Éric Barbier ;
Dancer in the Dark (2000), de Lars von Trier.

JEAN-LOUIS BARRAULT

(1910-1994)

Avant le théâtre, il a failli faire comptable, a vendu des fleurs (prémices des « chers petits mimosas » de *Drôle de drame*), puis été pion à la Daudet au lycée Chaptal, à Paris. Qui dit pion, dit chahut. Existe-t-il des films où l'enfant qui est en lui ne fasse pas des siennes ?

Dans *Jenny* (1936), de Marcel Carné, il fréquente la boîte de nuit chic de Françoise Rosay en roulant sa bosse, une vraie excroissance dorsale : c'est à cause d'elle qu'on le surnomme le dromadaire. Jean-Louis n'en avait pourtant nul besoin pour se faire remarquer. Dans *Drôle de drame* (1937), de Marcel Carné, il surgit en William Kramps, tueur de bouchers au vélo encombrant qui, avant de la trouver vieille, en pince un moment pour Françoise Rosay devant laquelle il plonge tout nu dans un bassin fétide... Deux jours à répéter dans cette eau croupie et il contracte un champignon entre les doigts de pied. Il prétendra plus tard que la démangeaison occasionnée l'a aidé à interpréter un second tueur cette année-là, le fanatique dostoïevskien dans *Le Puritain* (1937), de Jeff Musso, où l'agitation saccadée de tout son corps est magistrale. De cette période nait son air halluciné de chevalier à la triste figure qu'il affichera souvent.

Il est plus rare qu'on lui confie des rôles de doux rêveur, comme l'ont fait René Guissart et Yves Mirande dans *À nous deux, madame la vie* (1937), ou Marc Allégret dans *Les Beaux Jours* (1935), le film de la génération d'avant *Rendez-vous de juillet* (1949), de Jacques Becker, ou qu'on obtienne de lui une composition sobre, comme pour la biographie, de 30 à 75 ans, d'Henri Dunant, l'inventeur de la Croix-Rouge, dans *D'homme à hommes* (1948), de Christian-Jaque. Cette simplicité, pourtant, lui réussit mieux que son rôle d'exalté chez Delannoy (*La Part de l'ombre* [1945]), ou encore son Berlioz à l'air crispé de *La Symphonie fantastique* (1942), de Christian-Jaque, tout comme son Bonaparte du *Destin fabuleux de Désirée Clary* (1942), de Sacha Guitry.

Barrault, c'est par-dessus tout le théâtre, sa troupe (qui est aussi celle de sa femme, Madeleine Renaud) pendant des dizaines d'années. Le cinéma est fort éloigné de ce qu'il produit sur les planches comme metteur en scène et comme acteur sans qu'il l'ait délaissé pour autant. Était-il bon acteur à l'écran ? C'était selon. Il donnait en tout cas l'impression qu'il s'amusait à décortiquer ses rôles en même temps qu'il les jouait. Une scène de *Mademoiselle Docteur* (1937), de Georg Wilhelm Pabst, où il vient acheter un melon dans la boutique de Louis Jouvet, qui l'invite à le choisir lui-même, est un régal. On y assiste à une délectable surenchère de courtoisie réciproque. Puis l'action repart…

Sa plus fabuleuse interprétation, c'est bien sûr le mime Baptiste des *Enfants du paradis* (1945), de Marcel Carné, où ses pantomimes sont des chefs-d'œuvre et ses regards jaillis de son visage enfariné parmi les plus vifs qui soient, joyeux ou mélancoliques, langoureux ou jaloux. Il y est génial, drôle, bouleversant. Son jeu bénéficie de sa minceur, de la souplesse caoutchouteuse d'un corps hyperentraîné, mais aussi d'une sensibilité affûtée par la fréquentation des grands classiques. Ce corps dont il brusque les gestes et ce visage qu'il fait grimacer.

Il peut dégager une profonde émotion ou en faire des tonnes, comme on peut le constater dans *Le Testament du docteur Cordelier* (réalisé en 1959, sorti en 1961), sorte de *Docteur Jekyll et Mr. Hyde* à la française où Barrault joue à la fois le rôle du bon et celui du méchant. Malgré tout un Jean Renoir très faiblard. Comme si le dromadaire donnait tout quand le scénario lui plaisait, et laissait filer lorsqu'il doutait. Mais, dans ses compositions les plus réussies, il n'oubliait jamais cette petite part de mystère que les enfants, dans leur soif d'absolu et leurs petits mensonges, appellent la vérité vraie.

Autres films notables :
Hélène (1936), de Jean Benoit-Lévy ;
La Cité de l'indicible peur (aussi intitulé
La Grande Frousse, 1964), de Jean-Pierre Mocky ;
La Nuit de Varennes (1982), d'Ettore Scola.

SYLVIA BATAILLE

(1908-1993)

N'eût-elle prononcé que cette unique phrase dans sa vie de comédienne qu'elle n'en aurait pas moins été assurée de la postérité. Cette petite phrase toute simple : « Moi, j'y pense tous les soirs », est en même temps bouleversante. Elle est prononcée par Henriette, l'adolescente venue passer un dimanche avec ses parents sur les bords du Loing. L'été, le pique-nique, la balançoire, l'approche de l'orage qui met les nerfs à vif. Tristesse d'un regard et lyrisme des sentiments. Dans un bosquet près de la guinguette, à l'heure de la sieste, elle découvre le trouble de la première fois et elle reverra ce partenaire d'un jour quelques années plus tard en le croisant au même endroit. Elle s'est mariée entre-temps avec Anatole (Paul Temps), son promis, un balourd poussé par les parents d'Henriette, elle a un enfant et, quand elle murmure cette phrase terrible, s'étale devant nous toute une vie gâchée irrémédiablement. Nous sommes au XIXe siècle, celui de Maupassant, l'auteur des deux nouvelles dont le film s'inspire, il n'est pas question de divorcer d'avec ce crétin, et la douceur cruelle avec laquelle elle révèle cet échec intime est rendue plus déchirante encore par la mélodie de Kosma, mêlée à cette nature champêtre au bord de l'eau. On ne se rappelle pas la baliverne que lui sort Henri (Georges Darnoux), l'amoureux occasionnel, mais on n'oublie pas la petite voix étranglée de Sylvia Bataille pour cet adieu définitif à la sensualité : « Moi, j'y pense tous les soirs… » C'est rien, juste un demi-sanglot, ça s'appelle *Partie de campagne*, cela date de 1936[1], Jean Renoir, en état de grâce, n'a jamais fait mieux.

Magie du cinéma et d'une jolie brune, Sylvia Bataille, née Maklès, épouse de l'écrivain Georges Bataille puis du psychanalyste Jacques Lacan, et qui n'a pas fait mieux, elle non plus. Avant ce fragile moment d'innocence qui chavire, on l'avait remarquée dans *Jenny* (1936), le premier film de Marcel Carné, jouant une artiste qui reste pure, et dans *Le Crime de M. Lange* (1936), de Renoir, déjà, juste avant *Partie de campagne*, en dactylo et maîtresse de Jules Berry.

Intelligente et cultivée, soucieuse d'être respectée, elle tenait à discuter des scénarios d'égal à égal avec Renoir. Mais le réalisateur, lui, semble l'avoir engagée non pas tant pour la « lancer » que pour faciliter entre eux des préliminaires en harmonie avec le climat érotique du film. Peine perdue. Après s'être fâché avec elle, il abandonne tout espoir de satisfaction amoureuse ainsi que le tournage (aussi parce qu'il va préparer *Les Bas-fonds*, son film suivant) et n'a plus jamais voulu entendre parler ni d'elle ni du film, oublieux qu'elle lui avait fait cadeau du regard-caméra le plus triste du monde. C'est Marguerite Renoir, monteuse et compagne du cinéaste, qui a assuré les finitions de ce moyen métrage, qui n'a de moyen que la durée.

Après quelques films qui n'ont pas compensé un tel gâchis, Sylvia Bataille lâche le cinéma à l'âge de 38 ans.

Autres films notables :
Vous n'avez rien à déclarer ? (1936), de Léo Joannon ;
L'Affaire du courrier de Lyon (1937),
de Maurice Lehmann et Claude Autant-Lara ;
L'Enfer des anges (réalisé en 1939, sorti en 1941),
de Christian-Jaque.

1. Pour la réalisation. Le film ne sortira qu'en 1946.

HARRY BAUR
(1880-1943)

Un acteur français, soupçonné d'être Juif, qui disparaît en 1943, il est à craindre que ce ne soit pas de mort naturelle. Quand vient la Deuxième Guerre mondiale, Baur a 60 ans, sa vie se met à ressembler aux tragédies des années 1930 qu'il a illuminées de sa bougonnerie et de son calme : traîtrise d'un proche qui le dénonce aux nazis, arrestation, interrogatoires, tortures qui finissent par lui coûter la vie. Abominable assassinat d'un immense comédien, le plus grand peut-être des années 1930.

Tout était surdimensionné chez lui : la carrure, le cerveau, le talent. Harry Baur avait les épaules pour passer du Jean Valjean des *Misérables* au juge Porphyre de *Crime et Châtiment*, du capitaine Mollenard au commissaire Maigret, sans jamais se départir d'un aspect rugueux conduisant parfois à la colère. Conscient que son physique en imposait, il étrécissait son regard, où se coulaient parfois, des éclairs de compassion. Il y a de quoi s'émerveiller devant ce personnage si divers, jouant des contrastes, contemporain d'un Raimu, autre trapu, mais lui terriblement expansif.

Notre Jean Valjean est donc un colosse. Quand, pour libérer le conducteur, il glisse sa forte charpente sous l'essieu de la carriole, dans les *Misérables* (1934), de Raymond Bernard, on est impressionné. On l'est tout autant par la manière qu'il a de planter son regard, sans mot dire, dans celui de Mgr Bienvenu qui le défend d'avoir dérobé son argenterie. Avec ce visage méfiant dont les sourcils se froncent, Baur est un gaillard taciturne, renfermé, qu'on aurait dit taillé dans du granit. Il mange, il boit, mais sa pensée est loin. Son sourire est rare, ses gestes sont lents et, s'il doit crier, il crie à peine. Mais il y a cette prunelle qui brille derrière la fente des paupières. Une prunelle d'un bleu dédaigneux, qui tout à coup se décide à vous sourire ou non, à vous faire confiance ou non. Et qui se referme à jamais s'il la croit trahie. Au temps du muet déjà, l'acteur japonais Sessue Hayakawa pratiquait la même technique d'impassibilité.

Dans *Un grand amour de Beethoven* (1937), d'Abel Gance, Ludwig s'aperçoit qu'il devient sourd. Occasion pour Gance de mêler hallucinations sonores, cloches, stridences à des bruits de la nature, et pour Baur, son interprète, d'exprimer la souffrance, la plongée dans la nuit. Beethoven/Baur travaille chez lui quand un orage éclate : le voici au piano, dans un état second, sous la colère des dieux, à n'inventer rien de moins que la « Symphonie pastorale ». Le montage audacieux, ultra-rythmé d'Abel Gance alternant entre le visage inspiré du compositeur en pleine inventivité et le déchaînement des cieux offre un spectacle grandiose qui évoque bien l'extrait correspondant de la « Pastorale » de Ludwig van Beethoven. D'Harry Baur, Gance obtient ce qu'il attend : la force, l'intensité, le frémissement de la crinière. L'acteur y ajoute une idée, géniale : l'extase. En récupérant l'ouïe le temps de la création, il *sourit*, et c'est toute la différence. Un peu de démesure fait du bien, parfois.

L'inattendu aussi. Baur s'est amusé en composant un prêtre non-conformiste dans *Un carnet de bal* (1937), de Julien Duvivier, et aussi l'armateur de *Volpone* (1941), de Maurice Tourneur, qui passe des jours au lit en feignant d'être mort, histoire de vérifier la cupidité d'autrui. La mort, déjà. Mais les yeux grands ouverts. Enfin, malgré son air de chevalier à la triste figure, Harry Baur aime ironiser et se moquer du monde. Son personnage de capitaine de cargo hilare à bord mais sinistre chez lui, dans *Mollenard* (1938), de Robert Siodmak, lui en donne l'occasion. Lorsque cet écumeur des mers ramène son bateau à son port d'attache, les notables l'attendent à la sortie de la coupée. Mais il abrège grossièrement la réception, et quand sa femme, la très bigote Gabrielle

Dorziat lui souffle : « Embrassez-moi, voyons ! », il répond aussi sec : « Plutôt crever ! » Tenir tête : cette devise de Mollenard s'applique aussi à Baur lui-même. Aussi les tortionnaires nazis ont-ils veillé à ce que sa voix si noble et si fière se taise à jamais.

Autres films notables :
David Golder (1931) et *La Tête d'un homme* (1933),
de Julien Duvivier ;
Samson (1936), de Maurice Tourneur.

NATHALIE BAYE

(NÉE EN 1948)

Deux cinéastes majeurs de la nouvelle vague vont compter dans la filmographie de Nathalie Baye : Jean-Luc Godard et François Truffaut. Tous deux en la faisant jouer dans des seconds rôles.

En 1973, jeune débutante, elle est retenue, pour son deuxième film dans *La Nuit américaine*. Elle est Joëlle, scripte dévouée du réalisateur Ferrand, interprété par Truffaut lui-même. Tout autant secrétaire, assistante et même souffre-douleur, Joëlle suit Ferrand partout, répondant si possible à ses moindres caprices. Dans ce film qui, comme son titre l'indique, consiste à faire au cinéma la nuit en plein jour, elle est un soleil chaleureux, quoique mauvaise conscience du « tyrannique » et angoissé Ferrand. Dans *L'Homme qui aimait les femmes* (1977), du même Truffaut, elle n'est plus qu'une voix off, celle de l'opératrice du réveil téléphonique. Dans *La Chambre verte* (1978), elle est de nouveau une voix, mais cette fois nettement moins fantomatique quoique quasiment d'outre-tombe. Celle de Cecilia une jeune femme très brune qui pactise avec un veuf dans son étrange culte de sa défunte épouse. Gardienne du temple funéraire, elle est aussi la dernière lueur de vie et de vitalité rebelle dans un biotope étouffant où l'au-delà prend le pas sur les existences. Nathalie Baye y voyage avec élégance et puissance.

Godard, le meilleur ami-ennemi de Truffaut, en prit probablement note dans son calepin mental. En 1980, il lui propose un rôle dans *Sauve qui peut (la vie)*. Elle y est Denise Rimbaud, la compagne de Paul (Jacques Dutronc), réalisateur de télévision dépressif et macho. Pour le fuir, elle file à vélo dans un paysage de montagnes au bord du lac Léman. Godard cadre longuement ses déhanchements et sa chevelure au vent. Ces scènes à bicyclette expriment à la fois le malaise du film et sa libération : sortir en quatrième vitesse et à la force du mollet du cul-de-sac d'une emprise masculine. Lors d'une de ses nombreuses engueulades avec Paul, Denise déclare : « Je peux penser ! Pourquoi tu veux toujours penser à ma place ? » Nathalie Baye est comme une fugueuse anarchiste et délicatement féministe. Sur son vélo, radieuse, elle sourit. En 1985, elle est chez Godard, de nouveau, pour *Détective*, cette fois dans un rôle très principal : Françoise Chenal, femme d'un affairiste mafieux (Claude Brasseur). Johnny Hallyday y est l'imprésario d'un boxeur. C'est Nathalie qui a amené Johnny, son compagnon du moment, à Jean-Luc, et elle a bien fait ! Très rare au cinéma, Hallyday y est taciturne, infrangible, idéalement mystérieux.

Dans les années précédentes, quelques succès commerciaux ont rendu Nathalie Baye célèbre, comme *La Balance* (1982), de Bob Swaim, ou *Le Retour de Martin Guerre* (1982), de Daniel Vigne. On peut la préférer, ultérieurement, dans *Un week-end sur deux* (1990), premier film de Nicole Garcia, portrait d'une mère folle de ses jeunes enfants au point de les entraîner dans une cavale démente. Grâce à Nathalie Baye, possédée, obsédée, foutraque, on comprend qu'on a parfois raison d'avoir tort. Et aussi dans *Si je t'aime… prends garde à toi* (1998), de Jeanne Labrune, en femme déterminée et sûre de ses désirs, ou, la même année, dans *Les Bureaux de Dieu*, de Claire Simon, en tendre conseillère du planning familial. Et encore, comique à souhait, dans *Vénus beauté (Institut)* (1999), de Tonie Marshall.

Et, à son plus haut point, dans *Juste la fin du monde* (2016), de Xavier Dolan. Dans cette chronique d'un chaos familial augmenté par le retour d'un fils qui va mourir du sida, Nathalie Baye est mère courage autant que *mater dolorosa*, tour à tour digne et indigne, hurlante et mutique. Ce n'est pas une performance, c'est du grand art.

Autres films notables :
La Communion solennelle (1977), de René Féret ;
Visage (2009), de Tsai Ming-Liang ;
Les Gardiennes (2017), de Xavier Beauvois.

LEÏLA BEKHTI

(NÉE EN 1984)

En 2019, à la fin d'un entretien dans le magazine *Vanity Fair*, Leïla Bekhti confiait à son interlocutrice : « On a parlé d'une façon que tu pourrais presque croire impudique mais ne t'y trompe pas : je ne t'ai rien dit. Je ne t'ai absolument rien dit. » Une assertion à double face : d'une part, c'est le signe que l'actrice, quoique jeune, a parfaitement intégré les principes fondamentaux de son métier, entre non-dits et faux semblants ; d'autre part, plus surprenant car aux antipodes de cet art de la dissimulation, on lit, sans doute parce que le plain-pied lui sied, qu'elle tutoie, pas seulement son interviewеuse du moment, mais plus largement nous tous et toutes, son public, qui pourtant ne la connaissons qu'à travers le reflet de ses films. À l'aune de cette familiarité, Bekhti est en effet comme une jolie fille d'à côté qu'on pourrait croiser au coin de la rue, les bras chargés de courses achetées au Franprix. Si la rencontre virait à la collision, on s'excuserait, confus et désolé, on l'aiderait à ramasser son bazar. Une bonne occasion aussi de faire, métaphoriquement, le tri. Alors, Leïla, fais voir ce que tu transportes dans le cabas de ta vie.

Une enfance dans quelques banlieues parisiennes populaires. Collège, lycée, bac littéraire. Ensuite, en quatrième vitesse, actrice de premier plan. Elle a 21 ans quand elle décroche un rôle principal dans *Sheitan* (2006), de Kim Chapiron. Leïla devient Yasmine, une fille déterminée qui se débat dans ce thriller horrifique. D'autres prénoms arabes vont suivre, parfois pour tenter de la figer dans la pose de la ravissante Maghrébine de service, une réduction que subissent bon nombre de ses collègues masculins, par exemple, Roschdy Zem, dont le portrait médiatique pendant des lustres commençait toujours par : « Un acteur français d'origine marocaine. »

Leïla Bekhti n'est pas du genre à renier ses racines algériennes, familiales, culturelles ou religieuses, mais on sent qu'au cinéma elle n'en a cure. Le grand public la découvre en 2010 dans *Tout ce qui brille*, de Géraldine Nakache et Hervé Mimran, où elle est Lila, une banlieusarde noctambule que la bamboche parisienne fait rêver. Gros succès qui la propulse vers d'autres films populaires : *La Lutte des classes* (2019), de Michel Leclerc, et surtout *Le Grand Bain* (2018), de Gilles Lellouche, rare exemple en France d'une comédie qui ne nous prend pas pour des imbéciles. Elle y joue Amanda, ex-championne de natation foudroyée par une hémiplégie, qui sert d'entraîneuse à une bande de zigues dépressifs guignant la rédemption à l'occasion d'un championnat de nage synchronisée. Bagout, invectives et parfois méchant coup de latte sur le cul des feignasses, Amanda est une figure tyrannique qui n'oublie pas d'être hilarante, surtout quand elle se moque de sa tyrannie.

Coup sur coup, deux rôles vont l'accroître : celui d'une fille de fellaga dans *L'Instinct de mort* (2008), de Jean-François Richet, et surtout celui de Djamila dans *Un prophète* (2009), de Jacques Audiard. Le seul rôle féminin d'importance face à une escouade d'hommes viriloïdes. En femme de taulard, elle s'impose et en impose. Dès lors, Leïla Bekhti persévère et excelle dans des drames sociaux : *Une vie meilleure* (2012), de Cédric Kahn, puis *Mains armées* (2012), un polar de Pierre Jolivet. Sans renoncer pour autant à nous faire hurler de rire. Elle retrouve Géraldine Nakache et Hervé Mimran pour *Nous York* (2012), où elle est une branquignole de première.

Un coup pour rire, un coup pour nous émouvoir. Dans la solitude d'un Photomaton, on imagine que Leïla Bekhti, juvénile à souhait, est une championne des grimaces mais capable aussi, soudain mature, d'assombrir son visage. Dans *Les Intranquilles*

(2021), de Joachim Lafosse, c'est cette part d'ombre qui domine. Gardant son prénom pour le rôle, elle est l'épouse d'un homme bipolaire, menacée du pire par les dérapages de son mari. Elle resplendit dans ce registre crépusculaire. On se souvient alors qu'en arabe le mot *leïla* signifie « nuit ». Bekhti, belle de jour, Leïla, reine de la nuit.

Autres films notables :
La Source des femmes (2011), de Radu Mihaileanu ;
Avant l'hiver (2013), de Philippe Claudel ;
Nous trois ou rien (2015), de Kheiron.

MARIE BELL

(1900-1985)

Elle coche toutes les cases de l'exemplarité au théâtre comme dans la vie : conservatoire de Bordeaux puis de Paris, Comédie-Française, conduite glorieuse d'agent secret sous l'Occupation, Légion d'honneur conférée par de Gaulle, une Phèdre mémorable labélisée « génie français » par Malraux, et, pour finir, directrice de théâtres. Bref, une fausse mondaine qui déteste la bourgeoisie et s'amuse à afficher une élégance exubérante en s'affublant de bijoux, bibis, bandeaux et tresses, sans oublier la gourmette d'or à la cheville, sur hauts talons.

Manque de chance, la première génération d'importance pour le cinéma parlant c'est celle des Darrieux, Presle, Morgan, qui ont 20 ans en 1940. Marie Bell en a vingt de plus. Et elle est trop marquée théâtre pour intéresser les cinéastes d'avant-garde des années 1920. Années 1930, elle se jette sur les rôles qu'on lui propose avec gourmandise. Il lui a manqué un bon agent pour trier les projets, car une sociétaire du Français ne devrait pas jouer n'importe quoi avec n'importe qui. Il y a une distance entre elle et le public du cinéma. Cette distance, c'est affaire de stature. Sa forte personnalité impressionne, ses grands yeux noirs intimident. Et surtout, son emploi de tragédienne qui en jette, si à l'aise chez Racine, Cocteau ou Claudel, ne colle pas avec le réalisme poétique à la Renoir ou à la Carné/Prévert. Son jeu est bien trop classique pour avoir attiré les grands cinéastes des années 1930, sauf tout de même Feyder, Gance et Duvivier, mais en toute petite quantité.

Dans *Le Grand Jeu* (1934), de Jacques Feyder – le chef-d'œuvre de l'actrice –, elle interprète avec éclat et subtilité le double rôle de la blonde et surtout de la brune : la blonde Florence se fiche bien de son amant (Pierre Richard-Willm), qui s'est pour elle endetté jusqu'au cou. Il part l'oublier à la Légion étrangère, mais c'est pour y retrouver son sosie en brune, Irma, serveuse esseulée, gentille mais lasse. L'idée de génie de Feyder, c'est d'avoir fait doubler la voix de Marie Bell pour Irma par une autre (Claude Marcy). Troublant mirage. Personnage en équilibre entre la vie et le songe. Interprétation magique et sommet du cinéma d'avant-guerre.

Pour Abel Gance, en 1935, elle est la riche châtelaine du *Roman d'un jeune homme pauvre*, d'après Octave Feuillet, une femme qui se méfie de ses prétendants, sûre qu'on en veut à son argent. Il faudra bien des péripéties avant qu'elle ne tombe dans les bras du jeune homme pauvre, Pierre Fresnay s'il vous plaît.

Sous l'Occupation, entre autres classiques qu'épargne la censure, de grands Balzac sont portés à l'écran : dans le *Colonel Chabert* (1943), de René Le Hénaff, elle est parfaite de duplicité et de cupidité en épouse qui n'ignore pas, alors qu'elle se remarie, que son colonel de mari porté disparu est toujours en vie. Rusée, impressionnante de calme, elle tablera sur la naïveté de cet homme et sur l'amour qu'il lui porte encore pour ne rien rétrocéder de l'argent dont elle a hérité.

C'est une valse triste qui se joue dans *Un carnet de bal* (1937), de Julien Duvivier, où elle retrouve Richard-Willm. Défile dans ce film à sketches une confrérie d'acteurs, de Jouvet à Harry Baur, de Raimu à Fernandel, en passant par Pierre Blanchar. Riche veuve en cape de renard blanc qui se penche sur son passé, Marie Bell est de tous les sketches. Que sont devenus les cavaliers de son premier bal ? Rien de fameux, selon le pessimisme qui tapisse l'œuvre de Duvivier.

On se rendra compte par la suite qu'elle a beaucoup tourné, mais surtout des films médiocres. Sa farouche vitalité s'est épanouie au théâtre, où elle jouait sur du velours. Au cinéma, elle s'est plus souvent enivrée d'âcres piquettes que de savoureux nectars.

Autres films notables :
L'Homme à l'Hispano (1933), de Jean Epstein ;
La Glu (1938), de Jean Choux ;
Phèdre (1968), de Pierre Jourdan.

JEAN-PAUL BELMONDO

(1933-2021)

C'est d'abord une coquille qui a fait Bébel. Un *b* au lieu d'un *p*. À l'origine (*circa* 1950) le jeune Jean-Paul Belmondo répond au surnom de Pépel. Parce que Pépel, c'est Jean Gabin dans *Les Bas-fonds* (1936), de Renoir, son acteur préféré.

Par un étrange glissement ce Pépel devenu Bébel s'est incrusté dans notre mémoire de cinéphiles comme le synonyme de l'homme d'action, sorte de James Bond à la française que l'acteur adorait incarner : filant sur le toit du métro, s'accrochant aux cheminées parisiennes, sautant comme un dingue entre deux immeubles, se cramponnant à une tyrolienne, ou encore se suspendant à un hélicoptère. Bébel, aux jeans pattes d'éph moulants, au blouson de cuir souple, aux gourmettes et chaînes en or, à la gouaille de titi parigot débitée à la mitrailleuse, *crac crac badaboum*, donnant le bras à l'actrice Ursula Andress, la plus belle femme du monde à l'époque, avec qui il forme un couple mythique. Bébel, *Le Magnifique*, *L'As des as*, *Le Guignolo*, *Le Marginal*, *Le Solitaire*, *L'Incorrigible*, *Le Professionnel*. Et, le premier d'entre tous, *L'Homme de Rio*, de Philippe de Broca, qui, en 1964, signe l'acte de naissance de Bébel.

Ce n'est pas tout à fait la première fois que Jean-Paul Belmondo, nouvel espoir masculin de la nouvelle vague, se frotte à un cinéma de pur divertissement. Deux ans auparavant, Philippe de Broca l'a déjà dirigé dans *Cartouche*. *L'Homme de Rio* est un vrai film d'aventures, à mi-chemin entre Indiana Jones et Tintin. Belmondo y incarne Adrien Dufourquet, un jeune troufion en permission lancé à la poursuite des kidnappeurs de sa fiancée jusqu'au Brésil. Le scénario a son lot de cascades à donner des sueurs froides : il passe d'une chambre à l'autre au vingtième étage d'un hôtel par la façade, et d'un immeuble à l'autre par une nacelle... Belmondo veut tout faire lui-même, et sans protection. Le producteur Alexandre Mnouchkine lui donne sa bénédiction, après un essai que Belmondo réussit brillamment. On notera ici que cet entêtement à faire le malin aura valu une trouille maximale à l'équipe de tournage quand la nacelle protectrice se décrocha inopinément sous les pieds de l'acteur, à trente mètres de haut. La bonne forme physique du jeune acteur, passé par la boxe, sauve la situation. Et lui donne des idées. Pour plus tard.

Pour le moment, il est encore Jean-Paul Belmondo, un jeune homme de 30 ans, enfant rebelle de la bourgeoisie parisienne qui rêvait d'une carrière de boxeur, ce qui lui vaudra ce fameux nez cassé, un charme supplémentaire, et une gueule de voyou qu'il n'est pas. Mais ses illusions se heurtent à un constat : « Pour boxer, il faut avoir faim et avoir la haine, ce n'était pas mon cas », comme il l'expliqua un jour. CQFD. Alors, il deviendra acteur.

Ses débuts au Conservatoire ne sont pas renversants. Même si sa bande (Jean-Pierre Marielle, Jean Rochefort, Bruno Cremer, Pierre Vernier, Michel Beaune) est d'un avis contraire. Ses professeurs jugent qu'« il ne pourra jamais prendre une femme dans ses bras, ce ne serait pas crédible ». La nouvelle vague tombe à pic pour ce jeune homme frondeur. Jean-Luc Godard le premier, détecte le talent du comédien, cette modernité élastique, ce physique qui ringardise d'un coup tous les jeunes premiers de son époque, cette spontanéité, qui vont comme un gant à un réalisateur déterminé à casser l'académisme du cinéma de papa. Fragile, chuchotant, hésitant, Jean-Paul Belmondo explose avec *À bout de souffle* (1960), tragique histoire d'amour, premier long-métrage de Jean-Luc Godard. Les dix années qui suivent seront fastes pour le jeune acteur qui poursuit parallèlement une carrière en Italie, en profitant au maximum de la *dolce vita.* En 1962, il rencontre Jean Gabin, son idole, qui voit en lui son dauphin, son fils spirituel : « Môme, t'es mes 20 ans », dit le vieil aubergiste Gabin au jeune singe perdu dans l'hiver normand[1]. Il retrouve Godard en 1965, pour *Pierrot le fou*. Mais, en 1969, on le sent mal à l'aise en homme trahi, passif, amoureux transi dans *La Sirène du Mississipi*, de François Truffaut. Avec ce film Belmondo tire le rideau sur la nouvelle vague, qui l'avait propulsé au firmament.

Au début des années 1970, Bébel est devenu un acteur ultrapopulaire, chéri du public français qui se rue en masse voir le dernier Belmondo. Il se régale alors dans la comédie « à la française » avec moult cascades et très belles partenaires, Jacqueline Bisset, Marie Laforêt, Laura Antonelli pour ne citer qu'elles. Il se régale avec Jean-Paul Rappeneau, Henri Verneuil ou encore Georges Lautner, qui lui donnent toutes les occasions de laisser libre cours à sa fantaisie et à sa gouaille. Verneuil dira de lui : « Il est complètement inattendu. Il fait semblant de ne pas savoir son rôle, de ne pas être préparé, et on ne peut pas le prendre en défaut, il sait parfaitement tout son texte, mais peut-être qu'au moment de foncer il a une espèce d'oubli général qui lui fait reprendre un nouveau départ. »

De loin en loin, il renoue avec le cinéma d'auteur. En 1974, il tourne *Stavisky*, sous la direction d'Alain Resnais. La mauvaise réception du film présenté au festival de Cannes lui laissera un goût amer. Mais de flic en voyou, Belmondo se lasse et le public aussi. Aussi, à la fin des années 1980, il accepte avec enthousiasme le rôle principal du film de Claude Lelouch, *Itinéraire d'un enfant gâté* (1988). Il y incarne Sam Lion, un homme d'affaires qui décide de se faire passer pour mort. Ce nouveau cap est concluant pour le comédien, couronné du César du meilleur acteur. Mais Belmondo se fout pas mal des Césars et ne vient pas chercher son prix. À l'image du patronyme que lui a inventé Claude Lelouch, Belmondo se réinvente en vieux fauve dans la dernière partie de sa carrière cinématographique, empruntant le chemin suivi par Charles Vanel, qu'il admire. Mais l'accident

1. *Un singe en hiver* (1962), d'Henri Verneuil.

vasculaire cérébral dont il est victime en août 2001 met un terme, de fait, à sa carrière d'acteur. Et ça c'est vraiment dégueulasse.

Autres films notables :
Léon Morin, prêtre (1961), de Jean-Pierre Melville ;
Cent Mille Dollars au soleil (1964), d'Henri Verneuil ;
Les Mariés de l'an II (1971), de Jean-Paul Rappeneau.

HABIB BENGLIA

(1895-1960)

Il est des vies plus pittoresques que d'autres. Fils de caravaniers musulmans, Habib Benglia est né à Oran, mais a passé son enfance à Tombouctou au Soudan, l'ancien Mali. C'est ainsi qu'en 1912, il vient livrer des dromadaires au Jardin d'acclimatation pour une reconstitution de « village nègre » (avec zoo humain à la clé), et décide de rester à Paris.

D'où l'ado tient-il la bosse du cirque ? Quoi qu'il en soit, grâce à ce don, ainsi qu'à sa gentillesse et sa débrouillardise, le voilà qui devient comédien et interprète des rôles classiques au Théâtre de la Renaissance, puis à l'Odéon. Au cinéma, on aurait pu croire que son grand rôle face à Charles Vanel dans *Daïnah la métisse* (1932), de Jean Grémillon, à l'expressionnisme éblouissant lui aurait permis de poursuivre dans cette voie royale, qu'il n'a pourtant arpentée que deux ou trois fois, notamment dans *Les Enfants du paradis* (1945), de Marcel Carné. Mais l'insuccès de *Daïnah*, déchiqueté par le producteur au point d'être dénaturé à jamais, joint à l'indifférence de professionnels peu enclins à sortir des sentiers battus ont alors cantonné Benglia dans l'emploi du Noir de service, principalement dans un genre précis : le film colonial. Pas assez africain pour des producteurs dont certains venaient d'Afrique du nord. Sans doute auraient-ils voulu le confiner dans des silhouettes de joueur de tam-tam sur les rives du Niger ou de Tarzan du pauvre, alors qu'en 1914 il a servi son pays, bien que sans aller jusqu'à mourir au champ d'honneur. Sa belle voix grave résonne ensuite dans une soixantaine de petits rôles, le plus souvent inintéressants. Il s'en console en faisant l'homme de spectacle complet, dansant, mimant, faisant l'acrobate. Quand on lui a proposé des pubs style « Y a bon Banania », il aurait pu s'offusquer. Il s'est contenté d'éclater d'un rire bon enfant qui se serait avéré parfait pour la chose. Il a eu une vie sans histoires, une femme, des enfants. Il s'est dit que cette situation était inhérente à l'époque mais qu'elle ne l'avait pas empêché de devenir le premier acteur noir français, et ça, que ça plaise ou non, ce n'est vraiment pas rien.

Autres films notables :
Les Mystères de Paris (1935), de Félix Gandera ;
L'Homme du Niger (1940), de Jacques de Baroncelli ;
Les Racines du ciel (1958), de John Huston.

FRANÇOIS BERLÉAND
(NÉ EN 1952)

Pendant longtemps dans la rue, les gens arrêtaient François Berléand, ils l'avaient déjà vu, mais ils ne savaient pas trop où. Ils hasardaient des hypothèses saugrenues, et lui, en homme bien élevé, répondait toujours par l'affirmative. Près de vingt ans à jouer les utilités au cinéma avaient fait de François Berléand un visage familier, sur lequel le public avait du mal à mettre un nom.

La lumière qui lui manquait sera faite une fois pour toutes par le cinéaste Pierre Jolivet qui lui concocte un rôle d'escroc à l'assurance, minable et veule, dans *Ma petite entreprise* (1999). Il est tout cela et plus encore, dans cet exercice, où il se fait spécialiste de la dérobade, et des yeux baissés. François Berléand a 48 ans et il va pouvoir enfin savourer son succès et sa nouvelle notoriété. Et la visibilité, qui rassure l'enfant qu'il était, du temps où il se croyait invisible.

Soudainement, il devient indispensable au cinéma français, il tourne énormément, avec Catherine Breillat, Benoît Jacquot, Nicole Garcia. L'autre accélérateur de sa carrière s'appelle Guillaume Canet, qui l'imagine en producteur de téléréalité cynique et manipulateur, dans *Mon idole* (2002). Cette fois, il ne s'agit plus de baisser les yeux, mais de toiser, de mépriser d'un regard glacial assistants et employés. François Berléand brille littéralement dans cet emploi, un léger grain de folie dans ses yeux bleus, imposant ses lubies perverses, virevoltant en petit costume marin à culottes courtes. Une telle capacité à fracasser les barrières du bon goût séduit forcément Claude Chabrol, qui le voit en Michel Humeau, super PDG englué dans des affaires de rétrocommissions (toute ressemblance avec Loïk Le Floch-Prigent n'étant pas complètement fortuite), dans *L'Ivresse du pouvoir* (2006). Bonne idée, François Berléand incarne à merveille l'autorité, mais cette fois il s'agit d'un homme qui, justement, perd la main. Ses tête-à-tête avec Isabelle Huppert dans le rôle de la juge d'instruction (qui emprunte ici les lunettes cerclées de rouge et les gants assortis d'Eva Joly) sont un régal de jeu. Acculé dans ses mensonges tranquillement égrenés sur un ton délicat par la comédienne, François Berléand joue la stupéfaction de se voir traiter comme un quidam, avant de s'effondrer, d'éclater en sanglots et de renifler bruyamment, à l'image d'un gamin pris la main dans le sac. Formidable.

Autres films notables :
Le Septième Ciel (1997), de Benoît Jacquot ;
Les Choristes (2004), de Christophe Barratier ;
Les Tuche 4 (2021), d'Olivier Baroux.

CHARLES BERLING

(NÉ EN 1958)

Une figure émerge de la filmographie de Charles Berling, une figure très moderne, définie par le mouvement #MeToo, celle de l'homme déconstruit. Comprendre l'homme à la virilité rassurante, jamais menaçante, qui accepte sa part de féminité et ses troubles. Un homme qui n'existait pas, ou si peu, dans le cinéma français jusqu'à l'arrivée de cet acteur si particulier. C'est Claude Sautet, le premier, qui jette la lumière sur ce jeune quadra, formé au Théâtre national de Strasbourg. Dans *Nelly et Monsieur Arnaud* (1995), il est Jérôme, le mari largué de Nelly/Emmanuelle Béart. Le ton est donné avec ce personnage attachant, attendrissant, pas très éloigné d'un Bartleby dans son obstination à ne pas se coltiner le monde du travail.

Un an plus tard, Charles Berling est au premier plan dans *Ridicule*, de Patrice Leconte, dans la peau de Grégoire Ponceludon de Malavoy, un jeune aristocrate de province, qui se rêve ingénieur hydrographe. Dans l'espoir de décrocher une entrevue avec le roi Louis XVI pour concrétiser ses projets d'assèchement des marais de sa région, il se rend à Versailles. Précipité à la Cour sans en connaître ni en comprendre les codes, l'hydrographe tombe de haut. Avec son physique de Monsieur Tout-le-monde, Charles Berling raconte, à travers son personnage, toute la déception d'un homme simple qui a accordé sa confiance à un univers où règnent les apparences. Par petites touches, ses yeux s'ouvrent en grand et les vacheries claquent pour apaiser les blessures intérieures. Du grand art.

La rencontre entre Charles Berling et Olivier Assayas est décisive. Le cinéaste voit en l'acteur une distinction et une austérité qui conviendraient parfaitement à ce pasteur protestant, déchiré entre deux femmes, dans *Destinées sentimentales* (2000), grand bourgeois sévère soudainement confronté au feu de la passion amoureuse. Le film est une réussite qui tient beaucoup à l'excellence de Charles Berling, acteur modeste et gonflé à la fois.

Depuis *Nettoyage à sec* (1997), dans lequel le comédien incarnait un blanchisseur échangiste, Anne Fontaine est une de ses meilleurs complices de cinéma. Pour elle, il sera Jean-Luc, médecin fortuné qui retrouve son père, absent depuis des années, dans *Comment j'ai tué mon père* (2001). Retrouvailles glaciales, ce qui s'est passé entre le père et le fils n'a pas besoin d'être expliqué, tout se lit dans le regard blessé de Charles Berling. Il sera aussi ce prof de théâtre désinvolte, amoureux de son élève, dans *Marvin ou la belle éducation* (2017).

Il ne faudrait pas, au vu d'une pareille collection d'hommes en demi-teinte, en déduire pour autant que Charles Berling manque de fougue. Il en montre tant et plus, ces derniers temps, dans des rôles de flics rugueux qui lui vont très bien. Rugueux, mais toujours déconstruits.

Autres films notables :
Ceux qui m'aiment prendront le train (1998),
de Patrice Chéreau ;
Une affaire de goût (2000), de Bernard Rapp ;
Trois jours et une vie (2019), de Nicolas Boukhrief.

PAUL BERNARD

(1898-1958)

Pour la génération qui a découvert Robert Bresson, juste après la guerre, avec la sortie des *Dames du bois de Boulogne* en 1945, Paul Bernard incarne un homme du monde assez pitoyable. C'est le goujat à l'état pur, le butor dans toute son horreur sous des dehors d'urbanité glacée, qui, sous prétexte de ne pas faire de peine à sa vieille maîtresse, n'arrive pas à lui avouer qu'il ne l'aime plus. La littérature est remplie de dérobades de cet acabit. Plus fine, plus altière, plus forte dans l'épreuve, mais souffrant horriblement, Maria Casarès s'en aperçoit et sa vengeance sera terrible. Tout le jeu de Paul Bernard, si à l'aise dans ses smokings et ses souliers vernis, consiste à tomber dans les panneaux que lui tend sa partenaire, en prenant soin de se donner bonne conscience – ou de la muflerie considérée comme un des beaux-arts. L'idée est de jouer une tragédie bourgeoise comme un mélodrame populaire. Et il s'en acquitte avec cette dignité désarmante que Bresson lui a recommandé d'adopter. Il se sert de ses regards de faux derche, de ses protestations de bienséance et du bas de son visage à la mollesse cireuse pour battre en retraite comme un traître de mélodrame et triompher quand l'affaire se dénoue, poussant l'inélégance jusqu'à demander à son ex-amante de l'aider à conquérir une rivale, plus jeune, plus simple, plus belle – Élina Labourdette. Nanti de cette ladrerie des sentiments, Paul Bernard ne pouvait que développer avec panache une carrière ainsi parrainée par Bresson et Diderot (Cocteau est aux dialogues). De fait, Jean Grémillon, à son tour, a su utiliser cette mollesse pathétique d'aristocrate décavé qu'un physique souffreteux laisse apparaître le plus souvent. *Lumière d'été* (1943) et *Pattes blanches* (1949) sont des exemples passionnants de cette fourberie bien tempérée. Dans *Pattes blanches* (à cause des guêtres), l'aristocrate ruiné réfugié dans son château breton ne supporte pas qu'on le nargue. Il en perd la boule au point de pousser cette garce aguicheuse de Suzy Delair du haut de la falaise. Mais, plus tard, il va périr dans l'incendie du château… Film funèbre, néo-wagnérien, que Paul Bernard aborde avec une morgue d'enfer et une conviction qui entraînent le tout jeune Michel Bouquet, ainsi qu'Arlette Thomas et Suzy Delair donc dans une bacchanale d'abord imaginée par Anouilh avant qu'il ait dû renoncer au tournage. On préférera sans doute *Lumière d'été*, histoire d'un restaurant de montagne aux prises avec les éboulements d'un barrage proche, où Pierre Brasseur prend très à cœur quelques scènes de libation prévues au scénario et où Madeleine Robinson repousse les assauts des uns et des autres. Occasion pour Paul Bernard de jouer un de ces personnages forcenés qu'il a plaisir à camper, doté d'une agitation qui fait palpiter ses yeux papillonnants et d'un air cynique et cruel à la limite de la pathologie – alors que dans la vraie vie, il était tout le contraire.

Les épreuves de tout ordre que le comédien a subies de film en film, à commencer par la gifle retentissante que lui administre sa mère, Françoise Rosay, dans *Pension Mimosas* (1935), de Jacques Feyder, et cette ribambelle de personnages veules ou de petites crapules à la fébrilité morbide (traîtres, espions, lord anglais sadique) que les directeurs de casting lui attribuaient par contumace auraient presque fini par le rendre sympathique et sa vie de comédien par devenir paisible, si la maladie qui le rongeait n'en avait décidé autrement : il s'éteint à 60 ans à peine.

Autres films notables :
Le Bossu (1944), de Jean Delannoy ;
Panique (1947), de Julien Duvivier ;
Les Maudits (1947), de René Clément.

JULES BERRY
(1883-1951)

Jules Berry, c'est un magicien. Le bagout, le culot, l'art oratoire, il les possède à fond et en use plus souvent qu'à son tour, mais il jouit d'un autre avantage : ses mains. Des mains de prestidigitateur. Des mains qui ont serré celle de Renoir, de Carné, et de tant d'autres. Qui ont caressé les courbes de Jane Marken, Suzy Prim, Jocelyne Gaël, et de tant d'autres. Regardez-les, ces mains, comme elles s'agitent, volettent, dessinent dans l'air volutes et arabesques, ne sont-elles pas d'une aisance et d'une agilité confondantes ? Ne nous mettent-elles pas dans leur poche ? Alors que les manchettes d'un illusionniste dissimulent le truc qui doit rester inaperçu, celles de Berry servent d'écritoire discrète à un mot, une réplique, placés là comme pense-bêtes. Bien sûr, il pourrait l'apprendre par cœur, son texte, mais le plus souvent il est aux courses à Longchamp, au baccara à Deauville, occupé à dilapider l'argent qu'il gagne en faisant l'acteur, alors vite, vite, un nouveau rôle, une pièce, un film, un music-hall, ce que l'on voudra pourvu qu'elles volettent et qu'elles s'agitent ses mains de virtuose. Et le tour est joué.

Comme si le bagout ne suffisait pas, il y ajoute une bonne couche d'élégance vestimentaire : un complet de chez Lanvin par-ci, des chemises de chez Sulka par-là, des cravates, des nœuds papillon, sans compter cette pelisse doublée de fourrure qui le fait passer pour un nanti aux yeux de ses contemporains, pour un séducteur potentiellement généreux auprès des starlettes qu'il courtise. Avec elles, il sait y faire aussi, s'abstient de toucher, de tripoter : les mains non, la parole oui. Pas étonnant qu'on lui propose des rôles de roublard, de roi de la combine, de tapeur, regardez-le débiter des phrases anesthésiantes, des paroles avantageuses, des mots de collection, des promesses d'autant plus exorbitantes qu'il sait bien qu'il ne les tiendra pas, prononcées avec ce visage de camelot insolent et rieur qui est sa marque de fabrique. Et hop ! Passez muscade !

Mais des quatre-vingts films qu'il a tournés en trente ans que reste-t-il ? Beaucoup de navets, quelques demi-réussites et trois ou quatre grands classiques qui nous feraient dire, si nous étions lui, si nous pratiquions sa tranquille assurance, que Jules Berry compte parmi les grands acteurs du XXe siècle. Même si, quand son nom est en haut de l'affiche (comme pour *Marie-Martine* [1943], d'Albert Valentin), il n'est guère convaincant, et que ce sont plutôt ses seconds rôles qui révèlent son talent.

Pour les trois films où il se surpasse, Berry ne fait pas le malin, ou plutôt si dans *Les Visiteurs du soir* (1942), de Marcel Carné, où il est le Diable justement, un diable malheureux de se voir vaincu par l'amour des deux baladins dont le cœur bat, bat, bat, même lorsqu'ils sont changés en pierre. Dans *Le jour se lève* (1939), de Carné à nouveau, il joue un ignoble dresseur de chiens, mais qui, là aussi, ne rafle pas la mise : il est supprimé par l'ouvrier Gabin (« Tu vas la taire ta gueule ? »), qui tombera à son tour sous les balles de la police. Mais son apothéose, c'est dans *Le Crime de M. Lange* (1936), de Jean Renoir, qu'il l'atteindra, de manière époustouflante, en infect individu, un éditeur escroc qui roule son auteur, exploite son personnel, viole la petite blanchisseuse, passe pour mort et se déguise en… curé ! Ici, il ne s'agit plus seulement de brio. On accède de l'intérieur à la personnification du salaud intégral comme un reflet troublant de la vraie vie. Comme si ce n'était plus le personnage mais Jules Berry lui-même qui se conduisait mal en toute impunité.

Une fois, pourtant, ce beau parleur n'eut pas le dernier mot et ses petites mains s'agitèrent vainement. C'était dans la vraie vie au bout de quelques années de mariage avec la jolie comédienne Jane Marken. Décidément, le dénommé Marie Louis Jules Paufichet (selon l'état civil) se montra par trop possessif. En le quittant Jane mettra les rieurs de son côté par ce télégramme laconique : « Adieu Jules : j'ai assez ri. »

Autres films notables :
Baccara (1935), d'Yves Mirande ;
Monsieur Personne (1936), de Christian-Jaque ;
L'Habit vert (1937), de Roger Richebé.

RICHARD BERRY
(NÉ EN 1950)

Quand il était enfant, Richard Berry traversait l'appartement familial, vêtu de l'imper paternel, en faisant la gueule pour imiter Delon. La passion de ce gamin solitaire, c'est le théâtre. Le garçon est brillant : reçu au Conservatoire, il en sort avec le premier prix de comédie et intègre la Comédie-Française pour en devenir pensionnaire. Pas mal pour un début.

C'est pourtant au cinéma que l'acteur va s'envoler. Très tôt, très vite. Il vient de quitter la Comédie-Française lorsque Alexandre Arcady lui confie le rôle de Maurice Bettoun, fils du caïd Raymond Bettoun/Roger Hanin, dans *Le Grand Pardon*, en 1982. Une mince silhouette, qui laisse imaginer de la fragilité, immédiatement contredite par un regard noir, glacé et impitoyable. Jacques Demy, lui, y verra de la douceur teintée de résignation, quand il lui propose le rôle de François Guilbaud, ouvrier en lutte, amoureux fou d'une aristocrate mal mariée à un vendeur de télévisions, dans *Une chambre en ville* la même année. Richard Berry y est physique, un paquet de nerfs ramassé dans son blouson de cuir, une émotion à fleur de peau. L'un de ses plus beaux rôles. Mais pas le seul. Après une décennie consacrée à jouer des flics rugueux et des types de mauvais poil, l'acteur va se consacrer davantage à la comédie dans les années 1990. Deux films font exception dans une série de choix parfois discutables : *La Baule-les-Pins*, de Diane Kurys, en 1990, où il incarne un mari largué, tragique et ridicule à la fois, et surtout le bouleversant film de Christine Pascal, *Le petit prince a dit*, en

1992. L'histoire d'un couple séparé, parents d'une petite fille de 10 ans atteinte d'un cancer incurable. Dans le rôle du père frappé par cette tragédie, Richard Berry exprime brillamment une gamme d'émotions intenses mais qu'il tait pour ne pas inquiéter sa fille à qui il cache la vérité. Il prend sur lui et cette retenue est terrassante.

« Quand on est acteur, on est dans la demande d'amour, mais on dépend de l'idée que les autres se font de vous. Quel que soit le rôle qu'on vous propose, c'est pas vous », confiait-il à *Libération*. D'où sa décision d'écrire, de moins jouer et de mettre en scène. Reste le plaisir de le revoir de loin en loin, comme dans *Numéro une*, dernier film de la réalisatrice Tonie Marshall, en 2017, où il est impeccable en grand dirigeant d'entreprise, calculateur et misogyne.

Autres films notables :
La Garce (1984), de Christine Pascal ;
Mes enfants ne sont pas comme les autres (2003),
de Denis Dercourt ;
Eva (2018), de Benoît Jacquot.

JULIET BERTO

(1947-1990)

Juliet Berto c'est, entre autres, une chanson à succès du début des années 1970, écrite et interprétée par le doux Yves Simon : « Sur les vieux écrans de 68 / Vous étiez chinoise, mangeuse de frites / Ferdinand Godard vous avait alpaguée / De l'autre côté du miroir d'un café. »

On ne saurait mieux dire, à la fois hommage amoureux et perspicacité. Juliet Berto fut en effet découverte par Jean-Luc Godard, qui lui confie un rôle en 1967 dans *Deux ou trois choses que je sais d'elle...* Puis, coup sur coup, toujours en 1967, dans *Week-end* et dans *La Chinoise* (qu'évoque Yves Simon), et, en 1969, dans *Le Gai Savoir*. Aux côtés de Jean-Pierre Léaud et Anne Wiazemsky, dans *La Chinoise*, elle est Yvonne, une jeune paysanne coiffée d'une casquette molle censément prolétaire, qui débat des vertus du maoïsme. Pas tout à fait une composition pour Juliet Berto, née Annie Jamet, en 1947, à Grenoble, dans une famille modeste dont le père est ouvrier. Le récit est pour le moins radical et non exempt de certains faux pas gênants, comme lorsque Véronique (Anne Wiazemsky) déclare à propos des réformes de l'Éducation nationale : « Tant qu'on subventionnera dix fois plus les homosexuels de la Comédie-Française que Roger Planchon ou Antoine Bourseiller, ces réformes resteront lettre morte. » Ce qui fit dire alors à certains que Godard était le plus con des Suisses pro-Chinois. À la décharge du « con », le film est inspiré du roman bien nommé *Les Démons*, de Dostoïevski.

Juliet Berto, plus Alice qu'Yvonne, rejoint ainsi le pays des merveilles de la nouvelle vague, où l'attend un autre magicien, Jacques Rivette, avec qui elle va tourner trois films : *Out 1* (1971), *Duelle* (1976) et surtout *Céline et Julie vont en bateau* (1974), dont elle est la coscénariste avec Dominique Labourier, autre protagoniste du film. Juliet Berto expliqua ultérieurement leur projet d'écriture : « On s'est dit : “Si au lieu de raconter toujours l'histoire d'une fille et d'un garçon, on racontait l'histoire de deux filles ? Julie (Dominique), une bibliothécaire à la vie bien rangée, sans surprise. Et Céline (c'est moi), prestidigitatrice ratée et complètement mythomane. Ces deux filles s'emmerderaient chacune de leur côté, puis elles se rencontreraient. De cette rencontre choc, tout devrait surgir.” » En effet, *Céline et Julie* est un choc, un coup de tonnerre cinématographique, une folle fantaisie, un enchantement désirant et délirant, où, de coq-à-l'âne en marabout-de-ficelle, la franche déconnade (Céline et Julie en patins à roulettes et justaucorps noir) le dispute à la poésie et au féminisme alerte. On n'oubliera jamais le colérique « Mais tu vois quoi ? » lancé par Berto à un éternel masculin relégué hors champ.

À propos de Rivette, Juliet Berto disait : « Chaque comédienne a un certain potentiel à offrir aux cinéastes, certains cinéastes n'en utilisent qu'une parcelle et gâchent le reste. Rivette, lui, prend tout. Et nous permet de nous exprimer pleinement. Il m'a permis d'exprimer mes rêves et ma fantaisie. » Cet encouragement va inciter l'actrice à se lancer dans deux films, dont elle sera avec son compagnon Jean-Henri Roger à la fois l'actrice, la scénariste et la réalisatrice : le chaotique *Cap Canaille* (1983) et le très réussi *Neige* (1981), tourné entre Pigalle et Blanche (place parisienne autant que surnom argotique de la cocaïne). Juliet Berto y campe Anita, une barmaid qui se démène entre toxicos, flics, dealers, travestis et autres marginaux. Dans ce film noctambule, la lumière fait rage, captée dans ses clairs-obscurs par le directeur de la photographie William Lubtchansky. On parla à l'époque de réalisme poétique. On pourrait aujourd'hui parler de réalisme tout court, tant *Neige* apparaît comme un quasi documentaire sur un underground parisien aujourd'hui disparu, gorgé d'une tendresse infinie pour les moins que rien. Et puis la Berto, belle et opalescente, égérie bienveillante d'une génération éperdue, déesse de la nuit, qui, en 1990, s'éclipsa, comme le chantait Yves Simon, « au pays des merveilles de Juliet ».

Autres films notables :
Le Retour d'Afrique (1973), d'Alain Tanner ;
Guns (1980), de Robert Kramer ;
La Vie de famille (1985), de Jacques Doillon.

JULIETTE BINOCHE
(NÉE EN 1964)

Juliette Binoche taciturne ? C'est très mal la connaître ou la confondre avec les rôles qui l'ont rendue célèbre. Pour preuve, il suffit de se ruer sur le site officiel de l'actrice pour y visionner une publicité tournée en 1982 pour Chamallows, une marque de guimauves. On y découvre une jeune fille hilare aux joues rondes et brushing d'époque. Un rôle alimentaire (c'est le cas de le dire), mais qu'elle assume pleinement : « J'avais 18 ans, j'étais caissière au BHV et à la suite d'un casting, je suis retenue pour cette pub, a raconté la comédienne au magazine *Vanity Fair*. Le tournage a duré trois jours et j'ai dû m'enfiler à peu près quatre cents de ces putains de Chamallows. Sans parler des crampes dans les mâchoires à force de mastiquer ces machins faussement mous. C'est coriace un Chamallows ! » N'osons pas supputer que, sans les Chamallows, Juliette Binoche ne serait pas devenue une actrice, mais qui sait ? Elle est payée 4 000 francs, à l'époque une fortune pour elle, qui lui permettent de financer une partie de ses cours de théâtre. Après quelques figurations, elle est distinguée par Godard, qui lui donne un rôle dans son *Je vous salue Marie* (1985). Quelques minutes à l'écran et des mois de préparation. Juliette Binoche est une travailleuse qui eut sans doute l'intuition, qui plus est avec Godard, qu'il ne fallait pas rater la marche. Son ascension est dès lors irrésistible. La même année, elle est la vedette de *Rendez-vous*, d'André Téchiné. L'histoire d'une actrice provinciale, Nina, fraîchement arrivée à Paris et qui vit une liaison toxique avec Quentin (Lambert Wilson), un dépressif suicidaire. Le film fait sensation au festival de Cannes (prix de la mise en scène), et Juliette Binoche aussi, plus que remarquée en fille brisée.

En 1986, *boy meets girl* : Leos Carax devient son compagnon et la fait jouer dans *Mauvais sang*. Elle y est Anna, jeune femme qui tangue entre Marc (Michel Piccoli), son amant crapuleux, et Alex (Denis Lavant), son amoureux platonique. Plus qu'un propos ambigu en pleine épidémie du sida sur un virus qui frappe « ceux qui font l'amour sans s'aimer » (!), on retient la prestation de Binoche, littéralement de haut vol puisqu'elle saute pour de vrai en parachute. Carax lui en demandait beaucoup. Il lui en demandera encore plus, à partir de 1988, pour *Les Amants du Pont-Neuf*, grand film malade, comme aurait dit Truffaut, dont le tournage, qui multiplie les atermoiements va s'étirer sur près de trois ans. Juliette Binoche incarne une artiste peintre précaire qui vit près du fameux pont parisien où elle rencontre un autre jeune vagabond (Denis Lavant). Borgne, à peine maquillée et mal fagotée, Binoche est dans la performance du contre-emploi, cependant en osmose avec sa vie privée. À bien des occasions, on aurait pu prendre Juliette et son Leos comme un couple de SDF, tels des clones de Chaplin et Paulette Goddard dans *Les Temps modernes*. L'aventure des *Amants du Pont-Neuf* se clôt par l'échec commercial du film et par la séparation des amants.

Le « salut » vient par deux films, où elle est majeure : *L'Insoutenable Légèreté de l'être* (1988), de Philip Kaufman, et *Trois Couleurs : Bleu* (1993), de Krzysztof Kieślowski. Le premier, tourné en anglais, amorce sa carrière internationale, le second confirme qu'elle est une tragédienne hors pair. Cette réputation marquera la suite de sa filmographie. Elle est de nouveau « dramatique » dans *Le Patient anglais* (1996), d'Anthony Minghella. Son rôle d'infirmière auprès d'un grand brûlé de la Seconde Guerre mondiale (Ralph Fiennes) lui vaudra, fait rarissime pour une Française, un Oscar de la meilleure actrice dans un second rôle. Dans un registre analogue, elle est adéquatement démente dans *Camille Claudel 1915* (2013), de Bruno Dumont, puis funeste et funèbre dans *Sils Maria* (2014), d'Olivier Assayas. Mais toujours pas de franche rigolade. Jusqu'à deux comédies, où elle irradie : pas la moins givrée dans la bande de *Ma loute* (2016), de Bruno Dumont, et pas loin de l'autodérision dans *Un beau soleil intérieur* (2017), de Claire Denis. Telle Garbo, Binoche rit enfin. Et nous donc !

Autres films notables :
Le Hussard sur le toit (1995), de Jean-Paul Rappeneau ;
Ouistreham (réalisé en 2020, sorti en 2022),
d'Emmanuel Carrère ;
Le Lycéen (2022), de Christophe Honoré.

DOMINIQUE BLANC
(NÉE EN 1956)

Entrée à la Comédie-Française en 2016 et sociétaire depuis lors, Dominique Blanc est très présente au théâtre, sous la direction des plus grands noms (Stéphane Braunschweig, Luc Bondy, Antoine Vitez, Jean-Pierre Vincent…) et pour les plus grands rôles, notamment *Phèdre* dans une mise en scène de Patrice Chéreau, où, en 2003, elle fit date par son interprétation moderne d'un classique. Elle est de ce fait un peu plus rare au cinéma, bien que présente dans une trentaine de films. Lorsqu'elle apparaît à l'écran, elle est d'autant plus mémorable, ne jouant pas comme au théâtre, ni dans des rôles attendus. Par exemple, dans *L'Autre* (2008), de Pierre Trividic et Patrick Mario Bernard : le portrait d'une femme si folle de jalousie qu'elle pourrait tuer. Grâce à son jeu tout en dissimulation et en retenue, ses tourments se voient à peine et font d'autant plus peur.

Avec le fidèle Patrice Chéreau elle atteint deux apogées : d'abord dans *Ceux qui m'aiment prendront le train* (1998). Des amis, des amants, des proches, des parents se retrouvent dans un train pour Limoges, où doit être enterré un peintre, figure tutélaire et tyranneau domestique. « Des hommes et des femmes mélangés dans l'embarras et les larmes », *dixit* Chéreau. Dans la chorale cacophonique des sentiments violents et des consciences chamboulées, Dominique Blanc est Catherine, une voix de basse qui conjugue désespoir et sourire en coin. Elle reçoit pour ce rôle le César du meilleur second rôle féminin. Second ? Comme toutes les grandes actrices, Dominique Blanc métamorphose un personnage a priori effacé en figure de premier plan. La preuve avec sa composition de premier ordre dans *La Reine Margot* (1994), de nouveau avec Chéreau. Dans l'atmosphère pour le moins empestée des jours qui précèdent la Saint-Barthélemy, elle est Henriette de Nevers, confidente de Marguerite/Margot de Valois (Isabelle Adjani). Deux femmes, deux actrices, deux complices, qui font une paire de persifleuses épatantes, notamment dans une scène de banquet où elles se chuchotent à l'oreille des commentaires sur les gentilshommes de la cour. Le rire de Dominique Blanc est alors une énigme. Se moque-t-elle ? Désire-t-elle ?

C'est ce genre de mystère merveilleux que Michel Piccoli va convoquer dans ses deux films. Lumineuse dans la noirceur d'*Alors voilà* (1997), médiumnique et transhumaine dans *La Plage noire* (2011). Ajoutons à son bel actif : *Le Pornographe* (2001), de Bertrand Bonello, *Le Lait de la tendresse humaine* (2001), de Dominique Cabrera, et la trilogie de 2002-2003 de Lucas Belvaux (*Cavale*, *Après la vie*, *Un couple épatant*), où elle saute et virevolte du drame à la loufoquerie avec la même aisance et puissance.

Si fait, on n'en démordra plus : Dominique Blanc est une magnifique intempestive.

Autres films notables :
Milou en mai (1990), de Louis Malle ;
C'est le bouquet ! (2002), de Jeanne Labrune ;
Guermantes (2021), de Christophe Honoré.

MICHEL BLANC
(NÉ EN 1952)

Longtemps, il fut Jean-Claude Dusse, l'homme qui se fait voler son slip de bain et qui sort de l'eau avec une poignée d'algues en guise de cache-sexe. Malingre, blanc comme un lavabo, chauve (à 26 ans), hypocondriaque : dans la bande des *Bronzés*, Michel Blanc a le rôle du souffre-douleur.

S'il n'avait pas été si bon élève à l'école et si sa maman n'avait pas nourri d'aussi grands projets pour son fils unique, Michel Blanc, natif de Puteaux, n'aurait sans doute jamais atterri au lycée Pasteur de Neuilly-sur-Seine. C'est là dans cet établissement scolaire très bourgeois, que débute sa carrière, avec ses copains de classe Thierry Lhermitte, Gérard Jugnot, Christian Clavier et Marie-Anne Chazel. Et ils ont tous très envie d'un théâtre qui leur ressemble.

Ils écrivent ensemble leur première pièce, *Amours, coquillages et crustacés*, en 1977, qui, adaptée au cinéma deviendra *Les Bronzés* (1978), de Patrice Leconte, avec le succès qu'on sait (2,2 millions d'entrées). De film en film, Michel Blanc développe sa puissance comique avec un maximum d'autodérision, un truc emprunté à Woody Allen. « Jusqu'à *Marche à l'ombre* (1984), je suis resté là où j'avais pied, puis je me suis dit que c'était le meilleur moyen de ne jamais bien nager », confiait l'acteur, clairvoyant sur ce pan de sa carrière.

Au moment où il s'éloigne de sa bande, arrive une proposition de Bertrand Blier. Le film, c'est *Tenue de soirée*, présenté à Cannes en 1986. Michel Blanc y incarne Antoine, pas très heureux en couple avec Monique (Miou-Miou). La vie d'Antoine bascule quand il fait la connaissance de Bob (Gérard Depardieu) qui ne cache pas son attirance pour lui. Un film, un réalisateur, un rôle, qui d'un coup jettent un nouvel éclairage sur l'acteur. Ah bon ? Michel Blanc peut jouer le rôle d'un homme qui se travestit pour l'amour d'un autre, jusqu'à faire le trottoir ? Oui, il peut le faire et il est même formidable de justesse, petit bonhomme aigre chahuté par un géant amoureux, sans doute à l'image de ce que vivait l'acteur débarquant dans le tourbillon cinématographique que pouvait représenter un film de Bertrand Blier.

Trois ans plus tard, il reprend un rôle autrefois joué par Michel Simon dans le magnifique *Panique* (1947), de Julien Duvivier. Patrice Leconte est derrière la caméra et Michel Blanc est le personnage éponyme de *Monsieur Hire* (1989). Dans sa performance de petit tailleur mutique, voyeur à ses heures perdues, il s'est trouvé une raideur qu'on ne lui connaissait pas et même un sens du tragique.

Après une décennie plutôt tournée vers le théâtre, on le retrouve en 2007 dans le très beau film d'André Téchiné, *Les Témoins*, sur les débuts du sida. Il y incarne Adrien, un médecin quadragénaire, qui croise un soir le chemin du jeune Manu sur un lieu de drague homosexuelle. Manu tombe malade et Adrien monte au front pour soigner le garçon. Il y a beaucoup de solitude dans le visage de Michel Blanc, seul face à cette maladie dont on commence seulement à mesurer les ravages, seul face à ce garçon qui se meurt. La brusquerie de ses gestes parfois met à jour une détermination, une âme de combattant. Son corps a changé, il n'est plus le freluquet des *Bronzés*, mais un homme aux épaules carrées, aux pectoraux visibles sous sa chemise. Soulever de la fonte en salle de sport l'aide, dit-il, à chasser les idées noires.

Mais son rôle le plus impressionnant à ce jour est celui de Gilles dans *L'Exercice de l'État* (2011), de Pierre Schoeller. Directeur de cabinet du ministre des Transports, chargé de conduire une réforme à laquelle il ne croit pas. Un haut fonctionnaire issu du corps préfectoral, un homme rompu à la politique. Face à Olivier

Gourmet, bête de jeu, Michel Blanc déroule un jeu subtil, entre la raideur d'un homme investi dans sa fonction et la souplesse du vieux singe qui connaît toutes les grimaces des politiques. Leur tête-à-tête amène le film vers de vertigineux niveaux d'excellence.

Michel Blanc a prévenu, *Les Bronzés 4*, ce sera sans lui.

Autres films notables :
Viens chez moi, j'habite chez une copine (1981), de Patrice Leconte ;
Grosse fatigue (1994), de Michel Blanc ;
Je vous trouve très beau (2005), d'Isabelle Mergault.

PIERRE BLANCHAR

(1892-1963)

« Regard d'aigle, cervelle de moineau », a dit de lui Cocteau, jamais à court d'une vacherie. C'est d'autant plus rosse que Blanchar a fait les deux guerres et a été gazé en 1916 au point de rester aveugle plusieurs semaines. D'où ce fameux regard absent qui donne parfois l'impression d'un vide sidéral, comme si l'acteur venait d'une autre planète. Chez Pierre Blanchar, cette fixité du regard est à l'origine d'un goût contraire pour le mouvement du corps, qui fera de ses rôles à panache – *L'Atlantide* (1932), de Georg Wilhelm Pabst ; *L'Affaire du courrier de Lyon* (1937), de Claude Autant-Lara et Maurice Lehmann ; *Pontcarral, colonel d'Empire* (1942) et *La Symphonie pastorale* (1946), de Jean Delannoy – des rôles de prédilection, même si l'acteur se pare d'autres réussites.

Pierre Blanchar a souffert encore d'un double handicap originel : a) il a raté deux fois le concours du Conservatoire de Paris, b) il fait partie d'une famille d'acteurs à cheval sur deux générations, comme Vanel, Francen, Aimé Clariond, Pierre Richard-Willm… Harry Baur, le patron, a douze ans de plus que lui et Fresnay cinq de moins. C'est une troupe qui arrive un peu tard pour jouer les jeunes premiers dans la décade prodigieuse du début du parlant. En 1935, Pierre Blanchar a 43 ans : l'adolescence est bien loin pour jouer l'étudiant de *Crime et Châtiment*, de Pierre Chenal ! Pourtant quand celui-ci lui propose le rôle, l'occasion est trop belle pour hésiter. Et il tient si bien tête à Harry Baur, inoubliable juge Porphyre, qu'il obtient seul la coupe Volpi du meilleur acteur à la Mostra de Venise. Certes, Pierre Blanchar est un acteur inégal. Mais quand un monstre sacré comme Baur lui donne la réplique, il se hisse à des sommets dignes du chef-d'œuvre de Dostoïevski. Il incarne puissamment l'étudiant Raskolnikov, assassin provocant, anarchiste affamé, amoureux fou de Madeleine Ozeray/Sonia. Quand il s'évanouit, ses yeux dédaigneux se vident de leur lumière et quand le juge, faussement bonhomme, reprend l'interrogatoire, il se ranime, s'exalte, nargue, défie, devient le diable en personne. C'est que Blanchar affectionne l'ironie par-dessus tout, ainsi que les rôles où la véhémence s'apprête à gronder, les états seconds où il peut se dépenser physiquement. Agitation qu'il compense par de grandes plages muettes, se contentant de porter sur les êtres et les choses ces regards furibards dont il a le secret. Puis l'exaltation reprend vite le dessus, par exemple, dans le rôle du médecin avorteur grandiloquent, au timbre de voix si particulier, d'*Un carnet de bal* (1937), où Julien Duvivier l'encourage à se donner à fond, ou dans l'épatant *Mélo* (1932), de Paul Czinner, ne serait-ce que pour son numéro insistant de petits rires entendus quand il pousse sa femme (Gaby Morlay) dans les bras d'un ami, joué par Victor Francen.

Autres films notables :
Amants et Voleurs (1935), de Raymond Bernard ;
L'Étrange Monsieur Victor (1938), de Jean Grémillon ;
Docteur Laennec (1949), de Maurice Cloche.

BERNARD BLIER

(1916-1989)

Qui eût dit que la carrière de Blier suivrait les variations de son tour de taille ?

Années 1930 : il n'est pas encore gros mais le physique est ingrat. À ses débuts, il se fait remarquer en « passant » une scène pour Jouvet, son professeur au Conservatoire, dans *Entrée des artistes* (1938), de Marc Allégret, puis, la même année, par son fameux « Oui, ma petite reine, bien, ma petite reine » lancé à Arletty dans *Hôtel du Nord*, de Marcel Carné.

Prisonnier de guerre en Allemagne, il est soumis malgré lui à une cure d'amaigrissement, qui lui permet, à son retour, de jouer les jeunes premiers dans de grands rôles dramatiques. Des films où il incarne les bons types, les maris cocufiés par leur femme volage (*Le Café du cadran* [1947], de Jean Gehret) ou certains de l'être (*Quai des Orfèvres* [1947], de Henri-Georges Clouzot), ou encore les jobards mêlés à des drames (*Manèges* [1950], d'Yves Allégret). Ou le souteneur de Simone Signoret dans *Dédée d'Anvers* (1948), d'Yves Allégret : à la fin, il l'assassine, mais sera tué à son tour. Gentil, parfois : l'instituteur dans *L'École buissonnière* (1949), de Jean-Paul Le Chanois.

À mesure qu'il s'épaissit au fil des années prospères, ce sont les comédies qui vont le rendre encore plus populaire. Autant de déguisements pour l'enfant qu'il est resté, tout à sa joie de se réinventer à sa guise. Les dialogues de Michel Audiard aidant, il ne bride aucun excès, ne s'interdit nulle vulgarité de langage, l'essentiel étant de divertir et de se divertir. Évoquer cette troisième saison de sa carrière, c'est se régaler de scènes d'anthologie, de répliques inénarrables, d'échanges avec d'illustres partenaires. C'est goûter la justesse de ton, le geste précis, les traits impassibles. Blier fait partie de ces comédiens qui rendent inoubliable la phrase la plus banale : « Morvandiau pas mort ! », ou « Merde, on va se crasher », et a fortiori quand le texte est brillant et qu'il le savoure en bouche.

Se souciant de sa diction en virtuose, il se dote d'un comportement moelleux même dans les scènes d'action. Sa précision dans le geste, son humour dans la prunelle, son inventivité dans l'inattendu : autant de secrets mis à profit peu à peu. Ayant observé que les seconds rôles s'avalent rapidement et qu'on peut toujours en faire quelque chose, ils ont pris place dans sa liste et tournoient à côté de ses grands films comme les chevaux de bois d'un manège d'autrefois. Il se demande parfois pourquoi il mène cette vie épuisante et puis, l'habitude aidant, il continue. Sans être dépensier, un peu de confort ne nuit pas : *Comment séduire un play-boy en l'an 2000* (1966), de l'Allemand Michael Pfleghar, c'est pour payer sa nouvelle salle de bains, ou *Le tapis hurle* (1974), de Paolo Nuzzi, pour la réfection de sa véranda (et puis parce qu'on ne résiste pas à un personnage de prêtre).

Les metteurs en scène ont souvent un rôle pour lui : un métier qu'il n'a encore jamais interprété, une nouvelle apparence inspirante, et il rejoint les comédies à succès de ses amis Audiard, Yanne, Lautner, Molinaro, Yves Robert (son échange avec Jean Rochefort au début du *Grand Blond avec une chaussure noire* [1972] est un modèle de traîtrise assumée). Plus inattendue, sa complicité très fructueuse avec de grands auteurs italiens : Monicelli, Scola, Comencini, Risi, pour ne citer qu'eux. La comédie l'a maintenu en vie, comme un reflet facétieux de ses films dramatiques, avec de temps en temps un air de revenez-y grâce à des films d'auteur, d'autant plus appréciés s'ils sont de son fils Bertrand, cinéaste de belle facture et d'un non-conformisme narquois : à la fin de son *Buffet froid* (1979), c'est l'hiver. Depardieu, Blier et Carmet se sont mis au vert près d'une forêt. Allongés sous des couvertures, ils se les gèlent en silence. « Vous êtes chiants, les gars », dit Depardieu. Blier proteste : « C'est pas nous qui sommes chiants, c'est la nature qui est chiante. Je m'emmerde, moi, tout est vert. »

Autres films notables :
Les Misérables (1958), de Jean-Paul Le Chanois ;
Les Tontons flingueurs (1963), de Georges Lautner ;
Les Camarades (1963), de Mario Monicelli.

RICHARD BOHRINGER

(NÉ EN 1942)

Une voix qui charrie des cascades de gravillons, une voix enfumée, une voix de chanteur de blues, de griot solitaire, qui descend dans les graves au fil du temps qui passe. Richard Bohringer, c'est d'abord ça, ce qu'on appelle une signature vocale, reconnaissable entre mille. Il y a aussi ce regard clair de gosse éberlué prêt à s'embarquer pour toutes sortes d'aventures, même les plus casse-gueule. Jean-Jacques Beineix est l'un des premiers à lui donner un beau rôle, dans *Diva* (1981). Un film qui marque son époque, et qui offre à l'acteur presque quadragénaire suffisamment de visibilité pour lui permettre ensuite des aller-retour entre cinéma grand public et films d'auteur. On le retrouve par exemple, en tueur à gages dans *Le Grand Pardon* (1982), d'Alexandre Arcady, et un an plus tard dans *Cap Canaille*, de Juliet Berto et Jean-Henri Roger, qui furent respectivement actrice et collaborateur de Jean-Luc Godard.

La consécration de Richard Bohringer arrive par l'entremise du cinéaste Jean-Loup Hubert. Entre les deux hommes, une alliance se noue à dater du *Grand Chemin* (1987). Peut-être parce que le réalisateur est le premier à exploiter les failles de cette grande gueule cabossée. Pelo, menuisier dans un village, est malheureux, il noie sa tristesse dans des hectolitres de blanc et aboie plus qu'il ne parle, notamment quand il s'adresse à sa femme Marcelle (géniale Anémone). Une vie morne qui change du tout au tout quand le couple se voit confier un garçonnet pendant les vacances. La force de Bohringer n'est pas tant dans les colères de

Pelo, mais dans la surprenante douceur dont il fait preuve quand il s'adresse à Louis, le gamin perdu.

Jean-Pierre Mocky est un autre complice de travail, huit films ont réuni le comédien fantasque avec le réalisateur, dont le très réussi *Agent trouble* (1987), avec Catherine Deneuve. Ses humeurs changeantes, ses colères, son mauvais caractère aussi l'ont parfois, souvent, éloigné des plateaux de tournage. À cela, il répond : « Je n'ai pas mauvais caractère, j'ai du caractère, nuance. »

Autres films notables :
L'Addition (1984), de Denis Amar ;
Le Cri du cœur (1994), d'Idrissa Ouedraogo ;
Vue sur mer (2015), d'Angelina Jolie.

ROMANE BOHRINGER

(NÉE EN 1973)

Romane Bohringer est éternellement associée à son rôle dans *Les Nuits fauves* (1992), de Cyril Collard, film phénomène et phénoménal, cri de rage, d'amour et de liberté qui enthousiasma et inquiéta toute une génération, à laquelle l'actrice appartient, née au temps du sida. Elle y est Laura, jeune fille éclaboussante de vitalité qui accepte en souriant la bisexualité de Jean, son jeune amant (Cyril Collard lui-même), jusqu'au jour où elle apprend qu'il est séropositif et qu'elle pourrait à son tour être contaminée. Aucune jeune actrice de l'époque ne voulut s'engager dans ce rôle « à risque », sujet à polémique. Romane Bohringer s'y adonne avec une détermination courageuse qui a tout l'air d'un bras d'honneur : allez tous vous faire foutre, l'amour transcende la mort. Et, le soir de 1993 où Cyril Collard emporte une palanquée de Césars, mais hélas à titre posthume, le réalisateur étant décédé quelques semaines auparavant, Romane Bohringer, honorée du prix du meilleur espoir féminin, est à l'unisson et à la hauteur du rôle de Laura, bouleversée et bouleversante.

Ce personnage puissant aurait pu écraser la carrière ultérieure de Romane Bohringer. Qu'elle oriente principalement vers le théâtre, à la fois actrice et metteuse en scène. Mais on ne l'oublie pas dans *Mina Tannenbaum* (1994), de Martine Dugowson, où elle est parfaite en jeune fille juive qui vit dans le déni de la Shoah, dans *Quelque chose d'organique* (1998), de Bertrand Bonello, où elle campe une femme faussement douce qui ne sait pas si elle est bien dedans ou mal dehors, et dans *Un couteau dans le cœur* (2018), de Yann Gonzalez, où son apparition, citation-hommage aux *Nuits fauves*, titille l'envie de la voir plus souvent au cinéma.

Autres films notables :
L'Accompagnatrice (1992), de Claude Miller ;
Le Bal des actrices (2009), de Maïwenn ;
L'Amour et les Forêts (2023), de Valérie Donzelli.

CHRISTINE BOISSON

(NÉE EN 1956)

Bien qu'elle ait toujours refusé d'être sollicitée au cinéma ou au théâtre pour son seul physique, c'est pourtant pour sa plastique de jolie brune que Christine Boisson apparaît de façon mémorable au cinéma. En 1974, elle participe, toute jeunette, à l'aventure d'*Emmanuelle*, de Just Jaeckin, parangon du film dit « de charme », plus suggestif qu'explicite, alors que déferle en France la vague du cinéma porno. Dans la moiteur de Bangkok, censément propice au stupre, elle est Marie-Ange, une jeune fille délurée qui va initier Emmanuelle aux tours et détours du libertinage. Le film est un triomphe dans le monde entier, mais le public n'a d'yeux que pour Sylvia Kristel en Emmanuelle et pour l'affiche célébrissime où elle pose nue assise dans un fauteuil en osier.

Quelques films plus tard, pas tous mémorables, à l'exception d'un petit tour dans l'univers labyrinthique d'Alain Robbe-Grillet (*Le Jeu avec le feu* [1975]), Christine Boisson est une des protagonistes d'*Identification d'une femme* (1982), de Michelangelo Antonioni. Elle y est Ida, une comédienne de théâtre, que le cinéaste Niccolò (Tomás Milián) choisit comme substitut idéal à Mavi (Daniela Silverio), son amour évaporé. Christine Boisson n'apparaît qu'au troisième quart du film, mais comme Antonioni la filme justement comme une apparition, elle est d'autant plus marquante. L'identification d'une femme semble alors l'identification de Christine Boisson elle-même. Fuyante et infrangible dans son énigmatique présence qui est comme le miroir à double face d'un même fantasme masculin : la brune Ida *versus* Mavi la blonde. Dans ce récit brumeux, l'irrésolution du mystère de la double incarnation se perd dans le brouillard, et Christine Boisson s'estompe.

Elle réapparaît deux ans plus tard, plus charnelle, dans *Liberté la nuit* (1984), de Philippe Garrel. Jean (Maurice Garrel), un instituteur vieillissant, secoué par la tourmente de la guerre d'Algérie, car sympathisant du FLN, va vivre une brève aventure avec Gémina (Christine Boisson). Garrel, qui n'a pas son pareil pour donner de la durée au visage des femmes, lui consacre une très longue scène en plan fixe au sortir d'un après-midi d'amour. Si tout visage est un paysage, celui de Christine Boisson est animé par une météorologie changeante : rêveuse, amusée, indifférente et fixant à la volée l'œil scrutateur de la caméra, comme pour le défier de réduire toutes ces variations climatiques. On comprend dès lors l'étrange slogan du film : « L'amour compte les heures mortes. » Christine Boisson à cet instant d'épiphanie est une compteuse qui conte.

Autres films notables :
Extérieur, nuit (1980), de Jacques Bral ;
Jenatsch (1988), de Daniel Schmid ;
Le Bal des actrices (2009), de Maïwenn.

SANDRINE BONNAIRE
(NÉE EN 1967)

1993. Sandrine Bonnaire est un brin énervée que des paparazzis du magazine *Voici* l'aient photographiée sans son consentement avec son amoureux du moment. Plutôt que de porter plainte pour atteinte à la vie privée, elle fomente, avec la complicité enthousiaste d'un journaliste travaillant pour Canal Plus, de faire livrer une tonne de crottin de cheval devant l'entrée du journal. La scène, filmée par une équipe de Canal, fut grandiose. Tandis qu'un camion benne déversait sa cargaison parfumée, Sandrine Bonnaire se collait à un vigile de *Voici* qui faisait trois fois sa taille et cinq fois sa carrure. Ultérieurement elle expliqua que c'était un truc appris durant sa jeunesse de banlieusarde : se scotcher à un mastodonte menaçant pour le troubler et surtout pour éviter qu'il ait assez de recul pour lui en retourner une. Curieusement, le magazine *Voici* ne fit aucun commentaire.

2008. Sandrine Bonnaire réalise *Elle s'appelle Sabine*, un documentaire consacré à sa sœur autiste. Un chant d'amour pour sa cadette et un vigoureux questionnement des traitements réservés aux enfants autistes, baladés d'hôpital psychiatrique en camisole chimique.

Tout Bonnaire ou presque est résumée par ces deux dates. Humour et sentiments, détermination et ultrasensibilité. Une « marginale » surgie d'un milieu très modeste, qui va s'exposer et exploser dans deux films cruciaux. À l'été 1982, elle se présente pour faire de la figuration dans *À nos amours*, de Maurice Pialat. Quelques bouts d'essai plus tard, elle est retenue comme actrice principale, dans le rôle de Suzanne, une adolescente qui rôde à la frontière entre l'innocente jeunesse (Bonnaire a 15 ans au moment du tournage) et la maturité prématurée.

Deux ans plus tard, elle tombe sous un regard tout aussi visionnaire que celui de Pialat : Agnès Varda la choisit pour le rôle de Mona dans *Sans toit ni loi.* Voilà donc Mona, jeune SDF qui vagabonde dans les campagnes du sud de la France jusqu'à être retrouvée morte de froid dans un fossé. Le tournage est rude, Varda exigeant de Bonnaire un peu plus que la peau du personnage, mais le résultat, un quasi documentaire sur une jeune damnée de notre terre, est sidérant de subtilité et de justesse. Bonnaire, véritable bonus du récit, est Mona jusqu'au bout de ses ongles noircis par la crasse, son visage clos au-delà de la tristesse, sa démarche rendue bancale par la détresse.

Trois autres films phare vont nous inonder de sa lumière. En 1987, elle est Jeanne dans *Les Innocents*, d'André Téchiné, toute de dérive troublante dans le contexte d'une flambée de l'idéologie du Front national. Dans *Peaux de vaches* (1989), premier film de Patricia Mazuy, elle joue Annie, une « bouseuse » solaire qui se cogne à une fratrie à la virilité exacerbée : Roland (Jean-François Stévenin) et Gérard (Jacques Spiesser). Une autre Jeanne l'attend en 1994, nettement plus historique : Jeanne d'Arc, dans la version et les visions de Jacques Rivette. En deux parties de plus de deux heures chacune, Rivette capte la jeunesse de Jeanne, son mysticisme, ses stratégies militaires autant que politiques, et ses doutes. À l'aise dans tous ces registres, Bonnaire rejoint un ciné-firmament où, dans le même rôle, avaient déjà brillé Renée Falconetti et Ingrid Bergman.

Une trentaine de films suivront. D'où émerge un sommet impressionnant : son interprétation dans *La Cérémonie* (1995), de Claude Chabrol. Aux côtés d'Isabelle Huppert, elle est Sophie, domestique dans une famille bourgeoise où elle dissimule qu'elle est analphabète. Quand elle n'arrive évidemment pas à déchiffrer la liste de courses laissée par sa patronne, le visage de Bonnaire est un tableau ténébreux où se côtoient les nuages noirs du désarroi, la pluie acide de la mortification et les éclairs de la colère qui va la transformer en meurtrière de ses employeurs.

Pour finir, et en attendant la suite, il faut distinguer *Prendre le large* (2017), de Gaël Morel, où, mère courage, elle est une ouvrière du textile délocalisée au Maroc. Prendre le large… c'est le style Bonnaire qui fulgure à chacun de ses films.

Autres films notables :
Quelques jours avec moi (1988), de Claude Sautet ;
La Captive du désert (1990), de Raymond Depardon ;
Le Ciel de Paris (1992), de Michel Béna.

DAMIEN BONNARD

(NÉ EN 1978)

De loin en loin, on le repérait. Sa longue silhouette d'échalas pâle, large d'épaules, arrimée à la terre, rassurante, immédiatement contredite par son regard vagabond, lunaire, comme si justement Damien Bonnard n'avait pas d'attache. « Damien a ce que j'appelle la "désinvolture concernée", que j'aime bien chercher chez les comédiens, décrypte Alain Guiraudie, qui l'a fait tourner dans *Rester vertical*, en 2016. C'est un mélange assez complexe et fin de légèreté et de profondeur, une nonchalance qui ne manque pas de sérieux. »

Le film de Guiraudie jette dans la lumière cet abonné aux seconds rôles, et avant cela aux figurations. Damien Bonnard attendait son heure. Le voilà enfin jeune premier, à 37 ans, dans un rôle de scénariste en mal d'inspiration, et jeune père par accident. Les films de Guiraudie sont exigeants physiquement, pourtant l'acteur y évolue avec fluidité et grâce.

Le drame lui va bien au teint comme il le prouve dans *Les Misérables* (2019), de Ladj Ly, où il incarne un jeune flic de province effaré par les méthodes de la BAC qu'il a rejointe en banlieue parisienne. Un mur de principes républicains face à une bavure commise par ses collègues. Un homme présent, mais à contre-courant, à l'image de Damien Bonnard pour le cinéma français.

Autres films notables :
En liberté ! (2018), de Pierre Salvadori ;
Seules les bêtes (2019), de Dominik Moll.

SAMI BOUAJILA

(NÉ EN 1966)

Le drame est incontestablement son genre de beauté. C'est dans ce registre que Sami Bouajila se fait remarquer, à ses débuts, dans la peau d'Ismaël, un grand frère à la recherche de son cadet, dans *Bye-bye* (1995), de Karim Dridi. Cinq ans plus tard, il peaufine son sens du drame, en y instillant une dose subtile de légèreté et de fragilité, dans *Drôle de Félix* (2000), de Ducastel et Martineau, dans lequel il incarne un jeune homme séropositif, traversant la France pour rejoindre son chéri à Marseille. Le voilà donc catapulté dans le cinéma d'auteur, Abdellatif Kechiche, Catherine Corsini, Pierre Salvadori ou, encore un peu plus tard, André Téchiné. Sa double culture franco-tunisienne lui permet aussi d'embarquer sur des projets qui racontent une autre histoire de France. Celle des bataillons nord-africains de la Seconde Guerre mondiale, avec *Indigènes* (2006), de Rachid Bouchareb, et quatre ans plus tard, celle de la guerre d'Algérie racontée cette fois par les anciens colonisés, avec *Hors-la-loi*, du même Bouchareb. Il est intéressant de considérer les deux films comme un seul dans le cas de Sami Bouajila, qui tient le même rôle, celui d'Abdelkader, caporal de l'armée française jeté avec ses frères indigènes dans l'enfer des Ardennes, métamorphosé quelques années plus tard en combattant du FLN. Une fois encore, c'est par son regard que Sami Bouajila nous tient : dans le premier volet, on y lit la sidération d'être sous le feu, l'espoir d'une liberté nouvelle, pour laisser la place à l'opacité glaçante d'un fanatique dans le deuxième chapitre. Une constante dans son jeu : la dignité.

Entre deux drames, Sami Bouajila opte parfois pour le comique pur, et ça lui va bien aussi. La preuve avec *Good Luck Algeria* (2016), de Farid Bentoumi, où il est parfait de naturel et de joie de vivre dans le rôle d'un quadra au bord de la faillite qui décide de se présenter aux Jeux olympiques à l'épreuve de ski de fond (sport qu'il n'a jamais pratiqué). Pas un chef-d'œuvre certes, mais un intermède salutaire et poilant avant *Un fils* (2019), du réalisateur tunisien Mehdi Barsaoui, drame absolu en forme de course contre la montre disputée par un père pour sauver son fils, victime d'un attentat terroriste en Tunisie. Ce père, fou d'angoisse et de colère, c'est Sami Bouajila, qui ne lâche pas la tension une seconde, insufflant des airs de thriller à ce drame humain. La performance est impressionnante et lui vaut d'ailleurs un César du meilleur acteur en 2021. « Ce César, ça m'a posé, confiait-il au magazine *Les Inrocks* en novembre 2022, maintenant j'ai plaisir à me perdre dans mes rôles avec beaucoup plus de sérénité [...], j'aime partir à l'aventure. »

Autres films notables :
La Faute à Voltaire (2001), d'Abdellatif Kechiche ;
Les Témoins (2007), d'André Téchiné ;
Les Miens (2022), de Roschdy Zem.

CAROLE BOUQUET
(NÉE EN 1957)

Dieu de Dieu ! qu'elle est belle Carole Bouquet ! Trop belle pour nous ? Pas pour Bertrand Blier en tout cas, qui la choisit pour interpréter, dans *Trop belle pour toi* (1989), une femme superbe mais à qui son mari (Depardieu) préfère sa secrétaire (Josiane Balasko), bien moins attrayante. En acceptant ce rôle, Carole Bouquet fait preuve d'autodérision et envoie paître tous ceux qui l'ont hâtivement rangée au rayon des icônes glaciales. Elle n'en reste pas moins aussi sublime qu'à ses débuts.

De fait, lorsque Luis Buñuel, en 1977, cherche une jeune beauté pour *Cet obscur objet du désir*, il ne pouvait rêver mieux que Carole Bouquet. Elle y est Conchita, une jeune danseuse de flamenco prise dans une relation tumultueuse avec un riche Français d'un certain âge (Fernando Rey). Comme heureusement rien n'est simple avec Buñuel, par un dédoublement encore plus obscur que le désir, Carole Bouquet partage son personnage avec Ángela Molina, qui n'est pas moche non plus. Les deux actrices, Conchita I et Conchita II, ont à peu près le même âge et, par-delà l'œil de la caméra, elles manifestent une joyeuse sororité. Carole Bouquet estime, on pouvait s'en douter, que Buñuel a métamorphosé son existence : « Il me parlait de ma vie. Je le prenais pour un devin alors que c'était tout simplement un monsieur qui avait 77 ans et qui lisait très clairement à travers une jeune fille de 18 ans. »

D'autres cinéastes vont « lire » en elle. Par exemple, Werner Schroeter, dans *Le Jour des idiots* (1982), qui exalte son petit grain de folie à travers ce portrait d'une femme qui, à force de vivre de fantasmes, ne sait plus très bien si elle existe vraiment. Werner Schroeter aurait choisi Carole Bouquet pour ce qu'elle a de paradoxal : une nature de bonne vivante, aimant rire et manger, sous ses apparences de madone pétrifiée. Ou encore, selon les termes de l'actrice elle-même lors d'un hommage à Schroeter au Centre Pompidou en 2011 : « Mon allure de Vénus et ma démarche de garçon de ferme. » L'accueil du film à Cannes en 1982 est houleux, mais tout le monde convient que Carole Bouquet est une actrice de haute volée. Ce qui se confirme dans *Double messieurs* (1986), de Jean-François Stévenin, où elle parvient à trouver sa place dans ce récit d'amitié masculine. Et à nouveau avec Werner Schroeter, dans *Poussières d'amour* (1997), où, comme à l'école de Virginia Woolf, elle enquête sur l'amour. Pour jouer l'héroïne éponyme de *Lucie Aubrac* (1997), de Claude Berri, où elle remplace à l'arraché Juliette Binoche, elle s'extrait de l'académisme ambiant dans une scène où s'exagérant en femme pomponnée, elle tente de séduire et de faire fléchir un dignitaire nazi (Klaus Barbie), responsable de l'emprisonnement de son mari. Belle à tuer, se dit-on.

En 2002, c'est nouveau, elle fait rire : dans *Embrassez qui vous voudrez*, de Michel Blanc, elle est Lulu, une femme persécutée par les jalousies de son mari (Michel Blanc lui-même). On est en droit de la préférer inquiétante, comme dans *Feux rouges* (2004), de Cédric Kahn. Elle y est Hélène, une femme excédée par l'alcoolisme de son mari (Jean-Pierre Darroussin), qui décide d'abandonner son foyer en disparaissant dans la nuit où rôde un criminel en cavale. Une femme disparaît, mais la présence de Carole Bouquet, hitchcockienne par sa façon de rendre compatibles le feu et la glace, est parfaitement parfaite.

Autres films notables :
Le Bon Roi Dagobert (1984), de Dino Risi ;
Jenatsch (1988), de Daniel Schmid ;
Impardonnables (2011), d'André Téchiné.

MICHEL BOUQUET
(1925-2022)

Un monstre sacré. Michel Bouquet a le jeu dans la peau. À la question de savoir ce qu'il aurait fait de sa vie s'il n'avait pas été comédien, il répond : « N'importe quoi, balayer le plateau ou distribuer les accessoires, pourvu que ce soit dans un théâtre. » Michel Bouquet a le culte du texte, avec une prédilection pour Ionesco, des personnages travaillés avec une précision chirurgicale, des silences qu'il impose parfois et qui en disent long. Un homme exigeant, qui, à le croire, se sentait beaucoup plus à l'aise sur les planches que devant une caméra.

Et pourtant, le cinéma fera la part belle à cet exceptionnel acteur, intense et inquiétant, insaisissable. Il fait ses premiers pas sous la direction de Jean Grémillon, dans *Pattes blanches* (1949), dans le rôle de Maurice, bâtard révolté et amoureux de la belle Odette. Une silhouette fluette noyée dans un accoutrement trop grand, le regard fiévreux et désespéré des jeunes gens romantiques, Michel Bouquet, à ses débuts est très loin du notable qu'il va devenir plus tard pour de nombreux cinéastes. François Truffaut le voit d'abord en petit employé timide et solitaire, empoisonné par Jeanne Moreau dans *La mariée était en noir* (1967). Claude Chabrol va lui donner davantage d'épaisseur en l'imaginant en bourgeois suffisant, marquant ainsi un tournant dans la carrière de l'acteur. Pour *La Femme infidèle* (1969). Michel Bouquet devient Charles Desvallées, mari amoureux de sa belle Hélène/Stéphane Audran, mais mari trompé, qui n'hésite pas à tuer l'amant de sa femme. Cette performance, l'une des meilleures de l'acteur, a aussi le mérite de révéler d'autres facettes de son talent, mises en lumière par Chabrol : sa capacité à installer le malaise, ou encore à éveiller la pitié. Entre l'acteur et le cinéaste, il y a comme un coup de foudre. Avec Michel Bouquet, Chabrol a trouvé son bourgeois idéal à la bouche pincée, son meilleur interprète de l'hypocrisie de cette bonne société dont il aime à dévoiler les arrière-cuisines. Parfois, il le malmène, le met en danger, le soumet aux rires insolents et aux remarques sarcastiques d'un Jean Poiret dans *Poulet au vinaigre* (1985).

Michel Bouquet n'a pas souvent le beau rôle, même s'il est le premier. On songe ici au beau film d'Anne Fontaine, *Comment j'ai tué mon père* (2001), où il interprète un père qui réapparaît dans la vie de ses fils qu'il a abandonnés des années auparavant. Un type glacial, sec, cynique, pervers à bien des égards. « Un comédien extraordinaire, rare, au jeu tellement sobre, minimaliste, qu'il laisse toute la place à l'imaginaire des spectateurs pour interpréter ce qu'il dit », dira plus tard la réalisatrice. À 81 ans, Robert Guédiguian lui fait endosser le pardessus et la casquette de François Mitterrand dans *Le Promeneur du Champ de Mars* (2005). Son rôle le plus troublant. Michel Bouquet, charismatique comme jamais, compose ici un portrait espiègle, donnant presque une leçon de comédie, tout en convoquant les forces de l'esprit. Six ans plus tard, il prendra les traits d'Auguste Renoir au crépuscule de sa vie, atteint par les rhumatismes, mais néanmoins fasciné par son dernier modèle, dans le *Renoir* (2013), de Gilles Bourdos. Un grand vieillard, mais qui garde au fond des yeux une étincelle qui dit tout le plaisir que Michel Bouquet avait pour ce métier d'acteur.

Autres films notables :
La Sirène du Mississipi (1969), de François Truffaut ;
Vincent mit l'âne dans un pré...
et s'en vint dans l'autre (1976), de Pierre Zucca ;
Les Misérables (1982), de Robert Hossein.

BOURVIL

(1917-1970)

Quand on est voué par naissance aux travaux des champs dans un village normand, qu'on décide tout à coup de devenir chanteur, humoriste et, on l'espère, acteur, et qu'on y parvient en beauté, qu'est-ce qui vous enchante le plus : le succès phénoménal de *La Grande Vadrouille* (1966), de Gérard Oury, ou le prix d'interprétation à la Mostra de Venise pour *La Traversée de Paris* (1956), chef-d'œuvre de Claude Autant-Lara ? Réponse de Normand d'André Raimbourg, dit Bourvil : le plaisir du spectateur.

Pour le petit paysan naïf au costume trop court, tout a commencé avec cette certitude que le métier de comédien était d'essence divine. Aussi, avec son cheveu rare, son nez en angle obtus et ses gestes embarrassés, jamais il n'aurait osé prétendre pour lui-même à un tel paradis. Et quand il se risquait dans des fêtes familiales ou des bals villageois à des chansonnettes ou des blagounettes, c'était plus pour faire rire que pour tâter de la chose. Mais quand l'occasion s'en présenta, il se lança sur une échelle nationale en poussant ses pions dans plusieurs directions. Le music-hall avait pris de l'avance. Au cinéma, il aurait pu passer sa vie à jouer le simplet de service, l'ahuri à l'ingénuité désarmante, le comique rural. « Pas si bête », disait le titre du film d'André Berthomieu, en 1946. C'était vrai, car derrière la gaucherie, il y avait la douceur, derrière le petit rire idiot, l'humanité, au cœur du garçon falot, de la délicatesse. Et par-dessus tout, la gentillesse.

« Et c'était bien… Et c'était bien… », comme il le chantait dans « Le petit bal perdu ».

Pour l'aisance professionnelle, on avait le temps et il lui faudra jouer d'instinct, pendant presque une décennie, les passe-murailles (*Garou-Garou, le passe-muraille* [1951], de Jean Boyer) et les valets de mousquetaire à la Planchet, avant d'exploser dans *La Traversée de Paris*. Il lui restait deux voies à parfaire, qu'il empruntera l'une et l'autre : la drôlerie burlesque et les rôles dramatiques. Le burlesque, c'est Gérard Oury qui lui en offre l'occasion, avec des budgets qui lui permettaient de peaufiner à la perfection les personnages, les situations et les trouvailles visuelles. Si on force le trait, on récolte Jean-Pierre Mocky, c'est-à-dire l'outrance, la bouffonnerie, la provocation. Bourvil navigue entre les deux avec un calme et une tendresse qui sont sa marque. Par la force de sa volonté et l'allégresse de son inspiration, il avait fini par accéder au rang supérieur le moins encombré, d'autant que, contrairement à de Funès, son vieux complice, il ne s'était pas cantonné aux comédies, certes désopilantes : il s'était aussi aventuré, parfois avec bonheur, dans des rôles sérieux, dramatiques, et même parfois odieux, comme son personnage réac et hypermacho envers Michèle Morgan, affublée d'un visage laid, dans *Le Miroir à deux faces* (1958), d'André Cayatte. Suivent quatre films de Mocky (surtout *Un drôle de paroissien* [1963]), *Les Culottes rouges* (1962), d'Alex Joffé, et *Les Grandes Gueules* (1965), de Robert Enrico. Enfin, et particulièrement, le magistral *Cercle rouge* (1970), de Jean-Pierre Melville, film criminel où il joue fiévreusement un commissaire obstiné, rigoureux, tragique, à la fois son apothéose et son chant du cygne – il mourra d'un cancer à 53 ans.

C'est dans ce paradis dont nous parlions plus haut qu'il va rencontrer de rares élus comme Harry Baur, Charles Vanel, Michel Simon, Raimu, Gabin, Belmondo, Piccoli, Serrault, Tati et quelques autres, qui lui garantissent un séjour en altitude, là où le génie tient ses assises. Où siègent ceux qui possèdent le don inestimable de nous faire toucher la vie même. On reconnaîtra qu'il a fallu à Bourvil bien du talent et de l'esprit pour incarner Monsieur Tout-le-monde comme personne.

Autres films notables :
Le Chemin des écoliers (1959), de Michel Boisrond ;
Le Magot de Josefa (1963), de Claude Autant-Lara ;
Le Corniaud (1965), de Gérard Oury.

CHARLES BOYER

(1899-1978)

Il est des acteurs dont le récit personnel l'emporte sur la carrière. Enfant de Figeac, dans le Lot, Boyer est l'acteur français (avec Maurice Chevalier) qui a le mieux réussi à Hollywood, au point qu'il a même obtenu la citoyenneté américaine en 1942.

Mais notre héros n'est pas arrivé là du premier coup. Une dizaine d'années sépare ce triomphe de ses débuts à Berlin, lors de l'arrivée du parlant, où il jouait le même rôle dans les deux versions d'un même film. À le voir aujourd'hui mal dégrossi dans *Tumultes* (1932), de Robert Siodmak, on se demande si c'est bien lui, on n'est sûr que de sa voix de velours. À 34 ans (onzième film), son visage était poupin, ses traits accusés, ses gestes gauches. Autre loupé dans *La Bataille* (1934), de Nicolas Farkas, qui lui a bridé les yeux pour lui faire jouer un marquis japonais. Enfin, premiers essais américains : déception.

Il va s'affiner et devenir vedette dans *Le Bonheur* (1934), de Marcel L'Herbier, et grâce aux personnages aristocratiques, qui plaisaient tant à l'époque – princes, archiducs (il est Rodolphe dans *Mayerling* [1936], d'Anatole Litvak), jusqu'à Napoléon, dans *Marie Walewska*, de Clarence Brown, en 1937, avec Garbo. D'abord à cheval entre les deux continents, comme il l'est entre ses rôles romantiques et une auto-ironie assez unique, il sera définitivement adopté par Hollywood, où sa classe, son regard sombre et un léger accent français font de lui un *French lover*, successeur de Ramon Novarro, fort apprécié du public, donc des studios.

Tout le monde l'aime (sauf Gabin parce qu'en 1938, il a triomphé dans *Casbah*, le remake américain de son *Pépé le Moko*).

Comment arrive-t-on à un tel statut ? Par du discernement, d'abord : Boyer fera l'acteur pour Lubitsch, Minnelli, Borzage, Preminger, Sirk, Stahl, Wyler… Par son ambiguïté charmeuse, ensuite, dès *Hantise*, de George Cukor, en 1944. Par ses paradoxes aussi : l'homme d'une seule femme (l'actrice anglaise Pat Paterson) a tenu dans ses bras les plus belles actrices du monde – Garbo, Dietrich, Rita Hayworth, Ingrid Bergman, Claudette Colbert, Hedy Lamarr, Irene Dunne… Enfin, il a été un acteur parmi les mieux payés – mais sans avoir jamais eu d'Oscar (sauf un Oscar d'honneur pour avoir créé à Los Angeles la French Research Foundation). Il est alors si connu qu'on le caricature jusque dans des dessins animés (avec Pépé le putois des *Looney Tunes*, par Chuck Jones) : la gloire, la vraie.

Chaque fois qu'il revient voir sa mère à Figeac, il est reçu comme un homme d'État. Carrière éblouissante, qui trouve son point d'orgue dans deux films français, justement. En retraçant l'itinéraire d'une paire de boucles d'oreilles en diamant qu'il avait offerte à sa femme (Danielle Darrieux) dans *Madame de…* (1953), de Max Ophuls, le général que Boyer incarne comprend qu'elle en aime un autre, l'a trompé peut-être, et qu'elle aussi a pu comprendre qu'il avait une maîtresse. Comme il a raison alors de contrôler son humeur quoiqu'il advienne à son couple ! Même sûreté de soi dans le duel final, où c'est l'amant (Vittorio De Sica) qui disparaît – et Darrieux, qui meurt de langueur. La grandeur du film, son large rythme humain tiennent à cette suprême équanimité, cette retenue presque constante, que Boyer a développée durant toute sa carrière. Ici comme ailleurs, il s'est toujours attaché à rester sobre et vrai comme un baigneur hésitant à s'aventurer dans une mer où il n'a pas pied.

Las, survient le temps où le bonheur s'enfuit. Ébranlé par le suicide (à la roulette russe) de son fils unique âgé de 22 ans, Boyer ne supportera pas la mort de sa femme (d'un cancer), en 1978 : deux jours plus tard, il décide d'y adjoindre son propre anéantissement. Sans regrets pour le monde où il a si bien vécu. Déjà, dans l'autre point d'orgue de sa carrière, le *Stavisky* (1974), d'Alain Resnais, son personnage du « Baron » constatait la fin d'une époque…

Autres films notables :
Liliom (1934), de Fritz Lang ;
Elle et Lui (1939), de Leo McCarey ;
Maxime (1958), d'Henri Verneuil.

RACHIDA BRAKNI

(NÉE EN 1977)

Si le fameux « ascenseur social » est le plus souvent en panne au troisième sous-sol, Rachida Brakni est un contre-exemple encourageant. Fille d'un couple de travailleurs algériens émigrés en France, elle se démène avec brio aux écoles de la République : bac littéraire puis études d'histoire à la fac. Mais c'est le métier d'actrice qui la fait « kiffer grave », comme on dit dans les quartiers populaires d'où elle vient. Elle suit des cours de comédie et, en 2001 (à 24 ans !), devient pensionnaire de la Comédie-Française. Où elle est repérée par Coline Serreau qui lui confie un rôle très principal dans *Chaos* (2001). Elle y est Malika, une jeune fille traquée par des proxénètes et aidée par une bourgeoise réglo (Catherine Frot), rencontrée accidentellement. Le film est un tract militant courageux qui entend dénoncer aussi bien le machisme ordinaire que la misogynie de l'intégrisme musulman. Rachida Brakni y est sidérante, alternant quelques bribes de comédie et un fond de révolte lové dans son regard noir. Une révélation qui se confirme dans *L'Outremangeur* (2003), de Thierry Binisti, où elle est une artiste peintre soupçonnée de meurtre. Le film ne bouleverse pas l'histoire du cinéma mais fut une date importante pour Rachida Brakni : elle y rencontre le « débutant » Éric Cantona, dans le rôle d'un flic. Il deviendra son mari (le veinard !).

André Téchiné, fameux dénicheur de jeunes talents, lui donne une autre ampleur dans *Loin* (2001) : un rôle modeste mais un effet immense. Qui est cette jeune actrice qu'on brûle de voir ailleurs ? On aura la réponse dans *Secret défense* (2008), de Philippe

Haïm, un polar emberlificoté où elle est Leïla, instructrice à la DGSE, spécialisée dans l'infiltration des réseaux terroristes. Pas commode la fille ! Et encore plus rauque dans *Une affaire d'État* (2009), d'Éric Valette, où elle est Nora, une jeune policière un rien désordonnée, qui enquête sur l'assassinat d'une fille dans une rue de Pigalle avant de découvrir que le fait divers implique des hauts fonctionnaires et leurs magouilles. Plus inattendue, elle est la vedette des *Mouvements du bassin* (2012), de HPG, dans le rôle de Marion, qui désire un enfant à la folie, au point de faire affaire avec une infirmière qui va braquer pour elle une banque du sperme. Féministe tout en restant drôle, c'est rien de le dire.

Et voilà qu'on l'adore définitivement dans *Sœurs* (2020), de Yamina Benguigui. Trois sœurs franco-algériennes, Zorah, Norah et Djamila, se mobilisent pour retrouver leur frère, enlevé par leur père et caché en Algérie. Rachida Brakni est Djamila, la plus déterminée. Dans ce formidable récit d'une association de femmes en pétard, qui exsude aussi une sensationnelle complicité entre les actrices (Isabelle Adjani et Maïwenn, idoines dans le rôle des deux autres sœurs), Rachida Brakni rayonne, toute d'humanité et de tendresse.

Autres films notables :
La Part animale (2007), de Sébastien Jaudeau ;
Les Bureaux de Dieu (2008), de Claire Simon ;
Neuilly sa mère ! (2009), de Gabriel Julien-Laferrière.

CLAUDE BRASSEUR
(1936-2020)

Il aurait pu rester Claude Espinasse, fils d'Odette Joyeux et de Pierre Espinasse, dit Brasseur. Contre l'avis de sa mère, il garde Brasseur. Mais le petit Claudet, c'est ainsi que le surnomme son père, n'a pas seulement hérité de l'illustre pseudonyme, le grand Pierre lui a aussi légué son formidable organe, une voix de stentor au timbre vibrant.

« Si tu cherches à me ressembler ou à ne pas me ressembler, tu risques de fuir ta véritable nature et de devenir un acteur bâtard », lui avait dit ce père disparu.

Alors il deviendra Claude, presque le contraire de Pierre par sa manière, bien à lui pour le coup, de disparaître derrière ses rôles avec beaucoup d'élégance. Une grande simplicité, soulignée par un formidable accent de Paname et ce regard noir pétillant des grands timides, complice et chaleureux, souligné par un grain de beauté, telle une mouche d'aristo.

Jean Renoir voit en lui le gamin d'un Paris populaire, prisonnier de guerre et meilleur copain du caporal Jean-Pierre Cassel, issu des beaux quartiers, dans *Le Caporal épinglé* (1962). Deux ans plus tard, il devient l'inoubliable partenaire de madison d'Anna Karina et de Sami Frey, dans *Bande à part* (1964), de Jean-Luc Godard. Un rôle de petite brute, délinquant en dilettante, à la foulée souple et rapide, parcourant le Louvre au pas de course, où l'on découvre un autre Claude Brasseur, un jeune homme de son époque, au jeu débridé par le cinéma de Godard. « Claude Brasseur a l'innocence et la folie des enfants lorsqu'ils jouent aux billes ou à la guerre. C'est-à-dire à la fois la brutalité nécessaire et la candeur suffisante », dira le cinéaste. Leurs retrouvailles, en 1985, pour *Détective*, se passeront beaucoup moins bien. Brasseur y incarne un pilote de ligne qui sent sa femme (Nathalie Baye) lui échapper. Un rôle rare dans la filmographie de Brasseur, qui compte autour de quatre-vingts films, un homme blessé, déstabilisé. Mais Godard n'est pas impressionné et ne rate pas une occasion pour déconsidérer son acteur.

Brasseur n'en prend pas ombrage. Il a quelques raisons pour cela. Le succès de *La Boum*, de Claude Pinoteau, en 1980, a fait de lui un acteur très populaire, dans le rôle du papa dentiste un rien volage, de la jeune Vic, 13 ans, qui veut absolument aller à une boum. Mais il a surtout un fameux bâton de maréchal décroché avec le rôle de Daniel dans l'épatant diptyque d'Yves Robert, *Un éléphant ça trompe énormément* (1976), suivi, un an plus tard, de *Nous irons tous au paradis*. De cette bande de quadras en pleine crise existentielle, Daniel/Claude Brasseur est le seul homosexuel. Un rôle qu'il avait accepté à la condition qu'il ne lui soit pas demandé d'être caricatural et d'en faire des tonnes. La bonne idée, Claude Brasseur prête sa virilité tranquille à Daniel, comme si c'était une évidence.

Un film brille dans la dernière partie de sa carrière : *L'Autre Côté de la mer* (1997), de Dominique Cabrera. Claude Brasseur y incarne un industriel pied-noir vieillissant, resté en Algérie après l'indépendance, qui doit subir une intervention dans un hôpital parisien. Un homme cramponné à l'Algérie, amoureux de ce pays qui lui file entre les doigts. Un de ses plus beaux rôles.

Autres films notables :
Un homme de trop (1967), de Costa-Gavras ;
Une belle fille comme moi (1972), de François Truffaut ;
L'Orchestre rouge (1989), de Jacques Rouffio.

PIERRE BRASSEUR
(1905-1972)

« Ah ! vous avez souri ! Ne dites pas non, vous avez souri ! » Cette réplique, qui n'impressionne en rien Arletty, a été lancée pour l'éternité, dans *Les Enfants du paradis* (1945), de Marcel Carné, par le plus culotté des dragueurs et l'un de nos plus grands acteurs. De fait, tout est grand chez Pierre Espinasse, dit Brasseur : il a de grands yeux en billes de loto, il monte sur ses grands chevaux, il prend de grands airs. Sa voix, très belle, ronfle dans les graves comme celle d'un orgue. Quel coffre ! Il le sait, il tonitrue volontiers. Cabot ? Parfois, mais surtout prince. Un comédien qui dispose de toute la palette des mimiques et des truculences : de l'air triomphal à l'air piteux. Quand il encaisse une paire de gifles de Gabin, dans *Quai des brumes* (1938), de Carné encore, il blêmit à vue d'œil, se liquéfie comme un chien battu, avant de plastronner devant ses acolytes. Narcissique ou décadent, mais sûr de lui, il va, court, se pavane, se conduit dans l'existence comme au théâtre, c'est sa joie, c'est sa vie. Il braille, il jacasse, il déclame, il pique de belles colères, gesticule, se régale des dialogues de Prévert (onze films avec lui), il salue, il exulte : au théâtre des Funambules, en Frédérick Lemaître, roi des comédiens, c'est lui au carré. Quand tout va mal, comme dans *Lumière d'été* (1943), de Jean Grémillon, où il est un peintre travesti en Hamlet, il boit comme un trou, s'enivre à plaisir et il en faut beaucoup avant qu'il ne s'écroule ivre mort, jubilant qu'on le croie défunt. Et quand il se relève et que sa voix s'affermit de nouveau, c'est pour qu'on lui serve à boire, nom de

Dieu. Les femmes ? Oui, bien sûr (tour à tour Odette Joyeux, la pianiste Lina Magrini, Catherine Sauvage), à condition qu'elles l'admirent et n'aient rien contre ses libations…, dès lors, jouer, jouer jusqu'à plus soif.

Au théâtre, où il a lui-même écrit des pièces peu prisées, il se gargarise de grands textes, comme *Les Mains sales*, *Le Diable et le Bon Dieu*, *Kean*, ou autres. Au cinéma, il pourrait revendiquer certains titres : *Je suis un as* (1933), de Joseph Tzipine, *Un oiseau rare* (1935), de Richard Pottier. Sinon, pour masquer son dépit devant des dialogues souvent médiocres, des scénarios inaboutis, il éprouve souvent, au fil de ses quatre-vingts films en tout, la tentation d'en faire des tonnes, de se réfugier derrière un collier de barbe ou un côté bourru, sauf chez Franju où il est à la fois reflet et réalité. Médecin aussi bien dans *La Tête contre les murs* (1959) que *Les Yeux sans visage* (1960), il s'intègre avec une sorte de tendresse dans l'univers onirique de l'auteur.

Compte tenu de sa verve, on lui fait jouer les rôles les plus fantasques, mais il obtient aussi les plus noirs. C'est lui qui tue Nathalie Nattier dans *Les Portes de la nuit* (1946), de Carné. Il sera tour à tour malfrat, guérisseur, comte, avocat, tueur russe, maire (chez Autant-Lara), commissaire (chez Deville). Il s'éclate en général Géranium (un des fous) dans *Le Roi de cœur* (1966), de Philippe de Broca. Il est à son affaire face à Gabin dans *Les Grandes Familles* (1958), de Denys de La Patellière, ou, à contre-emploi, en Juju, le bon à rien, sauf à aimer, de *Porte des Lilas*, de René Clair, en 1957.

Est-ce à la mesure de son appétit d'ogre ? Non, et les nanars où il cabotine ne manquent pas, car ce n'est pas son genre de couper le moteur ni de refuser une bâfrée de rôles alimentaires où il joue à être Pierre Brasseur, pour ne pas perdre l'envie de jouer, c'est-à-dire, pour lui, de vivre. D'ailleurs, on le fera même jouer après sa mort, quand Blier, dans *Les Acteurs* (2000), lui prête un appel téléphonique d'outre-tombe à son fils Claude, comédien lui aussi.

Ah ! Mourir sur scène. Le 14 août 1972, il va baisser le rideau. Il est en Italie quand, quelques beuveries plus tard, son cœur s'arrête, en plein tournage d'un film de Scola qui s'intitule – ça ne s'invente pas ! – *La Plus Belle Soirée de ma vie.*

Autres films notables :
Le Schpountz (1938), de Marcel Pagnol ;
Adieu Léonard (1943), de Pierre Prévert ;
La Vie de château (1966), de Jean-Paul Rappeneau.

JEAN-CLAUDE BRIALY

(1933-2007)

Son père, colonel au 65e d'artillerie, rêvait pour son fils d'une carrière militaire. Mais Jean-Claude Brialy n'était pas fait de ce bois-là. En cachette de ses parents il prend des cours de théâtre et quitte Angers pour la capitale en 1954. Il a 21 ans et fait toutes sortes de petits boulots avec son copain de l'époque, Alain Delon. Sa rencontre avec le cinéma ressemble à un sketch : en route pour aller voir *Jules César* mis en scène par Jean Renoir aux arènes d'Arles, Jean-Claude Brialy croise une bande de jeunes fans du maître. Ils s'appellent Claude Chabrol, Jacques Rivette, Jean-Luc Godard et Alain Cavalier, la bande des *Cahiers du cinéma*. Une bande à part qui adopte immédiatement le jeune Brialy.

Coup sur coup, il tourne pour Chabrol, dans *Le Beau Serge*, en 1958, puis *Les Cousins*, en 1959. Avec son duffel-coat et sa petite écharpe écossaise qui lui donne des airs d'étudiant un peu coincé, Jean-Claude Brialy entre du jour au lendemain dans la bande des jeunes acteurs de la nouvelle vague – Jean-Paul Belmondo, Sami Frey, Claude Brasseur, Anna Karina, ou encore Gérard Blain –, incarnant un style de jeu plus nature, plus décontracté que les « monstres sacrés » qui occupent les écrans à l'époque. Plus beaux gosses, aussi. Brialy joue le drame tout en légèreté, comme pour ce Jean, maquisard français au visage fermé, qui traque le traître infiltré dans *Un homme de trop* (1967), de Costa-Gavras. Ici, comme dans les films de Jean-Luc Godard ou de François Truffaut, il ne sourit pas.

Tout à sa joie de faire l'acteur, Brialy délaisse parfois le cinéma au profit du théâtre ou de la télévision. En 1970, il revient au cinéma d'auteur avec *Le Genou de Claire*, d'Éric Rohmer. Le jeune homme a fait place à un homme de 37 ans, qui interprète ici un esthète barbu, papillonnant, fétichiste obsédé par… le genou de Claire (Laurence de Monaghan). Le godelureau mis en scène par Claude Chabrol dans son film de 1961 a posé une touche de mélancolie dans son jeu et laisse même apparaître une certaine noirceur, qu'on retrouve dans *Le Fantôme de la liberté* (1974), de Luis Buñuel, ou encore dans son personnage de procureur dans *Le Juge et l'Assassin* (1976), de Bertrand Tavernier.

Jean-Claude Brialy a le pif pour trouver les films qui feront de gros succès : *L'Effrontée* (1985), de Claude Miller, ou *Inspecteur Lavardin*, de Claude Chabrol, un an plus tard. Mais c'est son rôle de vieil homosexuel vieillissant et alcoolique bouleversé par un tout jeune Abdellatif Kechiche, dans *Les Innocents* (1987), d'André Téchiné, qui lui vaudra son premier César (meilleur second rôle).

Deux films vont marquer la fin de sa carrière au cinéma : *S'en fout la mort* (1990), de Claire Denis, où il incarne un patron de restoroutes, flambeur dans son manteau en poil de chameau, jamais loin d'une petite escroquerie, qui donne le coup de main pour organiser des combats de coqs dans une boîte désaffectée. Mais il est surtout l'amiral de Coligny dans *La Reine Margot* (1994), de Patrice Chéreau, impeccable d'austérité, impressionnant, charismatique, juste avant d'être assassiné lors du massacre de la Saint-Barthélemy. Prouvant encore une fois que derrière le dandy chéri capable de faire rire tout le show-business, il y avait une grande profondeur. Un grand acteur.

Autres films notables :
Adieu Philippine (1963), de Jacques Rozier ;
La mariée était en noir (1967), de François Truffaut ;
La Nuit de Varennes (1982), d'Ettore Scola.

ANNE BROCHET
(NÉE EN 1966)

Dans le recoin d'un balcon, une jeune fille écoute la déclaration d'un galant embusqué sous sa fenêtre. Elle s'appelle Roxane et c'est Cyrano qui, se faisant passer pour le fringant Christian, généreuse imposture, lui déclare sa propre flamme. L'adaptation de *Cyrano de Bergerac* au cinéma par Jean-Paul Rappeneau, en 1990, exalte dans le rôle-titre la composition d'un Depardieu tout feu tout flamme. Mais dans sa pénombre, une jeune actrice fait le poids, si l'on peut dire. C'est Anne Brochet, dans le rôle de Roxane. « J'aime la plus belle qui soit », dit Cyrano. C'est en effet indiscutable, Anne Brochet est très belle mais son jeu ne se limite pas à une enluminure. Objet de désirs, elle fait de Roxane un sujet à part entière, qu'elle soit apprêtée dans le beau monde ou échevelée sur un champ de bataille, une femme qui est certes éperdument amoureuse mais n'en est pas moins libre. Anne Brochet apporte ainsi une touche de modernité au personnage de Roxane, dont avait besoin le texte original d'Edmond Rostand.

On l'avait déjà repérée dans *Masques* (1987), de Claude Chabrol. Le portrait d'un salaud comme Chabrol les aime : Christian Legagneur (Philippe Noiret), présentateur vedette d'un jeu télévisé, bonasse en public et monstrueux dans le privé. Anne Brochet joue le rôle de sa filleule, Catherine, jeune fille fragile qu'il ne protège que pour mieux la briser et hériter de sa fortune. Anne Brochet est parfaite, même derrière d'épaisses lunettes noires, pour incarner ce tanagra de porcelaine, ce fantôme de femme sous influence, titubant, hagard, défoncé par les drogues que son cher parrain lui administre en espérant sa mort. Scène mémorable où l'acculant à une cloison, Legagneur lui attrape le menton : « Regardez comme elle tremble ! » En effet il y a de quoi trembler, et le regard d'Anne Brochet est à cet instant un pur bloc de panique, qui rend d'autant plus patente l'infamie de son tourmenteur.

Elle est de nouveau une jeune femme brisée dans *Tous les matins du monde* (1991), d'Alain Corneau. Madeleine, une des deux filles de monsieur de Sainte-Colombe (Jean-Pierre Marielle), vieux maître de musique austère et bourru, vit recluse dans le château de son père. Lorsque Marin Marais (Guillaume Depardieu), jeune gambiste virtuose du baroque, vient guigner l'enseignement du maître, il manque d'être débouté, mais il fléchit l'inflexible en interprétant un air de sa composition. À la fin de l'audition, le sourire timide de Madeleine est celui d'un double ravissement : pour la musique et pour le jeune homme. Anne Brochet, tel le fameux ange de pierre sur la façade de la cathédrale de Reims, est tout entière dans ce sourire qui ne dit mot mais consent. Elle est encore plus admirable de suggestions lorsque, au cours du récit, ce sourire, mal aimé, mal embrassé par un Marin Marais vieillissant (Gérard Depardieu) se flétrit et s'éteint.

Dans *Histoire de Marie et Julien* (2003), de Jacques Rivette, récit fantastique à la Edgar Poe, elle est la bien nommée Madame X, faussaire en tissus anciens, qui se démène pour augmenter le trouble amoureux qui lie Marie (Emmanuelle Béart) et Julien (Jerzy Radziwiłowicz). Cheveux noirs lissés, yeux cernés, Anne Brochet, presque méconnaissable, est, comme le nom de son personnage l'indique, une inconnue, dont la mise, mains jointes sur les genoux mais prêtes à gifler, fait songer au portrait d'une quaker, brûlante d'un intégrisme polaire et énigmatique, ce qui la rend d'autant plus inquiétante. Entre merveille et démon, pour la première fois, l'actrice fait peur.

Au fil des années 2000, sur la pointe des pieds, Anne Brochet va quitter le cinéma pour se consacrer à d'autres passions : le théâtre (dont une interprétation remarquée dans *Architecture*,

(2019), de Pascal Rambert) et l'écriture (cinq romans à son actif). Tant mieux pour elle, dommage pour le cinéma.

Autres films notables :
Du fond du cœur (1994), de Jacques Doillon ;
30 ans (2000), de Laurent Perrin ;
Arrête ou je continue (2014), de Sophie Fillières.

VALERIA BRUNI-TEDESCHI
(NÉE EN 1964)

C'est une scène qui fait date dans l'histoire des crises de nerfs au cinéma. Béatrix est une belle femme, en vacances familiales dans une calanque des environs de Marseille. Elle tente de rendre compatibles tous les ingrédients de son biotope. Son jeune fils semble pédé (elle le dit comme ça), sa fille est en relation sexuelle hardie avec un motard, son mari, macho expressif, est tarabusté par ses retrouvailles avec un homme avec qui il fricota autrefois, et un des ex-amants de Béatrix se matérialise en réclamant un revenez-y. Comble du pataquès, le chauffe-eau tombe en panne. Béatrix est stoïcienne. « Où est le problème ? » dit-elle. Mais quand son sang-froid devient chaud, soudain, elle explose : « Je suis très tolérante alors j'aimerais bien qu'on le soit avec moi. Et maman ceci, et maman cela, et oui, ou non ! Et pourquoi on ne pourrait pas dire oui et non à la fois ? » Qui est cette femme hilarante quoiqu'un peu inquiétante dans sa colère ? On la reconnaît, mais on ne l'avait jamais vue dans un tel état de haute comédie. C'est Valeria Bruni-Tedeschi dans *Crustacés & Coquillages* (2005), d'Olivier Ducastel et Jacques Martineau. On voit qu'elle s'abandonne sans retenue aux deux réalisateurs.

Elle ne se donne pas moins dans ses propres films, où elle prend souvent le risque de se mettre en scène. Dans son premier opus, *Il est plus facile pour un chameau* (2003), récit vivement autobiographique, elle se reflète dans un miroir à trois faces : une femme (en quête d'amour absolu), une fille (riche, hélas) et une sœur (de chanteuse-mannequin). Jamais ces trois versions n'arrivent à parler la même langue, et c'est à cet égard un des plus beaux moments du film quand subitement surgit l'italien, sa langue maternelle, creusant encore plus l'étrangeté de Valeria Bruni-Tedeschi. Un art du masque qu'elle a appris au début des années 1980 à bonne école, celle du théâtre des Amandiers de Nanterre, alors dirigé par Patrice Chéreau. Qui la distingue et l'embarque dans son cinéma. Elle sera trois fois de ses voyages : rôle principal d'une amoureuse qui renoue avec un ancien amant, dans *Hôtel de France* (1987), légère apparition dans *La Reine Margot* (1994), et passagère de première classe dans *Ceux qui m'aiment prendront le train* (1998).

Tout en poursuivant son autobiographie filmée comme une mise à nue (*Un château en Italie* [2013], *Les Estivants* [2018], *Les Amandiers* [2022]), elle vaque pour d'autres avec brio : montreuse de marionnettes dans *A Casa* (1997), de Šarūnas Bartas, aristo frappadingue dans *Ma loute* (2016), de Bruno Dumont, romancière mature prise d'assaut par une jeune fan dans *Les Amours d'Anaïs* (2021), de Charline Bourgeois-Tacquet.

En 1993, pour son premier rôle marquant, Valeria Bruni-Tedeschi interprète une jeune femme qui, à la suite d'une altercation folle avec son amant, devient amnésique et part se faire soigner dans un hôpital psychiatrique. Le film, réalisé par Laurence Ferreira Barbosa, s'appelle *Les gens normaux n'ont rien d'exceptionnel.* Un titre qui va comme un gant à Valeria Bruni-Tedeschi, à condition de le retourner. Tels les gens anormaux, elle est exceptionnelle. Fragile, emportée, bouleversante, chaleureuse avec ses proches, polaire avec ses ennemis, un peu zinzin mais sans perdre la boule, caressante et giflante. Sincère en somme. C'est à prendre ou à laisser. On prend !

Autres films notables :
Oublie-moi (1995), de Noémie Lvovsky ;
Le Lait de la tendresse humaine (2001),
de Dominique Cabrera ;
Été 85 (2020), de François Ozon.

BLANCHETTE BRUNOY
(1915-2005)

Son parrain, l'écrivain Georges Duhamel, n'aimait pas le cinéma (« un amusement d'ilotes »). Elle, si. Petite, un peu ronde, des traits avenants, la peau blanche, un doux visage de fermière au gentil sourire, Blanchette Brunoy représente la fraîcheur, le lys virginal, la pureté, le lait maternel. Mais est-il possible d'assurer le même emploi sa vie durant ?

L'espiègle héroïne de *Claudine à l'école* (1937), de Serge de Poligny la lance et montre qu'elle n'est déjà pas insensible au charme des garçons, voire des filles. Dame, un personnage de Colette ! Elle a ses tendresses secrètes mais déteste le regard salace que les hommes posent sur elle, et, même lorsqu'elle a un faible pour l'un d'eux, son cousin (Jean Gabin), le cheminot de *La Bête humaine* (1938), de Jean Renoir, elle doit le repousser tandis qu'il cherche à l'étrangler sur le talus de la voie ferrée Paris-Le Havre. *Idem* pour Le Vigan/Goupi Tonkin, dans *Goupi Mains-rouges* (1943), de Jacques Becker, sidéré qu'elle, en Goupi Muguet, ne lui cède pas. Dans *Quartier latin* (1939), de Pierre Colombier, cette retenue commence à se fissurer quand, pour avoir reçu un chien en peluche, elle saute au cou de Bernard Lancret avec une ingénuité charmante. *Quartier latin* est un petit film générationnel, genre *Entrée des artistes* ou *Les Tricheurs*, mais, pour Blanchette Brunoy, c'est un film important, pour deux raisons : d'abord, parmi ces garçons et ces filles, dont Junie Astor ou Sylvia Bataille, on ne voit qu'elle ; ensuite, elle incarne l'étudiante idéale avec laquelle on aurait rêvé d'aller prendre un café dans le Quartier latin chez Capoulade (devenu Wimpy, puis passé de Wimpy à Quick, et de Quick à Burger King, mais toujours là pour symboliser l'évolution des mœurs).

À sa maturité, Blanchette – ce prénom aussi, ce petit nom qui fait meuh !, alors qu'elle est née Blanche Bilhaud – poursuit en l'adaptant son rôle de femme honnête. Et devient l'épouse modèle, la fille attentionnée, la mère dévouée – toutes qualités qui importent dans un cinéma où la bourgeoisie tient toujours son rang. Elle est Rose, la femme de service pleine de tendresse pour les enfants de *La Maternelle* (1949), d'Henri Diamant-Berger. Elle est la Denise d'*Au bonheur des dames* (1943), d'André Cayatte, future cheffe de rayon qui s'affine peu à peu et personnifie le grand magasin avant même qu'elle n'en épouse le patron.

Voilà sans doute le secret de sa séduction : alors qu'au cinéma la convoitise du spectateur masculin se fixe d'ordinaire sur les appâts apparents des femmes fatales, on découvre dans le franc regard de Blanchette Brunoy toutes les chimères des amours romantiques. Pourtant, dans *La Marie du port* (1949), de Marcel Carné, où elle se retrouve aussi haut que Gabin sur l'affiche, c'est elle qui le trompe la première avec un jeune coiffeur un peu niais de Port-en-Bessin. Les choses se dramatisent encore dans *Le Café du cadran* (1947), de Jean Gehret, où, bistrotière séduite, elle finira assassinée par son mari (Bernard Blier). En revanche, elles s'affadissent dans *Coiffeur pour dames* (1952), de Jean Boyer, où elle est l'épouse faire-valoir de Fernandel, qu'elle traite tendrement de « gros dindon vaniteux ».

Mais l'âge avance et le fait est que, contrairement à d'autres, Blanchette Brunoy préfère arrêter sa carrière après 50 ans plutôt que de tourner de nouveaux nanars comme *Le Voyageur sans bagage* (1944), d'un Jean Anouilh maladroit en cinéma. Jacques Fansten, pour *Roulez jeunesse !* (1993), et Pierre Salvadori, pour *Comme elle respire* (1998), la rappelleront pour un dernier salut. La trace de Blanche Bilhaud dite Blanchette Brunoy – croix de guerre 1939-1945, s'il vous plaît – n'est pas profonde mais elle a marqué son temps.

Autres films notables :
Altitude 3 200 (1938), de Jean Benoit-Lévy et Marie Epstein ;
Raboliot (1946), de Jacques Daroy ;
Bébert et l'omnibus (1963), d'Yves Robert.

GENEVIÈVE BUJOLD

(NÉE EN 1942)

Au couvent, elle a rêvé devant des stars dont, dix ans plus tard, elle deviendra la partenaire. Avec sa silhouette de gamine prête à gambader, sa bouche bien dessinée et son petit nez en trompette, Geneviève Bujold (prononcez « bujo ») est telle qu'on imagine la moue de l'innocence. Mais il y a plus : un regard où surgissent et disparaissent en une fraction de seconde les élans de la jeunesse, les fluctuations du sentiment amoureux, l'indulgence de la maturité. C'est incomparable.

Sinon, un cinéaste aussi exigeant qu'Alain Resnais, qui l'a presque découverte, ne l'aurait pas engagée, en 1966, pour le troisième rôle de *La guerre est finie*, face à Yves Montand et à Ingrid Thulin juste pour afficher une jolie Québécoise ayant conservé son accent. Choisie ensuite par Philippe de Broca pour la danseuse au tutu jaune du *Roi de cœur* (1966), elle est propulsée dans une troupe où les acteurs jouent la folie, alors qu'elle la vit, à cet âge tendre où l'on n'a pas encore vécu. Ce qui surnage de l'abondante filmographie de cette femme enfant à l'allure de reine, ce miracle de fraîcheur et d'ingénuité qui sied à toutes les saisons du bonheur, c'est la douceur du visage et le noir des yeux qui capte la lumière. Dans sa galerie de femmes, face à Belmondo dans *Le Voleur* (1967), de Louis Malle, elle joue le rôle d'une petite sotte, et s'en tire à la perfection. Faible femme ? Si frêle mais en même temps si forte, et à qui tout réussit.

Ses incursions à Hollywood sont flamboyantes : dans *Anne des mille jours* (1969), de Charles Jarrott, elle est Anne Boleyn, et récolte un Golden Globe ; dans *Obsession* (1976), de Brian de Palma, sa simplicité adoucit le maniérisme du réalisateur ; dans *Morts suspectes* (1978), de Michael Crichton, elle est une doctoresse qui découvre un trafic d'organes ; dans *La Corde raide* (1984), de Richard Tuggle, elle est l'amante de Clint Eastwood ; dans *Un autre homme, une autre chance* (1977), de Claude Lelouch, elle forme un couple magnifique avec James Caan.

Mais le bonheur n'est qu'un répit de l'inquiétude. On l'avait vue dans une dizaine de films, puis elle a presque disparu : de 1972 à 1976, un seul film, de 1978 à 1984, trois. Cette absence à répétition alors qu'elle était belle, jeune, douée, rieuse, devait signifier quelque chose : une sagesse, une vie intérieure, un étrange rapport au temps ? Peut-être s'effrayait-elle de la précarité d'une carrière qui l'aspirait déjà vers l'oubli Il y eut heureusement des revenez-y : chez Alan Rudolph, qui lui convient à merveille ; chez les Québécois Michel Brault et Paul Almond, son premier mari ; ou chez David Cronenberg, avec *Faux-semblants* (1988), où elle culmine en actrice célèbre que s'échangent des jumeaux gynécologues tordus (Jeremy Irons dans un double rôle).

Puis presque plus rien, à l'approche de la cinquantaine. Plus tard, on aurait pu le comprendre quand sa peau sera rendue grise par le tabac, l'alcool et les substances, mais elle n'en était pas encore là. Peut-être le mystère Bujold ressort-il finalement de la satisfaction d'avoir promené un peu partout sa bouille sans que soient devinés les secrets cachés derrière son inaltérable candeur.

Autres films notables :
Les Troyennes (1971), de Michael Cacoyannis ;
Kamouraska (1973), de Claude Jutra ;
Les Noces de papier (1989), de Michel Brault.

GUILLAUME CANET

(NÉ EN 1973)

S'il n'avait pas fait une mauvaise chute de cheval à 18 ans, alors qu'il projetait de devenir un champion du saut d'obstacles, Guillaume Canet ne serait probablement jamais devenu acteur. Il s'inscrit alors au Cours Florent et court les castings, mais garde au fond de son cœur un amour intangible pour les chevaux. Il consacre beaucoup de temps au haras familial où il croise le chemin d'un autre cavalier, qui n'est autre que Jean Rochefort. Lequel va donner un sérieux coup de pouce à l'acteur en herbe.

Trois ans à peine après sa première apparition au cinéma, on découvre Guillaume Canet au cœur d'un casting international, joue à joue avec la star maximale Leonardo DiCaprio, dans *La Plage* (2000), du réalisateur britannique Danny Boyle (*Trainspotting*, pour mémoire). Plus de 2 millions d'entrées font de lui le nouveau *french* séducteur. Mais il faudra attendre 2005 pour que l'acteur se révèle véritablement, dans *Joyeux Noël*, de Christian Carion, qui relate un épisode de fraternisation entre soldats français et allemands pendant la nuit de Noël. Guillaume Canet est dans le rôle du jeune lieutenant français qui plaide pour ce réveillon un peu spécial. Quelque chose se dessine alors de la future carrière du comédien. Un homme simple dans lequel chacun peut se reconnaître, qu'on remarque à peine tant son physique est passe-partout. Ce qui permet à l'acteur d'être aussi plausible en avocat machiavélique, dans *L'Homme qu'on aimait trop* (2014), d'André Téchiné, qu'en gendarme assassin, dans *La prochaine fois, je viserai le cœur* (2014), de Cédric Anger, ou qu'en agriculteur criblé de dettes, dans *Au nom de la terre* (2019), d'Édouard Bergeon. Ces mêmes qualités font aussi de lui un formidable agent double et espion, dans *L'Affaire Farewell* (2009), de Christian Carion, par exemple.

Le Grand Bain (2018), de Gilles Lellouche, marque une rupture avec ses rôles précédents : frisant la cinquantaine, Guillaume Canet apparaît sous un jour légèrement différent. Précisons à sa décharge qu'il incarne ici, le seul personnage antipathique du film, le type jamais content et qui se charge de doucher les espoirs des autres. Sarcastique et autoritaire. Déprimé et plus du tout séduisant. Sur le fil et finalement sauvé par le collectif. Jolie métaphore du cinéma.

Autres films notables :
Darling (2007), de Christine Carrière ;
Une vie meilleure (2012), de Cédric Kahn ;
Doubles vies (2019), d'Olivier Assayas.

MARILYNE CANTO

(NÉE EN 1963)

Une actrice qui prend la lumière dans un film de Dominique Cabrera, cinéaste rare et précieuse, est forcément une actrice remarquable. C'est le cas de Marilyne Canto, qui, en 1997, rejoint la belle équipe constituée par Dominique Cabrera pour *L'Autre Côté de la mer*. Née à Oran au temps de la colonie, elle se sent sans doute concernée par ce récit d'une certaine nostalgie pied-noire pour l'Algérie. Mais plus actrice que documentariste de sa vie, elle métamorphose sa personne en un personnage, Lisa, percluse de mélancolie. Au fil du temps et de sa filmographie, Marilyne Canto reste fidèle à Dominique Cabrera, et réciproquement. En 2000, dans *Nadia et les hippopotames*, elle est une gréviste sur le tas, une « hippopotame », qui participe au sauvetage d'une mère en détresse (Ariane Ascaride). Dans *Le Lait de la tendresse humaine* (2001), c'est elle qui est à son tour une jeune maman perdue, ne supportant pas son nouveau-né et refusant l'assignation sociale qui la veut tendre et douce. Marilyne Canto par son interprétation subtile, pleine de désarroi mais sans l'ombre d'un appel à la compassion, rend tangible et bouleversante cette incapacité à aimer son enfant.

Outre son travail d'assistante de Philippe Garrel sur le tournage du *Cœur fantôme* (1996), Marilyne Canto contribue à la révélation de Manuel Poirier en deux films, sortis en 1997 : *Marion* et surtout *Western*, où elle est une des femmes fortes et rieuses que croisent Paco (Sergi López) et Nino (Sacha Bourdo), Laurel et Hardy de la bourlingue en pays bigouden. Même compagnonnage avec Jean-Claude Biette : *Trois ponts sur la rivière* (1999) et *Saltimbank* (2003), où, un peu larguée mais fière de son indépendance, elle rejoint le panthéon des « femmes femmes » façon Paul Vecchiali, que Biette adule. Quand elle rallie la troupe de Robert Guédiguian en 2011 pour *Les Neiges du Kilimandjaro*, elle joue comme on soupire une déçue du militantisme ouvrier, chamboulée par une arnaque entre damnés de la terre.

Par ailleurs, on a souvent confié à Marilyne Canto des rôles de juge ou de professeure. Sans doute pour son apparence présumée solide, mais surtout pour son jeu, réservé et discret, quasi japonais, qui n'est pas pour autant de l'effacement.

Autres films notables :
L'Ivresse du pouvoir (2006), de Claude Chabrol ;
Nés en 68 (2008), d'Olivier Ducastel et Jacques Martineau ;
Enquête sur un scandale d'État (2022), de Thierry de Peretti.

JULIEN CARETTE
(1897-1966)

« Bonjour, Schumacher, tu vas bien ? Tu veux mon lapin ? » Marceau est un braconnier courtois, hyperconciliant. Surpris la main dans le sac par Schumacher, garde-chasse agressif, il prend de ses nouvelles et lui propose sa prise. Mais rien n'y fait. Par chance, le marquis propriétaire passe par là. « *Marceau* : – Si je braconne, c'est pas par méchanceté, c'est pour nourrir ma vieille mère... *Schumacher* : – Monsieur le marquis, il n'a pas de vieille mère ! », etc.

Tout cinéphile a imité cette scène de *La Règle du jeu* (1939), de Jean Renoir, la voix traînante, l'accent tonique sur les voyelles, de Julien Carette. Il a des yeux de velours, un sourire narquois. Et cette voix, donc, reconnaissable entre toutes, de titi parisien. La silhouette l'est aussi, taille exiguë, gestes cérémonieux, démarche onctueuse, ce qui lui permet de séduire la femme du garde-chasse et de devenir le conseiller sentimental de M. le marquis (Dalio). « *Marceau* : – Moi, monsieur le marquis, les femmes... que ce soit pour les avoir, ou pour les quitter, ou pour les garder, j'essaie d'abord de les faire rigoler. [...] Pourquoi vous n'essayeriez pas ? *Le marquis* : – Parce qu'il faut être doué... » Dalio lui donne alors une bourrade amicale et Marceau conclut par un « Bien sûr » plein d'assurance. La complicité masculine fait oublier la différence de classe.

Ces scènes, entre autres sommets de *La Règle du jeu*, sont l'apogée de Julien Carette, second rôle de légende, qui vous brosse un personnage en deux temps trois répliques et qui, à l'occasion, s'aventure brièvement dans la cour des grands. Toujours à l'aise, toujours lui-même, il a interprété des tas de petites gens et de petits métiers, certains plusieurs fois. Clochard, cheminot, cocher (*Si Paris nous était conté* [1956], de Sacha Guitry), bistrot, garagiste, vendeur ambulant (*Les Portes de la nuit* [1946], de Marcel Carné), encaisseur, portier, veilleur de nuit (*Entre onze heures et minuit* [1949], d'Henri Decoin), cuistot, livreur, sans oublier celui-ci, qui est fait pour lui : marchand de farces et attrapes (*Adieu Léonard* [1943], de Pierre Prévert).

Ce fut une orgie frénétique de films et de vies d'emprunt. Carné, Decoin, Duvivier, Grémillon, entre autres, ont eu recours aux cocasses cabrioles de ce Parigot débonnaire. Puis, Autant-Lara s'en est emparé. Carette virevolte dans *Occupe-toi d'Amélie* (1949), mais dans *L'Auberge rouge* (1951), en tavernier qui assassine ses clients, il doit substituer une violence inconnue à sa frivolité coutumière. Sur plus de cent films interprétés, gageons qu'il a vécu ses plus riches heures avec Renoir. Dans *La Grande Illusion* (1937), il triomphe sur scène avec la chanson « Si tu veux faire mon bonheur, Marguerite » ; dans *La Bête humaine* (1938), il excelle dans la cuisson des œufs au jambon.

Mais la vie file et c'est bientôt l'heure des comptes. L'arthrose le gagne, il est presque impotent quand, à 69 ans, il s'offre une petite sieste, chez lui au Vésinet, hélas clope allumée sur chemise en nylon. Ce rôle-ci, il ne l'a joué qu'une fois.

Autres films notables :
Battement de cœur (1940), d'Henri Decoin ;
La Fête à Henriette (1952), de Julien Duvivier ;
L'Amour d'une femme (1953), de Jean Grémillon.

JEAN CARMET
(1920-1994)

C'est un placide, Jean Carmet, même si, au-dedans, c'est autre chose. Il est de Bourgueil, Indre-et-Loire, où, là comme ailleurs, chacun reconnaît sa trogne de bon vivant qui, au bal, regarde danser la miss du village en sachant très bien qu'elle n'est pas pour lui. Bonne pomme, il n'en prend pas ombrage, et s'offre un petit coup de pinard, et peut-être un deuxième, histoire de ne pas broyer du noir au petit matin. C'est un homme simple dans la vie, un être chaleureux, pressé de vous faire partager un saumur, en beuglant « Allons voir si le vin est bon, allons voir oui, oui, oui », etc.

La silhouette pépère et l'éternel air de chien mouillé ont aidé Carmet à se faire connaître et aimer. Doux rêveur ? Pas si sûr ! À l'écran, cet autodidacte a su s'afficher en Français moyen, inquiétant ou cocasse, et loin d'être toujours recommandable. Chez lui, tout est dans le regard, selon qu'il cligne un œil torve, bovin, salace, aviné, triomphal. Puis à la maturité, les rôles s'agrandissent comme si sa carrière procédait par degrés, par paliers successifs. Trois dates illustrent une transformation qui le mène au vedettariat.

1972 : bonnet, cache-col, combinaison bleue, vélo, il est Maurice, l'ami de Pierre Richard, dans *Le Grand Blond avec une chaussure noire*, la comédie d'Yves Robert. Ses gestes lourdingues de blagueur invétéré, son langage populaire témoignent d'une vérité humaine des plus simples.

1978 : dans *Le Sucre*, de Jacques Rouffio, Carmet porte le complet fraîchement repassé du fonctionnaire de province tenté par deux escrocs. Rôle à double facette – peut-être le chef-d'œuvre de l'acteur : l'inspecteur à qui on ne la fait pas, le jobard à la comprenette difficile.

1975 : le rôle qui l'a le plus fait connaître, en même temps qu'il lui a gâché l'existence. C'est *Dupont Lajoie* (1975), où Yves Boisset, le metteur en scène, se délecte de troquer le titi à la dalle en pente pour un gros beauf harceleur, au passé de lyncheur de « bicots », selon ses propres termes, qui viole et tue une jeune fille. Avec ce film qui ne fait pas dans la dentelle, la volupté d'avoir joué un immonde individu tourne à l'aigre. On l'agresse en pleine rue, on caillasse sa maison, il finit par vivre volets fermés et, quand la paranoïa s'en mêle, l'amateur de bourgueil augmente les doses du grand échanson. Il survivra comme ci, comme ça, au gré de ses mélancolies.

D'autres rôles épatants, d'autres succès – hélas trop rares sur deux cents participations. Comme Guillaume le fermier, plus vrai que nature, dans *Le Caporal épinglé* (1962), de Jean Renoir, l'assassin trouillard de *Buffet froid* (1979), de Bertrand Blier, le père à la gifle facile d'Isabelle Huppert, dans *Violette Nozière* (1978), de Claude Chabrol, ou le vieux travesti tireur de cartes, dans l'étonnant *Miss Mona* (1987), de Mehdi Charef. Et tout de même deux Césars du meilleur second rôle, pour le Thénardier des *Misérables* (1982), de Robert Hossein, et pour *Merci la vie* (1991), de Bertrand Blier.

Ni son physique commun, ni la plupart de ses rôles ne pouvaient laisser deviner la délicatesse et l'élégance morale de cet homme doux, devenu bibliophile par amour du beau et dont les lettres à ses amis étaient de petits bijoux poétiques. Il y avait autrefois un titre qui lui aurait bien convenu, celui de gentilhomme ordinaire de la maison du roi.

Autres films notables :
La Victoire en chantant (1976), de Jean-Jacques Annaud ;
Les Fugitifs (1986), de Francis Veber ;
Les Deux Crocodiles (1987), de Joël Séria.

MARTINE CAROL

(1920-1967)

Sa vie est un court fleuve agité. Peut-être était-elle trop instable pour le milieu du cinéma. Toujours est-il qu'à 46 ans elle sera découverte inanimée par son quatrième mari, dans la salle de bains de la suite 8555 de l'Hôtel de Paris, à Monte-Carlo. Crise cardiaque, mélange d'alcool et de médicaments, overdose, suicide, les causes envisagées du décès ne manquent pas. Dernière en date, Martine Carol aurait avalé un fruit de travers et se serait étouffée. Mort mystérieuse donc, jamais vraiment élucidée, et qui vient clore une série de drames qui se sont empilés depuis le jour où elle se jette du pont de l'Alma pour un chagrin d'amour (Georges Marchal la quitte pour Dany Robin). Souvenir le plus horrible : en 1943, le gangster Pierrot le fou l'enlève, la séquestre, la bat, la viole, avant finalement de la libérer. Enfin, alors qu'elle est enceinte de Steve Crane, son premier mari, un accident de ski nautique lui fait perdre l'enfant et la possibilité d'en faire d'autres.

Après de telles secousses, elle se remet pourtant au travail avec vivacité, simplicité, désireuse d'apprendre. Une fois son nez d'origine refait, les gens du cinéma la trouvent belle, charmante et sérieuse. Martine Carol, ou plus exactement Marie-Louise Mourer, native de Saint-Mandé, qu'on aurait cru trop peu sûre d'elle pour affronter les rudesses du métier. « Sois légère », lui dit un jour Christian-Jaque, son deuxième mari. Message bien reçu. Fraîche, sereine en apparence, pas gênée pour dévoiler sa nudité, elle se montre d'une gentillesse et d'une obéissance sur le plateau qui fait le bonheur des metteurs en scène. Bouger, lancer sa réplique, se montrer naturelle, elle a fait du théâtre, elle sait ce que cela veut dire, elle s'attache à marquer ses rôles d'une grâce insouciante. Elle commence à se faire un nom.

1951. Elle devient vedette avec *Caroline chérie*, de Richard Pottier, en belle aristocrate qui traverse mille aventures en pleine période révolutionnaire, offrant son corps d'albâtre à qui lui sauve la vie. Arrivent ensuite les films de metteurs en scène réputés, surtout le précité Christian-Jaque : *Lucrèce Borgia* (1953), *Madame du Barry* (1954), *Nana* (1955), auxquels il faut ajouter *La Pensionnaire* (1954), d'Alberto Lattuada, *Si Versailles m'était conté…* (1954), de Sacha Guitry, et, surtout, *Les Belles de nuit* (1952), de René Clair, où, entre elle et Lollobrigida, Gérard Philipe passe de la plate réalité du quotidien à des nuits de rêve. Ici et là, elle affiche l'érotisme de bon aloi de la bonne fille au corps désirable et à la charmante humeur qu'aucun geste déplacé ne saurait altérer.

Mais son film le plus prestigieux, son chef-d'œuvre, c'est *Lola Montès*, de Max Ophuls, qui sort en 1955 et dont l'échec commercial est un nouveau coup dur. Exhiber Martine Carol en brune, à l'image de l'aventurière Lola Montès qui jadis avait subjugué les élites (Louis Ier de Bavière fut contraint d'abdiquer du fait de leur liaison tapageuse), et la dévoiler dans un écrin rococo à un public malsain autorisé à l'approcher pour un dollar, c'est la provocation choisie par Ophuls. Le paradoxe c'est que son pamphlet anti-sensationnalisme n'était pas fait pour le personnage mythique de Martine, familier mais jamais vulgaire, et dont la présentation dégradante dans un cirque par un dompteur sans indulgence (excellent Peter Ustinov) désorientera, et détournera d'elle, ses fans de toujours pour toujours.

Il lui reste douze ans à vivre, quelques films sans grand intérêt contrariés par l'arrivée explosive de Brigitte Bardot en 1956, qui la renvoie sèchement à son glamour mode Hollywood de la génération précédente. Mais, en ces années 1950, rien, pas même

B.B., n'aurait pu détourner la rêverie d'un adolescent solitaire de la voluptueuse silhouette de Caroline chérie.

Autres films notables :
Adorables créatures (1952), de Christian-Jaque ;
Nathalie agent secret (1959), d'Henri Decoin ;
Le cave se rebiffe (1961), de Gilles Grangier.

DANY CARREL

(NÉE EN 1932)

Il va pour l'étrangler, s'arrête et dit : « T'as d'la chance d'être belle gosse ! » Le non moins beau Henri Vidal n'a pas tort de s'adresser ainsi à Dany Carrel dans *Porte des Lilas* (1957), de René Clair.

On s'imagine peut-être qu'une jolie fille qui accepte de dévoiler ses seins et ses cuisses à l'écran n'aurait nul besoin de devenir une comédienne accomplie : le physique suffirait. C'est faux en ce qui concerne Dany Carrel : elle est à croquer, mais c'est aussi une surprenante interprète, ce dont se sont aperçus quelques critiques des années 1950-1960 à qui ses progrès avaient tapé dans l'œil, autant, voire plus, que ses formes. Certains producteurs cantonnèrent un peu vite la Carrel dans des emplois de jolie petite brune piquante, aux yeux à peine bridés (elle est née à Tourane, province d'Annam en Indochine) avec une jolie voix de mezzo-soprano, et suffit. Le statut de fille légère est lourd à porter quand on aspire à des comédies dramatiques. Mais bientôt dans sa carrière Dany Carrel se donne les moyens de ses ambitions. Sans compter qu'elle a longtemps été dans les petits papiers d'un influent directeur de la Gaumont, si on peut appeler la chose ainsi…

Et la voilà qui interprète, à la grande surprise de ses détracteurs, trois rôles dans le même film, *Piège pour Cendrillon* (1965), d'André Cayatte, coiffant ainsi au poteau (du moins par le nombre !) Michel Simon et Louis Jouvet, égalant Peter Sellers avec ses trois personnages dans *Docteur Folamour* – mais pas Alec

Guinness, et ses huit membres d'une même famille dans *Noblesse oblige* ! Deux amies d'enfance (Mi et Do), un grave incendie où l'une des deux meurt calcinée. Laquelle ? Tel est le point de départ de *Piège pour Cendrillon*. Le scénario laisse entendre d'abord qu'il s'agit de Do même si les restes ne sont pas reconnaissables, L'autre jeune fille, salement brûlée (par déduction Mi), reste amnésique. La narratrice (c'est le troisième rôle) souhaite élucider cette affaire de double identité et avoir la certitude que Do est bien la morte. Mais cette narratrice, qui est-elle vraiment ? Y aurait-il eu assassinat ? Histoire hyper-tarabiscotée jusqu'au bout, mais Danny Carrel se tire brillamment des pièges que le scénariste (Sébastien Japrisot) lui a tendus.

Ayant ainsi fait ses preuves, elle continuera de jouer ce qu'on lui propose en grappillant au passage quelques prestigieuses signatures : René Clair, Julien Duvivier ou Henri-Georges Clouzot, auquel Cayatte s'est référé. Dans *Les Grandes Manœuvres* (1955), de René Clair, elle est Rose-Mousse, celle qui tire au sort le nom de la belle esseulée qu'un officier de cavalerie (Gérard Philipe) doit séduire pour un pari – c'est Marie-Louise (Michèle Morgan) qui sort du chapeau (forcément : une modiste !). Dans *Porte des Lilas*, du même, Dany est tout simplement la plus vive des interprètes sur le plateau. Exquise d'autorité dans *Pot-Bouille* (1957), de Julien Duvivier, elle tient tête à Danielle Darrieux, jusqu'à ce que sa rivale reprenne l'avantage – mais Darrieux surclasse toujours toutes ces dames. Dans *La Prisonnière* (1968), de Clouzot, enfin, elle est Maguy, modèle. Elle est derrière Élisabeth Wiener au générique, mais ça n'a aucune importance : la vraie vedette du film, de toute manière, c'est l'art moderne.

Ces classiques mis à part, elle aura beaucoup assumé de rôles conventionnels : prostituée, fille enceinte (*Maternité clandestine*), pensionnaire de maison d'éducation (*La Cage aux souris*), fausse artiste de music-hall (*La Môme Pigalle*), et autres friandises des années 1950 dont on se dispensera de décliner l'identité des auteurs. Pourtant, elle ne se contentera pas de s'y exhiber devant un public conquis d'avance (il a vu les photos punaisées aux abords de la salle) : elle y est aussi sincère que convaincante.

Dans les années 1970, elle fera le choix de ne plus jouer que sur les planches en attendant les trois coups du grand âge.

Autres films notables :
La Fille Élisa (1957), de Roger Richebé ;
Les Mains d'Orlac (1960), d'Edmond T. Gréville ;
Clérambard (1969), d'Yves Robert.

PAULINE CARTON
(1884-1974)

Cela se passe dans les films de Guitry, son ami de toujours, dans *Feu Mathias Pascal* (1926), de Marcel L'Herbier, ou dans *Éducation de prince* (1927), de Maurice Diamant-Berger, et dans des dizaines d'autres, d'un peu tout le monde, surtout des niaiseries qu'elle sauvait par son tempérament de feu. C'est qu'elle n'a pas froid aux yeux, la Pauline. Il y a dans tous ses films un moment de bonne humeur communicative où elle paraît, avec sa robe noire et « son nez en patate » (c'est elle qui parle), ses cheveux tirés en arrière, chignon à l'ancienne et raie au milieu. Sa mine est souvent si réjouie qu'on en est aussitôt réconforté, et cela, qu'elle tourne un classique, comme *Le Sang d'un poète* (1932), de Jean Cocteau, ou une publicité pour la Vache qui rit (authentique !). Elle ne se contente pas d'apparaître, comme un soleil qui entre dans la pièce, elle parle aussi, de sa voix tantôt criarde, tantôt flûtée. Fausse Bécassine, elle parle d'or ou plutôt de raison, car elle représente la sagesse populaire susurrée sur un ton si tranchant qu'on ne doute pas une seconde qu'elle détienne la vérité. Elle a les pieds sur terre, en tout cas, elle se dandine, sautille d'une jambe sur l'autre, hausse les sourcils, écarquille les yeux : tout en elle respire la simplicité et le refus des tracas – d'ailleurs, elle a habité à l'hôtel toute sa vie d'adulte. Cela dit, elle a ses têtes et aussi ses humeurs. Dans la pharmacie du film *La Poison* (1951), de Guitry, elle injurie à mi-voix la femme de Michel Simon, qui riposte, et on comprend de quel embarras gastrique souffrent ces dames : « – Calomel ! – Vermifuge !

– Ipéca ! » La verdeur des propos ne lui fait pas peur, la dérision est son péché mignon.

Et les personnages défilent sur l'écran : concierge, bonne, mercière, poétesse dans *La Tournée Farigoule* (1926), de Marcel Manchez, couturière dans *Du haut en bas* (1933), de Georg Wilhelm Pabst, femme de notaire dans *Le Roman d'un tricheur* (1936), préfète dans *Le Mot de Cambronne* (1937), cuisinière dans *Désiré* (1937), tous du même Guitry, crémière dans *Le Plus Beau Gosse de France* (1938), de René Pujol, directrice de pensionnat, d'hôtel, chiromancienne à accroche-cœurs dans *Le Diable boiteux* (1948), de Guitry, astiqueuse de cloches dans *Branquignol* (1949), de Robert Dhéry… On n'en finirait pas de lister ses métiers au fil des décennies. Ne nous privons tout de même pas du rôle de la refoulée dans *Assassins et Voleurs* (1957), encore de Guitry. À chacun de ses personnages, elle ajoute une touche personnelle inattendue. Comme de porter des chapeaux pareils à des papillons. Ou de prendre soudain une voix de fausset. Elle y va de son petit couplet paisible ou vengeur et serait bien surprise qu'un cinéaste lui dise « Mais non, Pauline, vous n'y êtes pas du tout », alors qu'elle sait bien qu'elle est impayable.

Dans *Ils étaient neuf célibataires* (1939), de Guitry, Elvire Popesco dit à sa bonne, Pauline Carton : « – Je ne vois jamais votre mari – Moi non plus, Madame, je ne l'ai pas vu depuis onze ans. Un soir, il est sorti pour acheter des allumettes… – Grands dieux ! Et qu'est-ce que vous en pensez ? – Je pense qu'il n'a pas dû en trouver, Madame. » Toujours ce vieux bon sens imperturbable. À chaque fois, on la reconnaît bien là, la Pauline, on est tout attendri. C'est la famille. Quelle fête !

Autres films notables :
Ce cochon de Morin (1932), de Georges Lacombe ;
Ces messieurs de la Santé (1934), de Pierre Colombier ;
Miquette et sa mère (1950), d'Henri-Georges Clouzot.

MARIA CASARÈS
(1922-1996)

Parcours à bride abattue : naissance à La Corogne en Espagne, études à Madrid, exil à 14 ans à Paris pour fuir le franquisme, Conservatoire, Comédie-Française, TNP (Travail & Plaisir). Devient une des plus grandes tragédiennes de sa génération. Mais se fait rare au cinéma. Si rare qu'à 26 ans, ayant déjà tourné une vingtaine de films – ses meilleurs –, ce sera là hélàs l'essentiel de sa filmographie. Pas seulement en raison de son attachement au théâtre. Elle se méfiait des méthodes des studios, de l'atmosphère des tournages. Sa timidité faisait le reste. Elle a aimé travailler pour certains, Cocteau par exemple, qui lui a offert d'incarner la mort du poète dans *Orphée* (1950) et *Le Testament d'Orphée* (1960). Elle a marqué une poignée de rôles, un surtout, de sa patte et de sa présence quasi animale. Mais quelle classe !

Maria, au cinéma, c'est une amoureuse. Une amoureuse tragique, comme on la découvre dans *Les Enfants du paradis* (1945), de Marcel Carné, où elle est la malheureuse épouse délaissée par Baptiste (Jean-Louis Barrault) qui s'éprend d'une autre, la fabuleuse Garance (Arletty). Son jeu est sobre, juste, touchant. Être dans *Les Enfants du paradis*, c'est déjà une victoire, même si elle n'est pas la mieux servie (Arletty inspire Prévert, le scénariste).

Une amoureuse frustrée, dans *La Chartreuse de Parme* (1948), de Christian-Jaque, où elle excelle dans le rôle de la Sanseverina, la tante de Fabrice del Dongo (Gérard Philipe). Son visage est un masque où rien ne transparaît mais où tout se devine, à commencer par la douleur. Sa concentration, l'expression intense de son regard clair, l'impassibilité de sa physionomie lui permettent de transmettre à sa guise toute la gamme des sentiments, des émotions, des failles, des faiblesses, des désordres de l'amour.

Une amoureuse blessée, torturée même, dans *Les Dames du bois de Boulogne* (1945), de Robert Bresson, amoureuse qui se venge et de quelle façon ! Entraîner l'homme qui ne l'aime plus dans une mésalliance est un châtiment qu'elle savoure. Capable de mener de front une double dissimulation, elle ment aux deux parties qu'elle complote de rapprocher. « Vous ne savez pas ce que c'est qu'une femme qui se venge », lui lance-t-elle. Consolation éphémère, car pour finir elle perdra. Mais c'est là son interprétation la plus accomplie, et tout le mérite lui en revient, car elle a dû se battre contre Bresson, qui affinait sa conception du jeu de l'acteur. Belle réussite quand on pense qu'elle a 22 ans lors du tournage, alors que son personnage en compte beaucoup plus. En toque de fourrure, manteau noir et caniche blanc, elle se vieillit dans *Les Dames du bois de Boulogne*, par sa façon d'être au monde, sa féminité abrupte, son aisance, son autorité, sa froideur masquant la tristesse, son ennui souverain. Le plus amusant étant de jouer les femmes du monde, les perfides, elle qui était flamboyante mais réservée et, follement attachée à sa relation secrète et passionnée avec Albert Camus, qui débute à l'époque et durera jusqu'à ce qu'il s'écrase avec sa bagnole contre un arbre, le 4 janvier 1960. La voix de l'écrivain s'est tue. Celle de Maria nous hante. Voix si particulière, que Deville a utilisée dans sa *Lectrice*, en 1988. Voix rauque, insidieuse, séductrice, attachante.

Autres films notables :
Roger-la-Honte (1946), d'André Cayatte ;
Ombre et Lumière (1951), d'Henri Calef ;
Blanche et Marie (1985), de Jacques Renard.

JEAN-PIERRE CASSEL

(1932-2007)

Son modèle, c'est Fred Astaire et son élégance aérienne. En ce début des années 1950, Jean-Pierre Cassel, beau gosse parisien, peaufine ses shuffles et ses steps, les pas basiques des claquettes, au son de la batterie de Kenny Clarke dans les caves de Saint-Germain, où les fous de jazz se retrouvent. De passage à Paris, Gene Kelly remarque le danseur et lui propose de se former sérieusement à l'art de la comédie musicale. Le rêve se réalise ? Pas tout à fait puisque c'est avant tout au cinéma que Jean-Pierre Crochon, deviendra Jean-Pierre Cassel, qualifié à l'époque de « jeune premier bondissant » pour sa séduisante et très dansante désinvolture.

Il joue à la perfection les charmants séducteurs un peu farfelus dans les films de Philippe de Broca au début des années 1960. Pourtant, il y a, derrière la grâce, la façade lumineuse des premières années de cinéma de Jean-Pierre Cassel, des recoins sombres, entraperçus dans *Le Caporal épinglé* (1962), de Jean Renoir, où il tente avec d'autres prisonniers de guerre de s'évader d'un stalag, et confirmés avec *L'Armée des ombres* (1969), de Jean-Pierre Melville, où il incarne un résistant français qui, à la veille d'une importante mission, choisit de se sacrifier.

Claude Chabrol se plaisait à dire, en parlant de Jean-Pierre Cassel : « Ce comédien très fin était fait pour jouer les rôles de salopard. » Le cinéaste s'en donne à cœur joie en lui confiant le rôle d'une fripouille de détective privé dans *La Rupture* (1970), ou encore d'un grand bourgeois indifférent au petit personnel, abattu au fusil de chasse par Sandrine Bonnaire et Isabelle Huppert, dans *La Cérémonie* (1995). Comme un clin d'œil à cet autre bourgeois déplaisant qu'il interprète dans *Le Charme discret de la bourgeoisie* (1972), de Luis Buñuel.

Et la danse ? Et Fred Astaire ? C'est en septembre 1976 que Jean-Pierre réalise enfin son plus vieux rêve, jouer à Londres dans la comédie musicale *A Chorus Line*. Quelques mois à peine avant sa disparition, il sera un maître de claquettes dans le film d'Alain Berliner, *J'aurais voulu être un danseur* (2007). Drôle de titre en forme de contradiction pour Jean-Pierre Cassel, fou dansant du cinéma français.

Autres films notables :
L'Ours et la Poupée (1970), de Michel Deville ;
Les Trois Mousquetaires (1973), de Richard Lester ;
Sade (2000), de Benoît Jacquot.

VINCENT CASSEL
(NÉ EN 1966)

Vincent Cassel adore jouer les méchants. Il n'a pas tort : avant lui, la grande Bette Davis, qui avait eu son lot de garces magnifiques au cinéma, expliquait que ces rôles, dont personne ne voulait à son époque, étaient souvent les plus intéressants. Le registre de Vincent Cassel diffère toutefois quelque peu de celui de la grande Bette : ses méchants à lui ne sont pas forcément des adeptes de la vanne qui tue. Ils ont le verbe haut certes, mais aussi le coup de boule bien senti. Des nerveux, des boxeurs, des brutes, des tyrans, des tueurs même. Des personnages en rupture totale avec l'héritage de son père, l'acteur Jean-Pierre Cassel, gentleman danseur qui rêvait de devenir le Fred Astaire français.

Mais des personnages de cinéma façonnés aussi par une éducation artistique hors norme : école du cirque d'Annie Fratellini, Actors Institute à New York, cours de chant, cours de capoeira, et bien sûr cours de théâtre. À cela, il faudrait ajouter aussi les leçons de sa génération, celle qui, quelque part entre Belleville et Saint-Denis, inventait le hip-hop à la française, à l'orée des années 1990. Entre Joey Starr, son frère Mathias, fondateur du groupe Assassin, et sa bande, qui sera plus tard à l'origine du collectif Kourtrajmé, Vincent Cassel, acrobate en herbe, peaufine son style à coups de smurf et de breakdance.

Démonstration dans la scène de présentation de Vinz, son personnage dans *La Haine* (1995), de Mathieu Kassovitz : dans un sous-sol sans âme, Vinz danse comme un fou au son d'une clarinette klezmer. Huit secondes de maestria, huit secondes culte pour les fans du film. Vincent Cassel trouvait à l'origine que son copain Mathieu Kassovitz aurait été un meilleur Vinz que lui. Il se trompait. Vinz est son acte de naissance cinématographique. Son corps sec d'athlète se prête à toutes les contorsions et accélérations subites. Vinz c'est le diable qui sort de la boîte, le mauvais génie, Vinz l'embrouille. L'acteur tord aussi son visage, la bouche s'étire façon Joker, les yeux deviennent fous.

Cette performance fait de Vincent Cassel, le visage d'une génération de cinéastes français, impatients d'en finir avec les vaches sacrées de la nouvelle vague. Ils s'appellent Jan Kounen, Christophe Gans, Gaspard Noé, et sont avides d'aventure, de fantastique, de grandes productions. Vincent Cassel se régale en Gilles de Rais, dans *Jeanne d'Arc* (1999), de Luc Besson, en jeune noble arrogant et cruel, dans *Le Pacte des loups* (2001), de Christophe Gans, ou encore en amoureux assoiffé de vengeance, dans *Irréversible* (2002), de Gaspar Noé.

On peut leur préférer Paul, ex-taulard tombé amoureux d'une jeune femme sourde, dans le très beau *Sur mes lèvres* (2001), de Jacques Audiard, où Vincent Cassel déploie une autre palette, tout en clair-obscur. « Vincent a quelque chose d'un acteur italien, quand je le vois, je pense toujours à Vittorio Gassman », explique Audiard. Le profil intéresse David Cronenberg qui lui offre le rôle d'un mafieux russe dans *Les Promesses de l'ombre* (2007). Cassel y est Kirill, fils d'un chef de la mafia, bien incapable d'occuper la place de dauphin qui lui revient. Parlant le russe comme si c'était sa langue maternelle, Cassel compose un étonnant gangster pleurnichard, imprévisible, dangereux. L'année suivante voit l'accomplissement d'un projet de longue date, serpent de mer du cinéma français : l'adaptation de *L'Instinct de mort*, mémoires de Jacques Mesrine, décliné en diptyque par Jean-François Richet. Dans la peau du bandit français, Cassel en impose, moins en colère, plus contenu, mais tout aussi redoutable.

Avec l'âge, la séduction s'est invitée sur le visage anguleux du bonhomme, soulignant son regard bleu-gris. Il est temps pour lui de jouer un homme amoureux : il sera le roi d'Emmanuelle

Bercot, dans *Mon roi*, de Maïwenn, en 2015. Amoureux, mais pas forcément gentil. C'est tout le sel de son Georgio, solaire et sombre. Dangereux, encore.

Il fera l'apprentissage de la gentillesse et de la positivité avec son personnage d'éducateur d'enfants autistes, dans *Hors normes* (2019), d'Éric Toledano et Olivier Nakache. Au passage, Vincent Cassel retrouve un certain sens de l'humour et gagne en légèreté. L'effet de l'âge ? « Non, non, pas d'inquiétude, confiait-il au journal *Le Monde*, je continue à prendre un malin plaisir à jouer les subversifs. »

Autres films notables :
Les Rivières pourpres (2000), de Mathieu Kassovitz ;
Black Swan (2010), de Darren Aronofsky ;
Juste la fin du monde (2016), de Xavier Dolan.

MAURICE CHEVALIER

(1888-1972)

Par quelle grâce divine un petit gars de Ménilmuche s'est-il retrouvé *French lover* à Hollywood à la fin des années 1920 ? Pourquoi la gloire s'est-elle soudain abattue sur lui ? C'est que Maurice, dit Momo, avait une totale confiance en lui, un talent pour le music-hall, une présence radieuse, du flair pour détecter ce qui convenait à son personnage.

Il avait commencé comme silhouette dans des spectacles de café-concert, ce qui facilita son accès à la chanson. Il affichait, dans ses tours de chant, un large sourire, un ton gouailleur et ce fameux canotier penché sur le côté, comme une signature canaille : « Avez-vous vu le nouveau chapeau de Zozo ? C'est un chapeau, un chapeau rigolo ! »

Apprécié comme artiste de music-hall, il éprouve un désir de cinéma : dès les années 1910, il joue dans des courts et moyens métrages, jusqu'à ce qu'il ait la chance que Paramount l'engage en 1929 et que son chic et sa jovialité tapent dans l'œil de grands metteurs en scène d'Hollywood. Il annule donc ses contrats parisiens pour interpréter toute une série de films à succès, surtout du génial Ernst Lubitsch – cinq films, dont *Parade d'amour* (1929), *Le Lieutenant souriant* (1931) et *La Veuve joyeuse* (1934), avec sa complice Jeanette MacDonald. Elle y est la richissime veuve d'un pays imaginaire venue faire la fête à Paris et courtisée par le comte Danilo (Momo !), chargé de la ramener chez elle pour éviter une banqueroute. Citons aussi *Aimez-moi ce soir* (1932), de Rouben Mamoulian, nid de trouvailles visuelles et sonores, de grâce et de légèreté chez les acteurs. Et un sketch de *Paramount on Parade* (1930), dans lequel il donne sa version fantaisiste de la danse apache. Alors ? Tout va très bien, madame la marquise ? La vérité est que, s'il « donne un air innocent à la scène la plus compromettante » (Lubitsch), « ma pomme », comme comédien, sera toujours limité. Son coup de génie aura été de ne faire aucun effort pour améliorer son accent français si prononcé que le public américain le considérait avec une bienveillance amusée.

Contrat fini, retour en France, en 1936. « Ça sent si bon la France », « Paris, je t'aime d'amour », « Un p'tit sourir', mamzelle », etc. : au music-hall, Chevalier va de triomphe en triomphe. Au cinéma, il voudrait jouer autre chose que de l'opérette filmée : des rôles dramatiques, pour lesquels il se sent de vrais dons, mais trop souvent, l'échec pointe son vilain nez. Il a beau afficher le fameux large sourire de l'homme heureux, c'est d'un bonheur contrarié qu'il s'agit. Justement, *Avec le sourire* (1936), de Maurice Tourneur, relate l'ascension sociale d'un clochard (c'est lui !) devenu chasseur de music-hall puis directeur de l'Opéra, à coups d'escroquerie, chantage, malhonnêteté, tandis que, par symétrie, le scrupuleux directeur du Palace (André Lefaur) se retrouve à la rue. Brillante comédie cynique qui utilise le charme de Chevalier pour railler le climat des années 1930 où sont célébrés avant tout l'argent et le pouvoir.

Une série de films suit, beaucoup d'échecs, et comme Maurice est orgueilleux, après 1950, il ne tournera plus qu'en Amérique, dont *Ariane* (1957), de Billy Wilder, et *Gigi* (1958), de Vincente Minnelli – ce qui lui vaudra un Oscar d'honneur en 1959. Un dernier film français, tout de même : en 1947, René Clair lui propose le rôle d'Émile Clément, metteur en scène de cinéma, dans *Le silence est d'or*. Le rôle était pour Raimu qui vient de mourir, et voilà Maurice, don Juan patenté, dans le Paris de la Belle Époque, aidant Jacques (François Périer), son premier assistant, à séduire une jeune fille sans savoir qu'il s'agit de la môme dont il est lui-même amoureux. Situation cocasse, typique de son auteur, et permettant une sortie de scène à la tendresse mélancolique. Émile s'efface : c'est ton tour, mon petit Jacques, pour toi aussi « la vie passera comme un rê-ê-ve ».

Autres films notables :
Une heure près de toi (1932), d'Ernst Lubitsch ;
L'Homme du jour (1937), de Julien Duvivier ;
Pièges (1939), de Robert Siodmak.

CHRISTIAN CLAVIER

(NÉ EN 1952)

En créant la troupe du Splendid avec ses camarades Thierry Lhermitte, Michel Blanc, Gérard Jugnot et Marie-Anne Chazel, à la fin des années 1960, Christian Clavier caresse un rêve secret. Quand les garçons de son époque se voient en Alain Delon ou Jean-Paul Belmondo, Clavier, lui vise à devenir le nouveau Louis de Funès.

En termes d'entrées, le pari est gagné, l'élève a même dépassé le maître. Christian Clavier est le seul acteur, toutes générations et nationalités confondues, à être en tête d'affiche de quatre films ayant atteint plus de 10 millions de spectateurs. En termes de comédie, l'élève a eu la bonne idée de s'éloigner du modèle de ses débuts pour inventer son humour à lui, celui de sa génération. Celui de ses copains baby-boomers, soixante-huitards, babas cool, qui irrigue les pièces qu'ils écrivent tous ensemble pour le Splendid, et qu'on retrouvera plus tard dans les films de la bande.

Champion du monde du comique de situation, Christian Clavier ne s'épargne pas pour autant. Dans *Le père Noël est une ordure* (1982), de Jean-Marie Poiré, il est Katia, travesti dépressif, moulé dans un petit tailleur léopard, et dans *Les Bronzés* (1978), de Patrice Leconte, il est Jérôme, médecin décomplexé, pas mécontent de lui, mauvais génie à l'occasion. Désopilant. Le grand acteur populaire naît en 1993 avec le triomphe des *Visiteurs*, de Jean-Marie Poiré, dont les répliques résonnent dans les cours de récré. Et puis, il y a *Astérix et Obélix : mission Cléopâtre* (2002), d'Alain Chabat. Nouvelle consécration pour Christian Clavier à qui revient la mission non négligeable d'enfiler les braies de notre Gaulois préféré, face à Gérard Depardieu/Obélix.

Dernier exploit en date, le phénoménal succès de *Qu'est-ce qu'on a fait au bon Dieu ?* (2014), de Philippe de Chauveron, bientôt suivi d'un deuxième et d'un troisième volet. Clavier y incarne un bourgeois de province très catholique, sommé d'accepter les maris très divers que ses quatre filles ont choisis. La mécanique comique est toujours en place et elle tourne comme une horloge.

Autres films notables :
Les bronzés font du ski (1979), de Patrice Leconte ;
Mes meilleurs copains (1989), de Jean-Marie Poiré ;
Opération corned-beef (1991), de Jean-Marie Poiré.

AURORE CLÉMENT
(NÉE EN 1945)

À la fin des années 1970, Aurore Clément fait partie de l'aventure *Apocalypse Now*, de Francis Ford Coppola. Mais les scènes où elle joue sont coupées au montage, lors de la sortie du film en 1979. Par la grâce d'une nouvelle version, plus longue, dite « Redux » (2001), on découvre que son personnage « sacrifié » de Roxanne, une Française toxicomane et énigmatique, n'est pas accessoire. Le jeu fantomatique d'Aurore Clément augmente les « ténèbres » conradiennes du récit.

Quel que soit ce phénomène de disparition/réapparition dont elle fit cruellement les frais, Aurore Clément n'avait pas attendu Coppola pour devenir une actrice renommée. En 1974, elle est la tête d'affiche de *Lacombe Lucien*, de Louis Malle. Dans la France de l'Occupation, elle est une jeune fille juive, contrainte de fuir la capitale pour échapper aux persécutions antisémites. Dans la petite ville du Lot où elle s'est réfugiée avec son père, Lucien, un jeune gaillard, tombe amoureux de la jolie Parisienne. La romance vire au noir, car ce Lucien est un auxiliaire de la Gestapo française. Gros succès en salles, le film suscite une vive polémique. Certains, et non des moindres, comme Michel Foucault dans les colonnes des *Cahiers du cinéma*, dénoncent une complaisance ambiguë pour le personnage de Lucien, qui, bien que responsable de ses choix, n'est pas vraiment présenté comme coupable dans le contexte pétainiste de l'époque. Aurore Clément passe entre les gouttes de cette pluie acide et est saluée pour son jeu à distance tant du personnage que du récit.

À la fin des années 1970, par l'intermédiaire de Delphine Seyrig, elle rencontre Chantal Akerman et devient son actrice favorite. Cinq films ensemble, parmi lesquels deux sommets. Dans *Les Rendez-vous d'Anna* (1978), elle est une réalisatrice de 30 ans, Anna Silver, qui, d'Essen en Allemagne jusqu'à Bruxelles, dérive de rencontres éphémères en retrouvailles difficiles. Un rôle quasi mutique où Aurore Clément, errant dans la grisaille européenne, se hisse à la hauteur des grandes actrices du cinéma muet. Dans *Toute une nuit* (1982), elle est une piétonne noctambule qui, parfaite incarnation du spleen urbain, traverse Bruxelles en une diagonale mélancolique.

Même ciné-sororité avec Anne-Marie Miéville : *Le Livre de Marie* (1985) et *Nous sommes tous encore ici* (1997), relecture hardie du *Gorgias* de Platon, où elle est Socrate dialoguant avec Calliclès (Bernadette Lafont).

Un petit tour chez Chabrol, ce qui fait rarement du mal aux actrices, pour *Les Fantômes du chapelier* (1982), où elle est une prostituée des rues de Concarneau, bientôt assassinée par le sinistre Michel Serrault. Et la voilà, en 1984, dans *Paris, Texas*, de Wim Wenders, où elle assume à merveille d'être le contrepoint réaliste de l'autre personnage féminin (Nastassja Kinski), nettement plus onirique, « actrice » dans un peep-show.

Le temps passant, Aurore Clément devient mère. Notamment dans *De la guerre* (2008), de Bertrand Bonello, où elle est la maman aimante et légitimement inquiète de Bertrand (Mathieu Amalric), un cinéaste dépressif embarqué dans une secte hédoniste.

De même dans *Je voudrais que quelqu'un m'attende quelque part* (2020), d'Arnaud Viard, où, point de repère et d'ancrage, elle est une joyeuse matriarche qui fête son anniversaire entourée de ses quatre enfants « compliqués ».

À revoir sa filmographie, on en vient à se rêver à la fois comme un amoureux de la belle Aurore et comme un de ses enfants bien-aimés. Son mari, depuis 1996, est tout aussi fréquentable :

Dean Tavoularis, chef décorateur américain qui a travaillé avec le gotha du cinéma hollywoodien, dont Francis Ford Coppola.

Autres films notables :
Le Sud (1983), de Víctor Erice ;
Facciamo paradiso (1995), de Mario Monicelli ;
Trouble Every Day (2001), de Claire Denis.

PIERRE CLÉMENTI

(1942-1999)

Sur le tard de sa vie, Pierre Clémenti écrit une pièce de théâtre intitulée, *Chronique d'une mort retardée* (1992). Un titre qui semble sonner le glas d'une existence compliquée. Mais foin de romantisme à deux sous, Pierre Clémenti n'est pas un acteur maudit, ni un raté volontaire, juste un comédien qui fut l'incarnation idéale des modernités cinématographiques des années 1960 et 1970. La preuve en quelques films.

Sa première apparition est notable dans *Le Guépard* (1963), de Luchino Visconti, où il est un des jeunes fils du *gattopardo*, le prince Salina (Burt Lancaster). La beauté phénoménale d'Alain Delon, dans le rôle de Tancrède, aristo révolutionnaire de la famille, éclipse toutes les autres masculinités du film, mais dans son ombre, Pierre Clémenti, autre beauté irradiante, fait de l'effet. Un autre géant du cinéma lui fait de l'œil : Luis Buñuel, pour qui il est un des clients du bordel de *Belle de jour* (1967). Tout de cuir vêtu, un voyou balafré qui est le seul avec qui la belle et glaciale Séverine (Catherine Deneuve) fait l'amour avec conviction, et sans le faire payer.

En 1968, année révolutionnaire, il est un des personnages principaux de l'épopée expérimentale *Les Idoles*, de Marc'O. Entre Gigi la folle (Bulle Ogier) et Simon le magicien (Jean-Pierre Kalfon), il est Charly le surineur, comme une sorte de pléonasme de son physique au couteau. Rocker fougueux, Clémenti joue à merveille l'enthousiasme anarchique quand il entraîne sa Gigi sur le chemin de l'utopie : « Nous allons vivre comme il nous plaira. »

Clémenti va dès lors jouer comme il lui plaira. Par exemple, quand, délaissant le cuir pour la bure, il est un Jésus-Christ sexué et sexuel dans *Le Lit de la vierge* (1970), de Philippe Garrel. Un rôle muet dont il dira non sans humour : « C'est une période où j'acceptais de faire des films seulement si je ne parlais pas dedans. » Aux antipodes, mais tout aussi mystique et mutique, il est l'ambassadeur de la mort dans *La Voie lactée* (1969), de Luis Buñuel. Pasolini l'embarque la même année dans *Porcherie*, où lui confie le rôle d'un diable parricide et cannibale, auquel il s'adonne à belles dents. Nouveau ciné-trip avec Philippe Garrel dans *La Cicatrice intérieure* (1972), où il illustre à corps perdu une des mélopées chantées par Nico.

Il y a des hauts et pas mal de bas dans la carrière de Clémenti. En mars 1998, un an avant sa mort, il dit, lors d'un hommage à la Cinémathèque : « Je me fous d'être oublié, mais j'aime renaître de temps en temps, dans des choses qui en valent la peine. » Parmi ces choses à valeur ajoutée, on privilégie *Le Conformiste* (1970), de Bernardo Bertolucci. Un second rôle qui devient premier quand il se révèle comme la clé d'un trauma d'enfance qui a transformé Marcello (Jean-Louis Trintignant), homme ordinaire, en exécuteur au service des fascistes italiens. Dans un retour en arrière, on découvre Clémenti en Lino, chauffeur de maître au service des parents du jeune Marcello, qui abuse de son ascendant pour violer l'enfant. La scène n'est pas montrée, mais la puissance physique de Clémenti suffit à évoquer son horreur. Dans sa chambre de domestique, il retire la casquette de son uniforme et ébouriffe la crinière de ses cheveux, qui est celle, magnifique et terrifiante, d'une bête dangereuse. À la fin du *Conformiste*, Marcello erre dans une rue près du Colisée de Rome et, reconnaissant Lino devenu prostitué, il hurle après lui. Terrorisé, Lino s'efface dans la pénombre.

Depuis tout ce temps, depuis tous ces films, sur l'écran de nos nuits blanches, Pierre Clémenti, notre bel ange noir, se projette *ad vitam aeternam*.

Autres films notables :
Sweet Movie (1974), de Dušan Makavejev ;
Le Pont du Nord (1982), de Jacques Rivette ;
Le Bassin de J.W. (1997), de João César Monteiro.

FRANÇOIS CLUZET
(NÉ EN 1955)

On ne sait qui le premier a allumé les feux de la rampe dans les yeux du jeune François Cluzet. Si l'on en croit le principal intéressé, le pyromane originel serait Jacques Brel, découvert au théâtre, dans la comédie musicale à succès *L'Homme de la Mancha* : « J'ai vu qu'on pouvait être ému et plaire », explique le comédien. Il a 11 ans et déjà les braises vont tourner à l'incendie. Car c'est un feu du genre tenace qui anime cet acteur trop longtemps sous-estimé par les professionnels de la profession, qui finiront pourtant par lui remettre un César du meilleur acteur, en 2007, pour sa prestation dans le thriller de Guillaume Canet, *Ne le dis à personne* (2006). François Cluzet a alors 52 ans. Il était plus que temps de réparer ce qui apparaît rétrospectivement comme une injustice. En 2007, ça fait déjà près de trente ans que François Cluzet pratique avec excellence son art de comédien, étudié sous la direction de Jean-Laurent Cochet, qui révéla Gérard Depardieu et Fabrice Luchini.

François Cluzet aime à se définir comme un acteur foncièrement duplice : « À quoi sert de montrer le pôle Nord, si on ne sait pas que quelque part il y a le pôle Sud ? À quoi sert le positif si le négatif n'est pas là pour le densifier ? » expliquait-il à *Libération* en 1996. Cluzet se donne des airs absents pour signifier sa présence, des airs modestes pour avouer son orgueil, des airs de brave type pour révéler un mauvais fond, des airs de légèreté pour masquer la douleur. Son modèle ? Spencer Tracy dans *Docteur Jekyll et Mr. Hyde* (1941), de Victor Fleming.

Ses débuts, dans *L'Été meurtrier* (1983), de Jean Becker, sont remarqués et lui valent d'emblée une nomination au César du meilleur acteur dans un second rôle. La crème des cinéastes le repère alors, à commencer par Claude Chabrol avec qui il tournera cinq films, dont on retiendra *Une affaire de femmes* (1988) et, surtout, *L'Enfer* (1994). Le metteur en scène voit le volcan sous la glace dans cet acteur labélisé sympa. Chabrol le déchaîne, et Cluzet compose un incroyable crescendo d'émotions, construisant un cauchemar à coups de minuscules tensions, de frémissements et de microéruptions amenant irrémédiablement à la fureur. Une performance à cent mille volts. C'est sans doute le nom de Chabrol qui lui ouvre la voie du cinéma d'auteur où il va côtoyer le gratin : Claire Denis, Tonie Marshall, Tony Gatlif, Olivier Assayas, mais aussi Pierre Salvadori, qui, avec *Les Apprentis* (1995), rappelle à point nommé l'autre talent de François Cluzet : sa puissance comique.

En vérité, il vient de là. De cette envie de faire marrer son monde, sa famille, ses potes. Gérard Mordillat, le premier, ouvre cette voie au comédien avec *Vive la sociale !* (1983), où François Cluzet se révèle incontestablement poilant dans la peau d'un petit gars de Ménilmontant qui rêve d'océan. C'est dans cette même veine tragi-comique qu'il va triompher, en 2011, avec *Intouchables*, d'Olivier Nakache et Éric Toledano. Le rôle était initialement destiné à Daniel Auteuil qui déclina la proposition. On comprend ses réticences, Philippe Pozzo di Borgo, que Cluzet incarne, est un homme tétraplégique, victime d'un accident de parapente. Pas évident pour un acteur de jouer au minimum de son corps. Et pourtant. Cluzet parvient à traduire d'un froncement de sourcil, d'un sourire en coin, d'un œil qui frise toutes les consistances de cet homme immobile et douloureux qui ressuscite. 17 millions d'entrées plus tard, François Cluzet entre dans le club très restreint des acteurs dont le nom suffit à monter un projet.

Ça ne lui monte pas à la tête pour autant, et il continue de s'engager avec toute la densité dont il est capable, comme il l'a souvent fait par le passé dans des premiers films ou avec de jeunes metteurs en scène.

Autres films notables :
Chocolat (1988), de Claire Denis ;
Force majeure (1989), de Pierre Jolivet ;
France Boutique (2003), de Tonie Marshall.

RAYMOND CORDY
(1898-1956)

Faisons un effort ! Imaginons un Français moyen qui serait toujours de bonne humeur. Ô la bonne bouille un peu molle, la rondeur, la débrouillardise, le franc-parler du titi parisien, fier d'appartenir à l'œuvre considérable de René Clair, à l'égal d'un Paul Ollivier, autre mascotte du réalisateur ! Clair l'a mis en scène, en effet, dans une petite dizaine de ses films. Autant de petits personnages familiers, de fantoches ou de silhouettes furtives, auxquels Cordy prête remarquablement vie, qu'il soit chauffeur de taxi (*Le Million* [1931]), valet (*Le Dernier Milliardaire* [1934]), « le frisé » (*Le silence est d'or* [1947]), serviteur (*La Beauté du diable* [1950]), garagiste et marquis (*Les Belles de nuit* [1952]), photographe et père de Lucie (*Les Grandes Manœuvres* [1955]). À chaque occasion, Cordy a été et a joué le bon type toujours prêt à rendre service. Même en taulard devenu directeur d'usine dans *À nous la liberté* (1931), il se veut jovial et compréhensif.

Cette présence bienveillante lui a valu une flopée de petits rôles chez des dizaines de cinéastes réputés, comme Lang, Feyder, Duvivier, Litvak, Marc Allégret, Maurice Tourneur, et chez bien d'autres de moindre valeur, ce qui l'a comblé d'aise, sinon d'aisance. Au long de ses cent cinquante films, il peut être aussi bien bidasse que curé ou huissier de justice. Jamais fâché, toujours content.

Même de casser sa pipe à 57 ans ? Bizarrerie du sort, il meurt en 1956, non sans avoir été au générique des quatre derniers plus beaux films de René Clair. Tirer sa révérence avec ce chef-d'œuvre que sont *Les Grandes Manœuvres*, c'était finir en beauté. Du reste, à partir de cette minute, le talent gouleyant de René Clair se mit à tiédir, comme si les films tournés sans son acteur fétiche n'avaient plus, même pour lui, la même saveur.

Autres films notables :
Pension Mimosas (1935), de Jacques Feyder ;
La Belle Équipe (1936), de Julien Duvivier ;
Les Inconnus dans la maison (1942), d'Henri Decoin.

MARION COTILLARD

(NÉE EN 1975)

Quelque chose dans le bleu de son regard qui semble fixer un au-delà de l'horizon. Son sourire qui vacille. Ses larmes qui ne sont pas seulement sur commande celles d'une actrice. Sincère en somme. C'est cette sincérité qui fut moquée par certains ce soir de 2008 où, à Los Angeles, Marion Cotillard reçoit l'Oscar de la meilleure actrice pour son incarnation d'Édith Piaf dans *La Môme* (2007), d'Olivier Dahan. Oui elle était émue et sans voix (il y a de quoi !) quand elle remercia pour cette récompense, qui n'avait été attribuée jusque-là qu'à deux autres actrices françaises, Simone Signoret et Juliette Binoche.

Personne en revanche pour noter à cette occasion qu'elle parle un anglais parfait avec à peine une pointe d'accent. C'est en partie pour cette maîtrise de la langue d'Hollywood qu'elle avait été repérée par Tim Burton pour un second rôle dans son *Big Fish* (2004). L'Oscar va lui ouvrir d'autres portes américaines : en 2009, sous le nom de Billie « Blackbird » Frechette, elle est une inquiétante complice dans *Public Enemies* de Michael Mann, biopic du gangster John Dillinger.

En France, son Oscar éveille la curiosité sur la carrière antérieure de Marion Cotillard, qui, avant *La Môme*, avait tourné une vingtaine de films, dont la saga à succès des *Taxi* (de 1 à 3, 1998-2003). On ne l'avait pas trop remarquée car la série, très viriloïde, ne fait pas grand-chose pour qu'on la distingue, la cantonnant dans le rôle faire-valoir de la fiancée un peu nunuche de Samy Naceri. C'est son compagnon, Guillaume Canet, qui va l'inonder d'une autre lumière avec la tragi-comédie à succès *Les Petits Mouchoirs* (2010). Elle est Marie, convaincante en femme libre et célibataire.

La même année, poursuivant sa navette entre la France et Hollywood, elle est au cœur d'*Inception*, de Christopher Nolan, une science-fiction panique. Elle retrouve Nolan, en 2012, pour *The Dark Knight Rises*, énième épisode des aventures de Bruce Wayne (alias Batman). Nettement plus mémorable, son rôle majeur dans *The Immigrant* (2013), de James Gray. Elle y joue une jeune émigrante polonaise arrivée à New York dans les années 1920, prête à tout, y compris la prostitution, pour sauver sa sœur tuberculeuse mise en quarantaine à Ellis Island. Troublante et troublée, Marion Cotillard nous subjugue.

Mais c'est en France qu'elle va définitivement entrer dans l'univers du cinéma d'auteur. Dans *De rouille et d'os* (2012), de Jacques Audiard, elle est Stéphanie, dresseuse d'orques dans un parc aquatique de la Côte d'Azur. À la suite d'un accident qu'il la laisse amputée des deux jambes, elle reprend espoir aux côtés d'Ali (Matthias Schoenaerts), jeune boxeur cabossé. C'est une performance que certains jugeront limite mais c'est surtout l'incarnation d'un plaidoyer pour la vie malgré tout qu'elle porte somptueusement de bout en bout. On n'oubliera jamais son visage soudain radieux quand Ali la transporte dans la mer pour un bain de renaissance.

Deuxième rencontre non moins cruciale : Jean-Pierre et Luc Dardenne, qui, en 2014, pour *Deux Jours, une nuit*, font jouer pour la première fois une actrice professionnelle. Bonne idée, car Marion Cotillard est sidérante de justesse dans le rôle de Sandra, une ouvrière qui, le temps d'un week-end, se démène de porte en porte pour convaincre ses collègues de revenir sur leur vote unanime qui a mené à son licenciement. Éperdue, suppliante, massacrée par le désespoir, mais entêtée, Marion Cotillard, transfigurée en sainte laïque, rend plausible et bouleversante cette crucifiée de la classe ouvrière qui prie pour sa résurrection.

Autres films notables :
Minuit à Paris (2011), de Woody Allen ;
Annette (2021), de Leos Carax ;
Frère et Sœur (2022), d'Arnaud Desplechin.

CLOTILDE COURAU
(NÉE EN 1969)

En épousant Emmanuel-Philibert de Savoie, héritier présomptif et un rien présomptueux du trône d'Italie, Clotilde Courau, fille d'une certaine Catherine du Pontavice des Renardières (non, ça n'est pas un sketch inédit de Valérie Lemercier !), est devenue Clotilde de Savoie, princesse de Venise et du Piémont. N'en jetez plus.

D'un point de vue nettement plus roturier, c'est sa vie d'actrice qui nous intéresse. Remarquable dès sa première apparition, dans *Le Petit Criminel* (1990), de Jacques Doillon. Elle joue Nathalie, la jeune sœur aînée de Marc, un gamin de 14 ans (Gérald Thomassin) qui, apprenant soudainement son existence, est prêt à tout, même à prendre un flic en otage, pour la rejoindre. Le jeu de Clotilde Courau est adéquatement en vrac et colérique pour incarner le désarroi et l'impuissance face à l'affection folle de son petit frère.

Dans *Marthe* (1997), mélo honorable de Jean-Loup Hubert, elle est au premier plan dans le rôle d'une institutrice, compagne d'un jeune soldat (Guillaume Depardieu) envoyé au front de la guerre de 14. Ravagée par l'inquiétude, son beau visage de porcelaine toujours sur le point de se briser, Clotilde Courau est cette petite fiancée courage qui nous cueille.

Elle est en tête d'une tout autre affiche dans *L'Ombre des femmes* (2015), de Philippe Garrel. La voilà Manon, compagne de Pierre, tous deux quadragénaires vivant d'expédients pour tenter de réaliser des films. Le démon de l'infidélité s'insinue dans leur vie. Pierre est amoureux d'une autre. Femme flouée, mortifiée ? Pas vraiment, car Manon réserve la surprise de sa propre aventure sentimentale et Clotilde Coureau impose avec hardiesse et plénitude ce double jeu, à la fois femme abattue et battante.

On en était à se demander si Clotilde Courau pouvait faire rire lorsque Catherine Breillat a eu la bonne idée de lui confier un rôle comique dans *L'Été dernier* (2023). Elle est Mina, la sœur de l'héroïne (Léa Drucker), taraudée par l'amour de son jeune beau-fils. En coiffeuse-esthéticienne, on dirait Clotilde Courau échappée d'un inédit de Pedro Almodóvar, excentrique par son allure, hilarante par ses insolences chamboule-bourgeois, mais, somme toute, préposée à la raison dans un récit où tout le monde la perd.

Autres films notables :
Embrassez qui vous voudrez (2002), de Michel Blanc ;
Le ciel attendra (2016), de Marie-Castille Mention-Schaar ;
Benedetta (2021), de Paul Verhoeven.

DARRY COWL
(1925-2006)

Il doit son bégaiement à une terreur enfantine. André Darricau, 10 ans, braque un pistolet en plastique vers sa belle-mère en hurlant « Haut les mains ! ». Poilant, sur le moment. La punition, en revanche, l'est beaucoup moins : le voilà suspendu dans le vide du haut du troisième étage, retenu par son fond de culotte, pendant quelques minutes. C'est ainsi qu'André bégaya.

Le reste, le cheveu sur la langue, les lunettes de travers, les cheveux frisés en bataille, l'air ahuri, c'est lui qui l'invente en faisant ses débuts au cabaret Les Trois Baudets dans les années 1950. Pianiste émérite, André Darricau y est musicien accompagnateur. Comme le veut l'époque, il a américanisé son nom en Darry Cowl, pour faire plus swing. Un jour, il monte sur scène, pour meubler entre deux numéros, il y fait mine d'étendre son linge, ses slips. La salle se tord de rire. Un grand comique est né.

Il débute avec Sacha Guitry, dans *Assassins et Voleurs* (1957), et, la même année, connaît le succès public avec *Le Triporteur*, de Jack Pinoteau, où on lui découvre, en plus, un corps d'athlète (il était champion de pelote basque) capable d'exécuter d'invraisemblables pirouettes footballistiques pour conquérir sa belle. Une réplique du film lui colle désormais à la peau, un truc qui lui vient comme ça pendant le tournage : « Petit canaillou », lance-t-il à la face de Pierre Mondy dans la peau d'un gendarme motocycliste qui ne rigole pas avec le règlement. Avec ses camarades Francis Blanche, Jean Lefebvre, Michel Galabru et Jacques Rouland, entre autres professionnels de la rigolade, Darry Cowl devient un des visages familiers et adorés de ce cinéma français des années 1960 qui tend plus vers le plaisir de se marrer entre amis que vers l'introspection bergmanienne. Les titres des films disent tout de cette volonté de s'amuser à tout prix : *Les Combinards*, *Les malabars sont au parfum*, *Le Grand Bidule*, *Poussez pas grand-père dans les cactus*, *Y a un os dans la moulinette*, ou encore *Le Temps des œufs durs*, de Norbert Carbonnaux, où l'ingéniosité poétique de Darry Cowl est louée dans *Les Cahiers du cinéma*, par le critique maison, Jean-Luc Godard.

Quelques auteurs viennent le sortir de cet univers de cinéma par-dessus la jambe : Jean-Pierre Mocky, évidemment, mais aussi Anne Fontaine, Pascal Thomas et, surtout, Alain Resnais, qui en 2003, aura l'idée fumante de lui confier le rôle d'une concierge (tenu autrefois par Pauline Carton), Mme Foin, dans *Pas sur la bouche*. Les épaules couvertes d'un petit fichu, chaussé de charentaises, la bouche tartinée de rouge à lèvres, des yeux ronds derrière une paire de binocles, Darry Cowl est parfait.

En janvier 2004, la Cinémathèque française lui rend hommage. « C'est quand même pas tout à fait mon monde », déclare-t-il alors. Vraiment ?

Autres films notables :
La Tête du client (1965), de Jacques Poitrenaud ;
Elle cause plus… elle flingue (1972), de Michel Audiard ;
Les Marins perdus (2003), de Claire Devers.

BRUNO CRÉMER
(1929-2010)

L'uniforme va très bien à Bruno Cremer. Pas seulement parce qu'il donne une prestance supplémentaire, une amplitude à sa silhouette de colosse et à son regard d'acier. Il y a quelque chose dans la raideur militaire qui convient à merveille à la sévérité naturelle de l'acteur. C'est d'ailleurs en uniforme d'adjudant qu'on le découvre au cinéma, dans *La 317e Section* (1965), de Pierre Schoendoerffer, l'un des seuls films français sur la guerre d'Indochine et la débâcle de Diên Biên Phu. Il excelle. C'est bien le moins pour Bruno Cremer, promotion 1952 de la « bande du Conservatoire », qui réunissait, pour mémoire Jean-Paul Belmondo, Jean-Pierre Marielle, Annie Girardot, ou encore Jean Rochefort. Deux ans plus tard, il est du casting de *L'Étranger*, l'adaptation du roman d'Albert Camus par Luchino Visconti.

Le cinéma militant des années 1970 trouve en lui un interprète idéal pour les rôles de résistant, de rebelle, voire de gangster, qu'il va endosser dans nombre de films, dont l'histoire n'a, curieusement, pas gardé la trace. La qualité de son jeu, fiévreux, tendu, attire l'œil de certains auteurs tels Patrice Chéreau ou l'Américain William Friedkin pour *Le Convoi de la peur*[1], en 1977. Remplaçant Lino Ventura au pied levé, Bruno Cremer y incarne Serrano, un banquier parisien, qui prend la fuite au bout du monde pour échapper à ses créanciers. La suite, on la connaît, le film de Friedkin étant le remake du *Salaire de la peur* (1953),

1. Titre original : *The Sorcerer.*

d'Henri-Georges Clouzot : Serrano prend le volant d'un camion chargé de dynamite et traverse trois cents kilomètres de jungle. Tournage risqué, conditions difficiles, une histoire d'hommes dans laquelle Bruno Cremer infuse douceur et humanité. Une force tranquille.

Pour le réalisateur Jean-Claude Brisseau, l'acteur sera menaçant, souvent engagé dans des bras de fer asymétriques contre de très jeunes filles. Au paroxysme de la relation entre le metteur en scène et l'acteur, trois films quand même, il y a *Noce blanche* (1989). Bruno Cremer est un professeur de mathématiques qui se perd par amour pour une gamine paumée (Vanessa Paradis). Le contraste physique entre les deux acteurs est impressionnant, elle minuscule et fragile, lui costaud, géant, à la voix qui porte haut. Son regard d'homme égaré, débordé, le trahit pourtant, le fragilise presque.

Malgré une filmographie quelque peu déconcertante, Bruno Cremer est un acteur connu et aimé des Français, chez qui il s'installa tous les vendredis soir, sur Antenne 2, de 1991 à 2005, dans la peau du commissaire Maigret. Un homme très rassurant.

Autres films notables :
Section spéciale (1975), de Costa-Gavras ;
Falsch (1986), de Jean-Pierre et Luc Dardenne ;
Sous le sable (2001), de François Ozon.

ALAIN CUNY
(1908-1994)

Il en fallait un. Un qui se prenne au sérieux à un point maladif, lui ou en tout cas, son art. Ou les deux. Un qui serait tellement sûr de lui que lorsqu'il s'avance, majestueux et fier, dans *Les Visiteurs du soir* (1942), de Marcel Carné, ou dans *Les Amants* (1958), de Louis Malle, tout se passe comme s'il soufflait au spectateur : « Regardez ! C'est moi…, c'est moi, vous dis-je. » De fait, sa taille altière, son air farouche, son débit lent, très lent, font qu'il surprend – reconnaissons toutefois que dans *Peau de banane* (1963), la comédie de Marcel Ophüls, il parle à toute allure. On le remarque, c'est l'idée, et même on ne voit que lui. Pourtant, il n'est pas acteur à l'origine, mais peintre. Assez bon, selon la légende. Puis décorateur et costumier, puis l'homme d'une seule pièce de théâtre, *Le Bout de la route*, de Jean Giono, qui a tenu l'affiche pendant plusieurs années et lui avec.

Charles Dullin a été son professeur. À l'époque, il était mûr pour Claudel et son *Annonce faite à Marie*, mais c'est Carné qui le découvre, en 1941, en cherchant son ménestrel un peu hors du commun pour *Les Visiteurs du soir*. Hors du commun ? Que dire de l'intériorité apparente, des traits marqués, de l'élocution inaltérable d'Alain Cuny… Carné est aux anges, il a déniché son envoyé du diable, le lyrisme est au rendez-vous, même si Arletty, sa sœur médiévale, n'a pas dû s'amuser tous les jours au château immaculé du baron Hughes. Le film ne marche pas trop et le cinéma français se dispense pour un temps d'un comédien aussi singulier qu'exigeant.

Dix ans plus tard, ce sont les Italiens qui le redécouvrent et font main basse sur Cuny : Malaparte, Antonioni, Fellini, Ferreri, Carpi, et Rosi, surtout, qui le fera triompher dans des rôles qui lui iront à merveille (*Cadavres exquis*, *Le Christ s'est arrêté à Eboli*, *Chronique d'une mort annoncée*). Quelques allées et venues entre la France et la péninsule et ce seront *Les Amants*, de Louis Malle, en 1958, *Le Maître et Marguerite* (1972), d'Aleksandar Petrović, et, plus surprenant mais pourquoi pas, *Emmanuelle* (1974), de Just Jaeckin, qui avait sans doute besoin d'une caution intellectuelle pour son film érotique bon chic bon genre. Un sentencieux Alain Cuny citant Bachelard à gogo devant l'infortunée Sylvia Kristel : ce n'est pas ce qu'on a retenu le plus de cette aventure à épisodes. On a eu tort : un petit vertige transcendantal ne fait de mal à personne et Cuny a eu lui-même ce mot à l'approche de la mort : « Je suis ahuri par ce qui m'arrive. »

Il restera, en tout cas, comme un immense comédien de théâtre (Claudel, Shakespeare, Anouilh, Sartre, Racine) et parfois de cinéma, avec quelques grands moments d'acteur. Par exemple, il est terrifiant de fanatisme dans le rôle du général obstiné des *Hommes contre* (1970), de Francesco Rosi, ou quinze ans plus tard, en 1985, dans *Détective*, de Godard – on regrette que les échanges entre deux hommes aussi rugueux et atrabilaires l'un que l'autre n'aient pas été conservés. En 1991, il adapte, réalise et interprète à l'écran *L'Annonce faite à Marie* dont la particularité n'étonnera personne et qui restera son unique réalisation, comme *La Nuit du chasseur* pour Charles Laughton ou, pour Gérard Philipe, *Les Aventures de Till l'espiègle*. Il n'a pas eu à en rougir.

Autres films notables :
Remorques (réalisé en 1939, sorti en 1941), de Jean Grémillon ;
La Dame sans camélias (1953), de Michelangelo Antonioni ;
Le Quatuor Basileus (1982), de Fabio Carpi.

MARCEL DALIO

(1899-1983)

Un Juif qui, dans les années 1930, jouait aussi des rôles d'Arabe. Pas surprenant pour un acteur qui se décrit lui-même ainsi : « Gueule de métèque, cheveux noirs frisés, yeux d'almée et teint citron. » Avec ce physique, Dalio avait vocation à incarner les salauds de service – manière jubilatoire de prendre de court le racisme dont il est victime alors même qu'engagé en 1915 il reçoit la croix de guerre à 17 ans. Salaud, c'est un emploi qu'il enfile avec crânerie et malice, tant jouer la veulerie a ses charmes et l'homme louche ses vertus. Mouchard, indicateur, trafiquant, croupier, souteneur, tueur fou, il a appris peu à peu à se vautrer dans l'abjection avec une délectation joyeuse et des outrances assumées. Cela lui vaut de solides raclées, comme celle que lui administre Gabin dans *Pépé le Moko* (1937), de Julien Duvivier. À cette date, il est devenu un second rôle remarqué, capable de donner plusieurs facettes à un même personnage. Dans *La Maison du Maltais* (1938), de Pierre Chenal, où il trône en haut de l'affiche, c'est à la fois un amant passionné, qui récite fiévreusement des contes arabes à Viviane Romance, son amoureuse, un féroce dur de dur et un homme émouvant qui se suicide à la fin.

De 1941 à 1945, réfugié à Hollywood, il interprétera de petits rôles pour de grands metteurs en scène, comme dans *Shanghai*[1] (1941), de Joseph von Sternberg, *Casablanca* (1943), de Michael

1. Mieux connu sous son titre original : *The Shanghai Gesture*. Le film ne sortira en France qu'en 1948.

Curtiz, ou *Le Port de l'angoisse* (1945), de Howard Hawks. Ce n'est pas rien dans une carrière, qu'il poursuivra après la guerre entre la France et l'Amérique.

Mais ses sommets, il les doit à Jean Renoir qui lui confie, juste avant la guerre, deux rôles magnifiques qui l'ont installé pour toujours dans la légende : l'un dans *La Grande Illusion* (1937), l'autre dans *La Règle du jeu* (1939), chefs-d'œuvre devenus des classiques du cinéma français. Sa franchise dans le premier, sa classe dans le second dépassent, et de loin, ses compositions habituelles. C'est, dans la dernière partie de *La Grande Illusion*, son évasion du camp de prisonniers avec Gabin et leur arrêt chez Dita Parlo que Dalio, pour la première fois peut-être, révèle à ce point sa personnalité. Dans la campagne allemande enneigée, tous deux se hâtent vers la Suisse. Mais Dalio s'est foulé la cheville et ne peut suivre Gabin qui s'exaspère. Alors il se lâche et, dans sa colère désespérée, crache enfin tout ce qu'il a sur le cœur et en devient terriblement touchant. Dans *La Règle du jeu*, il est à la fois le marquis décadent qui ne voudrait peiner ni femme ni maîtresse, l'hôte qui reçoit des amis pour une partie de chasse, le patron du personnel du château et enfin le collectionneur de limonaires et de boîtes à musique où son âme de connaisseur exprime avec une tremblante modestie l'émotion que la création artistique lui fait ressentir : instants rares, interprétation d'une sobriété bouleversante, que résume bien le général, figurant parmi les invités, à qui revient de prononcer la dernière phrase du film : « Ce La Chesnaye ne manque pas de classe, et ça d'vient rare, croyez-moi, ça d'vient rare. »

Cette classe lui servira dans la vraie vie. Négociant sous l'Occupation un visa pour le Chili, il finit par le troquer contre sa bagnole : « Qu'est-ce que j'aurais fait d'une Delahaye à Auschwitz ? » conclut-il, ignorant alors que sa famille allait être déportée.

Autres films notables :
Les Maudits (1947), de René Clément ;
Classe tous risques (1960), de Claude Sautet ;
Les Aventures de Rabbi Jacob (1973), de Gérard Oury.

BÉATRICE DALLE
(NÉE EN 1964)

Quand, en 1985, Jean-Jacques Beineix proposa à la jeune Béatrice Dalle d'être l'héroïne de *37°2 le matin* (1986), il l'aurait avertie : « Ne rate pas la première marche d'un escalier qui pourrait te mener au firmament des stars. » Elle n'a pas raté la marche. Le film de Beineix est un succès en grande partie grâce à sa très forte présence dans le rôle de Betty.

Ensuite, effectivement, son ascension commence, mais prend l'allure d'un escalier dérobé. Promise à devenir une « belle plante » dans le paysage du cinéma français, elle déjoue ces relents de misogynie en privilégiant le cinéma d'auteur, confiant que son acceptation d'un rôle ne tient pas tant au scénario qu'à la rencontre avec une ou un cinéaste d'un tempérament aussi puissant que le sien, c'est-à-dire un rien franc-tireur. C'est le cas à plusieurs reprises avec Claire Denis. Dans *J'ai pas sommeil* (1994), elle est une jeune femme sur la brèche qui frôle la vie d'un tueur de vieilles dames. Dans *Trouble Every Day* (2001), elle est au premier plan, dans le rôle de Coré, une prédatrice sexuelle qui va littéralement jusqu'à dévorer ses amants. Un film d'horreur, un film de genre, mais surtout un grand film sur le couple et ses dévorations, symboliques ou réelles. La narration d'un film étant essentiellement visuelle, c'est en effet la vision de Béatrice Dalle en amoureuse-tueuse qui fait sensation. Dans *L'Intrus* (2005), on la retrouve tout aussi sensationnelle dans le personnage quasi mythologique d'une « reine de l'hémisphère Nord ». Cette part féerique avait déjà séduit Christophe Honoré pour son *17 Fois*

Cécile Cassard (2002). Cécile, c'est elle, cernée par une tentative d'illustrer 17 moments de sa vie sans jamais parvenir à complètement la résoudre. Un mystère qui pose plus des questions qu'il n'apporte de réponses. Pour preuve, une scène de slow à trois mémorable où s'éclipsant pour laisser danser deux garçons, elle est, clope au bec, comme leur protectrice amusée. De même dans *Jimmy Rivière* (2011), de Teddy Lussi-Modeste, où elle est Gina, une entraîneuse de boxe thaïlandaise ayant le coup de savate facile, qui, maternelle, ne cesse de rappeler à Jimmy, un de ses élèves, que sa passion religieuse pour Jésus-Christ ne devrait pas l'empêcher d'accomplir son rêve de carrière sportive.

Béatrice D. pourrait être le nom d'une étoile, sombre, lointaine, inquiétante, bizarre, et cependant, toute de franc-parler, d'humour et de chaleur humaine, quand on a la chance de la rencontrer, ce qui la rend d'autant plus admirable.

Autres films notables :
La Sorcière (1988), de Marco Bellocchio ;
Notre paradis (2011), de Gaël Morel ;
Les Rencontres d'après minuit (2013), de Yann Gonzalez.

FRANÇOIS DAMIENS
(NÉ EN 1973)

Quand il tournait ses caméras cachées pour la télévision belge à la toute fin des années 1990, le Bruxellois François Damiens, alias François l'embrouille, ne perdait jamais son sérieux face à ses victimes, allant même jusqu'à une certaine agressivité. Infiltré comme vendeur dans une boutique de chaussures, il engueule les clientes, les insulte, « c'est pas facile ce modèle, parce que vous avez vraiment de gros pieds ».

Ce sérieux imperturbable, de nature à déclencher des fous rires d'anthologie, est aussi sa meilleure arme au cinéma quand il attaque le registre dramatique, en 2013, avec *Suzanne*, de Katell Quillévéré. Fini la rigolade et les blagues potaches des comédies à la française, qui le cantonnent trop souvent à des seconds rôles. Très remarqués certes, mais François Damiens n'est pas qu'un pitre. La preuve avec *Suzanne*, donc, dans lequel il incarne Nicolas, un chauffeur routier qui élève seul ses deux filles après le décès de sa femme. À l'âge adulte, la cadette tourne mal et finit en prison. Il faut voir François Damiens en père accablé, écoutant l'énoncé des charges qui pèsent sur sa fille, le visage fermé, rougi par une émotion muette alors que deux grosses larmes roulent sur ses joues.

Hasard des scenarii, le cinéma aime envisager François Damiens en père de famille. Un an plus tard, dans *La Famille Bélier* (2014), d'Éric Lartigau, il est Rodolphe, un fromager malentendant, qui rechigne à voir partir sa fille faire des études de chant à Paris. Le film fait un triomphe, 7,5 millions d'entrées. François Damiens se voit désormais offrir des premiers rôles. Et doit renoncer à ses caméras cachées, parce que tout le monde le reconnaît désormais.

Il choisit ses rôles en fonction des rencontres, pas du scénario. « J'aime humaniser des personnages qui ont tout contre eux », confiait-il à *Libération*. Dans *Les Cowboys* (2015), de Thomas Bidegain, il est Alain, embarqué dans une exténuante quête, à la recherche de sa fille partie rejoindre Daech en Syrie. Un homme qui ne comprend rien, mais qui s'entête jusqu'à devenir fou. Le visage de François Damiens si propice au sourire, se ferme alors comme s'il était étanche à toutes les interférences qui pourraient perturber sa mission. Ses gestes sont brusques, furieux, comme pour conjurer son impuissance à retrouver sa fille. Imprévisible. Toujours à la recherche d'un ajustement dans des situations qui le dépassent. C'est précisément cette facette du talent de François Damiens qui fait de lui un acteur avec qui il faut compter.

Autres films notables :
La Famille Wolberg (2009), d'Axelle Ropert ;
L'Arnacœur (2010), de Pascal Chaumeil ;
Gare du Nord (2013), de Claire Simon.

MIREILLE DARC

(1938-2017)

Sur une photographie de groupe prise par Raymond Depardon en 1960, dix actrices débutantes prennent la pause. On remarque une brune tout en chignon, qui deviendra Catherine Deneuve, mais le regard est aussi happé par une jeune beauté aux yeux en amande. Elle a 20 ans, elle vient de tourner un petit rôle dans *La Bride sur le cou* (1961), de Roger Vadim, elle s'appelle Mireille Darc et elle confie que ce pseudonyme sera célèbre quand on écrira « Darc » avec un « d » apostrophe comme dans « Jeanne d'Arc ». Ce n'est pas arrivé mais Mireille Darc devint cependant fameuse. À partir de 1963, elle est la vedette d'à peu près toutes les comédies de Georges Lautner. Dans leur premier film ensemble, *Des pissenlits par la racine* (1964), charmante loufoquerie, elle joue le rôle de Rockie la braise, femme entretenue. Tout un programme, qui, de *Du rififi à Paname* (1966), de Denys de La Patellière, à *La Grande Sauterelle* (1967), de Georges Lautner, lui ira comme un gant. Jusqu'à surgir en 1972 dans *Le Grand blond avec une chaussure noire*, d'Yves Robert, moulée-serrée dans un fourreau qui fit exploser le baromètre de certaines libidos. Chaude et même caniculaire dans cette tenue dite « à deux visages ». De face, une austère robe noire à col roulé. De dos, une échancrure qui plonge jusqu'à la naissance des fesses, c'est-à-dire au ras des miches, comme aurait dit Michel Audiard, son dialoguiste préféré. Le public s'attacha à cette histoire de Mata Hari moderne, mais c'est surtout la part masculine et hétérosexuelle dudit public qui n'eut d'yeux exorbités que pour cette chute de reins, qui propulsa Mireille Darc au firmament des sex-symbols.

Difficile dès lors de sortir de cette image de blonde délurée, sexy et marrante. Un pas de côté cependant dans *Week-end* (1967), de Jean-Luc Godard. Elle y est Corinne, mariée à Roland (Jean Yanne). Un couple de Français très moyens qui sillonnent les routes d'Île-de-France, retardés par des embouteillages dantesques ou des accidents sanglants. Voilà soudain une Mireille Darc inconnue, tragique et sombre.

Lorsqu'elle cessa de tourner au début des années 2000, Mireille Darc, dite « la grande sauterelle » (depuis le film du même titre de Lautner, en 1967), conservera auprès du public un énorme capital de sympathie, qui augmenta encore quand elle devint, jusqu'à sa mort en 2017, la marraine toujours souriante de diverses associations caritatives et la réalisatrice de plusieurs documentaires « humanitaires », dont, en 2005, *Une vie classée X*, consacré aux actrices du porno.

Autres films notables :
Galia (1966), de Georges Lautner ;
Elle boit pas, elle fume pas, elle drague pas, mais… elle cause ! (1970), de Michel Audiard ;
Les Passagers (1977), de Serge Leroy.

DANIELLE DARRIEUX
(1917-2017)

Quelle chance d'avoir traversé gaiement toutes les périodes du cinéma (sauf le muet) et de n'afficher les traces de l'âge que très tard – et même là son visage si pur est resté jusqu'au bout (100 ans !) d'une douceur émouvante.

Dès que Danielle Darrieux apparaît, en 1931, dans *Le Bal*, de Wilhelm Thiele, le public s'entiche de cette gamine qui joue espièglement les filles de son âge et qui, de plus, chante juste. La Providence lui a tout donné : de grands yeux candides, une bouche qu'elle dessine en cœur, un long visage pointu, la souplesse d'un corps charmant. Spontanéité et grâce aidant, elle a développé peu à peu un talent d'une précision d'horlogerie. À partir de 1934, elle tourne cinq films par an. Et inspire à la jeunesse une allégresse particulière. On achète ses chansons, on imite en tout cette actrice délurée, à l'image des stars américaines de l'époque, Myrna Loy ou Katharine Hepburn.

En 1935, Henri Decoin prend en main la carrière de son amoureuse, devenue sa femme. D'abord, il la suit à Hollywood et la convainc d'accepter de grands rôles dramatiques. Arrive l'heure de son premier triomphe : c'est Anatole Litvak qui s'y colle, en 1936, avec *Mayerling*. Bingo ! Elle a 19 ans. C'est donc ça le cinéma ? Facile ! Regard profond, sourire léger, Sur son corps, les robes d'apparat tombent bien, maintien seigneurial, battements de cils : succès mondial assuré. C'est alors que, rentrés à Paris, Decoin la met en valeur dans quatre réussites de suite : *Abus de confiance* (1937), *Retour à l'aube* (1938) – ses crises de nerfs au commissariat ! –, surtout *Battement de cœur* (1940) – elle y siffle dans ses doigts ! –, enfin *Premier Rendez-vous* (1941). Quatre comédies brillantes, quatre Darrieux époustouflantes bien entourées par d'excellents comédiens, quatre bonheurs de cinéma.

La guerre éclate. Un faux pas dans son parcours : suivre le play-boy diplomate Porfirio Rubirosa, son amoureux d'alors, qui l'entraîne dans un voyage promotionnel en Allemagne nazie. Elle s'en remettra grâce à sa ténacité. Après la guerre, une nouvelle Darrieux se précise de film en film, la finesse remplace l'insouciance. La vitalité, la joie de vivre sont toujours là mais, derrière, on devine une tristesse modianesque. En 1951, Decoin l'habille de noir pour empoisonner Jean Gabin, son mari, dans *La Vérité sur Bébé Donge*. Elle y jouera, comme en apnée, un contre-emploi difficile. Max Ophuls prend le relais et l'entraîne vers des sommets où culminent *La Ronde* (1950), *Le Plaisir* (1952) et surtout *Madame de…* (1953), leur plus beau film à tous deux. La voilà mondaine, prise entre son général de mari (Charles Boyer) et ce diplomate italien au charme fou (Vittorio De Sica), elle y est frivole, amoureuse, tragique. Elle ira de mensonge en mensonge, de flirt en passion, de bal en bal et paiera de sa vie les ravages qu'elle provoque. Ce ne sont plus comme autrefois des amourettes sans conséquence traversées capricieusement. Ici, elle est *la* femme, avec ses cachotteries et ses élans, quand les tumultes de la passion font vaciller les êtres.

Ce qui vient après un tel morceau, d'une si sombre ironie ? Récapitulons. Il y aura la Mme de Rênal du *Rouge et le Noir* (1954), de Claude Autant-Lara, où c'est Gérard Philipe, alias Julien Sorel, qui enflamme son cœur. Elle voudrait le voir comme son troisième enfant, mais la passion sensuelle ne lui laisse pas le choix, elle y est merveilleuse de spontanéité, bousculant ce que le film peut avoir de compassé. Il y aura des Demy, notamment *Les Demoiselles de Rochefort* (1967), ses couleurs, sa fantaisie, sa musique, où elle montre que sa voix est intacte, son visage et sa silhouette aussi, et *Une chambre en ville* (1982). Comme pour s'éloigner en douceur, elle jouera encore cinq films après

8 Femmes (2002), de François Ozon. L'émouvant salut final y a la signification d'un adieu de la part d'une divine comédienne qui aura marqué son temps de manière indélébile.

Autres films notables :
Occupe-toi d'Amélie (1949), de Claude Autant-Lara ;
L'Affaire Cicéron (1952), de Joseph Mankiewicz ;
Marie-Octobre (1959), de Julien Duvivier.

JEAN-PIERRE DARROUSSIN
(NÉ EN 1953)

Ses copains de la bande à Robert Guédiguian l'appellent Dada. Un diminutif qui va comme un gant à Jean-Pierre Darroussin et à son jeu sur le fil de la poésie et de l'absurde. Le grand public le découvre en 1997, dans *Marius et Jeannette*, de Robert Guédiguian. Dada y est Dédé, père de famille de l'Estaque, qui a eu le malheur de voter une fois dans sa vie pour le Front national. La touche Darroussin c'est d'abord l'humanité. Un peu comme un peintre, il déroule des existences ordinaires, mais jamais banales. Alors oui, Dédé a voté FN, mais à ce Dédé un peu nigaud, interprété par Darroussin avec son air d'être un peu toujours à côté de la plaque et pétri de gentillesse, on pourrait tout pardonner.

Cet amour de la nature humaine lui vient du théâtre et plus particulièrement de Tchekhov, son auteur de prédilection. C'est là qu'il commence, avec les copains du Conservatoire, Catherine Frot et d'autres. À la fin des années 1980, Darroussin est à deux doigts de jeter l'éponge sur son rêve de devenir acteur, quand Jean-Marie Poiré lui offre le rôle de Dany, souffre-douleur de Gérard Lanvin dans *Mes meilleurs copains* (1989). Un phrasé traînant qui répète en boucle, « Y a pas mort d'homme », une dégaine d'ado attardé, et un personnage pour qui « le mal n'existe pas ». Parfait pour Darroussin, irrésistible de drôlerie. D'un coup, on lui propose un pont d'or pour lancer un cycle de films comiques sur son nom. À l'époque, il vit avec à peine plus d'un Smic. Tentant. Mais il n'a pas véritablement envie de jouer les pitres. Alors, il reprend le chemin des tournages mal payés dans un cinéma engagé et confidentiel, jusqu'à *Marius et Jeannette*, qui lui apporte enfin la notoriété à 35 ans.

Une de ses marques de fabrique est la fidélité aux amitiés qu'il s'est construites au long de son existence de cinéma. Dix-huit films avec Robert Guédiguian, dont on retiendra ce formidable curé d'une cité marseillaise dans *L'argent fait le bonheur* (1993), ce docker de l'Estaque qui se fait voler ses économies dans *Les Neiges du Kilimandjaro* (2011), ou encore cet écrivain branché, un rien désabusé, revenu au bercail, dans la calanque de Méjean, dans *La Villa* (2017). « Dada a une énorme facilité à porter des personnages populaires. Il a la sensibilité, le geste », dit Robert Guédiguian.

Son autre famille de cinéma s'appelle les Bacri-Jaoui, qui lui donnent le beau rôle dans l'adaptation par Cédric Klapisch, en 1996, de leur pièce *Un air de famille*, celui de Denis, serveur au Père tranquille, un café-restaurant tenu par Jean-Pierre Bacri. Une lueur de douceur au cœur d'une réunion de famille tendue. Une lueur de douceur et de tendresse dans le cinéma, ça pourrait être la définition de l'acteur Jean-Pierre Darroussin. Il n'est pas le héros du film, mais ça lui convient très bien : « En tant qu'acteur, j'ai pour mission de porter une réflexion, une critique, une pensée. L'héroïsme, cela m'a toujours paru écrasant. »

Autres films notables :
Cuisine et dépendances (1993), de Philippe Muyl ;
Qui plume la lune ? (1999), de Christine Carrière ;
Je verrai toujours vos visages (2023), de Jeanne Herry.

CLAUDE DAUPHIN

(1903-1978)

1972. Son agent lui dit : tu fais le prochain Scola, avec Charles Vanel, Michel Simon, Pierre Brasseur et Alberto Sordi. Il signe, aux anges. Au château médiéval où Ettore tourne *La Plus Belle Soirée de ma vie*[1], il découvre que son personnage a été rajouté et que, dans les longues scènes de repas, il n'a rien d'autre à faire que manger sans une réplique. Or, on tourne la scène dix jours de suite et le réalisateur tient à ce que Claude Dauphin ait tout le temps la bouche pleine… Mésaventure de tournage mais qui lui a inspiré un récit follement désopilant dans sa biographie, *Les Derniers Trombones* (1979).

Claude Dauphin a toujours fait les bons choix pour sa vie et pour ses films. Décorateur devenu acteur au début du parlant, il sera (avec Charles Boyer et Maurice Chevalier) l'un des rares comédiens français à signer une carrière hollywoodienne (Del Ruth, Mankiewicz, Ustinov, Preminger).

Les acteurs adorent jouer les méchants. D'abord, parce que c'est plus facile. Ensuite, parce que le public les craint, donc les remarque. Dauphin est un bon professionnel. Plutôt que les méchants, il préfère incarner les sales types. Les cyniques rugueux, difficiles à vivre. Sa tête s'y prête. Trop maigre, le nez volumineux, le maxillaire gauche plus large que le droit. C'est ainsi qu'il apparaît dans *Pas besoin d'argent* (1933), de Jean-Paul Paulin, comédie très enlevée sur la richesse en crise et l'illusion de la

1. Ne sort en France qu'en 1979.

monnaie. Puis dans *Dédé* (1934), de René Guissart, metteur en scène oublié lui aussi. Auprès d'Albert Préjean et de Danielle Darrieux, il y est un milliardaire distrait, dilapidant les billets de banque. Ses traits sont fins, ses yeux petits. Il sait les étirer, les rendre sévères ou triomphants. Le regard hypocrite, furieux ou revanchard trahira l'état d'esprit du moment. Dans *Entrée des artistes* (1938), de Marc Allégret, Dauphin joue un élève dans la classe de Jouvet au Conservatoire. Assis à côté du maître, il lui fait de la lèche. Jouvet lui demande son avis sur une paire de comédiens qui viennent de donner leur scène. Naturellement, il en dit du bien, mais à coups de flèches empoisonnées. Ah ! le bon camarade...

Dans *Casque d'or* (1952), de Jacques Becker, son sommet, il incarne Félix Leca, chef de la bande du même nom. Odieux, surtout avec Simone Signoret. Il faut voir avec quelle maestria il dirige ses « apaches », partage les gains, punit les tricheurs, fait croire à l'inspecteur de police qu'il est un honnête marchand de vin, arbitre les duels au couteau, dénonce lâchement un innocent, fait le siège de la belle prostituée, le tout avec une autorité et même une classe folle. Un récital. Interpréter un être aussi abominable lui permet de dévoiler les nuances les plus subtiles de son jeu. Un infime coup d'œil et le voilà qui exprime la jovialité, la convoitise ou le mépris. Un de ses malfrats a volé la bande, il faut le punir. « Approche !, ordonne Leca. Plus près ! » L'autre sait ce qui l'attend. Soudain, Leca le gifle à toute volée. Le sous-fifre recule. Mais le châtiment n'est pas terminé. Alors, Leca a ce mot splendide : « Tu permets ? », et il le mornifle à nouveau.

Et qui donc incarne ce coquet proxénète, ce fortiche des fortifs ? Le fils du poète Franc-Nohain et frère de Jean Nohain, dit Jaboune, grand animateur radio et pionnier de la télé, le courageux Claude Marie Eugène Legrand, dit Dauphin, rejoint de Gaulle en 1942 à bord d'un sous-marin britannique et participe à la libération de Paris sur un char de la 2e DB. Allô ?... Ici la France libre !

Plus tard, Dauphin aurait pu devenir écrivain. On le voit dans *Les Derniers trombones* quand il trouve les mots justes pour relater la mort de Brasseur sur le tournage de Scola. À l'aide de Vanel, il le porte sur son lit. Emphysème. L'acteur halète une dernière fois mais il n'est déjà plus de ce monde. C'est alors qu'on frappe à la porte. C'est une servante de l'hôtel, la face élargie par un bon sourire, qui dépose une bouteille de champagne. Brasseur l'avait commandée comme pour honorer la mémoire de quelqu'un qui savait vivre.

Autres films notables :
Battement de cœur (1940), d'Henri Decoin ;
Félicie Nanteuil (réalisé en 1942, sorti en 1945)
de Marc Allégret ;
La Vie devant soi (1977), de Moshe Mizrahi.

JEAN DEBUCOURT

(1894-1958)

Lorsqu'il doit hurler, comme dans les *Sorcières de Salem* (1957), de Raymond Rouleau, quand le pasteur qu'il incarne se fâche en chaire, Jean Debucourt n'est pas bon. Mais c'est sans doute la faute du réalisateur : Yves Montand, Simone Signoret et Mylène Demongeot sont encore pires dans ce concours de grandiloquence qu'est ce film. Le reste du temps et partout ailleurs, Jean Debucourt est parfait.

On risque sans doute l'embardée à passer du muet au parlant, heureusement venir du théâtre est gage de métier, de sérieux, de voix qui porte. De même que chez Carette, Dalio, Tissier ou Saturnin Fabre, on ne va pas s'ennuyer non plus avec Jean Debucourt. Mais lui, ce n'est pas dans le fantasque ou la drôlerie d'une silhouette pittoresque qu'il a son emploi : son physique agréable se coule dans tout personnage cultivé. La recette, c'est la diction, le geste et la psychologie qui se combinent pour former un bonhomme plaisant, avec une justesse du jeu qui demeure partout sensible. Dans *Douce* (1943), de Claude Autant-Lara, affublé d'une jambe de bois, il doit subir les incessantes réprimandes de sa mère, Marguerite Moreno, qui s'éclate en vieille noble lyonnaise morigénant ses domestiques et ses pauvres. En amoureux de l'institutrice de sa fille (Madeleine Robinson et Odette Joyeux), Debucourt fait preuve d'une douceur caressante, d'accents touchants dans la délicatesse des sentiments.

Il les cumulera durant toute sa vie d'acteur, avec un brio très Comédie-Française dont il a été longtemps un sociétaire accompli. Bijoutier à la disposition de sa clientèle, il fait preuve dans *Madame de...* (1953), de Max Ophuls, comme ailleurs, de discrétion compréhensive à l'égard de Danielle Darrieux, l'héroïne endettée – ce qui ne l'empêche pas d'être roublard avec le mari de cette dernière (Charles Boyer), à qui il vend et revend la même paire de boucles d'oreilles. Même indulgence pour les frasques de son fils François (Gérard Philipe) dans *Le Diable au corps* (1947), de Claude Autant-Lara.

Plus de soixante-dix films en douze ans – des grands (Renoir, avec *Le Carrosse d'or*) et des moins grands (André Cayatte, Pierre de Hérain, voire Maurice Cloche). On ne chôme pas quand on est aguerri. Tel le professeur de piano dans *Le ciel est à vous* (1944), de Jean Grémillon, il trouve toujours la note juste. La droiture de son jeu fait des merveilles dans ses rôles judiciaires : il est juge d'instruction dans *Pattes blanches* (1949), du même Grémillon, ou, surtout, maître du barreau dans *La Poison* (1951), de Sacha Guitry. Scène géniale quand Michel Simon vient lui annoncer le meurtre, pas encore commis, de son horrible femme. Alors, le graaand avocat lui indique, en toute naïveté, comment il devrait s'y prendre pour être sûr d'être acquitté. Naturellement, Michel Simon suivra ses conseils à la lettre... et au couteau ! Preuve de non-préméditation. Compétence et ingénuité : régal d'un Debucourt au sommet de son art.

À chaque film, on retrouve avec délice ses dons, ses goûts, sa vérité. Sans doute, l'ensemble de ses rôles est-il un amalgame de réminiscences, mais n'en va-t-il pas de même pour beaucoup de grands comédiens tout aussi chevronnés ?

Autres films notables :
La Chute de la maison Usher (1928), de Jean Epstein ;
Non coupable (1947), d'Henri Decoin ;
Maigret tend un piège (1958), de Jean Delannoy.

PIERRE DELADONCHAMPS

(NÉ EN 1978)

En 2013, un film présenté dans la sélection « Un certain regard » fait bruisser le festival de Cannes. *L'Inconnu du lac*, d'Alain Guiraudie, est en effet un choc de beauté et de cinéma sur fond de thriller. L'autre cause de sidération du film est Pierre Deladonchamps, dans le rôle de Franck, l'homme amoureux d'un tueur. Candide et dessalé à la fois, romantique et terre à terre, Pierre Deladonchamps fait preuve tout de suite d'une amplitude de jeu rarement atteinte chez un acteur débutant.

Le film de Guiraudie tombe à pic pour Pierre Deladonchamps, qui avait presque renoncé à devenir acteur à force de courir des castings sans intérêt. C'est le détonateur d'une étonnante filmographie qui n'a pas fini de nous impressionner. Une carrière ? Pas vraiment. « Il y a une dimension politique dans ce que je choisis de tourner. J'ai besoin qu'un film dise des choses importantes pour vouloir et pouvoir y jouer. » Il sera donc Jacques, intellectuel parisien se mourant du sida, amoureux d'Arthur, dans le film de Christophe Honoré, *Plaire, aimer et courir vite*, en 2018. Ou encore Paul, le poilu de la guerre de 14 qui ne veut pas retourner au front et s'habille en femme pour échapper aux poursuites… avant d'y prendre goût, dans *Nos années folles* (2017), d'André Téchiné. Un personnage ambivalent, pas forcément sympathique, à qui Pierre Deladonchamps donne une lumière irrésistible.

La noirceur ne lui fait pas peur. Il ne joue pas pour être sympathique, il joue pour être utile. Il sera Gilbert, meilleur ami de la famille et pédophile, dans *Les Chatouilles*, d'Andréa Bescond et Éric Métayer, en 2018. Le visage d'ange insoupçonnable et la douceur naturelle de Pierre Deladonchamps trompent son monde, pire encore, ce sont les meilleures armes du personnage pour manipuler sa jeune victime.

Après *Vous n'aurez pas ma haine* (2022), de Kilian Riedhof, où le comédien prête ses traits à Antoine Leiris, journaliste français qui a perdu sa femme dans l'attentat du Bataclan, dans cette adaptation de son livre autobiographique, on attend maintenant de voir Pierre Deladonchamps dans une comédie. Il en rêve, mais il lui faut un sujet.

Autres films notables :
Le Fils de Jean (2016), de Philippe Lioret ;
Notre dame (2019), de Valérie Donzelli ;
La Syndicaliste (2023), de Jean-Paul Salomé.

SUZY DELAIR

(1917-2020)

Dire qu'elle est de caractère volcanique est un euphémisme ! À part son Bernard Blier de mari et l'inspecteur Jouvet, tout le monde tripote les cuisses de Suzy Delair dans *Quai des Orfèvres* (1947), d'Henri-Georges Clouzot : l'imprésario, le vieux dégoûtant (Charles Dullin), et même la photographe (Simone Renant), sous prétexte de la placer comme il faut devant son objectif. Alors, pas étonnant qu'elle soit de mauvais poil en permanence (sauf quand Clouzot devient son amant), ni qu'elle soit folle de rage quand Maria Schell lui administre une sacrée fessée dans *Gervaise* (1956), de René Clément. Il faut bien reconnaître qu'en agitant « son petit tralala », elle faisait tourner toutes les têtes. Mais la santé juvénile avec laquelle elle incarne l'enquiquineuse de service ne dépassera pas les films *Le dernier des six* (1941), de Georges Lacombe ni surtout *L'assassin habite au 21* (1942), de Clouzot où elle est Mila Malou, artiste de music-hall, la petite amie de Pierre Fresnay, détective et clergyman, la fille qui, à l'imitation des fofolles des comédies américaines, fait irruption quand il ne faut pas. Ce qui importune Clouzot autant que Fresnay, chacun d'eux baptisé par elle « mon biquet » selon qu'on se situe dans la vie ou dans le film. L'astuce de Clouzot, dans *Quai des orfèvres*, c'est d'avoir fait de cette sensuelle chanteuse de beuglant une femme d'intérieur, popote comme pas deux : Jenny Lamour, la bombe aux rondeurs bien placées, demande aux visiteurs de mettre des patins, car elle tient à « ravoir son parquet ».

Après cela, on verra encore ses lèvres charnues, ses yeux de braise et ses boucles luxuriantes dans quelques films, pas tous bons : *Pattes blanches* (1949), de Jean Grémillon ; *Lady Paname* (1950), d'Henri Jeanson – « Moi j'ai du t'ça, du haut en bas... », y chantait-elle, histoire de renouveler son succès de *Quai des Orfèvres* ; le catastrophique *Atoll K* (1951), de Léo Joannon, avec Laurel et Hardy ; *Le Couturier de ces dames* (1956), de Jean Boyer ; *Rocco et ses frères* (1960), de Luchino Visconti ; la femme de de Funès dans *Les Aventures de Rabbi Jacob* (1973), de Gérard Oury...

Cette comédienne exubérante aura finalement peu tourné. Ce n'est pas faute de longévité : née le 31 décembre 1917, elle est morte en 2020, à 102 ans. Mais plutôt en raison d'un caractère difficile et de choix pas toujours très futés. Comme d'avoir trop tôt quitté Clouzot, l'inventif Pygmalion d'une si encombrante Galatée.

Autres films notables :
Le Dernier des six (1941), de Georges Lacombe ;
Copie conforme (1947), de Jean Dréville ;
Souvenirs perdus (1950), de Christian-Jaque.

ALAIN DELON
(NÉ EN 1935)

La beauté d'Alain Delon est un sujet en soi. Pas seulement parce qu'elle traverse les époques, disons de Botticelli (pour reprendre les mots de Luchino Visconti) aux campagnes de pub d'un célèbre parfum qui, il y a quelques années encore, reprenait l'image mythique, extraite de *Plein Soleil* (1960), de René Clément, de Delon torse nu à la barre d'un bateau, et cette chaînette en or qui s'envole.

Une beauté terrassante au point qu'elle bouscule loin derrière l'autre star du film, Maurice Ronet. Mais le beau gosse veut aussi de la densité. Pourtant, alors qu'il a deux ans de moins que Jean-Paul Belmondo, il passe à côté de la nouvelle vague, qui se rappellera à son bon souvenir quand, en 1990, il tournera avec Jean-Luc Godard le très visionnaire *Nouvelle vague.* Alain Delon voit sa carrière d'acteur comme un concours de circonstances, un heureux hasard. « Moi, j'ai toujours vécu mes rôles. Je n'ai jamais joué. Un acteur est un accident. Je suis un accident. Ma vie est un accident. Ma carrière est un accident », déclarait-il au journal *Le Monde*, en septembre 2018. Certes, mais ces accidents ont parfois des allures de dérapage contrôlé. Qu'est-ce qui pousse ce jeune homme de 25 ans à refuser le rôle du charmant fils de famille auquel le réalisateur René Clément (deux Oscars, quand même) le destinait dans *Plein Soleil* ? Pourquoi Alain Delon tient-il tant à l'autre rôle, celui de Tom Ripley, l'assassin ? Quoi qu'il en soit, cette intuition originelle est déterminante pour le reste de sa carrière, le plus souvent en quête de personnages troubles, porteurs d'une grande part d'ombre. Delon ne rigole pas.

Il sait aussi que ces rôles forts dont il est en quête, il les trouvera auprès des grands maîtres. « J'ai besoin qu'on me tienne, explique l'acteur ; il ne faut surtout pas me laisser aller. » À commencer par l'un des plus grands de tous, Luchino Visconti, qui lui confie le personnage de Rocco Parondi, l'ange du bien dans *Rocco et ses frères* (1960), un homme déchiré entre son amour pour la belle Nadia et sa loyauté à l'égard de sa famille et de ses frères. Comment Delon vit-il Rocco ? À mille pour cent. Il se fond dans la peau de ce garçon réservé, gentil, en retrait presque, dominé par ses frères. « J'avais besoin, dira Visconti, de cette candeur [...] Si on m'avait contraint à prendre un autre acteur, j'aurais renoncé à faire le film. D'autant que Delon a la mélancolie de qui se sent forcé de se charger de haine quand il se bat, parce que, d'instinct, il la refuse. » Avec *Rocco et ses frères*, Delon entre de plain-pied dans le grand monde, celui de l'Opéra, de l'Art. Trois ans plus tard, c'est un autre acteur que Visconti met en scène dans *Le Guépard*, une star, plus rétive aux injonctions du metteur en scène démiurge. Dans le rôle de Tancrède, le neveu du prince Salina, Alain Delon est sidérant de complexité, tour à tour charmant et vorace, noble et cynique. Mais toujours d'une grande modernité.

Delon a eu raison de tenir tête à René Clément : les rôles d'assassin sont exactement son genre de beauté, à condition d'être dirigé. Comme dans *Le Samouraï* (1967), de Jean-Pierre Melville, où il campe un tueur solitaire obéissant au code d'honneur du bushido, toujours accompagné de son bouvreuil, vêtu du trench et coiffé du feutre mou de Philip Marlowe. Impressionnant de minimalisme, taiseux, le visage éternellement fermé, Delon compose, dans *Le Samouraï*, une figure inédite du polar à la française : le tueur classieux. Une création qui fera école, de Quentin Tarantino à Jim Jarmusch. À cette collection de salauds, il convient tout particulièrement d'ajouter Jacques Mornard, alias Ramón Mercader, l'assassin de Trotski, que Delon interprète dans *L'Assassinat de*

Trotsky (1972), sous la direction très exigeante du metteur en scène américain Joseph Losey, dont il fait un tueur bouillonnant, pleurnichard, en proie au doute face à sa victime. Face au monument qu'est Richard Burton, un peu en veille sur ce coup, Delon est éblouissant, occupant l'espace par sa seule présence, lumineux et noir à la fois. Conforme aux mots d'Alain Cavalier, réalisateur de *L'Insoumis* (1964) : « Delon a une qualité extraordinaire : où qu'il soit, il s'accapare l'espace. »

Au panthéon de ces torturés que l'acteur affectionne tant, on inscrirait volontiers le nom de Robert Klein, le marchand d'art que Delon incarne, en 1976, dans *Monsieur Klein*, toujours auprès de Joseph Losey. C'est une facette glaciale de l'acteur qui apparaît alors, pour mieux incarner cet homme sans scrupule, rongé petit à petit par un patronyme qui le désigne comme Juif, dans le Paris de 1942. Pour Delon, le pari est double : il est d'abord historique, en évoquant la rafle du Vél'd'Hiv en 1976, il éveille un épisode méconnu du grand public à l'époque ; mais il est aussi artistique, anti-héros par excellence, jamais Delon n'a été autant au sommet, flamboyant et furtif à la fois, combattif et accablé par l'histoire. Et l'on se prend à regretter qu'il ait décliné le plus emblématique des anti-héros, l'incarnation même de l'indifférence, quand Visconti lui proposa *L'Étranger*. Quel Meursault il aurait fait !

Autres films notables :
Notre histoire (1984), de Bertrand Blier ;
La Piscine (1969), de Jacques Deray ;
Le Clan des Siciliens (1969), d'Henri Verneuil.

DANIÈLE DELORME

(1926-2015)

Un grand chef parisien du quartier des Halles voit débarquer dans son restaurant une frêle jeune fille, toute douce, toute mignonne, toute caressante, petit visage angélique, petit sourire crispé, petite valise à la main. Valise mise à part, on dirait un petit chat perdu qui viendrait se frotter contre vos jambes. Elle cherche du travail, arrive de province sans un sou, sa mère, qui, dit-elle, vient de mourir, aurait été autrefois la femme du chef. Il la fait s'asseoir et manger un morceau en attendant, le temps qu'il finisse le service et voilà qu'à la fin du repas, il l'installe chez lui, en attendant. En attendant quoi ? Qu'elle l'attire dans son lit, pardi, devienne sa maîtresse, sa femme pourquoi pas ?, et donc la patronne du bistrot, au grand dam des vieilles qui entourent Jean Gabin, car c'est lui le restaurateur, merveilleux de justesse comme si souvent. D'autant plus que l'ingénue révèle peu à peu son caractère pervers qui va introduire bien de la zizanie dans la famille, à commencer par la mère et sa servante. Le petit chat se fait tigre… et même hyène quand la traîtresse s'emploie à éliminer son cuistot de mari. Ainsi commence *Voici le temps des assassins* (1956), le meilleur film de Julien Duvivier dans l'après-guerre, qui se révèle être aussi le meilleur de Danièle Delorme, comédienne gourmande de la vie, à la tête bien faite et à la carrière bien pleine.

Itinéraire en zigzag : née à Levallois-Perret en 1926, elle a d'abord travaillé le piano. Réfugiée à Cannes sous l'Occupation, elle se met au théâtre. Marc Allégret la découvre et l'utilise dans quatre films, de 1944 à 1946, dont le plus réussi est *Les Petites du quai aux Fleurs* (1944). Elle monte en puissance dans *Les jeux sont faits* (1947), de Jean Delannoy, et surtout dans *Impasse des Deux-Anges* (1948), de Maurice Tourneur, puis devient vedette avec *Gigi* (1949), de Jacqueline Audry, qu'elle incarne en faisant étalage d'une innocence primesautière et d'une vraie spontanéité. Pendant la plus grande partie des années 1950, elle enchaîne tournage sur tournage. Sa personnalité se dédouble : quand le rôle lui plaît et lui correspond, elle est cette jeune personne frémissante, fraîcheur printanière et sensibilité à fleur de peau, sur quoi flotte parfois une inquiétude légère. En revanche, si le personnage a un côté gnangnan, elle se transforme en sainte-nitouche agaçante à force de minauderies, comme on le voit dans *Miquette et sa mère* (1950), d'Henri-Georges Clouzot. Mais elle sait aussi être radieuse ou d'une tristesse infinie, comme lorsqu'elle interprète la jeune mère abandonnée, prête à se jeter dans la Seine, de *Sans laisser d'adresse* (1951), de Jean-Paul Le Chanois.

Les années passent. La sympathie du public ne diminue pas. Elle a la cinquantaine glorieuse. Dans *Nous irons tous au paradis* (1977), d'Yves Robert, elle joue la femme de Jean Rochefort, qui la trompe. Sur le tournage, Christophe Bourseiller, pas 20 ans, lui faisait une cour effrénée (il dirait aujourd'hui une « drague de ouf » !) : il avait raison, elle restait séduisante. C'est aussi le temps où vie privée et vie professionnelle se mêlent. Près de Rambouillet, dans son moulin de la Guéville, avec Yves Robert, son deuxième mari (le premier était Daniel Gélin), Danièle recevait ses amis le dimanche en cuisinière de choc. Dans ce repaire bachique, entre les légumes du jardin et les chansons d'avant-guerre hurlées à tue-tête par Claude Sautet (cinéaste), Jean-Loup Dabadie (scénariste) et les deux Pierre, Bouteiller (homme de radio) et Bénichou (journaliste), se concoctaient quelques-unes des plus délicieuses comédies romantiques des années 1970. Lassée de jouer, elle était devenue productrice (les films de la Guéville), mêlant habilement les cinéastes qu'elle aimait aux jeunes auteurs de demain. Femme de tête donc, mais qu'on appelait encore Lélé. Le petit chat n'était pas mort.

Autres films notables :
Minne, l'ingénue libertine (1950), Jacqueline Audry ;
La Jeune Folle (1952), d'Yves Allégret ;
Les Misérables (1958), de Jean-Paul Le Chanois.

JACQUELINE DELUBAC
(1907-1997)

La comédienne d'un seul auteur, mais quel auteur, ce Sacha ! Et elle, Jacqueline, quelle splendeur ! Des yeux à mourir, une classe folle, le chic de la Parisienne qu'elle n'était pas (elle venait d'une famille de Lyon, les Basset, des soyeux, comme l'était son timbre de voix qui s'égarait parfois dans les aigus), une taille mannequin, une élégance naturelle et des dons de comédienne qui n'échappent pas à Sacha Guitry à l'époque où sa femme, Yvonne Printemps, va le quitter pour Pierre Fresnay. Pour l'instant, il l'engage au théâtre et Jacqueline ne tardera pas à devenir la princesse rieuse de vingt-trois de ses pièces et onze de ses films, parmi les meilleurs. Sans elle, ils ne seraient pas aussi enlevés, sans lui, elle ne serait pas aussi primesautière. À eux deux, ils transforment les dialogues de *Bonne chance* (1935), *Faisons un rêve* (1936), *Désiré* (1937), ou *Quadrille* (1938), en parties de ping-pong verbal, où elle riposte aussi vivement que lui.

Actrice rêvée pour un auteur dramatique, c'est aussi une belle et jeune personne en quête de bonheur et Guitry va vouloir la conquérir à tout prix. Dans sa baignoire où elle se prélasse chaque matin, elle tourne ses pensées dans la mousse : *Faut-il épouser Sacha Guitry ?*, c'est le titre du mince ouvrage qu'elle publiera beaucoup plus tard, ironique et jubilatoire, comme elle, et plein d'anecdotes. La réponse est dans la question. Sacha a l'art de séduire, mais avec ses vingt-deux ans de plus qu'elle, ne sera-t-il pas un peu « rasoir » à ressasser les épisodes de sa vie ? D'un autre côté, habiter avenue Élisée-Reclus, c'est vivre dans un musée, ce qui n'est pas pour déplaire à Jacqueline. Elle va dire oui aux cadeaux somptueux (des perles de la couronne ?), oui à l'amant ventripotent, oui au maître des sortilèges, oui au barbare élégant. Comme tous les matins, elle monte sur sa balance et si l'aiguille le permet, elle beurre une demi-biscotte avec son Darjeeling.

Dans *Bonne chance*, Sacha lui demande avec le plus grand sérieux : « Puis-je espérer une réponse précise à une question précise ? Voulez-vous oui ou non du beurre sur vos tartines ? », puis il beurre la biscotte, mais c'est pour l'avaler. En revanche, c'est à Marie/Jacqueline que son personnage (Claude/Sacha) destine le diamant gros comme le Ritz qu'il a caché sous sa serviette au restaurant et qu'il a acheté avec leur fortune commune : ils ont partagé le dernier billet de la Loterie nationale qui, bien sûr, a rapporté le gros lot. Dans le film, elle est fiancée mais finira par épouser Claude après bien des péripéties et bien des bons mots. Kif-kif, dans la vie.

Ensuite, Jacqueline décide à quoi elle va consacrer sa journée quand elle ne tourne pas. C'est bien simple : à aller voir des expositions de peintres modernes dont elle est une amatrice avertie si l'on en juge par la collection dont elle léguera à sa mort une grande partie au musée des Beaux-Arts de Lyon.

À d'autres moments, elle répète – pas trop pour ne pas perdre sa spontanéité. Rester gaie, mutine, spirituelle, en un mot exquise, c'est ce que Sacha attend de son interprète tout en se réservant l'essentiel de ses monologues. Alors, elle garde ses réflexions pour elle, sachant qu'il ne les écouterait que d'une oreille distraite et que les films qu'elle fera sans lui n'auront pas son esprit.

Sacha avait horreur qu'elle porte une robe qu'il n'aurait pas choisie. Il l'appelait Jacquot, mon amour adoré. Ils sont restés mariés quatre ans, un mois et quatorze jours.

Autres films notables :
Dernière Jeunesse (1939), de Jeff Musso ;
La Comédie du bonheur (1940), de Marcel L'Herbier ;
Volpone (1941), de Maurice Tourneur.

ORANE DEMAZIS

(1894-1991)

En ce temps-là, ni la parité ni l'égalité hommes-femmes n'étaient d'actualité, et Orane Demazis – autant dire une crevette du Vieux-Port, originaire d'Oran, comme son prénom l'indique – se trouvait bien seule parmi les acteurs de Pagnol, menés par le grand Raimu. Blanche comme un cachet d'aspirine, Orane n'est pas d'une beauté folle, mais elle est mieux, sauvée par la lueur qui illumine son regard et qui s'appelle la grâce. Et aussi bien sûr par cet accent ensoleillé sans lequel on n'est pas de la Canebière, *té* ! Que des hommes alors, sur le plateau ? Cela ne lui fait pas peur. Elle joue la docilité en attendant son heure. Et sa gloire arrive avec le troisième film de la trilogie : *Fanny* (1932). Fanny, l'âme forte, la reine du mélo qui fera pleurer Margot.

Au long des films, elle déguste, Orane, car Pagnol lui rend la vie dure. Dans *Fanny*, enceinte de Marius, qui a fui loin rêvant d'une autre échappée que les liens du mariage, elle épouse le cacochyme Charpin pour éviter le déshonneur. Fille-mère dans *Angèle* (1934), son suborneur la met sur le trottoir et son père, à son retour à la ferme, la cache dans une cave avec son enfant – toujours la honte du qu'en-dira-t-on ! Mais elle représente les humiliées et les offensées, les fières et tendres, avec un tempérament sans faiblesse. *Regain* (1937) a une histoire politique singulière qui échappe à son auteur. Le film sera utilisé cinq ans plus tard par le pétainisme pour prôner le retour à la terre, puis mis en jachère pendant les trente glorieuses puis de nouveau à la mode après mai 1968. Orane Demazis y est formidable de naturel, avec son innocence, son petit museau triangulaire et sa brusquerie radieuse, elle apparaît d'abord équipée d'un harnais : elle est la bête de somme du rémouleur (Fernandel), qui lui fait traîner sa meule et la traite de couillonne, comme s'il aiguisait sur elle sa suprématie. Souffre-t-elle de ces mauvais traitements ? On ne sait : il y a en elle une torpeur résignée, qui se change en chaleur quand elle découvre la poitrine nue de Panturle (Gabriel Gabrio, étonnant de fraîcheur d'âme) qu'elle croit noyé dans un torrent proche du bivouac. Qui est Panturle ? Un colosse. Le dernier habitant d'Aubignane, village abandonné des Alpilles qu'elle va aider à faire revivre. Ils se sont trouvés. De cette nouvelle vie, Pagnol a su montrer les gestes augustes du quotidien : elle s'approprie la maison, « Il va falloir nettoyer tout ça ! », elle chantonne en rangeant du linge dans l'armoire, elle met le couvert avec deux serviettes qu'elle a trouvées dans la huche d'un voisin, elle sert la soupe religieusement. C'est une nouvelle servitude pour cette femme, mais elle est consentie par l'éveil de l'amour. Avoir un homme, un toit, du pain, bientôt du blé à soi… Ils se rendent au village pour s'offrir des habits et se disputent gentiment : « – Si tu t'achètes rien, moi non plus, s'écrie-t-elle. – Qui est-ce qui commande ?, demande Panturle – C'est l'homme, dit Arsule malicieusement. » La fin est sublime : tous deux sèment du blé dans un champ quand elle s'affaisse aux premières douleurs de l'enfantement. Panturle la relève, comprend, la caresse et la ramène à la maison. Elle, jouée par Orane avec ses tripes et son cœur, est transfigurée par le bonheur, lui affiche sa joie. Simplicité des gens de la terre, grandeur du cinéma. Plus tard, un ami viendra à son tour repeupler le hameau. Pagnol dit ce qu'il a à dire avec toute sa tendresse aérée et puis il coupe.

Il faut remonter trois ans plus tôt, au film de King Vidor, *Notre pain quotidien*, pour retrouver une telle pureté de sentiments, un tel sens élégiaque de la nature. Et si Pagnol, notre Virgile, était aussi notre premier écolo ?

Autres films notables :
César (1936) et *Le Schpountz* (1938), de Marcel Pagnol ;
Rude Journée pour la reine (1973), de René Allio.

ANAÏS DEMOUSTIER
(NÉE EN 1987)

Au diapason de la sonorité pétillante de son patronyme, Anaïs Demoustier est comme une ritournelle qui, de film en film, reprend la même mélodie mais en lui insufflant des variations. Tout à fait elle mais simultanément une autre, de ses premiers rôles, notamment dans *Le Temps du loup* (2003), de Michael Haneke, jusqu'aux derniers en date, *Coma* (2022) de Bertrand Bonello, ou *La Bête dans la jungle* (2023), de Patric Chiha.

Une jeune femme que l'on soupçonne bouillonnante de mille passions intérieures mais qui n'en laisse percevoir en surface que la brume. Par exemple, dans *La Belle Personne* (2008), de Christophe Honoré, adaptation contemporaine de *La Princesse de Clèves*, retenue mais prête à exploser, Catherine (la reine Catherine de Médicis dans le roman de Mme de La Fayette). Quelques autres auteurs et autrices du cinéma vont se bousculer à son portillon. En 2010, dans *Belle Épine*, de Rebecca Zlotowski, elle fait bande à part dans un groupe d'ados happés par les tourbillons de leur vie.

Bande pour bande, c'est en rejoignant la troupe de Robert Guédiguian qu'Anaïs Demoustier va vraiment se révéler et trouver une place de choix, celle de la relève et de l'espoir. Dans *Les Neiges du Kilimandjaro* (2011), elle est Flo, la fille des prolos Marie-Claire (Ariane Ascaride) et Michel (Jean-Pierre Darroussin), en rupture avec les convictions de gauche de ses parents, un poil réac et pourtant sympathique. Dans *Au fil d'Ariane* (2014), elle joue une comédienne hâbleuse qui surgit dans le labyrinthe des rencontres de l'héroïne. Dans *La Villa* (2017), elle est Bérangère, la « trop jeune fiancée » d'un prof à la retraite, préposée à l'optimisme dans un monde de déçus qui se demandent comment être encore à la hauteur de la nécessité, chaque jour piétinée, de la solidarité et du bien commun. Souriante et, ma foi, très drôle. Ce qui a priori n'était pas le fort d'Anaïs Demoustier. Elle dit : « J'ai mis du temps avant d'affirmer et d'assumer mes envies de comédie. » Elle a bien fait de prendre son temps, car la voilà en effet hilarante dans la comédie *Au poste !* (2018), de Quentin Dupieux. Elle y est Fiona, épouse d'un policier borgne, qui a le don d'exaspérer son mari et de nous faire rire par sa manière de ponctuer toutes ses phrases d'un « C'est pour ça ! ». Même décalage à effet poético-comique dans le surréaliste *Bird People* (2014), de Pascale Ferran. La vie d'une femme de chambre, Audrey, qui travaille dans un palace où séjourne un homme d'affaires américain dépressif. Elle vaque à son boulot misérable avant de se transformer subitement en moineau. De fait, Anaïs Demoustier joue comme un petit oiseau, curieuse et craintive, retombant toujours sur ses pattes, mais s'envolant, plus rapide qu'un supersonique, quand on voudrait la mettre en cage.

En 2021, dans *Les Amours d'Anaïs*, de son amie et complice Charline Bourgeois-Tacquet, elle semble au plus près d'un trouble autobiographique ne serait-ce que parce que le titre du film lui emprunte son prénom. Il est probable qu'il y a beaucoup de la vie d'Anaïs Demoustier dans ce portrait d'une étudiante désordonnée qui fonce d'une aventure sentimentale à l'autre avant de tomber amoureuse d'une écrivaine célèbre. En embuscade derrière la femme réelle, il y a une actrice imaginative qui impressionne par sa façon d'incarner sa déstabilisante passion, comme si elle jouait à la fois la foudre et la foudroyée.

Autres films notables :
Marguerite et Julien (2015), de Valérie Donzelli ;
Alice et le Maire (2019), de Nicolas Pariser ;
Fumer fait tousser (2022), de Quentin Dupieux.

CATHERINE DENEUVE

(NÉE EN 1943)

Première apparition mémorable, en 1964, dans *Les Parapluies de Cherbourg*, de Jacques Demy. Elle y incarne Geneviève, une jeune fille de 17 ans, présumée ingénue mais pas oie blanche pour autant. Au soir d'une séparation tragique avec Guy (Nino Castelnuovo), son fiancé, contraint au service militaire dans une Algérie encore française (l'action se situant à la fin des années 1950), elle vivra avec lui sa première nuit d'amour, d'où résulte neuf mois plus tard une enfant. Une fille mère, bientôt mariée, par « raison », avec le diamantaire Roland Cassard (Marc Michel). À la fin du récit, Geneviève surgit telle qu'elle est devenue : une grande bourgeoise en manteau de fourrure, au volant d'une Mercedes noire.

De Geneviève, l'adolescente déterminée, à Geneviève, la bourgeoise mélancolique, on tient l'alpha et l'oméga de l'impressionnante carrière de Catherine Deneuve. Catherine d'hier, naissant au cinéma de Demy comme la Vénus de Botticelli, dépouillée et sublime, lunaire beauté de la nuit, parée des mille et un mystères de l'ombre. Catherine du futur, quand dans l'ombre du personnage de Geneviève se profilent déjà des silhouettes étranges : la diabolique héroïne éponyme de *Tristana* (1970), de Luis Buñuel, Hélène, l'amoureuse folle d'*Hôtel des Amériques* (1981), d'André Téchiné, ou encore Séverine, la prostituée décalée de *Belle de jour* (1967), de nouveau avec Buñuel. Chez d'autres auteurs, de Ferreri à Polanski ou Oliveira, pour ne citer que les plus fameux, elle ne cesse d'être ce ludion mystérieux, capable de tout, même de faire rire, comme dans l'épatant *Potiche* (2010), de François Ozon.

François Truffaut, qui ne se contenta pas de la diriger, notamment dans le patrimonial *Dernier Métro* (1980), mais fut aussi son amoureux, est sans doute le mieux placé pour parler de son charme discret. À propos de *La Sirène du Mississipi* (1969), où elle partage la vedette avec Belmondo, il écrit, jonglant avec les genres : « Catherine Deneuve était un mauvais garçon, un voyou, qui en avait vu de toutes les couleurs, et Jean-Paul Belmondo, une jeune fille effarouchée qui attend tout de son mariage. » Deneuve en garçon ? On en reste coi, d'autant qu'au fil du temps elle devint un parangon de féminité « à la française », égérie de son ami Yves Saint Laurent. Sauf à convenir qu'il y a bien quelque chose d'un petit soldat dans Deneuve, aussi bien dans ses prises de position politiques (en 1971, elle signe le « manifeste des 343 » en faveur du droit à l'avortement) que dans sa vie privée, où il vaut mieux ne pas piétiner ses plates-bandes, surtout celles où elle cultive des rosiers. Cette ambiguïté masculin-féminin fit dire à Gérard Depardieu : « Catherine est l'homme que j'aurais voulu être. » Mais elle n'explique qu'en partie la brillance de sa longue carrière et l'appétence inépuisable des plus grands noms du cinéma. Truffaut encore : « On a l'impression qu'elle garde des pensées pour elle, et que sa vie intérieure est au moins aussi importante que sa vie extérieure. Avec Catherine, il y a une importante part de rêve et on a l'impression que tout n'est pas montré à l'écran. Il y a le personnage qu'elle incarne et des pensées qui ne sont pas exprimées. Oui, Catherine Deneuve est une actrice de rêverie, il n'y a pas d'autre mot. »

Autres fims notables :
Répulsion (1965), de Roman Polanski ;
Les Demoiselles de Rochefort (1967), de Jacques Demy ;
Elle s'en va (2013), d'Emmanuelle Bercot.

CHARLES DENNER

(1926-1995)

Un visage du cinéma français qui inspire spontanément une tendresse infinie. Charles Denner n'a pas joué que dans des chefs-d'œuvre, il n'eut pas souvent le premier rôle, pourtant ses pommettes biseautées, son regard chargé de drame et d'humanité, et sa voix de baryton éraillée par la nicotine sont restés gravés dans notre mémoire de cinéphiles. On peut trouver des explications à cette pérennité. Un jeu d'une classe folle, tout en modestie, mais sans limite, et cet incroyable magnétisme, la marque des grands, qui se dégage de cette petite silhouette effilée.

Découvert par Claude Chabrol en 1960, sur la scène du TNP, dans *La Résistible Ascension d'Arturo Ui*, Charles Denner aura le rôle-titre de son *Landru* (1963). Inquiétant et onctueux à la fois, l'acteur y est extraordinaire. « C'est ce mélange de bonhomie et de terreur qui a fait le succès de l'interprétation de Denner, expliquait le cinéaste. Il se régalait à composer ce personnage de petit-bourgeois qui trucide avec une vraie ferveur domestique. »

François Truffaut éclaire le comédien d'un jour nouveau, en lui faisant jouer l'homme amoureux. Peintre victime de Jeanne Moreau, dans *La mariée était en noir* (1967), dératiseur catholique obsédé par Bernadette Lafont, dans *Une belle fille comme moi* (1972), deux films en forme de prélude au sommet atteint en 1977 avec *L'Homme qui aimait les femmes*. Charles Denner y est Bertrand Morane, insatiable amoureux qui porte en lui des blessures secrètes. Son plus grand rôle, à la fois double du metteur en scène et personnage à part entière, mêlant l'ordinaire et la folie, séducteur fétichiste et tendre, saisi par la passion de l'écriture. Le jeu de Charles Denner y est une pure merveille.

Sa rigueur naturelle l'amène vers le cinéma engagé de Costa-Gavras, avec le rôle de Manuel, l'avocat ami du Docteur (Yves Montand), dans *Z* (1969). Puis il change radicalement de registre avec Claude Lelouch, qui l'invite dans le territoire plus léger de la comédie, avec *L'aventure c'est l'aventure* (1972). Dans ce trio de gangsters tentant une reconversion dans le kidnapping politique, Charles Denner est Simon, l'intellectuel. Son inoubliable explication des méandres de la révolution d'Octobre à Aldo Maccione reste une des scènes les plus drôles du film.

Autres films notables :
Compartiment tueurs (1965), de Costa-Gavras ;
Le Vieil Homme et l'Enfant (1967), de Claude Berri ;
Golden Eighties (1986), de Chantal Akerman.

GÉRARD DEPARDIEU

(NÉ EN 1948)

Un ogre. C'est le premier mot qui vient à l'esprit quand on prononce le nom de Gérard Depardieu. Et pourtant, sa démarche dit tout le contraire : toujours sur la pointe des pieds, sautillant avec grâce, tel un petit rat de l'Opéra en tutu, qui semble ne jamais toucher terre. À l'instar d'un Marlon Brando, large d'épaules et tout de cuir vêtu qui chuchote d'une toute petite voix haut perchée. Cette dualité physique est une carte maîtresse pour le comédien, un atout qui va lui permettre de se promener dans toutes sortes de registres. La force de Gérard Depardieu, c'est lui qui la définit le mieux : « Je suis un stradivarius dans un corps de camionneur. »

La première à détecter cette qualité très spéciale est une femme de lettres cinéaste. Marguerite Duras, en plein casting de son film, *Nathalie Granger*, a en effet repéré le jeune homme, alors qu'il est sur les planches, dirigé par Claude Régy. Convoqué rue Saint-Benoît, Gérard Depardieu est accueilli sur le seuil de l'appartement par une injonction de Marguerite Duras : « Avancez jusqu'à moi, plus près, plus près. Arrêtez, ça y est, vous me faites peur. »

À l'époque (on est en 1971), Gérard Depardieu a 23 ans. Il a quitté le Châteauroux de son enfance pour prendre des cours d'art dramatique auprès du metteur en scène Jean-Laurent Cochet. Lui, le garçon qui a décroché son certificat d'études alors qu'il savait à peine lire, lui, le garçon qui bégaie, à qui les mots manquent. Il raconte ainsi ses premiers pas sur scène, dans un cours de théâtre où il était venu en spectateur. Incapable de dire, il s'est mis à rire. À rire de plus en plus fort, tellement fort, que tous les autres élèves ont été contaminés. Et quel rire ! Une cascade de gouttelettes suraiguës digne de la grande Zaza, qui contraste avec son physique aux allures de buffet Henri II.

1974 est l'année de Gérard Depardieu. La tornade *Les Valseuses* impose l'acteur, son jeu à l'instinct, désinhibé, sa parole libérée après des années de traitement, son sourire goguenard, et cet air de se foutre de tout. À commencer par cette société bourgeoise confite dans une morale étriquée, que Bertrand Blier entend bien dynamiter pour son premier film, à travers ce trio Depardieu-Dewaere-Miou-Miou insolent, voleur, anar, mais toujours avec le sourire, en totale rupture de ban, et pour qui vivre c'est jouir.

Son goût de l'aventure et des rencontres humaines l'amènent vers toutes sortes de territoires, comme en témoigne son impressionnante filmographie. Il y a quelque chose de punk dans le talent de Gérard Depardieu, dans cette manière bien à lui de se jeter à corps perdu dans un rôle et d'en accepter les challenges. On pense ici à *La Dernière Femme* (1976), de Marco Ferreri, ou encore, la même année, à *1900*, de Bernardo Bertolucci, où le jeune Depardieu, prolo socialiste tient la dragée haute à Robert De Niro.

Il est bon dans le drame et il le prouve de façon magistrale avec *Cyrano de Bergerac* (1990), de Jean-Paul Rappeneau, se glissant avec aisance dans la peau d'un colosse poète, faisant siens les alexandrins d'Edmond Rostand, sans jamais oublier son humanité. Une performance exceptionnelle qui lui vaudra un César et un prix du meilleur acteur au festival de Cannes. Dans ses belles années, Gérard Depardieu peut tout faire : il peut être irrésistible de comique face à Pierre Richard dans *La Chèvre* (1981), de Francis Veber, ou dans le monumental *Buffet froid* (1979), de Bertrand Blier, aux côtés de l'ami Jean Carmet et de Bernard Blier. Il s'essaye même au doublage et devient la voix française de John Travolta dans *Blow Out* (1981), de Brian de Palma.

À cet instant, Gérard Depardieu est un incontournable du cinéma français, de *Jean de Florette* (1986), de Claude Berri, à Obélix dans *Astérix et Obélix : mission Cléopâtre* (2002), d'Alain Chabat, en passant par Auguste Rodin dans *Camille Claudel* (1988), de Bruno Nuytten. Avec plus de deux cents films, dirigé par les plus grands (Jean-Luc Godard, Alain Resnais, Ridley Scott, Maurice Pialat, François Truffaut...) Depardieu est l'acteur le plus populaire du cinéma français, juste derrière Louis de Funès. Et le plus doué. Quand il le décide.

Le duo Gustave Kervern-Benoît Delépine lui donne de l'appétit quand, en 2010, ils lui proposent *Mammuth*, lui offrant l'occasion de jouer avec flamboyance un retraité à la recherche de ses points. Ou Guillaume Nicloux, qui déroule pour l'acteur un bouleversant retour sur lui-même dans *Valley of Love* (2015). Voilà pour l'acteur, l'homme est nettement moins fréquentable, et le désamour est même total. Dans les dernières années, treize femmes l'ont accusé de violences sexuelles. Le temps du silence est heureusement révolu.

Autres films notables :
Sept Morts sur ordonnance (1975), de Jacques Rouffio ;
Loulou (1980), de Maurice Pialat ;
Germinal (1993), de Claude Berri ;
Tour de France (2016), de Rachid Djaïdani.

ÉMILIE DEQUENNE
(NÉE EN 1981)

En 1999, une jeune actrice inconnue traverse en courant le monde de Luc et Jean-Pierre Dardenne. Le personnage se prénomme Rosetta et l'actrice belge de 17 ans s'appelle Émilie Dequenne. Rosetta fonce en quatrième vitesse pour échapper aux tourments ordinaires de sa vie d'ouvrière malmenée. Un long chemin obsessionnel qui la mène de son travail de misère à sa caravane d'infortune. Rosetta s'échappe infiniment mais Émilie Dequenne n'imaginait sans doute pas que, dans le sillage de son rôle, elle monterait sur la scène du festival de Cannes où, à la surprise générale mais à l'unanimité d'un jury présidé par David Cronenberg, elle remporte le prix d'interprétation, et *Rosetta*, la Palme d'or. Que se passe-t-il entre l'actrice et son personnage ? Plutôt une conflagration qu'une identification. Émilie Dequenne a le physique du rôle, au sens où elle s'y accroche éperdument, exactement comme Rosetta s'agrippe rageusement à une table quand un de ses employeurs veut la virer. Rosetta/Émilie est dans cet état d'urgence où on est à la fois la question et la réponse, l'être et son néant. Un visage que les frères Dardenne n'en finissent pas de regarder. Pas du tout pour en résoudre le mystère. Les Dardenne sont des cinéastes, pas des voyeurs. Si le visage de Rosetta est beau, c'est parce qu'il ne dit rien. Et si le personnage existe, c'est parce que le film se garde bien de l'expliquer par une quelconque psychologie. Émilie Dequenne est au comble de ce mystère à l'occasion d'un immense moment de cinéma. Juste avant de trouver le sommeil, Rosetta dialogue à voix haute avec elle-même : « Tu t'appelles

Rosetta. Je m'appelle Rosetta. Tu as trouvé du travail. J'ai trouvé du travail. Tu ne tomberas pas dans le trou. Je ne tomberai pas dans le trou. » Si cet échange nous possède, c'est qu'il parle à nos terreurs de fond, nos peurs d'enfant grelottant, d'humain dans le trou. On n'aurait plus jamais revu Émilie Dequenne au cinéma qu'on s'en serait souvenu à vie, Rosetta pour toujours, comme Nadine Nortier pour la Mouchette de Robert Bresson.

Après un tel coup d'éclat, qui aurait pu la foudroyer, Émilie Dequenne ne rebondit pas, selon le cliché habituel, mais va voir ailleurs si elle peut y être. Elle est bien présente dans *Avant qu'il ne soit trop tard* (2005), de Laurent Dussaux, où elle fait partie d'un groupe de trentenaires qui se retournent sur leur passé faute d'apercevoir un avenir. Elle est bien là aussi dans *La Vie d'artiste* (2007), de Marc Fitoussi, où, drôle dans le pathétique, elle joue une Alice qui rêve de films mais survit en doublant des mangas. Même puissance comique dans *Pas son genre* (2014), de Lucas Belvaux, où elle est l'élément fantaisiste d'un duo amoureux improbable entre une coiffeuse et un professeur de philosophie. On semble bien loin de Rosetta… Qui resurgit pourtant dans *La Fille du RER* (2009), d'André Téchiné, où Émilie Dequenne est une inquiétante mythomane, prétendument victime d'une agression antisémite. Et surtout dans *À perdre la raison* (2012), de Joachim Lafosse, où, de nouveau sur fond de damnation sociale, l'actrice (en duo synchrone avec Tahar Rahim) se risque à un personnage de mère à la dérive qui perd le fil jusqu'à commettre un infanticide. « J'ai envie d'être chez moi, j'ai envie de faire ce que je veux, où je veux, quand je veux. » Ces « raisons » ne sont pas des excuses. Mais Émilie Dequenne par son jeu, forcené et ravagé, les rend plausibles et regardables.

Autres films notables :
Mariées mais pas trop (2003), de Catherine Corsini ;
Chez nous (2017), de Lucas Belvaux ;
Les Choses qu'on dit, les choses qu'on fait (2020),
d'Emmanuel Mouret.

ALEX DESCAS
(NÉ EN 1958)

Si le chemin d'Alex Descas n'avait pas croisé un jour celui de Claire Denis, il y a fort à parier qu'on serait passé à côté d'un grand acteur. La cinéaste prépare *S'en fout la mort* (1990), l'histoire de deux hommes, Jocelyn, l'Antillais, et Dah (Isaach de Bankolé), le Béninois, qui organisent des combats de coqs clandestins dans les sous-sols d'un restoroute désaffecté en grande banlieue parisienne. Alex Descas y est Jocelyn, qui entretient une relation quasi fusionnelle avec l'animal qu'il entraîne. Jocelyn danse avec son coq dans les bras, en le caressant du regard. Des scènes magnifiques qui, à elles seules, imposent l'acteur, son regard tranchant, une gestuelle inédite qui alterne impassibilité et brutalité.

Le film de Claire Denis change radicalement la vie d'Alex Descas, jusque-là soumis aux stéréotypes blessants que lui réservait le cinéma. « Vu le désert que c'était à l'époque pour nous, ce film a constitué une expérience magnifique. J'ai le souvenir de l'avoir fait dans un état de transe », explique-t-il. Ce n'est que la première pierre d'un long compagnonnage avec la réalisatrice, qui tournera huit films avec Alex Descas, sa caméra le regardant changer, prendre de l'âge dans un émouvant processus. Pour elle, il sera un gynécologue dans *Nénette et Boni* (1997), le scientifique qui tente de sauver sa femme anthropophage dans *Trouble Every Day* (2001), et surtout, il sera Lionel, le conducteur de RER, père de Joséphine qui suit des études supérieures, et qu'il élève seul dans un appartement au nord de Paris, dans *35 rhums* (2009).

Un père qui voit arriver l'inéluctable instant où sa fille va partir vivre sa vie et l'un des plus beaux rôles d'Alex Descas qui laisse affleurer des torrents d'amour dans les interstices de sa raideur paternelle, avide du meilleur pour sa fille.

Claire Denis lui ouvre les portes d'un cinéma d'auteur à l'image de l'acteur qu'il est, exigeant et rigoureux. Jim Jarmusch, Patrice Chéreau, mais aussi Raoul Peck qui lui propose d'endosser l'uniforme de Mobutu dans *Lumumba* (2000). Une impressionnante performance, empreinte d'intelligence sur cet officier putschiste qui fait ses premiers pas de dictateur, à qui Alex Descas prête un phrasé très militaire, une voix calme, affectant le goût de l'ordre et le respect des règles.

Autres films notables :
Si loin, si proche ! (1993), de Wim Wenders ;
Un couple parfait (2006), de Nobuhiro Suwa ;
Boarding Gate (2007), d'Olivier Assayas.

EMMANUELLE DEVOS
(NÉE EN 1964)

Le générique des premiers films d'Arnaud Desplechin révèle une nouvelle génération d'acteurs (entre autres Mathieu Amalric) et surtout d'actrices. Cas flagrant, Emmanuelle Devos, déjà présente dans *La Vie des morts* (1991) et qui apparaît ultérieurement dans cinq autres films du réalisateur. Serait-elle typique du style Desplechin ? Oui, au sens où elle participe avec quelques autres (dont Marianne Denicourt) à la façon dont les femmes, ou plus exactement la féminité, agissent dans la dramaturgie des premiers films de Desplechin. Des regards chargés de doutes, voire de reproches, quand elles considèrent les hommes, leurs manigances, leurs tractations, leurs arrangements, leur vacuité aussi. Le regard d'Emmanuelle Devos est à l'unisson de cette sévérité : des beaux yeux verts qui, comme ceux de Bette Davis, sont la signature de son visage. Une manière muette de dire : « Je vous ai à l'œil », et en même temps : « Je ne vous perds pas de vue. »

Cette manière originelle fait florès, et Emmanuelle Devos va la cultiver chez d'autres réalisateurs. En l'occurrence, une réalisatrice, Noémie Lvovsky, qui lui confie un rôle dans *Oublie-moi* (1995) – titre qui, pour l'actrice, pourrait passer pour un au revoir humoristique au monde de Desplechin. Dans *Sur mes lèvres* (2001), de Jacques Audiard, elle s'autonomise encore un peu plus, avec le rôle de Carla, secrétaire dans une agence immobilière que son handicap de malentendante isole et lui vaut les mortifications de ses collègues. Jusqu'au jour où un stagiaire (Vincent Cassel), ancien voyou, va tourneboulersa vie en l'entraînant dans ses délinquances. Emmanuelle Devos est sidérante de justesse par son incarnation d'une « ingrate » qui va renaître dans une existence aventurière.

Peu de rôles comiques à son actif, et c'est dommage si on en croit sa performance hilarante en directrice de collège, nommée Mme Du Guesclin !, dans *Les Beaux Gosses* (2009), de Riad Sattouf. Alain Resnais a repéré cette veine inexploitée et, la même année 2009, il lui propose, dans *Les Herbes folles*, un personnage fort drôle de dentiste un poil sadique (comme tous les dentistes).

Avec *Numéro une* (2017), de Tonie Marshall, Emmanuelle Devos se fait la porte-parole d'un film vachement féministe : elle y est une cadre sup' qui se démène pour devenir PDG d'une grande entreprise, malgré la misogynie ambiante – y compris celle de ses rivales… Autre personnage de femme aguerrie dans *Vous ne désirez que moi* (2021), de Claire Simon, où elle est la journaliste Michèle Manceaux venue interviewer Yann Andréa (Swann Arlaud), dernier amour de Marguerite Duras. Emmanuelle Devos y mixe avec brio le portrait public de la fameuse journaliste et des apartés sur la vie privée de son personnage – manière somme toute très durassienne de procéder.

Mais c'est décidément avec ce « bon vieux » Desplechin qu'elle règne. Et en effet, elle est la reine dans *Rois et Reine* (2004). Une œuvre au noir focalisée sur une femme inquiète et tourmentée. Dans ce rôle, Emmanuelle Devos est doublement bergmanienne : Ingrid, pour sa part hitchcockienne (*cf. Les Enchaînés*) ; Ingmar, pour sa façon très *Persona* d'être au film. Entre retour d'affection pour Desplechin et mise à distance de son magistère, elle est surtout une actrice affranchie qui, comme le souhaitait Virginia Woolf, a trouvé sa chambre à soi.

Autres films notables :
Les Patriotes (1994), d'Éric Rochant ;
À l'origine (2009), de Xavier Giannoli ;
Un silence (2024), de Joachim Lafosse.

PATRICK DEWAERE
(1947-1982)

Un critique de cinéma décrivit un jour Patrick Dewaere en ces termes : « Il est notre James Dean français. » La piste est intéressante, tant le jeu fébrile de l'acteur français évoque parfois *La Fureur de vivre* (1955), de Nicholas Ray. Mais à la question « À qui aimeriez-vous ressembler ? », Patrick Dewaere répondait invariablement : « Marlon Brando. » Tous les cinéastes qui l'ont fait tourner sont en effet unanimes sur le fait que l'acteur, à l'image de Brando, s'impliquait intimement dans chacun de ses rôles, convoquant les blessures et les tourments d'une enfance compliquée.

Né dans une tribu d'artistes, Patrick Dewaere est un enfant acteur. Une fratrie de saltimbanques, les Maurin, emmenée par leur mère, Mado Maurin, elle-même comédienne. C'est au Cirque d'Hiver, ou dans les premières émissions de divertissements de l'ORTF, que Patrick Maurin (qui empruntera plus tard le patronyme Dewaere à une arrière-grand-mère maternelle) fait ses premières armes, à 5 ans. « Je n'étais pas doué du tout, le moins doué de mes frères », racontera-t-il plus tard. À sa majorité, 21 ans à l'époque, il rompt avec sa famille. Mais pas avec le théâtre. Sa rencontre avec la troupe du Café de la Gare bouleverse tous ses repères, les trucs et astuces qu'on lui a enseignés quand il était enfant. Il découvre un état d'esprit, une disponibilité, et surtout une interaction avec le public qui le ravit.

La notoriété surgit d'un seul coup, en l'espace d'un film fracassant. Pour Patrick Dewaere, et pour ses partenaires Miou-Miou et Gérard Depardieu, il y a un avant et un après *Les Valseuses* (1974), de Bertrand Blier. Un trio décapant formé d'une apprentie coiffeuse et de deux loubards, voyous délurés au langage brutal qui bousculent tout sur leur passage. Des graines de faubourg, de banlieue, constamment sur le qui-vive, assoiffés de plaisir et de révolte confondus. Dans cette France bourgeoise qui vient d'élire Giscard d'Estaing comme président de la République, le film sème une drôle de confusion. Avec ses 3 millions d'entrées, il fait figure de phénomène de société.

Contrairement à son partenaire qui voit affluer les propositions alléchantes (Bertolucci, Sautet...), Dewaere doit se contenter de comédies à la française, plutôt moyennes en termes de qualité mais qui réalisent néanmoins beaucoup d'entrées, *Adieu poulet* (1975), de Pierre Granier-Deferre, ou *Pas de problème !* (1975), de Georges Lautner. Mais le non-conformisme de certains cinéastes, et le regard qu'ils portent sur l'acteur, vont quelque peu changer la donne et faire passer Patrick Dewaere le loubard au jeune homme inquiet, au visage angélique, capable des actes les plus fous, de grande violence aussi, un romantique, en somme. C'est ainsi qu'on le découvre, par exemple, dans *F... comme Fairbanks* (1976), de Maurice Dugowson, en marginal amoureux de Marie/Miou-Miou, éperdu, jaloux, enfonceur de portes.

Au fil de sa filmographie, la part obscure de Patrick Dewaere prend le dessus, comme dans *Série noire* (1979), d'Alain Corneau, et plus encore dans *Un mauvais fils* (1980), de Claude Sautet. Une douloureuse histoire de paternité, de rancœur, de drogue et de chômage, l'acteur plonge en profondeur dans son vécu (à l'âge de 10 ans, il découvrait que son père n'était pas son père biologique) pour livrer une performance renversante de sincérité et de générosité. Avec *Hôtel des Amériques* (1981), d'André Téchiné, Patrick Dewaere atteint un nouveau sommet en incarnant Guy, renversé dans tous les sens du terme par une Catherine Deneuve endeuillée de son amour perdu. Une histoire sans issue, désespérée et magnifique à la fois, et Dewaere, à vif mais tendre, chuchotant au bord de l'abîme.

« Patrick était une flamme. Une flamme, c'est fragile et ça peut s'éteindre au moindre courant d'air. Et il y a eu un courant d'air… Et Patrick s'est éteint », dira le peintre Jean-Michel Folon.

Autres films notables :
Themroc (1973), de Claude Faraldo ;
La Meilleure Façon de marcher (1976) de Claude Miller ;
Coup de tête (1979), de Jean-Jacques Annaud.

ARIELLE DOMBASLE

(NÉE EN 1953)

Les mauvais esprits ont beau frapper tous azimuts, on ne trouve pas grand-monde pour dire du mal d'Arielle Dombasle, bien au contraire. Moquée parfois mais elle n'est pas la dernière à s'adonner à une autodérision éminemment sympathique en acceptant par exemple le patronyme de Mme Agecanonix dans *Astérix et Obélix contre César* (1999), de Claude Zidi.

Chanteuse, meneuse de revue, réalisatrice, scénariste, épouse de... Mais aussi actrice de qualité, n'en déplaise à certains. La première fois qu'elle obtient un premier rôle au théâtre, c'est en 1979 dans *La Petite Catherine de Heilbronn*, de Heinrich von Kleist, au théâtre des Amandiers de Nanterre. Son interprétation est saluée par un fin connaisseur, François Truffaut, qui lui écrit : « La voix, les mouvements, les gestes, les regards, j'ai tout admiré dans votre création dans le spectacle de Kleist. Je voulais vous dire que vous êtes bien, très bien, quelqu'un de rare et de beau. »

La mise en scène de la pièce de Kleist est d'Éric Rohmer, autre puissant détecteur de jeunes talents, qui va dès lors confier à Arielle Dombasle des rôles dans plusieurs de ses films, et non des moindres. En 1979, elle est une des enluminures colorées qui illustrent *Perceval le Gallois*, livre d'heures gentiment iconoclaste. En 1982, elle poursuit sa partition rohmérienne avec un second rôle dans *Le Beau Mariage*, satire du mariage bourgeois. Mais c'est dans *Pauline à la plage* (1983) qu'elle est en majesté. Dans ce marivaudage au bord de la mer, elle n'est pas la jeune Pauline du titre mais Marion, une « aînée », qui prodigue ses conseils sentimentaux sur un ton de badinage où affleure délicatement un intrigant mal-être. On entend alors, comme un accord parfait, le phrasé singulier d'Arielle Dombasle, où se superposent un nuage d'accent jet-set et l'embellie d'une parfaite diction du français. Ainsi quand elle déclare à propos d'un possible soupirant : « Je veux le rendre, très, très amoureux », tout est dans sa façon de ralentir son débit sur le « très, très », pour le rendre souriant et libertin, tel un paratonnerre qui espère tout en le craignant un nouveau coup de foudre.

Elle est de nouveau précieuse dans *L'Arbre, le maire et la médiathèque* (1993). Le rôle d'une écrivaine parisianissime qui rend visite à son ami (Pascal Greggory), maire d'un village de Vendée dont certains habitants se braquent contre le projet d'une médiathèque. Son nom ? Bérénice Beaurivage, un patronyme ensoleillé dont les initiales sonnent comme B.B. On peut faire confiance au diabolique Rohmer d'avoir fomenté cette résonance. Moitié Mme de Sévigné aux champs, avec ce que cela comporte de folâtreries, moitié jolie citadine dont la sensualité guillerette bouleverse les libidos locales. L'humour en prime quand, interpellée par son ami le maire qui lui lance un taquin « Qu'est-ce que tu connais à la campagne ? », elle répond : « Et toi ? À part les campagnes électorales. »

Elle se faufile avec cette même élégance dans *Trois Vies et une seule mort* (1996), de Raoul Ruiz, récit qui se démultiplie autour d'un même personnage (Marcello Mastroianni). Arielle Dombasle est une des femmes de cette vie diffractée, plutôt tourbillon que point d'ancrage. De même dans *Deux* (2002), de Werner Schroeter. Une variation poétique sur la schizophrénie d'une femme (Isabelle Huppert), où Arielle Dombasle est une professeure de chant autoritaire et puissamment burlesque.

Dans un entretien pour la télévision, Arielle Dombasle confie : « Je vis la paroxystique liberté de n'être bien nulle part et d'être dans le ravissement permanent. » Ce qui résume aussi bien ses personnages que sa personne. Serait-elle une fée ?

Autres films notables :
Hors saison (1993), de Daniel Schmid ;
L'Ennui (1998), de Cédric Kahn ;
Folle de Rachid en transit sur Mars (2001),
de Philippe Barassat.

FRANÇOISE DORLÉAC
(1942-1967)

En octobre 2010, dans le parc du château de Courson (Yvelines), une cérémonie champêtre célèbre la création d'une variété de camélia. Catherine Deneuve y assiste car le camélia nouveau porte le nom de sa sœur aînée, Françoise Dorléac. « Je suis très émue que quelqu'un ait émis le souhait de faire une fleur au nom de ma sœur. Elle aurait été très heureuse. Donner à une plante le nom de quelqu'un qu'on a aimé, c'est comme une chose éternelle, c'est très réconfortant. » Impeccable Deneuve. C'est vrai que les plantes et les arbres nous survivront. Il est tout aussi évident que Françoise Dorléac est à nos yeux un camélia éternel qui, entre autres charmes, a la grâce de fleurir à la fin de l'hiver.

La vie de Françoise Dorléac s'arrête brutalement sur une route du sud de la France, le 26 juin 1967. Sa voiture dérape, percute un poteau et prend feu. Elle venait d'avoir 25 ans. Un cauchemar d'autant plus atroce qu'au fil de sa trop courte carrière, déjà riche d'une quinzaine de films, elle était devenue un parangon de gaieté et de joie de vivre.

Aux yeux du grand public, elle est notamment la très délurée Agnès, dans *L'Homme de Rio* (1964), comédie zinzin de Philippe de Broca. Pétaradante, c'est rien de le dire, Agnès est enlevée par des affreux sous les yeux d'Adrien, son fiancé, troufion en permission. Dans un récit qui carbure au « ni une ni deux », les ravisseurs s'envolent pour Rio et, bien entendu, Adrien leur file le train. S'ensuivent des tribulations inouïes, entre Tintin et Spielberg, et, bien sûr, un maximum de cascades, car Adrien c'est

Jean-Paul Belmondo au comble de sa jeunesse intrépide. Tous les coups de la fantaisie sont permis, mais Françoise Dorléac n'y est pas seulement une excentrique hilarante. À la dérobée de certains plans une ombre de gravité voile son visage.

Ce qui n'échappe pas à François Truffaut. La même année 1964, il lui offre un rôle majeur dans *La Peau douce*. L'histoire d'une passion expéditive qui bouleverse la vie de Pierre (Jean Desailly), écrivain connu, et de Nicole (Françoise Dorléac), hôtesse de l'air. Pierre est marié, Nicole vit sa vie de célibataire. L'adultère vire au drame. Dorléac y est sublime : mélancolique, fuyante, dans le rôle de cette femme pas vraiment convaincue que le rôle de briseuse de ménage lui colle à la peau. Une peau douce qui sera bientôt une peau de chagrin. Surprise magnifique après *L'Homme de Rio* : Françoise Dorléac est aussi une tragédienne délicate. Le film va à Cannes en 1964, d'où, mal aimé, il repart bredouille. La circonstance paraît d'autant plus cruelle que cette même année, le festival va donner sa Palme d'or aux *Parapluies de Cherbourg* où triomphe une certaine Catherine Deneuve. Malaise dans la sororité ? C'est mal connaître l'union sacrée des deux jeunes femmes. Dans le livre que Deneuve consacra en 1996 à Dorléac, *Elle s'appelait Françoise...*, elle raconte que, loin d'être jalouse, sa sœur alla même jusqu'à la consoler de sa gêne et de sa désolation sincère sur l'air de « Te bile pas, il y aura d'autres films, d'autres occasions de rire ».

L'occasion sera grandiose. En 1967, les deux actrices sont les héroïnes des *Demoiselles de Rochefort*, de Jacques Demy. Elles sont Delphine (Deneuve) et Solange (Dorléac), les jumelles Garnier, « nées sous le signe des Gémeaux ». Toutes les deux les plus belles pour aller danser. Apogée de leur joyeuse complicité, la séquence où elles surgissent sur la scène d'un music-hall forain, moulées dans des fourreaux rouges fendus très haut sur la cuisse. Découvrant leurs costumes dans les coulisses du spectacle, Deneuve/Delphine, faussement inquiète, demande à sa frangine : « Tu ne trouves pas que ça fait un peu pute ? » Et Dorléac/Solange de partir dans un fabuleux rire de gorge. *Les Demoiselles de Rochefort* joue d'un trouble de la perception : sont-ce les sœurs Garnier ou les sœurs Deneuve-Dorléac qui nous enchantent ? Les deux, tout simplement, tout génialement.

Il est recommandé de revoir à l'infini *Les Demoiselles*, pour se réjouir d'un film en forme de bonheur. Et pour ne jamais oublier Françoise Dorléac, la dame au camélia.

Autres films :
Ce soir ou jamais (1961), de Michel Deville ;
La Ronde (1964), de Roger Vadim ;
Cul-de-sac (1966), de Roman Polanski.

GABRIELLE DORZIAT

(1880-1979)

Elle est née Sigrist, dite Dorziat, devenue comtesse de Zogheb (du nom de son mari). Franc succès au théâtre. A attendu d'avoir 47 ans pour se lancer dans le cinéma. N'a plus arrêté ensuite : soixante-dix films, le dernier à 90 ans… Rate de peu les 100 ans.

Avec une distinction pas seulement vestimentaire, Mme Dorziat joue souvent les aristocrates : baronnes, comtesses, archiduchesses, margraves… Mais elle est aussi infirmière, mère supérieure, directrice d'orphelinat, ironique mère maquerelle (dans *Manon* [1949], d'Henri-Georges Clouzot), ou encore joueuse de casino, cartomancienne. Et toujours avec cette force tranquille, ce long visage aquilin qui n'en finit pas d'assumer la sévérité de son personnage de prédilection : la femme forte qui n'a pas le droit de s'attendrir.

Aussi haut qu'on remonte dans ses états de service, elle est rêche, cinglante, implacable. Pour afficher sa suprématie, elle n'a nul besoin de crier, tant son autorité naturelle est manifeste. Elle se tient droite comme un *i*, vous toise d'un œil réfrigérant et lâche les mots qui blessent comme autant de balles de revolver. Sa force, c'est de ne jamais se mettre en colère. Elle scande ses répliques de sa voix grave, et c'est clair et net. Face à Harry Baur, son capitaine de mari dans *Mollenard* de Robert Siodmak (1938), elle le laisse la rabrouer devant les notables rassemblés à la coupée de son cargo, c'est lui qui crie, mais il ne l'emporte pas longtemps : peu après, il a une attaque et elle le domine en le faisant ramener chez elle, cette prison.

Dans *Falbalas* (1945), de Jacques Becker, où elle est première chez un grand couturier (Raymond Rouleau), elle conclut ses instructions au personnel du salon de couture d'un geste sec de la main, c'est tout. Inutile de vérifier ensuite si ses ordres ont bien été exécutés.

Elle vient des planches et cela se voit. Elle est rompue à évaluer le niveau sonore de ses échanges, l'amplitude de ses gestes, la vitesse de son débit. Il n'y a qu'au théâtre qu'on apprend à ce point le métier, et, à cet égard, elle n'est pas loin de la perfection. Si, dans la vie, elle se montre fine et réservée, jouer les méchantes, les despotes, les brutales ne la dérange pas : les reines, ça règne. Dans *Les Parents terribles* (1948), de Jean Cocteau, elle est cette tante Léo qui mène la danse. Elle héberge sa sœur Yvonne et son mari Georges qui vivent à ses crochets, elle facilite l'amour naissant de son neveu Michel pour une jeune Madeleine, malgré la jalousie incestueuse d'Yvonne, et, dominant la solitude de chacun, elle met un peu d'ordre dans cette roulotte cahotante qu'est leur vie à tous. Nul mieux qu'elle, avec son calme redoutable, ne pouvait assumer le tragique de cette famille bohème en s'appuyant sur des embardées aussi flamboyantes.

Autres films notables :
Samson (1936), de Maurice Tourneur ;
La Vérité sur Bébé Donge (1952), d'Henri Decoin ;
Un singe en hiver (1962), d'Henri Verneuil.

LÉA DRUCKER

(NÉE EN 1972)

Léa Drucker a mis du temps (une trentaine de films) pour qu'on parvienne à distinguer sa singularité. Au début de sa carrière, dans les années 1990, elle semble tâtonner : une inquiète ou une marrante ? Trois films vont débroussailler ces incertitudes. En 2014, Mathieu Amalric la sollicite pour *La Chambre bleue*, adaptation d'un roman de Simenon. Elle y est Delphine, épouse charmante de Julien (Amalric lui-même), bientôt décédée dans des circonstances suspectes. Elle a l'air bien gentille Delphine, toute souriante et parfaitement amoureuse de son mari. Léa Drucker surabonde dans ce registre de la victime si parfaite qu'elle finit par instiller des soupçons sur sa supposée innocence. Dans *Jusqu'à la garde* (2018), de Xavier Legrand, elle creuse un peu plus encore ce filon des apparences trompeuses. Elle est Miriam, une mère de famille qui se démène dans les tournements d'un difficile divorce. Tout hurle – et elle ne se prive pas de le faire – qu'elle a le droit de son côté et que son mari est un fieffé salop qui violente ses enfants. Sauf que peut-être pas, dit le visage claquemuré de Léa Drucker.

C'est Catherine Breillat qui va exhausser au plus haut cet art de l'ambiguïté de l'actrice, dans *L'Été dernier* (2023). Elle y est Anne, avocate spécialisée dans la violence faite aux mineures, dont la vie bourgeoise et sereine est chamboulée par les assauts amoureux de son jeune beau-fils. Anne sourit, résiste, puis cède. Jusqu'à un retournement encore plus secouant : pour ménager son mariage et protéger sa vie professionnelle, avec un aplomb aussi antipathique qu'inquiétant, elle accuse son jeune amant d'avoir tout inventé. Léa Drucker est plus que parfaite dans ce jeu du mensonge raisonnable où la passion folle valse avec un pragmatisme cruel. D'une grande beauté, jusque dans l'ombre de ses noirceurs.

Autres films notables :
Filles perdues, cheveux gras de Claude Duty (2002) ;
Des nouvelles de la planète Mars (2016), de Dominik Moll ;
Place publique (2018), d'Agnès Jaoui.

PAULETTE DUBOST

(1910-2011)

Cent ans de vicissitudes, presque cent cinquante films, à croire que Paulette Dubost aimait bien les comptes ronds. Ronde était aussi sa frimousse, dans *La Règle du jeu* (1939), de Jean Renoir, où elle est femme de chambre. Sans parler des ronds de chapeaux qu'elle en faisait baver aux assistants du metteur en scène, car son caractère, lui, était pointu. Ce côté grincheux divertissait Louis Malle qui l'a engagée à deux reprises : dans *Viva Maria !* (1965), puis dans *Milou en mai* (1990), où elle a 79 ans. Elle a fait du théâtre mais à l'écran son emploi presque permanent relève des soubrettes de Marivaux, même si son franc-parler ressemble plutôt à celui de la Dorine de Molière. Et quel aplomb !

Dans *La Règle du jeu* elle réplique à l'office les atermoiements amoureux de Christine de La Chesnaye (Nora Gregor), dont elle est la caméristе. Elle est mariée au garde-chasse (Gaston Modot), se laisse draguer par le braconnier (Carette) une fois qu'il a été promu conseiller sentimental de M. le marquis de La Chesnaye (Dalio) et elle flirte avec Octave (Jean Renoir, en majesté), qui la poursuit pour la chatouiller entre deux essais de peau d'ours. Lorsque Modot, son mari, tue l'aviateur André Jurieux (Roland Toutain), croyant viser Carette, elle ne paraît nullement consternée et se borne à dire : « Laissez-moi, M'sieur Octave, Madame a besoin d'moi… » Cette dureté se remarque d'autant plus qu'à part une petite dizaine de films, ses cent quarante autres relèvent d'amusettes d'un autre âge.

Paulette Dubost se distingue aussi par sa voix. Une petite voix sage et bien timbrée qui jure avec certains des propos qu'elle tient. Par exemple, dans *La Règle du jeu*, lorsque son jaloux de mari la surprend dans la cuisine et cherche des yeux son amant supposé, elle articule assez haut : « J'étais venue chercher une Pomme ! », avec un accent tonique sur le *po* de « pomme », destiné à prévenir l'amant du danger.

En tête d'affiche, Paulette Dubost incarnera *Bécassine* (1940), de Pierre Caron, mais la faiblesse du film la renverra à ses seconds rôles de légende, gouleyants dans *Le Plaisir* (1952) ou *Lola Montès* (1955), tous deux de Max Ophuls, sentant le bouchon dans *Ferdinand le noceur* (1935), de René Sti, ou *La Caserne en folie* (1935), de Maurice Cammage, et, dans tous les cas, ne prétendant qu'à divertir le public un soir de goguette.

Sa carrière, d'une longueur inusitée, a pris la forme d'un V renversé : une lente montée jusqu'à l'Olympe de *La Règle du jeu*, puis une descente aux enfers entrecoupée de rares réussites (*Le Déjeuner sur l'herbe* [1959], de Renoir, encore que…). Autant de disgrâces pour si peu de fiertés : la mélancolie serait compréhensible. Mais il y avait en elle une colère, pas toujours contenue, qui la protégeait de toute résignation. Ça n'aurait été que justice si, dans un de ses derniers films, une soubrette s'était inquiétée pour elle à son tour : « Madame a besoin d'moi… »

Autres films notables :
Hôtel du Nord (1938), de Marcel Carné ;
Blanc comme neige (1948), d'André Berthomieu ;
Le Chemin des écoliers (1959), de Michel Boisrond.

JEAN DUJARDIN

(NÉ EN 1972)

L'artiste, évidemment. Chapeau bas devant le premier acteur français à obtenir un Oscar, le 26 février 2012. Sur scène, devant le tout Hollywood, Jean Dujardin lance, avec ce sourire en coin fameux : « I love your country. »

Cette consécration extraordinaire, Jean Dujardin la doit à un film, *The Artist* (2011), et à son metteur en scène, Michel Hazanavicius. À son entêtement aussi à réaliser un film muet en noir et blanc. Un film-hommage aux stars des Années folles, qui virent triompher Lillian Gish, Rudolph Valentino ou encore Douglas Fairbanks, dont le personnage de George Valentin, joué par Dujardin, semble inspiré. L'enjeu n'est pas mince pour le petit acteur *frenchy*. Car, ici, il ne s'agit pas seulement de jouer le rôle d'une vedette du muet qui perd pied devant l'arrivée du parlant, mais de s'aligner aussi sur les prouesses des acteurs de l'époque, qui savent tout faire, du burlesque aux claquettes. Le défi est pourtant relevé par l'acteur français dont la performance est éblouissante, comme si l'exercice du muet lui avait donné des ailes et permis d'exprimer ce brin de folie, qui fait de l'œil à son modèle, son parrain de cinéma : Jean-Paul Belmondo.

Et c'est évidemment à Bébel que l'on pense d'abord, quand on songe au premier film qui réunit la *dream team* Jean Dujardin-Michel Hazanavicius, *OSS 117. Le Caire, nid d'espions* (2006). Il y a clairement quelque chose de l'homme de Rio dans la performance de Jean Dujardin, l'élégance, la désinvolture, avec cependant une dimension supplémentaire, une autodérision assumée tenue de bout en bout, une capacité à endosser la peau d'un crétin qui ne doute de rien, comme il le prouvait dès ses débuts dans *Un gars, une fille*, formidable pastille de sketches, diffusée sur France 2 entre 1999 et 2003. Le résultat est irrésistible et Jean Dujardin s'impose tranquillement dans la catégorie des grands acteurs comiques. Marchant sur les traces d'un Cary Grant qui n'avait pas son pareil pour jouer les benêts, sans jamais sombrer dans la vulgarité.

Il reste pourtant chez Jean Dujardin, à cette époque, quelque chose qui ressemble à un frein. Certes, il est un acteur populaire, très aimé du public français, dans le peloton de tête des acteurs les mieux payés aussi. Certes, il a reçu un Oscar. Mais il n'est pas encore vraiment sorti des clous, cinématographiquement parlant. Comme s'il lui restait à faire la preuve qu'il peut exceller aussi dans la densité, dans l'inattendu. En 2018, après quelques atermoiements de facture inégale, il s'aventure vers un cinéma plus punk, celui que pratiquent Gustave Kervern et Benoît Delépine, avec *I Feel Good*. La bonne pioche pour Jean Dujardin, qui largue les amarres du beau gosse viril et poilant et se met à nu. Ou plutôt en peignoir et en mules pour incarner un quadra largué, qui rêve de devenir Bill Gates. C'est le moment où l'on découvre un autre Jean Dujardin : plus fragile, plus toqué aussi. Il poursuit cette veine décalée qui lui réussit plutôt bien avec *Le Daim* (2019), de Quentin Dupieux.

À cette filmographie légèrement en dents de scie, il manquait un grand nom du cinéma. Roman Polanski arrive à point nommé cette même année 2019, avec *J'accuse*, son film sur l'affaire Dreyfus. Jean Dujardin y tient le premier rôle, celui de Marie-Georges Picquart, le responsable du renseignement militaire qui établira l'existence d'un coup monté contre Alfred Dreyfus. L'acteur admettra plus tard avoir un peu frémi à la lecture du scénario, doutant de sa capacité à jouer cette austérité très militaire. Pourtant, dans la peau de cet officier têtu, il livre une nouvelle facette de son savoir-faire : la modestie, l'implication au service de l'enquête-thriller menée par Roman Polanski. Une mise en retrait, presque, du reste de ses talents, qui révèle, chez l'acteur une sobriété et un sens dramatique qu'on ne lui connaissait pas jusque-là. Une performance qui aurait largement mérité un César si l'affaire Polanski ne s'était mise en travers de sa route. Pour Jean Dujardin, ça ne change rien, il y aura un avant et un après Polanski.

Autres films notables :
Brice de Nice (2005), de James Huth ;
Le Bruit des glaçons (2010), de Bertrand Blier ;
Sur les chemins noirs (2023), de Denis Imbert.

CHARLES DULLIN
(1885-1949)

Les petits Savoyards montés à Paris ne finissent pas tous ramoneurs. Dès ses 21 ans, Charles Dullin devient l'un des grands du théâtre, où il crée et met en scène, s'adonne à une recherche effrénée, forme de jeunes acteurs et devient l'un des fondateurs du Cartel des quatre avec Jouvet, Baty et Pitoëff. En 1913, comme acteur, il inaugure au Vieux-Colombier une longue série d'Harpagon, qui restera son personnage fétiche. Mais Dullin s'est aussi laissé embringuer par le cinéma, et il a bien fait car rien ne s'oublie plus vite qu'un comédien de théâtre quand il n'est plus soutenu par le récit enthousiaste d'un témoin oculaire tant qu'il en reste encore. Donc le septième art s'empare de son regard d'aigle, de sa petite voix rêche, de sa colonne vertébrale en zigzag qui l'oblige de plus en plus à lever la tête pour voir devant lui. C'est un favori de Raymond Bernard, qui en fera un infâme Thénardier, accouplé à Marguerite Moreno, dans *Les Misérables* (1934), après en avoir fait le Louis XI du *Miracle des loups* (1924) et, dans son *Joueur d'échecs* (1927), le génial baron inventeur d'automates. Le rôle de l'aveugle de *L'Affaire du courrier de Lyon* (1937), de Maurice Lehmann et Claude Autant-Lara, celui de Corbaccio, l'avide usurier de *Volpone* (1941), de Maurice Tourneur, lui permettent d'enrichir sa galerie de portraits et d'incarner de percutants seconds rôles.

Un de ses croquis les plus inoubliables restera, somme toute, le vieillard libidineux de *Quai des Orfèvres* (1947), d'Henri-Georges Clouzot, dont les yeux brillent de concupiscence quand il demande à une jeunesse de se déshabiller devant l'objectif de Simone Renant, photographe de nus artistiques (et de Jenny Lamour). Quand ce fétichiste invétéré ordonne à la jeune personne de retirer ses dessous et tout le tremblement, il rectifie le tir par cette consigne devenue culte pour tout cinéphile : « Non, mon petit, pas les chaussures, *pas les chaussures*… » Ah ! Clouzot.

Autres films notables :
Maldone (1928), de Jean Grémillon ;
Mademoiselle Docteur (1937), de Georg Wilhelm Pabst ;
Les jeux sont faits (1947), de Jean Delannoy.

ALBERT DUPONTEL

(NÉ EN 1964)

Grinçant, souvent. Un humour noir, corrosif, qu'Albert Dupontel peaufine d'abord à travers des sketches et des one-man shows. Formé au théâtre chez Antoine Vitez et Ariane Mnouchkine, Albert Dupontel débute au cinéma chez Paul Vecchiali et Jacques Rivette. Loin, très loin, de l'humour trash et des monstruosités à la pelle, régulièrement déversées dans ses films, ceux qu'il réalise et les personnages que d'autres réalisateurs lui confient. Des personnages plutôt symptomatiques des désordres de nos sociétés contemporaines, des indésirables. Angoissés, dépressifs, psychopathes, forcenés, asociaux vont comme un gant à Albert Dupontel. Dans le premier film qu'il réalise, *Bernie*, en 1996, il se donne le rôle-titre d'un orphelin, Bernie donc, qui a été trouvé dans une poubelle et qui, une fois adulte, se met désespérément à la recherche de ses parents. Et qui, au passage, est un assassin. Succès immédiat (1 million d'entrées), qui lui vaut des félicitations des Monty Python. Albert Dupontel est touché en plein cœur : *Brazil*, de Terry Gilliam, figure tout en haut de son panthéon personnel.

Ce penchant pour la noirceur, qui peut aller jusqu'au malaisant, est pourtant traversé de quelques rais de lumière. Sa performance dans *Le Grand Soir* (2012), de Gustave Kervern et Benoît Delépine, est comme une bouffée d'air dans l'écosystème légèrement oppressant du comédien. Il y campe Alex, commercial dans une grande surface, bien coiffé, costume impeccable, qui retrouve son frère (Benoît Poelvoorde), perdu de vue depuis des lustres et qui est devenu entre-temps « le plus vieux punk à chiens d'Europe ». Viré de son boulot, largué par sa femme, Alex adopte la crête punk à son tour, et se lance, avec son frère, dans un *road trip* délirant pour retrouver leurs parents. La forme est drôle mais le fond est triste, et Albert Dupontel exprime avec beaucoup de justesse et de tendresse ce désespoir ordinaire de nombre de Français. Et il est encore plus convaincant dans le rôle de cet ancien poilu, filou mais loyal comme un frère à son camarade « gueule cassée » de la Grande Guerre, dans *Au revoir là-haut*, adapté du roman de Pierre Lemaitre, qu'il réalise en 2017. Empathique, bon camarade, vivant pour deux, il y a dans le regard noir d'Albert Dupontel à cet instant, des étincelles de bienveillance et de chaleur, un enthousiasme de môme, comme si l'acteur sombre qu'il est d'ordinaire se délectait de ce rayonnement inattendu.

Autres films notables :
Un long dimanche de fiançailles (2004), de Jean-Pierre Jeunet ;
9 Mois ferme (2013), d'Albert Dupontel.

ROMAIN DURIS

(NÉ EN 1974)

Romain Duris est un homme de son temps depuis près de trente ans. Quel que soit son âge, il est toujours pile dans l'époque. Étrange et rare qualité, qui fait de lui un acteur recherché, dans sa manière bien à lui d'être si juste, si nature, même en mousquetaire.

Le cinéma lui est tombé dessus, au hasard d'un casting sauvage pour le premier film de Cédric Klapisch, *Le Péril jeune* (1995). Ébouriffé comme il se doit en 1994, silhouette filiforme et souple qui se prête à la perfection aux courses folles de ces quatre garçons dans le vent imaginés par Cédric Klapisch. Romain Duris y est rebelle, aérien, glissant plus que marchant, dansant presque. Une boule d'énergie et de désinvolture. Un duo de cinéma est né : Cédric Klapisch et Romain Duris tourneront sept films ensemble. Le réalisateur permettra à l'acteur de vieillir à l'écran, en incarnant le même personnage à diverses époques de sa vie : étudiant foufou dans *L'Auberge espagnole* (2002), écrivain trentenaire dans *Les Poupées russes* (2005) et quadra divorcé dans *Casse-tête chinois* (2013).

Un autre metteur en scène marque le début de sa carrière. Trois ans après *Le Péril jeune*, Tony Gatlif retient Duris pour jouer son *Gadjo dilo*, Stéphane, le non-gitan toqué, producteur de musique parti à la recherche d'une chanteuse tzigane mythique en Roumanie. Gatlif lâche l'acteur dans un village gitan sans le présenter à personne et fait tourner la caméra. Duris s'adapte, sans problème. Comme il s'adapte à son explosive partenaire,

Rona Hartner, qui le bouscule sans ménagement. Les regards de l'acteur ne laissent aucun doute quant au plaisir qu'il éprouve d'être de cette aventure intense. Entre le gadjo et le réalisateur gitan, une complicité se noue qui les amènera vers d'autres films, dont le bouleversant *Exils*, en 2004.

La face plus sombre de Romain Duris est mise au jour par Jacques Audiard, avec *De battre mon cœur s'est arrêté* (2005). Il est Tom, marchand de biens véreux dont le rêve de devenir pianiste est compromis par les basses œuvres qu'il exécute pour le compte de son tyran de père. Le regard rieur se fait sombre, fuyant. Duris se cramponne à son piano comme à une bouée de sauvetage, pour échapper à la noirceur qui l'engouffre. La désinvolture fait place ici, à l'inquiétude, à la nervosité de ses gestes. Romain Duris est impressionnant de gravité.

Avec François Ozon, il tente le défi ultime, explorer la part féminine qui est en lui, en interprétant le rôle d'un veuf qui se travestit après le décès de sa femme, dans *Une nouvelle amie* (2014). L'effet le plus saisissant n'est pas celui qu'on escomptait, c'est en homme, légèrement maquillé, à cheval entre deux genres que Duris, parfaitement à l'aise et sans jamais verser dans la performance, est le plus troublant.

Autres films notables :
17 Fois Cécile Cassard (2002), de Christophe Honoré ;
Persécution (2009), de Patrice Chéreau ;
Le Règne animal (2023), de Thomas Cailley.

ANDRÉ DUSSOLLIER

(NÉ EN 1946)

Son nom apparaît pour la première fois au cinéma en 1972. C'est la volonté de François Truffaut, réalisateur d'*Une belle fille comme moi*, qu'André Dussollier apparaisse au générique, précédé de la mention *Pour la première fois à l'écran*. Il porte de grosses lunettes carrées (d'époque) et son front est barré d'une grande mèche à la Jacques Dutronc. Sa voix retient immédiatement l'attention, une voix qui contraste avec sa jeunesse : chaleureuse, spontanément bienveillante, avec des sonorités à l'ancienne. Une voix de conteur. Dussollier a presque le phrasé des années 1950, teinté d'un bon accent parisien.

Cinquante et quelques années plus tard, André Dussollier est un acteur capital du cinéma français, bardé de quelque cent cinquante films, capable de faire le lien entre le pur cinéma d'auteur et le cinéma populaire, sans jamais se perdre. Le (très) grand public le découvre en 1985 dans le rôle d'un commandant de bord, célibataire endurci qui vit en colocation avec deux amis du même acabit, qui, du jour au lendemain, se voient sommés de s'occuper d'un bébé, dans le film de Coline Serreau, *Trois Hommes et un couffin*. C'est la face lumineuse du comédien que l'on découvre alors. La gentillesse faite homme, le bon camarade, mais curieusement avec lui, on ne tombe jamais dans la mièvrerie. Peut-être à cause de ce rictus qui ne manque pas de fendre son sourire quand il est embarrassé, et de ce regard bleu ensoleillé de paillettes d'or.

10 millions d'entrées plus tard, André Dussollier devient un nom avec lequel il faudra désormais compter. La bonne nouvelle, c'est que l'homme est modeste. Et fidèle à sa famille de cinéma. En 1983, il avait rejoint le tournage de *La vie est un roman*, d'Alain Resnais, intégrant ainsi une petite troupe, la famille Resnais, aux côtés de Pierre Arditi et Sabine Azéma. Ensemble, ils tourneront six films, dont on retiendra le sensationnel *On connaît la chanson* (1997), où il incarne Simon, un agent immobilier martyrisé par son patron. Rappelons en deux mots le principe du film : remplacer le dialogue par des bribes de chansons populaires. Simon/Dussollier, charmant jusque-là, craque nerveusement à la fin du film et entonne le célèbre « Quoi ma gueule ? Qu'est-ce qu'elle a ma gueule ? » de Johnny Hallyday. La brutalité de Johnny dans la bouche de Dussollier, type extrêmement bien élevé : le contraste est irrésistible, et la scène reste comme un des sommets du film.

Dans la famille cinéma d'André Dussollier, on trouve aussi le cinéaste Pascal Thomas qui lui offre un espace de légèreté et une partenaire de rêve, Catherine Frot. Dans la peau de Prudence et Bélisaire Beresford, détectives amateurs, les deux acteurs composent un duo plein de fantaisie et de charme, dans *Mon petit doigt m'a dit* (2005), librement adapté des romans d'Agatha Christie, et premier épisode d'une trilogie.

Autre sommet de rigolade, dans une tout autre veine, le père de *Tanguy* (2001), d'Étienne Chatiliez, excédé par ce rejeton trentenaire qui se refuse à quitter l'appartement (somptueux) de ses parents. Nouveau pic d'entrées, plus de 4 millions.

En prenant de l'âge, André Dussollier livre une facette plus sombre, incarnant tour à tour Staline, Clemenceau, ou encore Raoul Nordling, consul général de Suède qui, en 1944, vient convaincre le gouverneur militaire von Choltitz de ne pas anéantir Paris, dans *Diplomatie* (2014), de Volker Schlöndorff. Des hommes politiques machiavéliques, ou mieux encore ce père cruel et odieux, qui demande à sa fille de l'aider à mourir dans *Tout s'est bien passé* (2021), de François Ozon. « Dans ma vie, j'ai plus joué des Philinte que des Alceste, des gens policés que des gens bruts et directs, alors quelqu'un qui balance avec franchise cela fait du bien quand on a été gentil pendant quarante ans. »

Autres films notables :
Perceval le Gallois (1979), d'Éric Rohmer ;
Un cœur en hiver (1992), de Claude Sautet ;
La Chambre des officiers (2001), de François Dupeyron.

NICOLAS DUVAUCHELLE
(NÉ EN 1980)

Lorsque le directeur de casting d'Érick Zonca arrive dans cette salle de boxe thaï, à la recherche de jeunes figurants pour le film *Le Petit Voleur* (2000), les candidats enthousiastes se bousculent. Tous, sauf un, Nicolas Duvauchelle qui garde les yeux baissés, pensant se faire oublier. C'est peut-être ce détail qui a fait basculer la vie de Nicolas Duvauchelle, un jeune homme de 18 ans, qui tentait de se reconstruire à travers la pratique d'un sport de combat. Il a le physique requis, beau gosse, musclé, solaire et taiseux à la fois. Mais il a plus encore, comme va le découvrir Érick Zonca, qui finit par donner un des premiers rôles à cet acteur débutant.

Nicolas Duvauchelle est un acteur-compositeur, d'une sensibilité à fleur de peau, capable aussi d'exprimer une douceur infinie. S'il fallait lui trouver une filiation dans le cinéma français, c'est du côté de Patrick Dewaere qu'il faudrait se tourner. « Je pense qu'il est d'abord un corps fragile, un corps frêle et blond qui s'est protégé et modifié avec la boxe et la seconde peau des tatouages », confie le réalisateur Antony Cordier, qui l'a dirigé dans *Happy Few* (2010). Cette ambivalence fait de Nicolas Duvauchelle un acteur recherché par le cinéma d'auteur : André Téchiné, Benoît Jacquot, Claire Denis ou encore Maïwenn lui confient des seconds rôles marquants, dans lesquels il s'ébroue, jamais le même, inclassable. Dans le film d'Emmanuel Finkiel, *Je ne suis pas un salaud* (2016), il incarne un homme victime d'une agression, qui désigne à tort un coupable. Un personnage qu'il anime d'une rage sourde, électrique presque, contrariée par des élans d'humanité qui se cognent souvent à la réalité. Un homme cabossé à l'image de ce Piotr, qu'il incarne dans *Bonhomme* (2018), de Marion Vernoux. Un homme qui a perdu ses repères, à la suite d'un choc frontal dans un accident de voiture, et qui, lentement, retrouve le monde des vivants et des adultes. Nicolas Duvauchelle réussit l'impensable dans un drame, glisser des moments de comédie et d'amour fou.

Autres films notables :
White Material (2010), de Claire Denis ;
Polisse (2011), de Maïwenn ;
Persona non grata (2019), de Roschdy Zem.

VIRGINIE EFIRA

(NÉE EN 1977)

Tout le monde n'a pas la chance d'être belge. Virginie Efira, si ! Avec, en prime, l'humour afférent à son pays natal. Présentatrice dans sa prime jeunesse de diverses émissions de télévision en Belgique puis en France, pas toutes mémorables, elle confie en 2010 au magazine *Match* : « On ne m'y reprendra plus. À moins d'avoir cinq enfants qui n'ont plus rien à manger. »

Sa réputation non usurpée de marrante l'aiguille d'abord vers des comédies. Entre autres, *Le Siffleur* (2010), de Philippe Lefebvre, sympathique plaisanterie où elle est l'épouse d'un petit commerçant menacé par un promoteur mafieux. Ou *L'amour c'est mieux à deux* (2010), de Dominique Farrugia et Arnaud Lemort, en fiancée surprise d'un grand timide. Elle dira de ce type de cinéma : « Je trouvais ça noble, mais c'est un genre qui ne me touche pas particulièrement en tant que spectatrice. J'ai essayé d'en faire quelque chose. »

Le « quelque chose » prend de l'ampleur avec son arrivée dans les films d'auteur. Dans *Victoria* (2016), de Justine Triet, qu'elle retrouvera en 2019 dans *Sybil*, elle est une avocate en pleine confusion, à la fois professionnelle et sentimentale. Son ex-compagnon publie un roman sur leur relation où il l'accable de tous les maux. Elle est plus que troublée par Sam (Vincent Lacoste), jeune homme au pair et ancien dealer. Tour à tour dépressive et colérique, Virginie Efira excelle. De même dans *Continuer* (2019), de Joachim Lafosse, où elle est une jeune mère qui tente de sauver son fils en l'emmenant faire un voyage « thérapeutique » au Kirghizistan.

Autre apogée, son rôle principal dans *Benedetta* (2021), de Paul Verhoeven, inspiré de la vie de Benedetta Carlini, une religieuse italienne du XVIIe siècle, mystique et lesbienne. Virginie Efira ne barguigne pas dans l'incarnation sexuée du personnage, mais lui insuffle une telle ambiguïté qu'on ne sait pas s'il s'agit d'une prophétesse folle de Jésus ou d'une intrigante mythomane, manipulatrice hors pair.

Un virage dans sa carrière ? Une mutation ? Virginie Efira n'est pas du genre à se laisser encadrer par cette sorte de clichés. « Parfois, les gens me soupçonnent de ne plus aimer jouer dans des comédies. Ils se trompent : j'adore ça ! Simplement, je refuse les projets prévisibles pour privilégier les partitions plus singulières. » Sa présence mémorable dans *Le Grand Bain* (2018) de Gilles Lellouche, est une parfaite illustration de ce goût pour les partitions singulières. Elle y est Delphine, entraîneuse d'une équipe masculine de nage synchronisée, que son alcoolisme chronique rend titubante et vaseuse. Un personnage hautement comique mais, dans son arrière-monde, plutôt tragique. Virginie Efira est parfaite dans ce jeu du double jeu.

C'est sa fragrance dramatique qui va dominer et faire merveille dans *Revoir Paris* (2022), d'Alice Winocour. Elle est Mia, une interprète du russe, victime d'un attentat terroriste dans un restaurant parisien. Elle en réchappe mais devient amnésique. Sa lente reconstruction passera par les retrouvailles avec Assane, un cuisinier du restaurant, qui lui avait tenu la main pendant qu'ils attendaient les secours. Sidérée, hagarde puis renaissante, Virginie Efira y gagne définitivement ses galons de grande actrice.

Autres films notables :
Caprice (2015), d'Emmanuel Mouret ;
Un amour impossible (2018), de Catherine Corsini ;
Les Enfants des autres (2022), de Rebecca Zlotowski.

JÉRÉMIE ELKAÏM

(NÉ EN 1978)

Depuis sa prime jeunesse (il avait environ 16 ans quand on commença à le voir rôder dans les antichambres du festival de Cannes), Jérémie Elkaïm est, à l'unanimité des femmes et des hommes, considéré comme un joli garçon, un beau brin de brun, illuminé par un sourire qui désarme. C'est principalement pour ce physique de matou charmant et charmeur que Sébastien Lifshitz l'embarque dans *Presque rien* (2000). Il y est un adolescent solaire qui rencontre sur une plage estivale un autre garçon de son genre (Stéphane Rideau). Dans ce rôle de composition, Jérémie Elkaïm met tout son cœur et fait preuve d'une indéniable « hardeur ».

Une autre rencontre, autrement décisive, métamorphose sa vie d'acteur et sa vie tout court : Valérie Donzelli, qui devient sa compagne et sa metteuse en scène principale. En 2010, il est plusieurs garçons à la fois dans *La Reine des pommes*, comédie rohmérienne où l'héroïne (Valérie Donzelli elle-même) titube d'aventures en mésaventures. Leur duo de cinéma est un couple dans la vie, et ça se voit : drôles, foutraques, querelleurs, sexy et amoureux. Ils ne savent pas que bientôt un ciel très sombre va leur tomber sur la tête. Leur petit garçon, Gabriel, est atteint par une tumeur au cerveau. Ses parents sont évidemment effondrés jusqu'à ce qu'ils décident que le cinéma pourrait les redresser. C'est *La guerre est déclarée* (2011), une quasi-autofiction où Jérémie Elkaïm et Valérie Donzelli jouent à peine le drame de leur vie et nous bouleversent par leur énergie vitale. Le film est un succès (mérité), l'enfant Gabriel est sauvé, et le duo Donzelli-Elkaïm vogue vers d'autres fictions. D'abord *Main dans la main* (2012), une fantaisie sympathique où Jérémie Elkaïm est Joachim Fox, jeune livreur en skateboard qui, littéralement à la colle, ne peut plus se détacher de Mme Hélène Marchal (Valérie Lemercier), directrice de l'école de danse de l'opéra de Paris. Dernier tango de Jérémie et Valérie avec *Marguerite et Julien* (2015). Un film mal aimé, car mal compris par la plupart où il est le Julien du titre, un damoiseau qui aime sa tendre sœur (Anaïs Demoustier). Physique et sensuel, il est un superbe hors-la-loi du désir dans un film gorgé de licence poétique.

Jérémie Elkaïm fait quelques pas dans d'autres films, dont *Polisse* (2011), de Maïwenn, mais c'est le réalisateur Gilles Marchand, son ami de très longue date, qui va le dévoiler dans un personnage qu'on soupçonnait mais qu'on n'avait encore jamais vu. Au cœur de *Dans la forêt* (2017), il est un homme sombre qui, dit-il, ne dort jamais et qui à l'occasion de vacances au fin fond des forêts suédoises va se laisser dévorer par une folie meurtrière dont ses deux jeunes garçons risquent d'être les victimes. « Tu crois que le diable existe ? », demande l'un des gamins à l'autre. Le film ne répond pas à la question, mais Jérémie Elkaïm fait perler sur son visage une sueur mauvaise, diabolique en effet.

Autres films notables :
Folle de Rachid en transit sur Mars (2001),
de Philippe Barassat ;
Le Pornographe (2001), de Bertrand Bonello ;
On ment toujours à ceux qu'on aime (2019),
de Sandrine Dumas.

ADÈLE EXARCHOPOULOS

(NÉE EN 1993)

Quand une jeune actrice surgit au cœur d'une déflagration cinématographique, il lui faut un sacré tempérament pour y survivre. C'est le cas d'Adèle Exarchopoulos qui, un soir de mai 2013, au festival de Cannes, déchire l'écran dans un film qui porte son prénom : *La Vie d'Adèle*, d'Abdellatif Kechiche. Une histoire d'amour musclée entre deux adolescentes rudes et crues. Fait rare, le film cumule la Palme d'or et le prix d'interprétation pour ses deux actrices : Adèle Exarchopoulos et Léa Seydoux. S'ensuit beaucoup de boucan sur les conditions du tournage, des rumeurs d'abus, qu'Adèle Exarchopoulos nourrit. Rétrospectivement dans un entretien dans *Télérama*, elle confie : « J'ai 19 ans, on me donne la parole, je dis des bêtises. » Ce qu'on va heureusement retenir, c'est son jeu, brut de naturel. Tout en se demandant si elle parviendra à surpasser un personnage aussi marquant.

Dès 2014, elle saute un autre pas dans *Qui vive*, de Marianne Tardieu. Elle y est une jeune institutrice de maternelle dans une banlieue aride, qui tente d'encourager un vigile de grande surface (Reda Kateb) à accomplir son rêve de devenir infirmier. De nouveau, c'est l'humanité, parfois brutale, d'Adèle Exarchopoulos qui sidère, sa tendresse tactile et authentique pour les enfants. Dans *Orpheline* (2017), d'Arnaud des Pallières, elle est Sandra, la version adolescente d'un portrait de femme à quatre âges de sa vie.

C'est Justine Triet qui dans *Sybil* (2019), va lui permettre de changer de registre avec le rôle d'une jeune actrice désorientée qui peu à peu intoxique la vie de Sibyl (Virginie Efira), sa psychothérapeute. Adèle Exarchopoulos intrigue et inquiète par sa façon de jouer le désarroi pour mieux marabouter ses proches.

Son répertoire va s'élargir encore avec *Rien à foutre* (2022), d'Emmanuel Marre et Julie Lecoustre. La voilà en hôtesse de l'air d'une compagnie *low cost*, sorte de prolo du ciel qui finit en douce les mignonnettes d'alcool et se consume à tout ce qui bouge, d'amants de passage en boîtes de nuit interlopes. Une féroce banalité où Adèle Exarchopoulos n'est pas banale, avec toujours ce fond de voix rauque et gouailleur.

Marrante malgré elle ? Bien sûr que non ! La preuve dans *Mandibules* (2021), de Quentin Dupieux, génie de la surréalité réaliste, qui l'invente en fille « qui a eu un choc au cerveau après un accident de ski » et qui, depuis, ne peut pas parler sans hurler. Par exemple, quand elle annonce sur le ton d'une déclaration de guerre qu'elle a préparé des paupiettes de dinde. Une branquignole de nos temps modernes, déchaînée et hors normes, Adèle Exarchopoulos fait exploser un amour de l'humour qu'elle n'avait pas encore eu l'occasion de manifester.

Retour à la case de l'intranquillité avec un autre cinéaste suraigu : Thomas Cailley et son *Règne animal* (2023), où elle est une gendarme qui se débat face à une mutation en passe de transformer les humains en animaux féroces. Livide, lessivée par l'inquiétude, Adèle Exarchopoulos est le meilleur effet spécial du récit.

Quand elle était gamine, preuve précoce de son excellente cinéphilie, la jeune Adèle rêvait de monter dans la décapotable du *Thelma et Louise* de Ridley Scott. À cette école, on l'imagine sans peine se délurant dans une soirée pyjama entre filles, alternant déconnade furieuse, tournette de pétards et envie de distribuer des baffes à tous les cons de la terre. Fille ou pas fille, on aimerait bien être invité à la soirée.

Autres films notables :
The Last Face (2017), de Sean Penn ;
Passages (2023), d'Ira Sachs ;
Voleuses (2023), de Mélanie Laurent.

FRANÇOISE FABIAN
(NÉE EN 1933)

Un sourire éclatant, une beauté brune. Qui n'aurait pas envie de passer la nuit avec Françoise Fabian, surtout si, pour faire plaisir à Éric Rohmer, elle s'appelle Maud ? En 1969, elle est l'héroïne éponyme de *Ma nuit chez Maud*, conte janséniste où Blaise Pascal est souvent cité. Maud, jeune divorcée et libre penseuse, échange jusqu'à l'aube avec Jean-Louis (Trintignant), ingénieur aux usines Michelin de Clermont-Ferrand, qui vient de vivre un coup de foudre avec une autre (la blonde Marie-Christine Barrault).

Parler, parler encore, pas pour raconter sa vie, mais pour s'apprivoiser, se découvrir, se séduire, sans toutefois jamais franchir la frontière de la chair. C'est l'hypothèse de Rohmer : il vaut mieux parfois se parler que se faire l'amour. Françoise Fabian, rieuse et radieuse, est la platonicienne idéale pour jouer le jeu de ce nouveau *Banquet* où, tout feu tout femme, elle dialogue à égalité avec son partenaire masculin, déstabilise la religiosité de ses convictions, le moque quand il croit que son dernier mot sera le mot de la fin, marque des points du côté ensoleillé de l'hédonisme et en perd lorsque le moralisme étend son ombre. À la fin de la nuit, avantage Fabian !

Dans un registre moins contraint, elle est une barmaid accorte dans *Maigret voit rouge* (1963), de Gilles Grangier. Puis Charlotte, la plus séduisante et marrante des pensionnaires du bordel de luxe de *Belle de jour* (1967), de Luis Buñuel. Elle est aussi la Marquise, pseudonyme d'une grande bourgeoise qui loue une chambre destinée à ses plaisirs et ses chagrins, dans l'hôtel de

Faubourg Saint-Martin (1986), de Jean-Claude Guiguet. Que des seconds rôles ? Yves Robert est de ces cinéastes qui ne croient pas qu'il y ait des premiers et des seconds plans. Il le prouve avec *Salut l'artiste* (1973), chant d'amour pour les comédiennes et les comédiens dit de seconde zone où il confie à Françoise Fabian un rôle majeur.

On aime plus que jamais Françoise Fabian dans *L'Arbre et la Forêt* (2010), d'Olivier Ducastel et Jacques Martineau, où elle joue l'épouse d'un rescapé des camps de la mort qui, au soir de sa vie, révèle que c'est pour son homosexualité qu'il fut déporté. La composition de Fabian est une leçon de tact et d'humanité. On l'aime encore plus dans *Benvenuta* (1983), d'André Delvaux, où elle est Jeanne, une romancière qui tient la chronique d'un amour réputé scandaleux auquel elle finit par s'identifier. Et on l'adore au plus haut point dans *Trois Places pour le 26* (1988), de Jacques Demy. Elle y est Mylène, mère célibataire d'une jeune fille espiègle (Mathilda May) et ancien amour d'un chanteur célèbre (Yves Montand), qui l'a autrefois abandonnée en même temps qu'il quittait Marseille pour monter à Paris faire carrière. Dans sa parfumerie technicolorisée par Demy, elle est cette grande dame secrète en camaïeu de vert, qui pressent avec inquiétude un inceste à venir. Au cœur du récit, la scène des retrouvailles entre Fabian et Montand est un moment muet, intense et tendre. Il lui caresse la joue avec sa main. On aimerait être cette main.

Autres films notables :
Projection privée (1973), de François Leterrier ;
Vertiges (1975), de Mauro Bolognini ;
La Lettre (1999), de Manoel de Oliveira.

SATURNIN FABRE

(1884-1961)

À le voir gesticuler comme un sémaphore, on pourrait le prendre pour un frappadingue, sauf que pas du tout. Attention ! Paradoxe. Se faire une spécialité de l'extrême bizarrerie, c'est se condamner à être en dessous des têtes d'affiche. Mais c'est aussi pouvoir être reconnu au premier coup d'œil. Merveilleux second rôle, d'une extravagance foutraque voire démentielle, Saturnin Fabre a perfectionné ses tours avant d'en faire sa marque de fabrique. Quand il tourne, son visage ingrat devient imperturbable et il compense son physique massif par une souveraine hardiesse du geste, une fixité du regard, de surprenantes modulations vocales.

Dans *Marie-Martine* (1943), d'Albert Valentin, affublé d'une robe de chambre, d'une grosse écharpe et d'un béret – un « béret français », aurait dit Pierre Prévert –, il monte un escalier, avec son neveu (Bernard Blier). Tous deux ont une bougie allumée à la main, au motif que le bonhomme n'aime pas l'électricité. « Tiens ta bougie… droite ! », lui fait dire le scénario. Phrase courte, anodine. Saturnin Fabre prend son temps, puis en un soubresaut d'intonation tire un coup de canon : « Droite ! » Il répétera cette réplique à quatre reprises, mais la salle rit tellement qu'on n'entend pas la suite. Et la phrase devient fameuse – on dirait virale aujourd'hui – qui souligne avec malice son allusion sexuelle.

Nombre de ses personnages (soixante-dix-neuf films parlants, cinquante-sept réalisateurs) déroutent et mettent en joie à la fois, comme ce M. Sénéchal, le collabo nullement repenti des *Portes de la nuit* (1946), de Marcel Carné, pétainiste truculent dans la bassesse, qui ne craint pas de s'exclamer : « Sénéchal, nous voilà ! » Dans *Messieurs les ronds-de-cuir* (1936), d'Yves Mirande, d'après Courteline, le fou tonitruant dénommé « le Tondu » qui joue du cor de chasse en plein ministère des Dons et Legs devant ses non moins bizarres collègues, c'est lui. Quelle prestance ! Quelle forme singulière ! Saturnin Fabre a élaboré méthodiquement un système de jeu qui le différencie et joue sur le contraste entre l'impassibilité de l'individu et l'absurde de la situation, comme si Buster Keaton s'était égaré chez les Marx Brothers. Comme eux, il les a marqués de son excentricité et cette empreinte est unique. Il peut ensuite savourer le résultat qui entraîne l'hilarité du spectateur.

Et la parole, alors ? On dirait qu'il s'inspire du morse, avec des décalages d'accent tonique et des accélérations à contretemps comme outils de sa singularité. C'est flagrant dans toutes ses compositions, par exemple, dans *Miquette et sa mère* (1950), d'Henri-Georges Clouzot, où il est le marquis de la Tour Mirande – et dont le nom n'a rien à envier à ses autres surnoms : le général Petypon du Grêlé dans *La Dame de chez Maxim* (1950), de Marcel Aboulker, ou le comte Gontran de Barfleur dans *C'est… la vie parisienne* (1954), d'Alfred Rode. Dans *Ils étaient neuf célibataires* (1939), de Sacha Guitry, en casquette blanche chez lui, il joue au domino tout seul, il dit « Quel bon vent vous amène ? », il enchaîne les phrases sans une seconde pour respirer, en changeant simplement de vitesse ou en laissant mourir les mots. Personne d'autre que lui ne module ainsi. À preuve, les apartés de *Miquette* ou les leçons de vol à la tire de M. Aristide, dans *Battement de cœur* (1940), d'Henri Decoin. Et, dans *Pépé le Moko* (1937), de Julien Duvivier, où il joue un receleur baptisé « Grand-père », qui estime des bijoux volés, une loupe noire vissée sur l'œil, et laisse tomber, d'une voix peinée : « Votre suspicion me blesse ! », en ruisselant dans les graves.

En 1948, Saturnin Fabre a publié *Douche écossaise*, suite d'anecdotes de sa vie dont beaucoup sont hilarantes, illustrées de dessins originaux soucieux de bizarroïde. Pour la loufoquerie à l'état pur, rien ne vaut la présence à l'écran.

Autres films notables :
Désiré (1937), de Sacha Guitry ;
Vous n'avez rien à déclarer ? (1936), de Léo Joannon ;
La Nuit fantastique (1942), de Marcel L'Herbier.

FERNANDEL

(1903-1971)

Même si beaucoup de ses films sont très médiocres, avoir joué une telle quantité de rôles au cours d'une vie professionnelle ininterrompue, avoir obtenu tant de succès phénoménaux en volume de spectateurs, signifie que Fernandel n'est pas seulement un acteur célébrissime mais aussi une institution. Né dans un milieu modeste, Fernand Contandin, dit Fernandel, a rapidement changé de statut et, à mesure que la chance lui souriait, qu'il acquérait une renommée grâce à ses dons, sa force de travail et la précision de sa gestuelle, ses proches lui découvraient les caractéristiques de sa future classe sociale : peur de manquer, aisance sans gaspillage, signes extérieurs de la réussite, confortables résidences à Paris et dans le Midi, garde-robe de bons faiseurs mais sans ostentation, à la manière du grand Raimu, comme si, à la minute même où la bourgeoisie devenait son refuge, l'acteur en recevait on ne sait par quelle capillarité les attributs essentiels, sans jamais perdre le sens, les goûts, ni l'affection du public.

Un acteur populaire, c'est quelqu'un dont les spectateurs sentent qu'il exerce son rôle au sein de ses concitoyens et non pas au-dessus d'eux, dont le talent, la culture, l'intelligence se nichent au cœur de la sensibilité collective au lieu d'incarner la tranquille assurance d'une classe dominante, bref un comédien dont l'humanité se satisfait de servir de médiateur entre l'œuvre et le spectateur. Fernandel appartient à cette race de comédiens qui ont été habitués très jeunes à affronter le public pas tendre du music-hall et qui, ainsi dressés à jouer toute une gamme de personnages allant du gentil tourlourou au clown, du diseur de sketches au chanteur comique, en s'aidant de gestes, effets, jeux de physionomie, facéties en tous genres, exagérations, roulements d'yeux spectaculaires et accent mis sur toutes les syllabes, ont l'autorité tranquille de l'amuseur qui connaît par cœur les réactions de ce public et ne craint pas d'utiliser tous les moyens afin que les gens le reconnaissent, se frappent les cuisses et, avant même qu'il ait attaqué son numéro, se disent : « Qu'il est marrant, çui-là ! ».

Chez Fernandel, l'aisance que confère l'expérience du métier n'est désarçonnée par rien. Dans *Le Schpountz* (1938), de Marcel Pagnol, il doit affronter une équipe qui tourne un film près de chez lui et qui, pour se moquer, lui propose un essai pour devenir acteur. Il relève le défi et, dans une scène d'anthologie, répète sur tous les tons la phrase du Code civil : « Tout condamné à mort aura la tête tranchée. » Le test tourne à son avantage et le crédule garçon se paie le luxe de ridiculiser ceux qui, justement, voulaient se payer sa fiole.

Mais il y a deux Fernandel : celui qui se satisfait des œuvrettes dirigées par des tâcherons et qui y exécute les pirouettes qu'on attend de lui sans jamais se lasser, l'essentiel étant de durer – il s'agit là de presque cent trente films ; et l'autre, appelons-le le Fernandel pagnolesque, car Pagnol l'a beaucoup poussé dans cette direction, qui prend des risques au service d'un cinéma de qualité (une quinzaine de films) et dont le talent sert l'œuvre autant qu'il est servi par elle. De Pagnol : *Angèle* (1934), *Regain* (1937), *La Fille du puisatier* (1940), *Topaze* (1951), mais aussi *Naïs* (1945), où il joue le rôle, si touchant, d'un bossu, et ce *Schpountz*... D'autres : *On purge bébé* (1931), de Jean Renoir ; *François I*[er] (1937), de Christian-Jaque ; *Fric-frac* (1939), de Maurice Lehmann et Claude Autant-Lara ; *L'Auberge rouge* (1951), d'Autant-Lara ; *Ali-Baba et les Quarante voleurs* (1954), de Jacques Becker ; les *Don Camillo*, de Julien Duvivier, dans les années 1950 ; et même une tentative de comédie dramatique avec *Meurtres* (1950), de Richard Pottier, où Fernandel fait ses preuves d'acteur sérieux, mais le film est un échec calamiteux. Le miracle auquel lui seul croyait ne se produira pas car le public s'attendait à rire. Et il retournera à ses couillonnades.

Il était une fois un jeune Marseillais qui n'avait qu'une idée en tête, devenir le plus grand artiste du café-concert, comme Paulin avant lui. En travaillant des chansons de comique troupier, il apercevait dans la glace son drôle de visage allongé à l'œil rond, sourire plein de grandes dents en touches de piano. Ce gamin maigrichon qui se nommait Fernand, le nouveau Paulin ? On veut rire ! Eh bien, justement…

Autres films notables :
Adémaï aviateur (1934), de Jean Tarride ;
L'Hôtel du libre-échange (1934), de Marc Allégret ;
La Vache et le Prisonnier (1959), d'Henri Verneuil.

ANDRÉA FERRÉOL

(NÉE EN 1947)

Peut-on aimer une actrice pour un seul de ses films ? Affirmatif ! Surtout si le film s'appelle *La Grande Bouffe* et l'actrice, Andréa Ferréol.

Lors de sa sortie en 1973, le film de Marco Ferreri provoque bien des hurlements et est même interdit aux moins de 18 ans. Sans doute parce qu'il avait l'audace visionnaire de prévenir qu'on peut mourir de trop et mal manger. Le temps d'un week-end, quatre compères bourgeois se réunissent dans une villa pour ce qu'ils appellent un « séminaire gastronomique ». D'excès en abus de toutes sortes, ce festin sera leur dernier. Un film d'hommes entre hommes, qui plus est servi par la fine fleur des comédiens réputés « virils » : Marcello Mastroianni, Michel Piccoli, Ugo Tognazzi, Philippe Noiret. Sauf qu'ils ne sont pas tout à fait entre hommes. Dans cette confrérie, se glisse un petit caillou qui va en gripper les rouages et les roueries : Andréa, une institutrice avenante qui, d'abord témoin de ces agapes, en devient la grande prêtresse lorsqu'elle en comprend le caractère suicidaire. Andréa, c'est Ferréol, LA Ferréol, tout autant seconde maman qu'un peu putain, mais surtout formidable personnage de femme qui accompagne la détresse de ces hommes sans pour autant l'approuver. Dans la fameuse scène finale, Andréa sert à un Philippe Noiret agonisant un dernier gâteau, préparé par ses soins, en forme de seins. Il meurt dans ses bras, et le visage de grande désolation d'Andréa Ferréol est celui d'une *mater dolorosa*.

Mais trêve de caprice amoureux, *La Grande Bouffe* n'est évidemment pas le seul film où Andréa Ferréol nous plaît. Par exemple, on l'aime aussi dans *Mesdames et messieurs, bonsoir* (1976), film à sketches réalisé entre autres par Luigi Comencini, Mario Monicelli et Ettore Scola, où elle est une créature ardemment comique. Ou encore, aux antipodes de cette comédie, dans *Despair* (1978), de Rainer Werner Fassbinder, où elle est la maîtresse coquine et un peu cinglée de Hermann (Dirk Bogarde), magnat du chocolat dans l'Allemagne des années 1930. Sorte de citation de Marlene Dietrich, mais plus en chair, elle interprète le rôle en se régalant et en souriant, notamment lorsque, faussement ardente, elle déclare à son amant minable : « Tu es immense ! »

Dans *Retour à Marseille* (1980), de René Allio, elle est Cécé, une femme bizarre qui croise et fascine Michel (Raf Vallone), un Italien mature à la recherche de son adolescence marseillaise. Andréa Ferréol excelle alors dans une gravité qui va s'intensifier dans *Le Dernier Métro* (1980). Certes François Truffaut y fait la part belle aux deux acteurs très principaux (Deneuve et Depardieu), mais il n'en rend pas moins grâce et hommage aux seconds rôles, dont Jean Poiret et Andréa Ferréol. Elle est Arlette, costumière du théâtre qui sert littéralement de décor au film. Distante, hautaine, énigmatique jusqu'à un échange de répliques qui a valeur d'un sensationnel coming out. À Depardieu qui, draguant tout ce qui bouge, lui lance : « Il y a deux femmes en vous », elle répond, cinglante et déterminée : « Oui mais aucune des deux n'a envie de coucher avec vous. » Grandeur et magnificence d'Andréa Ferréol en cet instant de cinéma intense.

Autres films notables :
Trois Frères (1981), de Francesco Rosi ;
Les Belles Années (1984), de Luigi Comencini ;
L'Échange des princesses (2017), de Marc Dugain.

EDWIGE FEUILLÈRE

(1907-1998)

On aurait bien voulu se la garder, disait-on à la Comédie-Française en 1933, ce qui n'est pas étonnant quand la star se situe dans le peloton de tête de sa génération.

Seulement voilà, deux ans plus tôt, elle y a joué *Le Monde où l'on s'ennuie*, un titre qui donne des idées, et vers 28 ans, se regardant dans son miroir, elle y voit, sous la ligne si fine des sourcils, des yeux marron qui colorent un visage à l'ovale très pâle. Le corps jouit d'une parfaite beauté, pour ne rien dire de sa distinction ni de son élégance. Signes particuliers : son rire de gorge et sa voix, à laquelle elle imprime une ondulation harmonieuse de la fréquence, une voix qu'on dirait mouillée. Et que lui susurre-t-elle, cette voix ? Qu'il faut réveiller ce corps, profiter d'être encore jeune pour s'amuser un peu. Ne serait-ce que pour jouer la comédie à la mode d'Hollywood. Elle ne connaît pas encore tous les grands personnages qu'elle va incarner au cinéma : *De Mayerling à Sarajevo* (1940), de Max Ophuls ; *La Duchesse de Langeais* (1942), de Jacques de Baroncelli ; *L'Aigle à deux têtes* (1948), de Jean Cocteau ; *Julie de Carneilhan* (1950), de Jacques Manuel. Beaux rôles, noblesse et féminité, mais les jouer, c'est la barbe ! Au moins dans *Le Blé en herbe* (1954), de Claude Autant-Lara, séduit-elle un ado. Pour incarner ces femmes puissantes, il faudra de la tenue, du corset, voire du hiératisme. Mais où sera la légèreté ? Où, l'envie de fous rires ? Au tout début de sa carrière, elle n'a pas craint de s'exposer toute nue – mais quel scandale ! – dans *Lucrèce*

Borgia (1935), puisque Abel Gance y tenait, sans parler de sa figuration dans *Les Aventures du roi Pausole* (1933), d'Alexis Granowsky.

Elle va à nouveau montrer ses épaules et ses jambes dans *J'étais une aventurière* (1938), de Raymond Bernard, son sens de la repartie aussi et un charme de femme escroc auquel aucun homme riche ne saurait résister. Le scénariste Jacques Companeez s'est souvenu ici de *Haute pègre* (1932), d'Ernst Lubitsch, sans l'égaler, bien sûr. Même gaieté dans *Mister Flow* (1936), de Robert Siodmak, où Fernand Gravey se moque de son « charme en contreplaqué ». Possible, mais Edwige, future grande dame du cinéma français, peut enfin s'adonner à mille galipettes, physiques et verbales, comme si son ancienne fréquentation des meilleurs textes du répertoire dopait son assurance. Galipettes et même ébriété qu'on retrouvera dans *L'Honorable Catherine* (1943), de Marcel L'Herbier. Dans *Mam'zelle Bonaparte* (1942), de Maurice Tourneur, elle retire son corsage pour un duel à l'épée entre femmes. Facétie qui n'est sûrement pas à l'origine de sa future distinction de grand officier de la Légion d'honneur !

Il sera toujours temps de revenir aux choses sérieuses. Éveil des sens et plaisir féminin dans *Olivia* (1951), traités avec tact par Jacqueline Audry. Ou dans *En cas de malheur* (1958), de Claude Autant-Lara, réserve et douleur de voir que c'est Bardot qui y joue la fille désirable qu'elle a été. Juste avant, patatras !, le faux pas : *Quand la femme s'en mêle* (1957), d'Yves Allégret. Elle y est Maine, ex-prostituée, dans une guerre des gangs pas trop classe. Allégret la fait se tortiller, minauder de l'argot et, du bas de sa robe, éventer son intimité. Passons. Et préférons *La Chair de l'orchidée* (1975), de Patrice Chéreau, qui fait valoir qu'on peut s'amuser à longueur de méchanceté.

Méchante, il est quelqu'un de son entourage avec qui il lui était impossible de l'être, avec qui elle se sentait merveilleusement bien même sous les atours et la raideur gourmée de *L'Aigle à deux têtes*, c'est Jean Marais, ami depuis lors. Ami si cher que le jour même où Jeannot sera enterré, le cœur d'Edwige s'arrêtera aussi.

Autres films notables :
Marthe Richard au service de la France (1937),
de Raymond Bernard ;
L'Idiot (1946), de Georges Lampin.

SUZANNE FLON
(1918-2005)

À la télévision de la fin des années 1970, on regarde avec plaisir un « vieux » film en noir et blanc : *Le Train* (1964), de John Frankenheimer, qui romance un épisode mal connu et, à l'époque, peu documenté de la Seconde Guerre mondiale. À la fin de l'Occupation, alors que Paris est sur le point d'être libéré, une soldatesque allemande remplit un convoi ferroviaire d'œuvres d'art volées dans les musées ou à des familles juives. Destination l'Allemagne où, jusqu'à la lie et l'hallali, des dignitaires nazis envisageaient de s'en goinfrer. L'entreprise fut empêchée par des résistants du rail.

En tête d'affiche, Burt Lancaster, convaincant en cheminot réquisitionné pour conduire le train, et lui aussi résistant. Mais voilà que surgit dans *Le Train* une actrice qu'on n'attendait pas : Suzanne Flon. Revenu de la bonne surprise on se demandait cependant : qu'est-ce qu'elle fait là, Suzanne Flon, elle qu'on avait surtout remarquée dans des films franco-français comme *Un singe en hiver* (1962), d'Henri Verneuil, où elle joue l'épouse accablée d'un Jean Gabin acariâtre ? Suzanne Flon est au générique du *Train* parce qu'il y a un quota obligatoire d'artistes autochtones dans cette coproduction franco-américaine entièrement tournée *in situ*. C'est pour le même motif que Jeanne Moreau et Michel Simon montent également dans *Le Train*. Mais si Suzanne Flon est présente, c'est aussi, rareté parmi les actrices françaises, parce qu'elle est parfaitement bilingue, et à ce titre pourra assurer elle-même son doublage en anglais. Dernière raison de sa présence, et non des moindres : elle est parfaitement parfaite dans le rôle de Mlle Villard, conservatrice au Louvre, un personnage inspiré de la vie de Rose Valland qui fut cruciale dans la préservation et la récupération de milliers d'œuvres d'art volées par les nazis. Une discrète héroïne de l'armée des ombres à qui Suzanne Flon donne corps, toute de détermination, de courage débonnaire et de forte conviction républicaine.

Il y a un petit bonus romanesque dans la biographie de Suzanne Flon qui explique son accointance particulière avec le monde hollywoodien. Pendant quelques années, elle est la compagne de John Huston. Ils se rencontrent et tombent amoureux en 1952 sur le tournage de *Moulin Rouge*, où elle joue une des maîtresses girondes de Toulouse-Lautrec. Peu après, Huston lui présente Orson Welles, qui la fera tourner, bien sûr en VO, dans *Dossier secret (1955)* – mieux connu sous son titre original, *Mister Arkadin* – et *Le Procès* (1962).

Dans un numéro du magazine *Vogue* de décembre 1981 en partie consacré à John Huston, le vieux bourru, se remémorant leur liaison qu'il qualifie sobrement de « torride », écrit un hommage à son ancienne amante, intitulé « Dear Suzanne » : « J'ai énormément de respect et d'estime pour son intelligence et son humanité. Elle était la femme la plus extraordinaire que j'aie jamais connue. Son affection au fil des ans a été ma bénédiction sur terre. Elle a la tendresse, la fidélité, la gaieté, la profondeur de l'émotion et cette forme rare de simplicité qui est la vérité incarnée. »

Sans prétendre rivaliser avec Huston, osons cependant nous aussi un « chère Suzanne » pour cette comédienne qui, sans tapage, pousse l'art de la présence jusqu'à l'effacement.

Autres films notables :
Monsieur Klein (1976), de Joseph Losey ;
Gaspard et Robinson (1990), de Tony Gatlif ;
La Fleur du mal (2003), de Claude Chabrol.

FLORELLE
(1898-1974)

Odette Élisa Joséphine Marguerite Rousseau, dite Florelle : pour une actrice qui compte autant de prénoms, ne garder aucun d'eux est un premier signe d'originalité. L'autre, c'est de fonctionner en femme qui sait ce qu'elle veut, qu'il s'agisse de mener des revues aux Folies Bergère ou les hommes par le bout du nez. C'est que Florelle a toujours agi et vécu à sa guise sans se soucier du lendemain ni du qu'en-dira-t-on, très tenace même dans le dévergondage de l'entre-deux-guerres.

Elle est née aux Sables-d'Olonne et morte à La Roche-sur-Yon, mais la faible distance entre les deux villes représente bien mal les kilomètres que la jeune chanteuse qu'elle a été d'abord a parcourus dans les Années folles. Au diable les acteurs casaniers ! À 16 ans, Florelle avait déjà conquis l'Autriche et la Turquie ; à 25, déjà visité, pour s'y produire, l'Amérique du Sud, Cuba, la Grèce, de nouveau la Turquie, avec la troupe de Volterra, et remplacé Mistinguett au Moulin-Rouge. Chemin faisant, elle vivait hardiment sa vie. Elle a épousé le fils du directeur de son music-hall, puis un dompteur, puis un Cubain, puis ce sont deux accidents de voiture, de nouvelles tournées, des bars au Maroc, en Algérie et à Abidjan, et un retour en fin de parcours à sa ville natale où elle finira dans un hôpital psychiatrique. Elle aura trouvé le temps de tourner cinquante films, et aucun d'eux n'est aussi mouvementé que sa vie.

Ce qui frappe c'est son allant et sa simplicité qui ne pouvaient que séduire certains grands cinéastes des années 1930, allemands notamment : Siodmak, Pabst, Fritz Lang... Même Jean Renoir tombe un temps sous le charme de son physique de jolie Vendéenne au sourire triste et au courage enchanteur. Et quelle jolie voix, gardée sans discussion, pour la Polly Peachum de la version française de *L'Opéra de quat'sous* (1931), de Pabst, justement – elle a alors 33 ans. Ensuite, ce sera la rengaine des chevaux de bois de *Liliom* (1934), de Fritz Lang, cinéaste en transit à Paris avant son exil à Hollywood. Après quoi, l'apothéose : *Le Crime de M. Lange* (1936), de Renoir. Elle y joue Valentine, la patronne blanchisseuse, dont le regard affectueux illumine la boutique de sa fraîcheur, sa franchise, une tendresse pleine de joie émerveillée. Lange le timide (René Lefèvre) en profitera doublement : elle le mettra dans son lit, aux draps qu'on imagine fraîchement repassés, et elle le sauvera de la justice, lui qui a débarrassé la société de l'escroc Batala (Jules Berry).

Au cinéma, elle ne reproduit pas le spleen des chansons à texte de la génération Lys Gauty qu'elle interprétait jadis à ravir. Ce délice de femme témoigne, au contraire, d'un naturel populaire comme le cinéma français en produit rarement. La preuve : elle sera encore une touchante Fantine dans *Les Misérables* (1934), de Raymond Bernard, et dans *La Dame de chez Maxim's* (1933), d'Alexander Korda, tourné à Londres, la môme Crevette trop tôt résignée à ce qu'on ne retienne d'elle que la femme indépendante tout entière attachée à la gloire de l'amour.

Après la guerre, où elle a tenu des bars pour survivre, la blonde excentrique lance quelques tentatives de retour en grâce : un Richard Pottier, un Yves Allégret, un René Clément (la vieille mère de Coupeau dans *Gervaise* [1956]). Trois petits tours et puis s'en va.

Autres films notables :
L'Atlantide (1932), de Georg Wilhelm Pabst ;
Une nuit de noces (1935), de Georges Monca et Maurice Kéroul ;
Le Sang à la tête (1956), de Gilles Grangier.

MARINA FOÏS

(NÉE EN 1970)

Faisons un rêve. Une séance de Photomaton en compagnie de Marina Foïs. Grimaces et rires garantis. Il y a en effet sur son beau visage faussement impassible comme une promesse permanente de franche déconnade. Ce qui s'est confirmé au fil de moult comédies. À commencer par *La Tour Montparnasse infernale* (2001), de Charles Nemes, parodie devenue culte des films à catastrophe et prise d'otages. Certes, un écrin pour les facéties d'Éric Judor et Ramzy Bedia, particulièrement déchaînés (« Personne ne bouge ! Sinon, je tire une balle dans la tête à la main ! »), mais aussi du nanan pour Marina Foïs en petite-bourgeoise chignonnée à mort et pas commode. Autre cause mais même effet dans *Astérix et Obélix : mission Cléopâtre* (2002), d'Alain Chabat, où son personnage porte un nom qui est déjà tout un programme : Sucettalanis… Itou dans *RRRrrr !!!* (2004), une cinglerie censément préhistorique de nouveau d'Alain Chabat. Dans le rôle d'un certain Guy (oui, Guy !), Marina Foïs y retrouve ses principaux complices de la troupe des Robins des Bois, connue aussi sous le nom de The Royal Imperial Green Rabbit Company, où, à ses débuts, dans les années 1990, elle est très active.

C'est donc entendu, avec Marina Foïs, la soirée, nom d'un pétard !, promet d'être longue et riche en blagues de toutes sortes. Mais au petit matin, on la découvre là où on ne l'attendait pas. Plus drôle du tout, mais interprète d'une intense gravité. Par exemple, dans *L'Atelier* (2017), de Laurent Cantet, où elle est Olivia, une romancière parisienne progressiste qui s'installe à La

Ciotat pour y animer un atelier d'écriture avec un groupe de jeunes en insertion. Parmi eux, Antoine, un « petit blanc » dont les « idées » sont celles de l'extrême droite. Leur confrontation est comme une longue explosion silencieuse qui doit beaucoup au jeu réservé de Marina Foïs. Ainsi de son regard, à la fois interdit et troublé, quand le jeune Antoine lui balance qu'elle s'intéresse à lui parce qu'il lui fait peur. Pour *As Bestas* (2022), de Rodrigo Sorogoyen, Marina Foïs approfondit ce registre de l'inquiétude. L'histoire d'un couple de Français, Olga (Marina Foïs) et Antoine (Denis Ménochet), qui s'improvisent paysans dans un village de Galicie dont ils ont eu la prémonition qu'il serait leur paradis. N'était l'étau d'une sourde hostilité qui va se refermer sur eux. Préposée à l'angoisse qui croît, Marina Foïs est la sensationnelle ambassadrice d'un monde, notre monde, qui se débat entre rugosités du réel et échappées de l'imaginaire.

Autres films notables :
À boire (2004), de Marion Vernoux ;
Non ma fille tu n'iras pas danser (2009),
de Christophe Honoré ;
Le Bal des actrices (2009), de Maïwenn.

SARA FORESTIER

(NÉE EN 1986)

Sara Forestier fait partie de ces actrices dont l'apparition est un big bang. La faute à Abdellatif Kechiche. En 2004, il confie à la toute jeune fille le principal rôle féminin de *L'Esquive.* Elle est Lydia, adolescente d'une cité HLM, qui répète un extrait du *Jeu de l'amour et du hasard* de Marivaux pour un spectacle scolaire de fin d'année. Si le naturel n'a pas de sens dans une fiction, lorsqu'on regarde jouer Sara Forestier on est cependant sidéré par son aisance. On croirait voir un documentaire sur une adolescente dans une banlieue dite délaissée, avec Kechiche qui, tel un reporter de sa vie, s'attache au moindre détail : son regard, sa voix, son corps. Très présent aussi bien dans la direction d'acteurs que dans le choix des cadrages (beaucoup de gros plans sur les visages), Kéchiche réussit cependant à se faire oublier pour laisser vivre les personnages, ce qu'ils sont, ce qu'ils ont à dire, y compris par leurs silences. En duo avec le non moins jeune Osman Elkharraz dans le rôle de Krimo (Arlequin dans la pièce de Marivaux, soupirant de Lydia dans la coulisse), Sara Forestier, tout en bagout, drôlerie et franc-parler, teintés de pas mal de recul sur la place d'une fille dans un monde machiste, est tellement Lydia qu'on se demande alors si elle parviendra à poursuivre sa carrière après *L'Esquive.*

Elle s'en sort haut la main, en changeant de registre et de biotope social. Dans *Hell* (2006), de Bruno Chiche, elle est une jeune jet-setteuse du beau monde parisien et bourgeois que son jeune amant (Nicolas Duvauchelle) entraîne du côté de l'enfer.

Dans le moindre de ses gestes, Sara Forestier est cette fille en devenir qui veut s'affranchir du cliché de la jolie poupée de luxe au risque d'y laisser sa peau.

En 2009, elle entre dans l'univers d'Alain Resnais, avec *Les Herbes folles*, où, telle une mauvaise graine hilarante, elle joue la fille de l'obsédé Georges Palet (André Dussollier).

Dans un registre beaucoup plus grave, en 2013, elle a le rôle-titre dans *Suzanne*, de Katell Quillévéré. Mauvaise fille, mauvaise mère, mauvaise délinquante, une « sans toit ni loi » qui, comme dans le film de Varda, finit mal. Sara Forestier joue à merveille l'effondrement de cette femme accablée, tout en laissant filtrer, par un détail, qu'elle n'est pas prête à se laisser engloutir par l'adversité : un franc sourire, même au fin fond de la mouise. Dans *L'amour est un crime parfait* (2014), d'Arnaud et Jean-Marie Larrieu, elle est une jeune femme plus « normale » : Annie, étudiante à l'université de Lausanne, qui part à la conquête de son professeur (Mathieu Amalric), un tombeur de jeunesses. Par son jeu rentre-dedans, plutôt à l'attaque qu'à la défense, Sara Forestier déjoue et complexifie le personnage de victime potentielle.

En 2015, elle est de nouveau une sorte de Suzanne dans *La Tête haute*, d'Emmanuelle Bercot : Séverine, jeune mère irresponsable et cependant folle d'amour pour son fils qui lui est retiré. Lors d'une scène de confrontation avec la juge des enfants (Deneuve, au firmament), Séverine s'effondre : « C'est quoi que j'ai fait de mal ? » Sara Forestier est en larmes et nous aussi.

Dans *Roubaix, une lumière* (2019), d'Arnaud Desplechin, elle est Marie, au premier plan dans un duo mémorable avec Léa Seydoux (Claude). Un couple de marginales traquées par un flic implacable (l'impeccable Roschdy Zem) après le meurtre d'une vieille voisine. Dans cette autopsie de la parole (donnée, reprise, sincère, mensongère), Sara Forestier atteint l'excellence, jouant d'un chaos à l'autre le désarroi et la fermeté, surtout lorsque, par dépit amoureux et vengeance, elle balance Claude à la police. Une des dernières scènes du film la cadre dans un commissariat où se retournant vers la porte elle demande, chant d'amour déchirant : « C'est quand que Claude elle va revenir ? » La lumière de Roubaix, vacillante et brûlante, c'est Sara Forestier.

Autres films notables :
Victor (2009), de Thomas Gilou ;
Le Nom des gens (2010), de Michel Leclerc ;
Mes séances de lutte (2013), de Jacques Doillon.

CÉCILE DE FRANCE

(NÉE EN 1975)

Depuis que Jean-Pierre et Luc Dardenne ont décidé de faire jouer des acteurs et des actrices de profession, il y a chez certain(e)s des élu(e)s un avant et un après Dardenne. Cas flagrant : Cécile de France. Certes, on l'avait repérée et gentiment aimée dans deux films de Cédric Klapisch : *L'Auberge espagnole* (2002) et *Les Poupées russes* (2005). Mais c'est avec *Le Gamin au vélo* (2011) qu'on lui ouvre en grand les portes de notre admiration. À Seraing, ville d'attache des frères Dardenne, elle est Samantha, une coiffeuse « près de la place », qui prend sous son aile Cyril, un jeune garçon qui guigne des retrouvailles difficiles avec son père. Est-ce parce que, contrairement à ce que suggère son patronyme, Cécile de France est aussi belge que les Dardenne ? Mais le fait est patent, elle insuffle une touche de belgitude au personnage de Samantha : à la fois bonne fée marrante (car le film est un conte social) et mère célibataire improvisée. Une réaliste terre à terre, qui ne mâche ni son humour ni ses mots. La scène où d'un geste et surtout d'une réplique elle rembarre un jeune dealer devenu l'ange noir de son protégé est une impressionnante leçon de fermeté : « Toi, je ne t'ai rien demandé ! » Au sortir du film on aurait bien fait un saut à Seraing pour se faire coiffer par la décoiffante Samantha.

L'empreinte de cette humanité faite actrice réapparaît dans deux films ultérieurs. *De son vivant* (2021), d'Emmanuelle Bercot, où elle est une toubib sur la brèche dans l'hôpital où se meurt un homme trop jeune pour mourir (Benoît Magimel).

Et surtout *Mademoiselle de Joncquières* (2018), d'Emmanuel Mouret, film d'époque (XVIIIe siècle), où Cécile de France est Mme de La Pommeraye, une aristocrate libertine qui, trahie par l'un ses amants, fomente une vengeance raffinée en se servant comme appât d'une jeune oie blanche. Manipulatrice, dissimulatrice, intrigante, cruelle, Cécile de France est en feu de toutes ces passions, qu'elle rend cependant partageables et émouvantes. Dernier « détail » : Cécile de France est belle à défaillir.

Autres films notables :
Les Poupées russes (2005), de Cédric Klapisch ;
La Belle Saison (2015), de Catherine Corsini ;
Illusions perdues (2021), de Xavier Giannoli.

VICTOR FRANCEN
(1888-1977)

C'est l'homme de toutes les droitures, entre dévouement patriotique et sacrifices familiaux. Parce qu'il est grand et bel homme et que déclamer ne lui fait pas peur, on lui propose les pères outragés et les cocus de service, de manière un peu systématique et fastidieuse. Lui, bon type, est toujours partant pour parer sa silhouette avenante et son visage à la barbe en pointe de costumes militaires, de tenues de ministres plénipotentiaires, d'officiers de marine ou de futur roi d'Angleterre, autrement dit l'Édouard VII d'*Entente cordiale* (1939), de Marcel L'Herbier, dont il a été sept fois l'interprète privilégié. Dans *Feu !* (1937), de Jacques de Baroncelli, le pacha du torpilleur contraint par le scénario à couler le bateau où se trouve son espionne bien-aimée (Edwige Feuillère), c'est lui ! L'homme qui s'écrie : « Debout, les morts ! », dans une tirade concoctée par Abel Gance pour *J'accuse !* (1938), c'est encore lui ! On devine qu'il préfère le rôle-titre du *Roi* (1936), de Pierre Colombier, où il s'amuse autant que le spectateur et montre qu'il peut parfaitement faire acte de belle humeur et d'alacrité.

Mais très vite le reprennent ces rôles dont rien ne doit dépasser, ni mèche inopportune ni sentiments obscurs. Où même le sort est tiré à quatre épingles. Retour du drame, de l'emphase de la solennité chez le beau ténébreux qui, à l'époque, est aussi réputé qu'un Raimu. Retour aussi de la retenue, quand la femme d'un ami se jette à son cou (Gaby Morlay et Pierre Blanchar dans *Mélo* [1932], de Paul Czinner).

Plus tard, Duvivier l'appelle pour un des principaux rôles de *La Fin du jour* (1939). Il n'est pas seul dans cette maison de retraite pour vieux comédiens à la Pont-aux-Dames : Jouvet et Michel Simon sont de la partie. Ils n'ont plus de spectateurs, alors ils jouent entre cabots, se balancent des horreurs, exhibant ces lubies singulières qui résument toute une vie. C'est tristesse et cruauté en attendant la mort. Dans le rôle de l'acteur raté qui a perdu sa femme et un membre, Francen est parfait de compassion et de mélancolie.

Après quoi, la guerre arrive. En 1940, il a 52 ans, il s'exile aux États-Unis où il devient l'acteur européen (il est belge de naissance) qui peut se vanter d'y avoir eu la carrière la plus féconde : trente-deux films, mais seulement des petits rôles. On ne lui demande que de paraître, car il plaît aux spectatrices américaines, friandes de ce bel homme à l'œil qui frise, à l'allure pleine de dignité.

Longtemps après, il reviendra en France, apparaîtra chez Mocky, mais pour se pasticher lui-même. L'emploi de vieux bellâtre, tant prisé par le public il y a un siècle ou presque, est passé de mode. Il y a bien Resnais qui s'est pris d'envie de tourner *Mélo* à son tour, à sa manière moderne, mais en 1986, Francen n'était plus là.

Autres films notables :
La Fin du monde (1931), d'Abel Gance ;
Double Crime sur la ligne Maginot (1937), de Félix Gandera ;
Veille d'armes (1935), de Marcel L'Herbier.

JACQUES FRANÇOIS
(1920-2003)

La distinction est la marque de fabrique de Jacques François. Une élégance un rien précieuse parfois, des gestes raffinés qui en disent long sur l'éducation qu'il reçoit enfant, encadré d'une nurse britannique et d'un valet de chambre dans les années 1930. Cette allure et la finesse de son jeu lui valent de grands succès au théâtre, mais le cantonnent souvent au cinéma dans des rôles de chef d'entreprise, de grands bourgeois ridicules et de majordomes coincés, entre le major Thompson et Anthony Hopkins dans *Les Vestiges du jour*. Jacques François se disait souvent dépité de ces emplois qui le figeaient toujours dans le même (second) rôle. Pourtant, non seulement il y excellait, mais il était aussi à se tordre de rire, au point de devenir un de ces acteurs de série B dont la seule apparition nous réjouit. On se souvient ici de son personnage de pharmacien furibard de voir son smoking blanc bousillé par le « kloug » confectionné par le voisin bulgare, dans *Le père Noël est une ordure* (1982), de Jean-Marie Poiré, du sous-fifre et souffre-douleur de Michel Bouquet, dans *Le Jouet* (1976), de Francis Veber, ou de grand combattant de l'ombre, dans *Papy fait de la résistance* (1983), de Jean-Marie Poiré. Le réalisateur Bertrand Blier lui offrira une vengeance magnifique, quelques années plus tard, dans *Les Acteurs* (2000), où il joue son propre rôle, dans une scène mémorable. Debout derrière le bar d'un restaurant, Jacques François braque les convives, qui ne sont autres que Michel Serrault, Jean-Pierre Marielle, Claude Rich... en disant ces mots que Bertrand Blier a écrits pour lui : « J'en ai marre des hommes du monde, j'emmerde les hommes du monde, moi aussi, je peux dire mes couilles, ma bite et mon couteau. »

Autres films notables :
Tout le monde il est beau, tout le monde il est gentil (1972),
de Jean Yanne ;
Mes meilleurs copains (1989), de Jean-Marie Poiré.

PIERRE FRESNAY
(1897-1975)

Fresnay est avant tout un homme de théâtre, et il n'aimait guère le cinéma. Il en a fait pourtant, tout en grommelant. D'ailleurs on n'a jamais vu un tel détracteur du septième art tourner autant : trois ou quatre films par an pendant des lustres. En accumulant les succès, certains planétaires : *Trois Valses* (1938), de Ludwig Berger, *Monsieur Vincent* (1947), de Maurice Cloche, *Monsieur Fabre* (1951), d'Henri Diamant-Berger, etc. Comme il était sûr d'être le meilleur, Fresnay comprenait mal que sa présence et son jeu ne suffisent pas pour faire un bon film. Dès lors son entourage, professionnel comme personnel, dégustait. Sauf Yvonne Printemps, l'amour de sa vie, qu'il a volée à Sacha Guitry et avec laquelle il était tout miel. Sinon, on pourrait dire qu'il est né pète-sec et qu'il l'est resté.

Maniaque de la perfection, donc bosseur acharné. Pour devenir Marius à l'écran (il l'a déjà incarné sur scène) Fresnay décide de se tortiller quatre accroche-cœurs, de remonter ses manches en les roulant serré, de porter un petit foulard. L'ensemble fait gravure de mode. Il manque juste une petite chose, un bouton pas boutonné, une mèche en désordre, une tache, le débraillé de la vie en somme. L'accent du Midi est correct, même si Raimu l'appelle l'Alsacien. Il ne croit pas si bien dire : pour sa composition d'*Il est minuit, docteur Schweitzer* (1952), d'André Haguet, Fresnay a travaillé la silhouette, la démarche, la mèche et l'accent, effectivement alsacien cette fois – toujours ce goût de l'exactitude. Tout juste s'il ne s'inocule pas le palu pour faire plus vrai. *Idem* dans

Dieu a besoin des hommes (1950), de Jean Delannoy, où il joue le sacristain de service voué à remplacer le curé. Sa démarche, ses gestes, son accent sont si étudiés que l'apprêté saute aux yeux. Telles sont les limites de ce carcan magnifique, que, plus tard, la nouvelle vague enverra valser.

Par chance, quand le metteur en scène impose sa volonté, l'art de Fresnay se libère, se décoince. L'acteur, dont la voix sèche sonne clair comme un tambour, est alors grandi, victorieux. On aime son regard vif, perçant, rarement compatissant, inquisiteur dans ses analyses, cruel dans ses conclusions, sur ses gardes quand il s'adresse aux femmes. Le docteur Germain du *Corbeau* (1943), de Clouzot, se tient raide comme la justice, et quand Ginette Leclerc, qu'il ausculte, cambre ses seins pour l'aguicher, il l'envoie sur les roses. Germain reste un bonheur d'interprétation. Autre jalon, plus gai pour une fois, le commissaire Wens, « prudent mais circonspect », du *Dernier des six* (1941), de Georges Lacombe, et de *L'assassin habite au 21* (1942), où Clouzot fait ses gammes.

Germain et Wens rejoignent Marius des trois Pagnol (avec *Fanny* et *César*), au rang des vraies réussites de Fresnay, et surtout l'inoubliable capitaine de Boëldieu de *La Grande Illusion* (1937), de Jean Renoir. Retour du pète-sec, mais cette fois pour la bonne cause. Qu'il le joue fringant, ce noble capitaine ! Comme il représente bien sa caste ! C'est net, tranchant, rapide, aéré, en un mot, parfait. Il meurt d'une balle tirée par Stroheim, son cher ennemi, alors qu'il feint une évasion pour donner à Gabin et Dalio la chance de s'échapper. Cette grande illusion aura été son triomphe et son tombeau.

Autres films notables :
Le journal tombe à cinq heures (1942), de Georges Lacombe ;
La Main du diable (1943), de Maurice Tourneur ;
La Route Napoléon (1953), de Jean Delannoy.

SAMI FREY
(NÉ EN 1937)

Le beau garçon de la nouvelle vague. Plus que ça encore, une distinction, une élégance un peu ténébreuse, et un regard qui respire l'intelligence. Sami Frey a toujours voulu être acteur. Sorti du Cours Simon, il fait des débuts fracassants au cinéma dans *La Vérité* (1960), d'Henri-Georges Clouzot. Il y est Gilbert, apprenti chef d'orchestre, dont le chemin croise celui de Dominique, femme libre et solaire, Brigitte Bardot évidemment, qui aime Gilbert, mais va le tuer. Un rôle de jeune premier pour Sami Frey, mais pas celui d'un bellâtre, plutôt celui d'un homme dévoré par son amour. Une grande modernité se dégage du jeu de l'acteur, une grande liberté aussi.

Dans ces années 1960 où la nouvelle vague rebat toutes les cartes de ce qu'on appelle le cinéma de papa, Sami Frey trouve naturellement sa place. Pour Jean-Luc Godard, il sera Franz, dans *Bande à part* (1964), amoureux d'Odile/Anna Karina, ami d'Arthur/Claude Brasseur. Un trio d'amis/amants qui court à perdre haleine dans les couloirs du Louvre et qui danse le madison comme personne, on remarquera les longues jambes de Sami Frey et ses claquements de doigts pour marquer le tempo.

« J'ai toujours envisagé ce métier avec la volonté de faire ce que j'avais véritablement envie de faire, ce que je n'ai pas toujours fait au cinéma. Mais au théâtre, je peux dire que j'ai toujours fait ce que j'avais envie de faire. » La grande histoire d'amour de Sami Frey se jouera au théâtre avec Samuel Beckett, son auteur de prédilection – et avec la femme de sa vie, Delphine Seyrig.

D'autres metteurs en scène de cinéma lui proposeront pourtant de beaux espaces de liberté, telle Coline Serreau avec *Pourquoi pas !* (1977), où il incarne Fernand, un homme inconsolable d'être séparé de ses enfants, qui vit en colocation avec des amis-amants. Pour ce rôle, Sami Frey sort de sa réserve, on le découvre en colère, éructant, amoureux aussi. Gérard Mordillat, de son côté, lui fait endosser le paletot élimé d'Antonin Artaud.

Mais on aime aussi Sami Frey, coiffé d'un splendide turban blanc, vêtu d'un pantalon bouffant sur des bottes légères, dans *Angélique et le roy* (1966), de Bernard Borderie. Il y est Zoukim Batchiary Bey, ambassadeur de Perse, autoritaire et cruel, qui tente de soumettre l'indomptable Angélique en lui déchirant sa robe. La scène est un sommet de kitsch, mais les acteurs s'en donnent à cœur joie, et on lit nettement dans le regard de Sami Frey une distance amusée qui donne encore plus de sel à ce tête-à-tête inattendu.

Autres films notables :
Thérèse Desqueyroux (1962), de Georges Franju ;
Qui êtes-vous Polly Maggoo ? (1966), de William Klein ;
César et Rosalie (1972), de Claude Sautet.

CATHERINE FROT

(NÉE EN 1956)

C'est une petite bottine lacée qui se profile dans l'entrebâillement de la porte du wagon, et une jolie jambe tendue qui la prolonge. Et puis elle surgit. Catherine Frot/Folcoche, le regard de biais, toisant sa progéniture pour mieux installer son personnage de mère indigne, dans *Vipère au poing* (2004), de Philippe de Broca. La dureté implacable des yeux noirs distille un sentiment de gêne, de peur presque, et montre une détermination sourde à tout ce qui l'entoure. Catherine Frot est forte, très forte. Parfaitement à l'aise quand il s'agit d'endosser une cuirasse, que ce soit celle d'un capitaine de police dans *Coup d'éclat* (2011), de José Alcala, ou d'une DRH de glace dans *Bowling* (2012), de Marie-Castille Mention-Schaar. Peut-être la seule actrice française qui pourrait se rapprocher d'une Bette Davis dans cette manière d'exprimer une grande violence sans dire un mot, un coup d'œil suffit.

Ce talent particulier n'est pas le seul atout de Catherine Frot, dont la grande liberté de jeu lui permet, par exemple, d'être tout aussi à l'aise dans la fantaisie. C'est probablement cette qualité qui séduit le réalisateur Pascal Thomas, qui, le premier, la met en haut de l'affiche, avec *La Dilettante* (1999). Catherine Frot y est Pierrette Dumortier, une femme au foyer qui se barbe à la maison. Sur un coup de tête, elle quitte son mari, retourne à Paris, retombe amoureuse, redonne un sens à sa vie en quelque sorte. Non sans désordre, mais c'est justement dans le désordre que Catherine Frot donne le meilleur d'elle-même, alternant une grande sobriété avec des coups d'éclat, parfois irrésistibles de drôlerie. Mais pas toujours. On pense à cette grande bourgeoise, témoin de l'agression d'une prostituée par des proxénètes, dans *Chaos* (2001), de Coline Serreau. Rongée par le remords de n'avoir pas prêté assistance à la jeune femme, Hélène/Catherine Frot se met en tête d'aider Noémie (Rachida Brakni), avec, pour seul guide, son sens aigu de l'humain. Redécouvrant au passage, la juste valeur des choses et des gens. Dans ce chaos, la comédienne est comme un roc, solide dans la tempête, toujours calme dans la tension. Avec Noémie, ses gestes et ses mots sont doux, avec son mari, elle bascule dans une acidité cinglante. On peut aisément comprendre que cette facilité à jouer double jeu donne des idées à Lucas Belvaux, pour qui elle sera Jeanne Rivet, militante révolutionnaire dissimulée derrière une vie bourgeoise, dans sa trilogie de 2002-2003, *Cavale*, *Après la vie* et *Un couple épatant*.

Ses choix cinématographiques dans les années suivantes, qui l'emmènent vers un cinéma plus grand public, plus léger et drôle, font de Catherine Frot une actrice chérie des Français. Au milieu des années 2000, elle retrouve Pascal Thomas, qui travaille sur *Mon petit doigt m'a dit* (2005), une adaptation d'Agatha Christie. Dans le rôle de Prudence Beresford, détective amateur, elle revêt une excentricité très britannique, qui semble pour elle couler de source.

L'actrice au jeu si construit se déverrouille quand elle incarne Ombeline dans *Les Derniers Jours du monde* (2009), d'Arnaud et Jean-Marie Larrieu, une femme abandonnée par son mari, qui accompagne, complètement déboussolée, Robinson (Mathieu Amalric) dans sa quête de l'aimée. Jamais on n'avait lu une telle peur dans les yeux de Catherine Frot, décoiffée, le chemisier de traviole, sens dessus dessous, se raccrochant comme une naufragée à des bribes de réalité. Un sommet.

Autres films notables :
Elsa, Elsa (1985), de Didier Haudepin ;
Les Saveurs du palais (2012), de Christian Vincent ;
Des hommes (2020), de Lucas Belvaux.

JEAN GABIN

(1904-1976)

Camp de prisonniers de *La Grande Illusion* – théâtre, intérieur jour. Un lieutenant français bondit sur la scène en plein spectacle et s'écrie : « On a repris Douaumont, c'est eux-mêmes qui le disent ! » Et, bravant les officiers allemands dans leur loge, Gabin entonne La Marseillaise. Émotion, émotion.

C'est bien joli d'avoir une belle gueule, des épaules qu'un ring de boxe pourrait tenter, une diction claire, une démarche chaloupée, un regard bleu qui passe en un instant de paisible à mauvais et un naturel saisissant… Il faut aussi du flair, du travail et de la chance. Or, dans la décade prodigieuse des années 1930 et son ascension vers la gloire, Gabin cumule le tout.

Sa carrière reflète les périodes de sa vie. Dès les années Front populaire – casquette d'ouvrier, vélo, bal musette –, il plaît aux femmes et sait les séduire[1]. C'est sa période la plus faste : de 1936 à 1939, sur onze films tournés, il en aligne neuf grands, chez Renoir, Carné, Duvivier, Grémillon. À l'écran, il est souvent en fuite ou en révolte. Son aisance, son profil tragique le vouent à un destin de meneur d'hommes, cédant à ses pulsions, tuant ou mourant, mais debout et fier. Il incarne tour à tour les repris de justice (*Pépé le Moko*), les soldats de la Légion étrangère (*La Bandera*), les spahis (*Gueule d'amour*), les prisonniers de guerre (*La Grande Illusion*), les déserteurs (*Quai des brumes*). Il est aussi voleur (*Les Bas-fonds*), cheminot (*La Bête humaine*), métallo (*La

1. Pour « T'as de beaux yeux, tu sais… », voir la notice « Michèle Morgan ».

Belle Équipe), patron de remorqueur (*Remorques*)… Et, ici ou là, des tourbillons de colère le conduisent à l'irréparable. Car Gabin est une cocotte-minute. Quand il explose, sa rage fait mal, et sa vie s'arrête, alors même qu'il venait de faire une rencontre amoureuse. *La Bête humaine* (1938), de Jean Renoir, évoque l'alcoolisme des parents pour expliquer ces pertes de contrôle. La vraie raison, c'est que Gabin ne supporte pas l'injustice, la domination sur les faibles, ni les beaux parleurs qui vous saoulent de leur bagout. C'est sa période du « Tu vas la taire ta gueule ! », hurlé à Jules Berry dans *Le jour se lève* (1939), de Carné. Période où il est victime deux fois de suite de la même femme fatale (Mireille Balin), une fois dans *Gueule d'amour* (1937) de Jean Grémillon, où il s'offre une dépression nerveuse, et l'autre dans *Pépé le Moko* (1937), de Duvivier, où il finit par se tuer.

Après le trou de la guerre, qu'il passe aux États-Unis puis dans la 2e DB, c'est dur de réapparaître. Mais il y parvient car c'est un grand comédien, qui sait se glisser dans un métier qu'il ignore, qui excelle à faire vivre le personnage. Dans *Voici le temps des assassins* (1956), de Julien Duvivier, on jurerait qu'il a déjà dirigé une brigade, acheté aux Halles, préparé les mets, conduit les clients à leur table, affable et impérial. *Idem* pour tous les métiers de cette deuxième époque, celle de l'accession à la respectabilité : chefs d'entreprise, professions libérales, hauts fonctionnaires, mandarins… Dans cette nouvelle rafale, on compte *Au-delà des grilles*, *La Marie du port*, *Le Plaisir*, *La Vérité sur Bébé Donge*, *Touchez pas au grisbi* (dans la scène où il dit à René Dary de « se rincer les crochets », on sent la fuite du temps…), *La Traversée de Paris*, *En cas de malheur* (Bardot relève sa jupe dans le bureau de Gabin, grand avocat, mais il se domine), deux ou trois *Maigret*… Fin du deuxième acte et du mythe élaboré jadis par les scénaristes Prévert et Spaak.

Comment durer ? À partir des années 1960, obsédé par le box-office, il ne peut plus voir en peinture le Gabin de son ascension. À part *Un singe en hiver* (1962), d'Henri Verneuil et *Le Chat* (1971), de Pierre Granier-Deferre, c'est le naufrage d'un vieil acteur qui cabotine, plus ganache qu'il n'est permis. En 1952, il réalise un rêve d'enfant en acquérant une ferme en Normandie. Désormais, Jean Moncorgé (son vrai nom) s'intéresse par-dessus tout à son nouveau dada : un élevage de chevaux de course et de bovins dont il est très fier. Il s'en défera pourtant, ulcéré par une grande manifestation paysanne qui envahit le domaine. Chez les truands, il est d'usage de risquer un dernier coup gagnant. Gabin le réussit avec *Mélodie en sous-sol* (1963), de Verneuil. Mais avec d'autres que nous ne citerons pas, le mythe du cinéma français se contente de se singer lui-même. Hélas, les jeux sont faits. Rien ne va plus. Merci pour le personnel. On s'aperçoit alors que l'écart entre cette dernière période et le reste jette un certain discrédit sur l'ensemble, quand une telle chute de niveau ne dispose pas en sa faveur.

Autres films notables :
Razzia sur la chnouf (1955), d'Henri Decoin ;
French cancan (1955), de Jean Renoir ;
La Horse (1970), de Pierre Granier-Deferre.

GRÉGORY GADEBOIS
(NÉ EN 1976)

Au début, Grégory Gadebois parlait peu. Pas seulement parce que, comme tout acteur débutant, il n'occupait pas le devant de la scène, mais aussi parce qu'il lui suffisait d'apparaître pour que les regards se fixent sur lui, sur sa présence, sur cet incroyable mélange de puissance physique et de tendresse. N'ayons pas peur des comparaisons, on n'avait pas vu ça au cinéma depuis les premiers pas de Gérard Depardieu.

Adolescent, Grégory Gadebois rêve de se fondre dans la foule. « Cette idée de normalité m'a toujours hanté, me hante toujours. J'aurais voulu avoir un corps normal, pouvoir échanger mes tee-shirts avec les copains. À 16 ans, j'avais déjà passé les cent kilos... » Le théâtre, puis le cinéma viennent à point nommé prouver au jeune homme solitaire, taiseux, ascolaire que toutes ces différences peuvent se transformer en formidables atouts. Reçu au Conservatoire, il entre très vite à la Comédie-Française. « C'est un garçon extrêmement sensible, plein de grâce et d'humanité. Et il a ce mérite d'être capable de traverser les classes sociales. Il peut aussi bien jouer un paumé qu'un patron », dit de lui Marcel Bozonnet, ancien administrateur général de l'illustre compagnie.

Son premier rôle, il le doit à la réalisatrice Alix Delaporte, qui l'imagine en marin-pêcheur bourru, perclus de tracas financiers, renversé par une rencontre amoureuse, dans *Angèle et Tony* (2011). Un rôle magnifique où il s'impose d'emblée, dans ses grosses bottes, son regard bleu perçant embué parfois par l'étourdissement amoureux, conjuguant la puissance et la grâce.

Une autre cinéaste est subjuguée par le comédien : Anne Fontaine, avec qui il tournera trois films, dont le très facétieux *Présidents* (2021), où il incarne François Hollande faisant alliance avec Nicolas Sarkozy (Jean Dujardin) pour faire échec à la victoire inéluctable de Marine Le Pen. Dans ce rôle un peu délicat, le comédien fait le (bon) choix de l'évocation, plutôt que l'imitation. Il adopte un ton légèrement professoral, face au suractif Nicolas, feint la distance et l'apaisement, mais renverse tout sur son passage dès qu'on prononce le nom de Macron. Bref, Grégory Gadebois a aussi une vraie puissance comique.

Avec Roman Polanski, dans *J'accuse* (2019), l'acteur atteint un sommet dans le rôle du machiavélique commandant Hubert Henry, celui-là même qui fabriqua de faux documents pour faire accuser Alfred Dreyfus. Sanglé, corseté dans son uniforme, Gadebois élabore un mélange sophistiqué de servilité et de rigueur, baissant les yeux, suant dans sa veste à brandebourgs. Le résultat est sidérant de justesse, d'intelligence et d'humanité. Une marque de fabrique de ce grand comédien.

Autres films notables :
Marvin ou la Belle Éducation (2017), d'Anne Fontaine ;
Tout s'est bien passé (2021), de François Ozon ;
La Fiancée du poète (2023), de Yolande Moreau.

CHARLOTTE GAINSBOURG
(NÉE EN 1971)

Quand on lui demande ce qu'elle a hérité physiquement de ses célèbres parents, Charlotte Gainsbourg y va par le chemin de la rudesse. En 2010, lors de la publication d'une bande dessinée *Charlotte Gainsbourg mon amour*, hommage du dessinateur Fabrice Tarrin qui la représente sous les traits d'un grand canard à la mâchoire proéminente, elle déclare : « Ma mâchoire prognathe vient de mon père alcoolique et ma taille, de ma mère mannequin. » Œdipe n'a pas l'air d'être son meilleur ami. Il faut dire que, plongée très jeune dans le bain acide que son cher papa lui avait préparé (témoin la chanson « Lemon Incest » en 1984 et le film *Charlotte For Ever* en 1986), elle aurait pu ne jamais s'en sortir. Une certaine force propre la sauve d'une probable noyade, et le cinéma est une sortie de secours.

Claude Miller, à deux reprises, est son thérapeute. En 1985, il lui propose de jouer le rôle-titre de *L'Effrontée*, portrait d'une adolescente timide et gauche qui va éclore en se liant d'amitié avec une pianiste de son âge. En 1988, il la radicalise, dans *La Petite Voleuse* : la vie de Janine, née de père inconnu (tiens donc) et de mère absente (tiens donc, bis). Elle survit de larcins, plus ou moins compulsifs, entretient une liaison avec un homme plus âgé et croit à l'amour avec un garçon de sa génération. Charlotte Gainsbourg est impressionnante de sobriété dans cette figuration d'un destin torturé.

La voleuse prend alors son envol. Et se pose avec bonheur dans le monde du cinéma d'auteur. Entre autres chez Patrice Chéreau, dans *Persécution* (2009), où elle est Sonia, une femme intercalée entre deux hommes qui se cherchent. En retrait, elle guette leurs manigances et n'en pense pas moins. On l'aime aussi dans *I'm Not There* (2007), de Todd Haynes, un biopic inspiré de la vie de Bob Dylan où elle fait une apparition furtive mais mémorable. Mais c'est surtout avec Lars von Trier qu'elle va nouer une alliance de feu et de glace en trois films pour le moins incandescents. En 2009, dans *Antichrist*, elle est « Elle », une mère percluse de culpabilité après la mort accidentelle de son enfant. Dans son anglais parfait (merci, maman Jane B.), elle donne la réplique à Willem Dafoe qui joue « Lui », son compagnon. *Antichrist*, qui plonge dans les abîmes du noir désir (sexe et mutilation), est massacré par les critiques, qui parlent au mieux de « Bergman du pauvre ». Ce qui ne décourage pas Charlotte Gainsbourg. Dans *Melancholia* (2011), elle est de nouveau au premier plan, en duo avec Kirsten Dunst. Deux sœurs amies-ennemies, tandis qu'une météorite géante menace de pulvériser notre monde. Un récit d'apocalypse très angoissant, où Charlotte Gainsbourg inquiète d'autant plus qu'elle sourit tout le temps, comme préposée à l'inconscience, avant de s'effondrer en larmes. En 2013, summum de sa collaboration avec von Trier, elle donne tout son corps dans *Nymphomaniac*, portrait d'une femme qui passe par toutes les phases de sa libido, réelles ou imaginaires. Comme de coutume avec Lars von Trier, le film fait jaser, ce diptyque comportant des scènes de sexe explicite, doublées par des acteurs pornos. Pourtant Charlotte Gainsbourg s'y impose et nous en impose, se donnant à la caméra tout en ménageant le secret indéchirable d'une sidérante retenue. Une actrice mystère, c'est le moins qu'on puisse dire.

Autres films notables :
Ma femme est une actrice (2001), d'Yvan Attal ;
Lemming (2005), de Dominik Moll ;
Les Fantômes d'Ismaël (2017), d'Arnaud Desplechin.

MICHEL GALABRU
(1922-2016)

Un ringard. C'est en ces termes peu flatteurs que des producteurs français évoquaient Michel Galabru en 1964. Ce qui est un peu vite dit quand on sait que le ringard en question était sorti du Conservatoire avec un premier prix quinze ans plus tôt, et qu'il était engagé dans la foulée à la Comédie- Française. On a vu pire comme débuts de carrière.

Alors pourquoi ce mot ? Parce qu'il a envie de comédie ? de faire rire ? C'est une piste à envisager tant la reconnaissance du talent d'acteur de Michel Galabru arrivera relativement tard dans sa vie de comédien, avec un rôle dramatique dans *Le Juge et l'Assassin* (1976), de Bertrand Tavernier. Le contraste avec celui que le grand public connaissait davantage sous les traits de l'adjudant Gerber, martyrisé par Louis de Funès dans *Le Gendarme de Saint-Tropez* (1964), de Jean Girault, soufflant, râlant, transpirant dans son bel uniforme, est saisissant. Michel Galabru est ici Joseph Bouvier, un assassin de grand chemin, violant et tuant bergers et bergères sur son passage dans les campagnes françaises de la fin du XIXe siècle. La force de sa composition est sidérante : entre exalté fou de Dieu et brave bonhomme, un pauvre fou, délirant et pathétique, et un meurtrier sanguinaire. Pour ce rôle, Michel Galabru obtient le César du meilleur acteur. Enfin considéré, à 53 ans. On pourrait invoquer ici la somme de nanars aux titres évocateurs certes, tels *Poussez pas Grand-Père dans les cactus* (1969), de Jean-Claude Dague, *La Dernière Bourrée à Paris* (1973), de Raoul André, ou encore *Le Führer en folie* (1973), de

Philippe Clair qu'il avait accumulés jusque-là. Deux petites merveilles enfouies dans cette liste de films oubliés, *Le petit baigneur* (1967), de Robert Dhéry et *le Viager* (1972), de Pierre Tchernia.

Le film de Bertrand Tavernier lui apporte la reconnaissance du métier, mais l'envie de comique n'a pas quitté Michel Galabru pour autant. Il enchaîne d'ailleurs le tournage du Tavernier avec celui de l'amusant *Trouble-fesses* de Raoul Folon, tout un programme. Mais dans ce registre, il peut atteindre des sommets. Prenons par exemple, ce député Simon Charrier, à la morale très stricte, qui s'inquiète de la profession des parents de son futur gendre, dans *La Cage aux folles* (1978), d'Édouard Molinaro. Lesquels ne sont autres que Renato et Albin, gérants d'un cabaret de travestis à Saint-Tropez. Pour donner le change au duo Michel Serrault/Ugo Tognazzi aux ongles et peignoirs raffinés, Galabru jette son corps imposant dans la bagarre, bombant le torse, soufflant comme un buffle pour terminer dans la peau d'une très belle drag-queen rousse. Ringard Galabru ?

Autres films notables :
Une semaine de vacances (1980), de Bertrand Tavernier ;
Papy fait de la résistance (1983), de Jean-Marie Poiré ;
Soigne ta droite (1987), de Jean-Luc Godard.

JACQUES GAMBLIN

(NÉ EN 1957)

Les histoires de cinéma sont souvent des histoires de dingues. Les débuts de Jacques Gamblin au cinéma en sont un exemple frappant. Jeune comédien, arrivé par hasard au théâtre alors qu'il se voyait plutôt menuisier, il est retenu au casting du film de Gabriel Aghion, *Pédale douce* (1996), pour incarner le directeur de com' d'un homme d'affaires qui dissimule son homosexualité par peur de perdre d'importants contrats. Bon. Parmi les spectateurs de ce film discutable, un réalisateur japonais, Shohei Imamura, est impressionné par la performance de Jacques Gamblin en folle furieuse. L'imagination du cinéaste l'amène à proposer à l'acteur un rôle de docteur néerlandais, prisonnier de guerre au Japon, qui assiste un médecin du cru, dans *Kanzo Senseï (docteur Akagi)* (1998). Imamura a vu juste : Jacques Gamblin est à l'unisson de la dramaturgie singulière, pleine de fantaisie du réalisateur, développant un jeu d'une délicatesse extrême.

Dans le regard de Jacques Gamblin, il y a une douceur rêveuse, espiègle, souvent présente quand il joue le père de famille aimant de trois grands enfants dans *Le Premier Jour du reste de ta vie* (2008), de Rémi Bezançon, ou l'excentrique animateur de soirées tombant sous le charme de Sandrine Bonnaire dans *Mademoiselle* (2001), de Philippe Lioret. Plongé dans l'adversité, son regard bleu se fait de glace, quand il incarne Jean Devaivre, ce metteur en scène français qui se dédouble entre ses activités professionnelles pour un studio français passé sous contrôle allemand, et ses activités de résistant, dans le film de Bertrand Tavernier, *Laissez-passer*

(2002). Un rôle magnifique que Jacques Gamblin, toujours vêtu de sa canadienne, prend à bras-le-corps, sur le qui-vive, affairé, courant dans tous les sens, capable aussi de se figer pour mieux afficher son refus.

La maturité lui ouvre un nouveau territoire, celui de l'autorité, des calmes certitudes à l'image de ce grand chirurgien, chef de service, surveillant avec attention les premiers pas de son interne de fils, dans *Hippocrate* (2014), de Thomas Lilti.

Autres films notables :
À la vie, à la mort ! (1995), de Robert Guédiguian ;
Les Enfants du marais (1999), de Jean Becker ;
Bellamy (2009), de Claude Chabrol.

LOUIS GARREL
(NÉ EN 1983)

Le film en costumes va très bien à Louis Garrel. Ce port de tête altier, ce visage aux larges mâchoires, ce regard sombre surligné d'une solide paire de sourcils noirs lui donnent tout de suite des airs d'hidalgo, d'aristocrate aux poignets de dentelle. Dernière démonstration en date, son Louis XIII dans *Les Trois mousquetaires : D'Artagnan* (2023), de Martin Bourboulon, protecteur des mousquetaires en rivalité avec les gardes du cardinal de Richelieu. Louis Garrel y est parfait d'autorité naturelle, et de spontanéité, très au-dessus de la mêlée comme son rôle l'y invite. Ne pas oublier non plus qu'il fut un formidable Alfred Dreyfus dans *J'accuse* (2019), de Roman Polanski et que soudain Louis Garrel semble presque chétif, comme écrasé par le poids de ce complot qui le désignait comme coupable, mais qu'il garda un défi dans le regard. Et que dire de son Robespierre dans *Un peuple et son roi* (2018), de Pierre Schoeller, où le comédien se trouve une silhouette tout en raideur pour s'imposer à la tribune de l'Assemblée constituante, sinon qu'il donne un sacré coup de modernité à tous les Robespierre passés du cinéma.

Évidemment Louis Garrel ne peut pas être résumé à ses rôles en costumes, aussi brillants soient-ils. D'abord parce qu'il est le fils du cinéaste Philippe Garrel et qu'il a fait ses débuts devant la caméra de son père, un réalisateur exigeant, disciple de Jean-Luc Godard. Pirouette de cinéma, Louis Garrel prendra plus tard les traits du réalisateur du *Mépris*, adoptant une pointe d'accent suisse et le fameux chuintement, dans *Le Redoutable* (2017), de

Michel Hazanavicius. Une performance largement à la hauteur de l'héritage paternel. Distingué et fiévreux, ténébreux et drôle, agité de doutes et amoureux, Louis Garrel domine son sujet sans jamais verser dans la caricature.

Louis Garrel est un comédien subtil, et on peut parfaitement imaginer que cette qualité, et la grande souplesse de son jeu, ont retenu l'attention du metteur en scène Christophe Honoré qui lui donne l'un des deux premiers rôles de *Ma mère* (2004). Louis Garrel a 21 ans mais il tient bon face à l'impériale Isabelle Huppert. Avec le temps, il devient l'acteur fétiche du réalisateur avec qui il tournera cinq films, dévoilant la face plus légère du comédien, très à l'aise dans la comédie, ainsi que ses qualités de chanteur. Mieux encore, Louis Garrel a sous le pied une vraie puissance comique révélée par ses soins, dans son quatrième long-métrage, *L'Innocent*, qu'il réalise en 2022. Une comédie désopilante où il se donne le rôle du fils inquiet de voir sa mère (géniale Anouk Grinberg) filer le grand amour avec un ancien détenu. Un fils adulte désarçonné par une mère rêveuse, comme adolescente, un type sans histoires, à la limite de l'ennuyeux, gagné petit à petit par la loufoquerie générale. Comme si Louis Garrel tenait à faire passer le mot qu'il peut aussi nous faire rire. Message reçu.

Autres films notables :
Innocents (The Dreamers) (2003), de Bernardo Bertolucci ;
Saint Laurent (2014), de Betrand Bonello ;
Les Amandiers (2022), de Valeria Bruni-Tedeschi.

DANIEL GÉLIN

(1921-2002)

C'est grisant mais sportif, une vie de comédien, avec ses hauts et ses bas, ses succès et ses ratages, ses joies et ses peines. Ses tunnels aussi. Après quelques années de galère, Daniel Gélin a eu un démarrage inespéré, ce qui lui a valu un tableau de chasse impressionnant, avec cent trente films. C'est à Jacques Becker qu'il doit son essor : il a 28 ans lorsque le réalisateur lui confie un rôle dans *Rendez-vous de juillet* (1949). Avec ses camarades, il incarne cette jeunesse fiévreuse de l'après-guerre qui se retrouve le soir dans les caves de Saint-Germain-des-Prés. Il y fait preuve d'une autorité, d'une justesse (il a pris des cours chez Mme Dussane) qu'on n'attendait pas chez ce gamin dissipé qui a débuté dans une usine de morues à Saint-Malo.

Avant Becker, il a donné la réplique à Michel Simon dans *Un ami viendra ce soir* (1946), de Raymond Bernard. La même année, c'est *Martin Roumagnac*, de Georges Lacombe : Marlene Dietrich l'y embrasse sur la bouche. Puis *Le Paradis des pilotes perdus* (1949), de Georges Lampin. Il est ensuite le fou du village dans *Dieu a besoin des hommes* (1950), de Jean Delannoy, face à Fresnay, et, la même année, un jeune bourgeois dans *La Ronde*, de Max Ophuls, avec Simone Simon. En dix ans, le voilà vedette.

En 1951, Becker le rappelle pour *Édouard et Caroline*, un de leurs meilleurs films ensemble avec Anne Vernon (Caroline). C'est quoi ? Rien, une dispute entre mari et femme, une histoire de robe du soir raccourcie. Et, pour finir, un chef-d'œuvre. Le spectateur est en si intime connivence avec les personnages qu'il a l'impression d'être un familier. Ici comme ailleurs, Daniel Gélin fait montre de deux qualités rares : d'une part, la faculté d'accélération, et d'autre part, le mélange de tristesse et de gaieté. Car quelles que soient ses colères, sa nature est ainsi faite qu'il est difficile de lui en vouloir. Comme beaucoup de couples, Édouard et Caroline sont en conflit permanent, mais ils s'aiment vraiment. *Idem* pour *Rue de l'Estrapade*, deux ans plus tard, avec les mêmes, un peu moins de rigueur peut-être, mais le même charme, ce qui tend à prouver qu'avec des acteurs de ce calibre une certaine marge d'improvisation profite à l'œuvre. La perfection des comédies américaines n'est pas loin.

La déchéance non plus. Il y a chez Gélin une tendance mélancolique voire autodestructrice, qui le rend touchant. Il ne se contente pas de jouer les drogués, comme dans *L'Esclave* (1953), d'Yves Ciampi, où il est un pianiste qui se shoote. Par goût du risque, impression de puissance ou même par curiosité, il va lui-même consommer des drogues dures, non sans les accompagner d'alcool. Ces pratiques facilitent aussi sans doute ses relations avec les femmes – trois mariages, mais pas que. Séducteur au regard tendre et à la mèche romantique, Gélin est assez beau, son nez est un peu long, mais sa chevelure est superbe. Et sa vulnérabilité fait fondre.

En même temps que se pointe la quarantaine, il passe d'une normalité divertissante à une frilosité désenchantée. Il y a en lui quelque chose de cassé. On ne piaffe plus, on regarde la vie en face. La nouvelle vague l'évite. Il jouera encore, surtout des seconds rôles : un médecin, un couturier, un vétérinaire, un journaliste, Bonaparte, Maupassant, lui-même, un veuf, un comédien, un colonel, encore un médecin (celui de *La vie est un long fleuve tranquille*), un projectionniste, un monsieur sur la plage… Rien de transcendant, sauf *L'Homme qui en savait trop* (1956), d'Hitchcock, et deux Pierre Kast, avec Françoise Arnoul.

De ses femmes, dont Danièle Delorme, il a eu six enfants. Il a écrit des poèmes appréciés, deux autobiographies, un livre de jardinage et, avec Micheline Presle, il est passé à la télé dans la série culte des *Saintes Chéries* (1965-1970). Re-célébrité. Si l'idée était d'avoir une vie bien remplie, d'être toujours à l'aventure et jamais là où on l'attend, c'est réussi.

Autres films notables :
Le Plaisir (1952), de Max Ophuls ;
L'Affaire Maurizius (1954), de Julien Duvivier ;
Le Souffle au cœur (1971), de Louis Malle.

ANNIE GIRARDOT

(1931-2011)

Se souvenir d'Annie Girardot, c'est fatalement évoquer cette fameuse cérémonie des Césars de 1996 où ayant obtenu le César de la meilleure actrice dans un second rôle pour *Les Misérables* (1995) de Claude Lelouch, elle déclenche dans la salle un raz de marée d'émotions. « Je ne sais pas si j'ai manqué au cinéma français, mais à moi, le cinéma français a manqué follement… éperdument… douloureusement. Et votre témoignage, votre amour me font penser que peut-être, je dis bien peut-être, je ne suis pas encore tout à fait morte. » Après avoir joué dans cent vingt-deux films et une quarantaine de pièces de théâtre (dont *Madame Marguerite*, de Roberto Athayde), Annie Girardot est comme ressuscitée des enfers. L'enfer de sa vie privée, ponctuée d'amours difficiles et de diverses toxicomanies. L'enfer de l'oubli.

Pourtant, à la fin des années 1970, actrice la mieux payée de France, elle fait exploser le box-office dans moult comédies : *Elle boit pas, elle fume pas, elle drague pas, mais… elle cause !* (1970), de Michel Audiard, *La Gifle* (1974), de Claude Pinoteau, ou *Tendre Poulet* (1978), de Philippe de Broca. Impayable à chaque fois en déconneuse.

Mais c'est un rôle nettement plus sombre qui la sacra *diva assoluta* auprès du grand public. En 1971, elle est la vedette de *Mourir d'aimer*, d'André Cayatte. Le récit est inspiré de l'histoire de Gabrielle Russier, une enseignante condamnée à un an de prison pour détournement de mineur après une liaison avec un de ses élèves. Le fait divers se termina par le suicide de la jeune femme, inspira une chanson à Charles Aznavour, arracha un commentaire sibyllin à Georges Pompidou, alors président de la République, et devint donc un film. Un mélo cayatissime que Girardot porte corps et âme. La critique, dont François Truffaut, grogna, mais le public fut conquis. À la fin des projections de *Mourir d'aimer*, souvent les spectateurs se levaient pour applaudir, une rareté qu'on n'avait vécue auparavant qu'avec *Z*, de Costa-Gavras. Cet apogée rappelle qu'Annie Girardot est aussi une tragédienne. Et ce, dès ses débuts. Notamment dans *Maigret tend un piège* (1958), de Jean Delannoy, où, face à Gabin dans le rôle du fameux commissaire, elle insuffle une tournure mélancolique à son personnage de jeune bourgeoise mariée à un impuissant.

L'Italie des années 1960 sera sa seconde patrie de cinéma. En 1960, elle entre par la grande porte dans le monde de Luchino Visconti. Elle est Nadia, fille légère, dans *Rocco et ses frères*. Provocatrice, sexy, et hilarante quand elle se trouve face aux femmes coincées d'un clan de prolos milanais dominé par une mama acariâtre. Amoureuse folle de Simone (Renato Salvatori), aîné de la fratrie et jeune champion de boxe, qui va la délaisser. Puis, par amertume, compagne du frère cadet, Rocco (le bellissime Alain Delon).

Deux scènes de très haut vol la mettent en majesté : Nadia/Girardot qui crie pour appeler à l'aide Rocco, qui n'intervient pas, alors qu'elle est violée sous ses yeux par Simone. Puis, sur les toits du Duomo de Milan, son regard embué de désespoir quand le même Rocco lui demande de se remettre en ménage avec Simone. Certes, c'est Visconti qui dirige, mais Annie Girardot échappe alors à tout cadrage. *Per sempre,* la Girardot est Nadia, sainte putain sacrifiée et magnifique.

Toujours en Italie, Marco Ferreri lui offre en 1964 le rôle de Maria dans *Le Mari de la femme à barbe*. Une femme à la pilosité excessive, exhibée comme une curiosité de foire par son mari (Ugo Tognazzi). Le film fait scandale, son succès est médiocre, ce qui fait oublier l'interprétation de Girardot, qui, pourtant, rend sa « monstruosité » bouleversante.

Et parmi ses films plus récents, s'il ne fallait en garder qu'un ? À coup sûr *La Pianiste* (2001), de Michael Haneke, où elle joue la mère sévère d'Isabelle Huppert. Leur scène de castagne est un des apogées du film. Quelque temps plus tard, Annie Girardot confiera mi-figue mi-sourire : « Elle ne plaisantait pas la Huppert, elle m'a vraiment arraché une poignée de cheveux. »

Qu'elle repose en paix cette grande dame.

Autres films notables :
Erotissimo (1969), de Gérard Pirès ;
Dillinger est mort (1969), de Marco Ferreri ;
Le Grand Embouteillage (1979), de Luigi Comencini.

HIPPOLYTE GIRARDOT
(NÉ EN 1955)

Un démarrage en flèche. Par la grâce d'un film, *Un monde sans pitié* (1989), d'Éric Rochant, Hippolyte Girardot (qui s'appelle en réalité Frédéric) devient le visage de ces années 1980 finissantes, guettées par la morosité et la déprime, à l'image de son personnage d'Hippo, oisif, rebelle, fêtard, qui tombe amoureux fou de Nathalie (géniale Mireille Perrier), brillante étudiante à Normale Sup. Choc de deux mondes, à elle la réussite, l'espoir d'une carrière, à lui le Quartier latin, dans lequel il promène sa silhouette d'échalas à mèche. Arrêté par la police pour une bête histoire de circulation, Hippo lance : « Merde, c'est pas nous les bandits ! Nous, on est des nuls, putain, laissez-nous tranquilles cinq minutes ! » La réplique fera date, la performance d'Hippolyte Girardot aussi. Intense et détaché à la fois, il dissimule son romantisme derrière une attitude insolente, une gouaille et une espièglerie dans le regard. Toute une génération résumée en une réplique mordante : « Qu'est-ce qu'on a dans la vie à part l'amour ? Qu'est-ce qu'ils nous ont laissé ? Des lendemains qui chantent ? Le grand marché européen ? On n'a plus qu'à être amoureux. » Un million d'entrées et l'impact du film assurent à Hippolyte Girardot le titre de jeune premier du cinéma français. Mais le comédien se fait exigeant, il multiplie les refus et, petit à petit, le cinéma oublie Hippolyte Girardot.

Il reprend du service en 2004, dans le rôle d'un avocat toxicomane déclamant du Nerval à la gare du Nord, dans *Rois et Reine*, d'Arnaud Desplechin. Le jeune premier a mûri et ce registre de quadra cravaté capable de renverser une table sur un coup de folie va comme un gant à Hippolyte Girardot. « C'est vrai, j'interprète souvent des cadres décadrés, admet-il, ce sont toujours des personnages traversés par une faille, une faiblesse, une fêlure, un truc qui ne colle pas… »

Mais on l'aime aussi dans la peau de sir Clifford Chatterley, cet aristocrate impotent et tyrannique, cloué dans une chaise roulante, raide de corps et d'esprit, dans l'admirable *Lady Chatterley* (2006), de Pascale Ferran. Dernière surprise en date que nous réservait cet acteur polymorphe, *La Daronne* (2020), de Jean-Paul Salomé, une comédie avec Isabelle Huppert, dans laquelle on le découvre en commandant de la brigade des stups, un rien fantasque, affolé par sa principale suspecte.

Autres films notables :
Hors la vie (1991), de Maroun Bagdadi ;
Plus tard, tu comprendras (2008), d'Amos Gitaï ;
Je ne rêve que de vous (2019), de Laurent Heynemann.

BERNARD GIRAUDEAU

(1947-2010)

Il y a dans son regard bleu des mers du Sud une soif d'aventures, semblable à celle du gamin de *Moonfleet*, ou de l'*Île au trésor*. Est-ce pour cette raison que Bernard Giraudeau s'engage à 16 ans dans la marine, à bord du *Jeanne d'Arc*, son brevet de « turbine-diesel-chaudière » en poche ? Ou parce qu'il a décidé que l'école n'était pas pour lui ? De retour à terre quatre ans plus tard, il restera marqué à vie par les deux tours du monde qu'il a réalisés, par ses voyages au cœur des ténèbres, à la manière des héros de Joseph Conrad.

La vie d'acteur, qu'il embrasse après celle de pompon rouge, l'amène d'abord sur des parcours plus balisés. Reçu au Conservatoire, premier prix de comédie classique, Bernard Giraudeau entame sa carrière de comédien sur les planches. Mais le cinéma fait très vite les yeux doux à ce beau gosse charmeur et solaire. Il accepte un peu tout et n'importe quoi, prof d'allemand de Sophie Marceau dans *La Boum* (1980), de Claude Pinoteau, déménageur dragueur dans *Viens chez moi j'habite chez une copine* (1981), de Patrice Leconte, jusqu'à *Poussière d'ange* (1987), d'Édouard Niermans. Un film pas inoubliable, mais qui laisse émerger un autre Bernard Giraudeau, ici dans le rôle d'un flic solitaire, rongé par l'alcool et le désespoir, parfaitement à l'aise dans un drame. Par la suite, Nicole Garcia lui offre un très beau rôle de fils et de frère, dans *Le Fils préféré* (1994). Celui d'un garçon rejeté par son père pour cause d'homosexualité, et qui a rompu tous les liens qui le retenaient à sa famille. Et c'est encore un autre Giraudeau qui apparaît, cassant, ironique, insolent.

Ses envies de voyage ne l'ont pas quitté pour autant. En 1996, il passe à la réalisation avec *Les Caprices d'un fleuve*, dans lequel il incarne un noble tombé en disgrâce auprès du roi Louis XVI et envoyé comme gouverneur dans un comptoir au Sénégal. Colonisation, esclavage, continent lointain : *Les Caprices d'un fleuve* dit beaucoup de l'acteur et de l'homme Giraudeau, progressiste et militant de grandes causes. Avec François Ozon, Bernard Giraudeau explorera encore davantage le trouble qu'il peut susciter, dans *Gouttes d'eau sur pierres brûlantes* (2000), adapté de Rainer Werner Fassbinder. À ce personnage de quinquagénaire homosexuel qui aime manipuler son monde, Giraudeau offre un petit supplément de flamboyance, qu'on ne lui connaissait pas. Génial. Pour les besoins des *Marins perdus* (2003), de Claire Devers, l'un de ses derniers films, Giraudeau embarque sur un chalutier. Retour en mer ? Pas vraiment, c'est l'histoire d'un marin qui reste à quai.

Autres films notables :
Passion d'amour (1981), d'Ettore Scola ;
Ridicule (1996), de Patrice Leconte ;
Une affaire de goût (2000), de Bernard Rapp.

GUILLAUME GOUIX
(NÉ EN 1983)

Attention à Guillaume Gouix, jeune quadragénaire, actuellement posté sur l'avant-dernière marche qui conduit aux grands rôles. Très vite, serait-on tenté d'ajouter, tant il s'impose dans la moindre de ses apparitions. Il la joue fine, Guillaume Gouix, très fine. Son jeu est subtil, souvent sur la ligne de crête. Prenons par exemple, *Jimmy Rivière* (2011), de Teddy Lussi-Modeste, qui lui propose le rôle d'un gitan boxeur, alors que sa religion lui interdit la violence. Habité par son rôle, comme s'il était investi d'une mission, Guillaume Gouix se révèle solaire, fantasque, ombrageux. Du beau boulot. 2011 sera décidément son année : quelques mois avant *Jimmy Rivière*, Guillaume Gouix est le brigadier Leloup, fin limier coiffé d'une chapka atroce, dans *Poupoupidou*, de Gérald Hustache-Mathieu. Le succès du film met en lumière le jeune acteur qui finit l'année avec un petit rôle dans *Minuit à Paris*, de Woody Allen.

Son physique un peu ramassé, musculeux, son regard bleu qui peut devenir de glace, le prédisposent parfois à des rôles de brutes, tel ce militant identitaire dans *Chez nous* (2017), de Lucas Belvaux. La force de Guillaume Gouix dans ce film est dans cette manière d'alterner le charme du bon copain, fan de foot avec les enfants, et la haine consubstantielle à la droite extrême, qui suinte d'un coup par tous ses pores. Comme si, pour mieux s'approprier un rôle, Guillaume Gouix se faisait un devoir de fouiller les secrets d'un personnage, tel ce soldat français en Indochine, s'en fout la mort, perdu dans la jungle, révélant son homosexualité alors qu'il agonise dans *Les Confins du monde* (2018), de Guillaume Nicloux.

C'est la télévision qui lui offrira un vrai premier rôle (enfin) dans *Polar Park*, formidable série d'Arte. Et la belle unanimité qui se dessine déjà autour de Guillaume Gouix devrait lui donner des ailes pour les années à venir.

Autres films notables :
Belle Épine (2010), de Rebecca Zlotowski ;
Braqueurs (2016), de Julien Leclercq.

OLIVIER GOURMET

(NÉ EN 1963)

Il explose en 1996, dans *La Promesse*, de Jean-Pierre et Luc Dardenne, premier film du tandem belge présenté à Cannes, dans le cadre de la Quinzaine des Réalisateurs. Olivier Gourmet y incarne Roger, trafiquant d'êtres humains, cynique et sans scrupule, mais aussi père aimant d'Igor, son fils unique. Pour jouer cette brute épaisse, Olivier Gourmet travaille comme un boxeur, balançant son corps massif d'un pied sur l'autre, allongeant des claques, naviguant à vue, le regard démesuré derrière des lunettes-loupes, entonnant « Siffler sur la colline » en duo avec son Igor. Mais d'où vient cet acteur qui joue avec son texte et tout son corps ? Du théâtre, et plus particulièrement du Conservatoire de Liège. Il a déjà près de dix ans d'expérience théâtrale, quand sa route croise celle des frères Dardenne. Dans la foulée de cet essai plus que transformé, une complicité se noue entre l'acteur et les frères cinéastes. Il apparaît de loin en loin dans leurs films, toujours juste.

Parce qu'Olivier Gourmet aime le jeu, décortiquer les sentiments de son personnage pour arriver au plus près, comme il le fait si magistralement dans *Nationale 7* (2000), de Jean-Pierre Sinapi, en incarnant un homme condamné par la myopathie et qui voudrait faire l'amour une dernière fois dans sa vie. Il pourrait être sinistre, il ne l'est pas. Car à cet homme qui perd ses moyens, Olivier Gourmet prête tous les siens, un regard déterminé, un rire contagieux, et tout le poids de son corps. Un jeu de très haut niveau inédit dans le cinéma français, à l'exception peut-être d'un Patrice Chéreau, adepte d'un cinéma qui engage aussi le physique.

Six ans plus tard, ça y est, le voilà dans un premier rôle dans *Le Fils* (2002) écrit sur mesure par les frères Dardenne. Et quel rôle. Celui d'un père en deuil de son fils. Un homme simple, formateur en menuiserie, qui accepte, sans vraiment comprendre son geste, de prendre sous son aile le garçon qui a causé la mort de son fils. La douleur n'est pas seulement dans le regard d'Olivier Gourmet, elle est aussi dans sa façon de se déplacer, avec lassitude, ou dans ses gestes accomplis mécaniquement. Le festival de Cannes lui décerne le prix d'interprétation masculine. Ça ne change pas grand-chose dans ses choix, qui restent très exigeants. « Je m'en fiche vraiment d'être connu. Quand on m'invite dans un festival, au bout de deux jours cela me fout le cafard et j'ai envie de m'enfuir », confiait-il à *Libération*.

Cette grande modestie, cette manière de s'impliquer à mille pour cent, de se mettre au service d'une histoire attirent évidemment d'autres metteurs en scène, tels Pierre Schoeller, qui lui offre le rôle d'un ministre des Transports sommé de renier ses engagements dans *L'Exercice de l'État* (2011). Mémorable performance dans laquelle l'acteur fait émerger la solitude d'un homme qui n'a pas seulement perdu ses illusions, mais qui se retrouve piégé par un État qui dévore ceux qui le servent. On n'oubliera pas non plus ce chef d'entreprise sous pression qui prend une mauvaise décision dans *Ceux qui travaillent* (2019), d'Antoine Russbach, un homme qui donne tout à son job en sacrifiant sa vie de famille.

Le dénominateur commun de tous ces rôles, c'est la grande dignité qu'Olivier Gourmet parvient à transmettre. Et si le plus grand acteur français de sa génération était belge ?

Autres films notables :
Rosetta (1999), de Jean-Pierre et Luc Dardenne ;
Le Lait de la tendresse humaine (2001),
de Dominique Cabrera ;
Vénus noire (2010), d'Abdellatif Kechiche.

FERNAND GRAVEY

(1905-1970)

Qui donc disait que les Belges ne font rien comme les autres ? Né un jour de Noël, à Bruxelles, le petit Fernand Mertens commence sa vie d'acteur par des rôles de gamin pour le cinéaste Alfred Machin qui a réellement existé ! Et boum ! la guerre de 14. Puis de petites tournées – le théâtre restera son chouchou sa vie durant –, puis l'entrée en cinéma au début du parlant. D'ailleurs en 1928, il épouse à Paris la directrice du théâtre Daunou, Jane Renouardt – onze ans de plus que lui. Il commence par des comédies de René Guissart, comme *Tu seras duchesse* et *Coiffeur pour dames*, toutes les deux en 1932. Arrive sa grande période, de *Mister Flow* (1936), de Robert Siodmak, à *La Ronde* (1950), de Max Ophuls. On s'est vite aperçu que l'homme à la fine moustache avait de la classe et de la fantaisie. Dans *Domino* (1943), de Roger Richebé, il arrive à hausser un seul sourcil. Dans *Le Capitaine Fracasse* (1943), d'Abel Gance, il tire l'épée dans un cimetière pour un duel en vers. Truculence et Cyrano. Le public adore.

En 1937-1938, trois films MGM, dont un Duvivier, où il joue Johann Strauss, mais Hollywood lui préfère Charles Boyer. Il rentre au bercail et, pour ses films à venir, cherche à former un couple à la manière des comédies américaines à la mode à l'époque. Avec qui ? Il y aura la sophistiquée Edwige Feuillère, dans *Mister Flow*, de Robert Siodmak, ou *Il suffit d'une fois* (1946), d'Andrée Feix. Ensuite Micheline Presle, à l'adorable spontanéité, dans *Paradis perdu* (1939), d'Abel Gance, puis dans

La Nuit fantastique (1943), de Marcel L'Herbier, où Gravey est un étudiant, à l'air hébété de dormeur éveillé, qui travaille la nuit pour payer ses études et tombe amoureux d'une Micheline sortant d'une vitrine en robe de mariée – apparition de rêve. Beaucoup plus tard, ce sera l'impayable Sophie Desmarets qui s'accordera au flegme de Gravey pour des comédies en mineur : *Ma femme est formidable* (1951) et *Mon mari est merveilleux* (1953), toutes deux d'André Hunebelle. Et parfois même, le couple est masculin, comme lorsque Richard Pottier, dans *Fanfare d'amour* (1935), met en scène deux musiciens au chômage (Gravey et Carette) se déguisant en femmes pour se fondre dans un orchestre de dames – le film tient le tempo et, titre de gloire, inspirera Billy Wilder pour *Certains l'aiment chaud* !

Mais dans Gravey, il y a grave. Un tournant dans sa carrière aura été un grand rôle sérieux juste avant la guerre. Comment allait-il parvenir à cacher son élégance et sa distinction pour ce personnage de chômeur meurtrier dans *Le Dernier Tournant* (1939), de Pierre Chenal, d'après *Le facteur sonne toujours deux fois*, roman noir de l'Américain James M. Cain ? Il s'en tire avec cette simplicité si appréciée des Américains. Pour finir, n'oublions pas *La Ronde* (1950), de Max Ophuls où il joue un sketch délicieux avec Odette Joyeux.

L'âge venant, les meilleures carrières se figent parfois, surtout les carrières comiques. Rien d'irrémédiable chez Gravey (il finira par *La Maison des bois* [1971], de Maurice Pialat), mais un peu d'essoufflement, une baisse de tension, des choix inégaux. Comme on vise moins haut, la comparaison souligne la faiblesse. Ce serait le moment de revenir sur ses pas pour un ultime dernier tournant. Hélas, le temps n'est plus où Gravey savait négocier les virages.

Autres films notables :
Histoire de rire (1941), de Marcel L'Herbier ;
Capitaine Blomet (1947), d'Andrée Feix ;
La Garçonne (1957), de Jacqueline Audry.

PASCAL GREGGORY
(NÉ EN 1954)

Dans nos mémoires de cinéphiles et d'admirateurs forcenés d'Alexandre Dumas, Pascal Greggory a imposé une fois pour toutes son duc d'Anjou, frère de Margot, qu'il interprète dans le film de Patrice Chéreau, *La Reine Margot* (1994) : collants et bloomer, comme il se doit, perle en forme de goutte à l'oreille, et fine moustache. Beau comme un carrosse d'or, flamboyant, entraînant dans son sillage un banc de très jolis mignons, mais aussi perfide, sarcastique et dangereux.

Le film de Patrice Chéreau marque le retour en grâce de Pascal Greggory au cinéma, après une éclipse d'une dizaine d'années. Sa carrière de comédien avait pourtant débuté sous les meilleurs auspices. Découvert par André Téchiné, pour qui il incarnera le tourmenté Branwell Brontë, dans *Les Sœurs Brontë* (1979), mais aussi par Éric Rohmer, qui lui offre le très joli rôle du garçon de plage dans *Pauline à la plage* (1983), Pascal Greggory avait de solides atouts en main. La raison de cette absence tient en quelques mots, livrés à *Libération* en 2005 : « Le cinéma m'amusait plus qu'il ne m'intéressait et je pense que c'est aussi pour cette raison qu'à un moment il y a eu un clash et que je n'ai plus trouvé de rôles. Je me présentais mal devant les gens, je semblais frivole, tête en l'air, tête à claques. »

Sa rencontre amoureuse avec Patrice Chéreau l'aide à redéfinir les bases du métier d'acteur, à commencer par l'engagement. Il apprend à prendre ses rôles à bras le cœur et le corps, sur les planches et devant la caméra. À se mettre à découvert, à laisser tomber la frivolité, qu'il a longtemps revendiquée comme une qualité. Cette force nouvellement révélée l'emmène vers d'autres territoires. Le réalisateur Florent-Emilio Siri le voit en vigile mal rasé et bas du front, dans *Nid de guêpes* (2002), thriller réussi aux faux airs de Carpenter. Quelle bonne idée ! Mal léché, mal lavé, l'air buté, beauf à la gâchette facile, Pascal Greggory, le dandy, se glisse sans difficulté dans un univers de brutes.

Dans la foulée, Luc Besson, Olivier Dahan, Jean-Paul Salomé le propulsent dans des superproductions à succès. Le plus souvent dans des seconds rôles. Mais Greggory n'oublie pas sa famille, ses familles de cinéma devrait-on dire, puisqu'il poursuit en parallèle de ces grosses machines, le fil d'un cinéma d'auteur plus exigeant et qui lui réussit à merveille. Il tourne avec Raoul Ruiz, *Le Temps retrouvé* (1999), et pour Jacques Doillon, qui fera de lui un photographe français installé à Marrakech, amoureux fou d'une jeune Marocaine, dans *Raja* (2003). Sans jamais rien perdre de cette grâce qui le définissait à ses débuts. Même dans la peau d'un vieux prof de philo qui perd la tête, dans *Un beau matin* (2022), de Mia Hansen-Løve. La touche Greggory.

Autres films notables :
La nuit porte jarretelles (1985), de Virginie Thévenet ;
Ceux qui m'aiment prendront le train (1998),
de Patrice Chéreau ;
Notre-Dame du Nil (2019), d'Atiq Rahimi.

ANOUK GRINBERG

(NÉE EN 1963)

On faillit prendre Anouk Grinberg en désaffection à force de la voir, de film en film, reconduire jusqu'au malaise son personnage de poupée détraquée qui la rendit célèbre dans trois films dirigés par Bertrand Blier. Pourtant pour sa toute première apparition, dans *Merci la vie* (1991), c'est une stupeur et un ravissement de découvrir ce petit bout de brune surgissant à l'écran en jeune mariée cabossée, dans un état critique de rage et de colère, en duo quasi musical avec Charlotte Gainsbourg. Anouk est Joëlle et Charlotte est Camille, deux filles en pétard et pétaradantes, notamment lors d'une scène de saccage d'une maison, où Joëlle hurle : « J'ai bien le droit de la détruire, c'est ma maison ! » Dans *Un deux trois soleil* (1993), elle est Victorine, une jeune femme qui vit dans une cité de Marseille, asphyxiée par sa mère (Myriam Boyer) et tiraillée entre le désir de fuir et celui de sauver son père alcoolique (Marcello Mastroianni). Petite fille courage qui navigue entre le désarroi et l'espoir d'une hypothétique aurore, qu'elle formule à sa façon : « On les nique toutes les tristes figures. »

Dans *Mon homme* (1996), troisième volet de sa cohabitation active avec Bertrand Blier, quelque chose dans son jeu est en train de se gripper. À sa décharge, l'argument du film a de quoi faire tousser : l'histoire d'une prostituée qui tombe sous le charme d'un SDF (Gérard Lanvin) et lui propose de devenir son souteneur. Pute et heureuse de l'être, jusqu'à réclamer des baffes à son homme ? Ça se discute, c'est le moins qu'on puisse dire. Anouk Grinberg paraît elle-même mal à l'aise dans ce rôle et se réfugie dans un phrasé larmoyant avec lequel elle s'exprime comme on titube et qui, par son systématisme, fait douter de la crédibilité de son personnage.

C'est cruel à dire mais après ce film où elle s'embourbe dans une caricature d'elle-même, on a moins envie de voir Anouk Grinberg. Le cinéma la quitte, à moins que ce soit elle qui, lassée, s'en éloigne. Elle s'enfuit dans des ailleurs qui lui conviennent mieux. Le théâtre en particulier, où elle fait quelques étincelles, entre autres dans *Le Temps et la Chambre* de Botho Strauss, mis en scène par Patrice Chéreau, mais aussi des lectures de textes d'Annie Ernaux ou de la poétesse russe Marina Tsvetaïeva, et des livres graphiques (*Mon cœur*).

On la croyait perdue pour le cinéma. On avait tort. Ayant atteint la maturité, elle réapparaît, en 2022, dans trois films majeurs : *La Nuit du 12*, de Dominik Moll, où elle est une juge d'instruction cassante ; *Les Volets verts*, de Jean Becker, où elle est l'habilleuse d'une star finissante (Gérard Depardieu), quelque peu obsédée du fer à repasser, et surtout *L'Innocent*, de Louis Garrel, qui ose et réussit le mélange entre chronique familiale, polar burlesque et comédie sentimentale. Anouk Grinberg, à l'unisson, y développe un talent puissamment comique qu'on ne lui connaissait pas encore et qui nous enchante.

Autres films notables :
Un héros très discret (1996), de Jacques Audiard ;
Les Fragments d'Antonin (2006), de Gabriel Le Bomin ;
Tromperie (2021), d'Arnaud Desplechin.

SACHA GUITRY
(1885-1957)

Dès que le jeune Sacha a 5 ans, son père, Lucien Guitry, réputé meilleur comédien de sa génération, ambitionne de lui faire faire du théâtre. Et quand, adolescent, il s'y colle, Lucien le prend dans sa troupe, où l'on ne plaisante pas. Sacha, si. Total, une amende si lourde qu'il ne peut s'en acquitter, il prend son chapeau et s'en va. La brouille durera vingt ans.

C'est alors que Sacha se retrousse les manches. Depuis Molière, on n'avait jamais vu ça. Un auteur qui écrit des pièces de théâtre, des dizaines de pièces, qui les représente, les joue et ne joue qu'elles, en une sorte de double jeu : le rôle et, en même temps, une conférence sur son propre théâtre, sur le Théâtre. *Idem* pour le cinéma. Guitry a écrit, joué, filmé. Il a aimé les femmes et il s'est aimé lui-même. Il a épousé quatre comédiennes et a laissé une œuvre considérable. Comme cinéaste, trente et un films : quatre pseudo-fresques historiques, des biographies romancées, des comédies charmantes, qu'on reprend à l'occasion. Des réussites, quelques chefs-d'œuvre. Plus tard, certains seront créés par Lucien, après leur réconciliation, comme *Deburau* : le père et le fils ce jour-là se donnent la réplique. Émotion.

Lucien était un acteur complet, Sacha est un auteur complet qui maîtrise l'art du théâtre, les règles du jeu, la langue, le verbe, avec aisance, prodigalité, imagination, mémoire, improvisation, verve. En cela, il est inimitable. Parfois il se grise de mots, parfois trop de facilité le submerge, mais il laisse une filmographie qui, si on la compare à celle de Pagnol, l'autre dramaturge d'avant-guerre passé au cinéma, dont le théâtre filmé se moque de la technique, rivalise avec celle des vrais cinéastes. Guitry s'en empare avec plus ou moins de bonheur. Mais est-ce qu'il joue, ce qui s'appelle jouer ? On lui en veut d'intimider ses comédiens masculins, au point que même un Michel Simon dans *La Poison* (1951) n'est pas au sommet de son art. Les femmes, si, heureusement.

Du coup, Guitry l'acteur se contente de sa présence et de son pouvoir de séduction sans chercher par des gestes, des attitudes, une mobilité à remporter des prix d'interprétation dans des festivals de cinéma. Aussi, parler de Sacha acteur, c'est manifester une gêne. L'homme a du charisme, une stature, mais il se satisfait de peu. De déguiser son personnage d'une cape, d'une canne, de ses grosses lunettes d'écaille. S'agit-il d'un héros historique, une mèche sur le front, une perruque, un tricorne, une barbiche feront l'affaire : autant de distractions pour masquer l'absence de toute gestuelle un peu subtile. Comme si l'ombre de son père avait suffi pour le dissuader de rivaliser sur le terrain du jeu. Son talent et sa modernité sont ailleurs. Où ? Dans sa voix, sa diction, qui sont un régal. Une voix belle, grave, nasale, qui ignore les silences et s'empare du spectateur, pris comme un lapin dans les phares d'une voiture, une voix claironnante, traînante sur certaines syllabes, une faconde particulière, un timbre qui ensorcelle et dont il joue à merveille, si reconnaissable qu'il semble parfois se pasticher lui-même.

Cette voix lui servira au cinéma où il se paie le luxe d'inventer des techniques, comme les génériques de début, jamais les mêmes et toujours étonnants, ou bien les voix off, dans des films comme *Le Roman d'un tricheur* (1936) ou *La Poison*, qui lui permettent de donner de la vitesse et d'authentifier l'œuvre. Son père avait raison.

Autres films notables :
Bonne chance (1935) ;
Donne-moi tes yeux (1943) ;
Napoléon (1955), tous trois de Sacha Guitry.

ADÈLE HAENEL
(NÉE EN 1989)

Aux dernières nouvelles, dont on espère qu'elles ne seront pas définitives, Adèle Haenel a décidé de mettre un terme à sa carrière d'actrice dans un monde qu'elle estime majoritairement dominé par des hommes machistes et misogynes, dont les films n'œuvrent qu'à renforcer l'ordre bourgeois. On peut comprendre ses raisons, largement fondées, mais on lui en voudrait presque de nous lâcher la main sur un chemin qu'elle avait balisé de personnages libres.

Passons sur *Les Diables* (2002), de Christophe Ruggia, l'actrice ayant accusé son réalisateur de s'être rendu coupable de harcèlement sexuel alors qu'elle avait entre 12 et 15 ans, et précipitons-nous sur *Naissance des pieuvres* (2007), premier long-métrage de Céline Sciamma. Dans cette exploration des tours et détours de l'adolescence au féminin, Adèle Haenel est Floriane, jeune capitaine d'une équipe de nage synchronisée. En eau trouble, pour le coup, tant son jeu oscille, incertain, entre maints désirs. Dans *L'Apollonide : Souvenirs de la maison close* (2011), de Bertrand Bonello, elle est Léa, surnommée « la poupée », une des pensionnaires d'un bordel du début du XXe siècle. Une poupée qui dit oui aux caprices des clients mais qui dit non à l'arrière-monde de la domination masculine. En 2013, dans *Suzanne*, de Katell Quillévéré, elle est une jeune mère fragile qui, par amour fou, abandonne son enfant.

Changement radical dans *Les Combattants* (2014), de Thomas Cailley, où elle apparaît en fille sportive et déterminée qui entraîne son amoureux dans un programme de survie de l'armée. Nouvelle métamorphose en 2018, dans *En liberté !* de Pierre Salvadori. Une veuve de flic prise dans une dérive existentielle pour le moins foutraque. Adèle Haenel hilarante ? La surprise est de taille et nous enchante.

Autant dire que d'un film à l'autre, c'est, semble-t-il, le combat permanent du jour et de la nuit, le souffle du chaud contrarié par le froid d'une certaine anxiété. En tout cas, la confirmation d'un style qui n'appartient qu'à elle : tantôt adolescente boudeuse, tantôt femme mature, à la fois puissante et faible, aussi ronchonne qu'extasiée, aussi féminine que masculine. Toutes qualités qui explosent dans deux films majeurs. *La Fille inconnue* (2016), de Jean-Pierre et Luc Dardenne, qui met en scène une jeune toubib dévorée par le remords de ne pas avoir ouvert la porte de son cabinet à une femme retrouvée morte peu après. Puis, autre sommet, *120 Battements par minute* (2017), de Robin Campillo, où elle est une militante d'Act Up qui se remarque dans la troupe des actrices et acteurs, tant sa composition, grave et résolue, paraît consubstantielle à sa vie radicale de jeune femme engagée.

Sincérité, c'est le mot qui semble convenir le mieux quand on veut tenter de résumer Adèle Haenel. Sincère jusqu'à son choix, à nos yeux catastrophiques, de ne plus paraître au cinéma.

Autres films notables :
L'Homme qu'on aimait trop (2014), d'André Téchiné ;
Le Daim (2019), de Quentin Dupieux ;
Portrait de la jeune fille en feu (2019), de Céline Sciamma.

MARCEL HERRAND
(1897-1953)

Il jouait les assassins comme de grands seigneurs et les hobereaux comme des spadassins. À part le génial Charles Laughton, bien peu d'acteurs dans le monde ont porté dans leur regard cette suffisance hautaine, ce mépris glacial envers la société et ses contemporains – les hommes surtout – que réussit à exprimer dans presque toutes ses interprétations ce comédien spécialisé dans les rôles de méchants, de princes du crime, dont l'apothéose est le personnage de Lacenaire dans *Les Enfants du paradis* (1945), de Marcel Carné.

« J'étais plus lucide, plus intelligent que les autres, ils ne me l'ont pas pardonné », confie à Garance (Arletty) ce dandy anarchiste à la voix claironnante, bien mis en valeur par les costumes de Mayo. Contrairement à son confrère Le Vigan, qui crie, gesticule, se met dans tous ses états, Lacenaire (Marcel Herrand) est calme, posé, même si on sent la haine bouillir dans ses veines et que cette arrogance congénitale repose d'abord sur une excessive confiance en soi (alors qu'il est un auteur raté) et ensuite sur la certitude qu'il plane au-dessus du commun des mortels et qu'il faudrait en supprimer le plus possible, car « c'est vrai qu'ils sont trop laids » – sauf peut-être le petit blondinet qui l'accompagne toujours. Ainsi s'exprime le misogyne Pierre-François (déjà, ce prénom !), assassin par vocation, écrivain public par occupation, discoureur de salon par prétention.

Sa condescendance se retrouve dans un autre film de Carné, qui précède *Les Enfants du paradis* : *Les Visiteurs du soir* (1942).

Même cynisme sans scrupule, même acrimonie, même maintien aristocratique dans les costumes d'époque, même cruauté, mais cette fois c'est lui qui sera tué, en duel, dans un tournoi médiéval, par son futur beau-père, le baron Hughes (Fernand Ledoux), seigneur du château rutilant de blancheur. Il y a du panache, mais sans l'exceptionnelle réussite du film suivant.

Vaniteux, théâtral, querelleur, jouant de l'insulte en virtuose, le personnage s'égare à mesure qu'il s'ensevelit doucement dans sa hargne. Sortilège assez puissant pour que l'acteur se sente concerné par la mise en scène de ses futurs emplois. Est-ce pour cette raison qu'il a surtout tourné ensuite avec des réalisateurs conciliants qui le laisseront se diriger à sa guise, dans des films que Lacenaire balaierait d'un revers de main, sauf peut-être pour cette réplique de *Fantômas* (1947), de Jean Sacha, où Marcel Herrand joue le rôle-titre : « La vertu m'ennuie. »

Autres films notables :
Martin Roumagnac (1946), de Georges Lacombe ;
Impasse des Deux-Anges (1948), de Maurice Tourneur ;
Fanfan la Tulipe (1952), de Christian-Jaque.

HAFSIA HERZI
(NÉE EN 1987)

En 2007, une jeune femme illumine *La Graine et le Mulet* d'Abdellatif Kechiche. C'est Hafsia Herzi. Elle y joue Rym, fille des HLM de Sète, qui va encourager l'amant de sa mère, chômeur, à ouvrir un restaurant sur un rafiot du port. Bagout des quartiers nord de Marseille où elle a grandi, beauté au naturel, la présence d'Hafsia Herzi est telle qu'on la regrette dans les plans du film où elle n'est pas. Heureusement, Abdellatif Kechiche est amoureux de son personnage et lui réserve deux scènes majeures : celle où Rym requinque sa maman déprimée par une déclaration enragée (« Tu es belle toi ! ») et celle, finale, où lors d'une fiesta amicale, elle se lance dans une longue danse du ventre à l'orientale d'une rare sensualité. Hafsia Herzi récolte à juste titre plusieurs prix d'interprétation, notamment au festival de Venise en 2007.

Comme pour toute jeune actrice aussi subitement mise en vedette se pose la question, parfois douloureuse, de l'après. Loin de Sète, elle trouve sa place dans *L'Aube du monde* (2009), d'Abbas Fahdel, une tragédie crève-cœur dans le contexte des lendemains de la guerre Iran-Irak et de la « libération » par l'armée américaine. Elle y est Zahra, jeune mariée irakienne de la région des Marais, dans le delta du Tigre et de l'Euphrate. Pas l'ombre d'un avenir jusqu'à sa rencontre follement amoureuse avec Riad, un soldat enrôlé dans les troupes de Saddam Hussein. Plus Andromaque que Pénélope, Zahra est la parfaite incarnation d'une attente meurtrie par les atrocités de la guerre. Une scène dit tout de l'excellence d'Hafsia Herzi. Au matin d'une nuit avec son amoureux, elle demande : « Tu veillais sur moi ? » Il lui répond : « Je veillerai sur toi toute ma vie. » Le doux sourire de Zahra est alors le plus beau des chants d'amour.

La voilà animée d'un autre entrain dans *Le Roi de l'évasion* (2009), d'Alain Guiraudie. Elle y est Curly, une adolescente qui va déstabiliser Armand, un prolo homosexuel (ce film rappelle que ça n'est pas incompatible) d'une quarantaine d'années. Le gros Armand (Ludovic Berthillot, génial !) a des doutes, qu'il confie à un ami : « Tu crois que je pourrais coucher avec une fille ? » La fille en question, Curly, elle, ne doute pas et c'est le début d'une cavale cavalcadante, où Hafsia Herzi allume l'incendie d'un humour explosif et déjanté.

Rien à voir mais tout à prendre dans *Jimmy Rivière* (2011), de Teddy Lussi-Modeste, où elle est la fiancée d'un apprenti boxeur nerveux (Guillaume Bouix) qu'elle tente de convaincre, y compris par des baffes, que ses convictions religieuses ne devraient pas contrarier leur amour. Le combat d'une femme contre les déraisons d'un homme. Hafsia Herzi nous entraîne dans son camp.

Encore plus mobilisée, dans *La Source des femmes* (2011), de Radu Mihaileanu, elle est Loubna, une des femmes d'un village paumé des montagnes marocaines qui décident collectivement deux grèves : celle de l'eau, dont elles seules assurent l'approvisionnement, puis, face aux ricanements des hommes, celle, plus radicale, du sexe. Encouragées par une aînée surnommée Vieux fusil (la formidable et hilarante Biyouna), ces femmes estiment qu'il est temps de s'affranchir des hommes, sans pour autant les haïr. Un modèle de féminisme, moderne dont Hafsia Herzi est un flamboyant exemple. Même effet d'excellence dans *Le ravissement*, premier film d'Iris Kaltenbäck (2023). Elle y joue Lydia, une jeune sage-femme qui, à force d'accoucher les autres, va kidnapper le nouveau-né de sa meilleure amie. Le récit est dominé par un quasi-documentaire sur les faits et gestes d'Hafsia Herzi. Déterminée, puissante, grave, tranquille.

Autres films notables :
L'Apollonide : Souvenirs de la maison close (2011),
de Bertrand Bonello ;
Elle s'en va (2013), d'Emmanuelle Bercot ;
Mektoub My Love : canto uno (2018), d'Abdellatif Kechiche.

ISABELLE HUPPERT

(NÉE EN 1953)

Si l'on voulait définir ce qui fait la quintessence d'Isabelle Huppert, on privilégierait son regard : un regard qui fuit en diagonale vers le haut. Sans doute en partance vers un quant à soi qui est à la fois sa puissance et son mystère. À quoi pense-t-elle quand elle joue, au théâtre comme au cinéma ? Sans doute à autre chose, peut-être à rien.

On lui connaît peu de bruit et de fureur. On ne se souvient guère qu'elle soit capable, même dans certaines outrances, d'une extériorisation qui ne soit pas aussitôt compensée par une intériorisation massive. Cas d'espèce, *La Pianiste* (2001), de Michael Haneke, où elle n'y va pas de main morte lors d'un vigoureux crêpage de chignon avec sa mère abusive (Annie Girardot). Comme toujours chez Haneke, cette scène frôle l'insupportable et teste notre capacité à l'endurer. Encore plus éprouvante, la séquence où elle se mutile le sexe à la lame de rasoir, juste avant de rejoindre son salon et ses mondanités convenues. Le talent de Huppert est de métamorphoser l'extraordinaire dérangeant en ordinaire acceptable. En sa compagnie, Je est toujours une autre. Et ce, dès ses premiers pas, dans *Les Valseuses* (1974), de Bertrand Blier, où elle joue Jacqueline, une dessalée en rébellion contre sa famille. Ce n'est pas un rôle principal et il lui fallut beaucoup de charisme pour s'imposer face à Miou-Miou, Depardieu et Dewaere. Autre date cruciale, ses vrais débuts : *La Dentellière* (1977), de Claude Goretta, qui lui non plus ne fait pas dans la dentelle. Elle y est Béatrice, shampouineuse dans un salon de coiffure parisien. Une belle fille aux bonnes grosses joues, peu bavarde et sans histoire. N'était sa passion silencieuse pour un jeune homme de la bonne bourgeoisie qui, par mépris de classe, va la dédaigner.

Isabelle Huppert fait l'effet d'un bel animal sauvage perpétuellement en chasse. Elle rôde du côté des auteurs : *Loulou* (1980), de Pialat ; *Sauve qui peut (la vie)* (1980), de Godard ; *La Truite* (1982), de Losey ; *Malina* (1991), de Werner Schroeter ; *Saint-Cyr* (2000), de Patricia Mazuy. Elle flaire parfois la piste du cinéma drolatique (*Sac de nœuds* [1985], de Josiane Balasko). Et surtout elle tombe en arrêt (et réciproquement) devant Claude Chabrol, avec qui elle conclue une alliance qui va durer plus de vingt ans, de *Violette Nozières* (1978) à *L'Ivresse du pouvoir* (2006). Un duo qui alterne valse noire (*Une affaire de femmes* [1988]) et slow funèbre (*Merci pour le chocolat* [2000]). Acmé de leur complicité : *La Cérémonie* (1995), où elle est Jeanne, une postière à tresses rousses qui s'acoquine avec Sophie, une jeune domestique analphabète (Sandrine Bonnaire), pour régler leur compte à une « sympathique » famille bourgeoise. Noir c'est noir, mais, comme on est chez Chabrol, rire c'est rire, et le carnage est ponctué de scènes de comédie, où les deux complices exultent.

Sa filmographie, qui suit parfois un rythme frénétique (il lui arrive de tourner trois films par an, tout en jouant au théâtre), est toujours impromptue. Ainsi, en 1980, on ne l'attendait pas dans *La Porte du paradis*, de Michael Cimino, fresque monstre sur l'immigration aux États-Unis à la fin du XIXe siècle. Elle y est Ella Watson, tenancière d'un bordel dans le Wyoming. *La Porte du paradis* fut un enfer commercial mais il est imprimé à jamais dans nos mémoires, entre autres grâce à Huppert qui subjugue le trio amoureux formé avec Christopher Walken et Kris Kristofferson. Éclectique et vagabonde, elle va surgir avec la même brillance dans *Captive* (2012), du Philippin Brillante Mendoza, ou dans *In an Another Country* (2012), du Sud-Coréen Hong Sang-soo.

Tard le soir, lors d'un festival de Cannes des années 2000, un petit groupe de journalistes en goguette croise une femme menue qui rentre se coucher, au bras de son mari. Ils s'interrogent : qui est donc cette personne souriante qui s'arrête pour leur souhaiter une bonne nuit ? Ce n'est rien, c'est tout, c'est Isabelle Huppert, LA Huppert, au comble d'elle-même lors de cette rencontre impromptue : furtive, délicate, imprévisible.

Autres films notables :
Gabrielle (2005), de Patrice Chéreau ;
White Material (2010), de Claire Denis ;
Copacabana (2010), de Marc Fitoussi.

VALERY INKIJINOFF

(1895-1973)

Le Russe à la beauté farouche a été tête d'affiche de *Tempête sur l'Asie* (1928), du grand Poudovkine. Ce succès mondial lui a servi de visa pour fuir Moscou et se fixer en France. On vantait ses dons, il lui fallait surtout de l'auto-ironie pour accepter de passer ainsi de cinéaste en Russie à petit acteur à Paris ou à Rome, au cours des années 1930. Un certain type de rôles, physique oblige. On le convoquait pour jouer l'Eurasien de service, on lui disait : « Moujik, maestro, please », et il accourait, torse nu, crâne rasé, front ceint d'un bandeau, arrogance aux lèvres, regard fourbe ou fier, paré pour tous les forfaits qu'on attendait de lui. Grimaçant chez les uns, impressionnant de contrôle chez les autres, Inkijinoff ne le cède en rien à Harry Baur, succulent Maigret, dans *La Tête d'un homme* (1933), film dostoïevskien de Julien Duvivier.

Russe ou Chinois, cosaque authentique ou espion nippon, grand prêtre dans le diptyque hindou de Fritz Lang en 1959 (*Le Tigre du Bengale* et *Le Tombeau hindou*), se proclamant tsar du peuple pour finir au bagne dans *Volga en flammes* (1934), de Viktor Tourjansky, il a dû besogner, mais qu'importe, pourvu que la mythologie triomphe. Les noms de ses divers personnages le soulignent : Fang O Kung, Wang, Lee Pang, Yama, ou encore Silatschoff, alors que son nom à lui, au générique des films, avec ou sans prénom, se décline en neuf alias, que nous éviterons de citer. Seconds rôles, petits rôles : rien qui rebute ce polytechnicien natif d'Irkoutsk, le patelin de *Michel Strogoff*, film où le rôle du chef tatar, Féofar-Khan, ne pouvait vraiment pas lui échapper.

Autres films notables :
La Bataille (1934), de Nicolas Farkas ;
Les Pirates du rail (1937), de Christian-Jaque ;
Le Drame de Shanghaï (1938), de Georg Wilhelm Pabst.

CLAUDE JADE
(1948-2006)

On ne retient généralement de Claude Jade qu'une seule chose : l'actrice *assoluta* de François Truffaut. Et alors, où est le mal ? À l'instar de Jean-Pierre Léaud, dont elle est le double féminin, elle vit sa vie de comédienne au gré d'une saga conjugale qui commence avec *Baisers volés* (1968) et se conclut avec *L'Amour en fuite* (1979). Pendant une dizaine d'années, on vit donc une expérience cinématographique rare et étrange : on reçoit régulièrement des nouvelles des personnages d'Antoine et Christine tandis que se construit une familiarité croissante avec Jean-Pierre (Léaud) et Claude (Jade). Comme des proches parents, des voisins de palier, on les voit vieillir, changer de couleur de cheveux, s'habiller selon les modes du moment. On fait leur connaissance à l'orée de leurs vingt ans, dans *Baisers volés*, on les retrouve mariés et parents d'un petit garçon, un peu plus adultes, mais si peu, dans *Domicile conjugal* (1970), et on les quitte dans le bien nommé *L'Amour en fuite*, l'épisode le plus mélancolique de la trilogie puisqu'il scelle deux séparations : celle d'Antoine et de Christine et celle de Claude Jade et de François Truffaut. Une prise d'indépendance, décidée par la femme, à coup sûr, mais aussi par la comédienne, quitte à s'échapper dans des films plus ou moins mémorables.

Retour à la case départ. Premier conseil de Truffaut à Claude Jade, quand il la rencontre pour *Baisers volés* : « Ne joue pas. » Ce qu'Hitchcock, mentor de Truffaut, aurait lui aussi recommandé à ses actrices et notamment à Grace Kelly, dont Truffaut estimait que Claude Jade était la fille cachée. Façon marabout de ficelle, ledit Hitchcock donne un petit rôle à Claude Jade dans *L'Étau* (1969). Cette injonction au non-jeu est évidemment un appel à un jeu consistant à mimer le naturel. À ce jeu-là, Claude Jade est gagnante à tous les coups (de Truffaut). Tour à tour ingénue, marrante, ferme sur le prix qu'il faut payer pour acquitter infidélités et trahisons, féminine sans être soumise, mère sans étouffer son enfant, moderne en somme.

Dans *Domicile conjugal*, Antoine brosse ce portrait de Christine, qui est probablement le miroir de ce que François Truffaut voit en Claude Jade : « Elle a un côté anglo-saxon, un peu réservée. On dirait une petite fille qui fait semblant d'être une femme. » Quelques dialogues plus tard, Truffaut offre élégamment à la soi-disant femme-enfant un droit de réponse cinglant : « Vierge à 20 ans ! J'étais un anachronisme vivant, une vraie conne ! »

Autres films notables :
Mon oncle Benjamin (1969), d'Édouard Molinaro ;
L'Homme qui n'était pas là (1987), de René Féret ;
Vénus Beauté (Institut) (1999), de Tonie Marshall.

AGNÈS JAOUI

(NÉE EN 1964)

Pour ce qu'on sait d'elle, grâce au cinéma, Agnès Jaoui est sympathique. Même si on soupçonne que ça ne doit pas être aisé de gagner sa confiance, de mériter son amitié. Pas commode, exigeante et drôle, c'est ce qui ressort de la filmographie d'une actrice qui par ailleurs écrit des scénarios et réalise des films, pour la plupart très réussis. Ce yoyo entre gravité et fou rire est la qualité fondamentale de son humour : un pétard toujours sur le point d'exploser (de joie). Dans la bande-annonce d'*On connaît la chanson* (1997), d'Alain Resnais, chef-d'œuvre de drôlerie à froid, chacun des protagonistes dit un extrait de la chanson qu'il incarne dans le film. Tous sont à un cheveu de pouffer, sauf Agnès Jaoui, qui, citant « La groupie du pianiste » de Michel Berger, en rajoute dans le sérieux fataliste : « Elle fout toute sa vie en l'air. Mais toute sa vie, c'est pas grand-chose. » Ce qui dit beaucoup de son rôle dans le film : Odile, une étudiante en histoire, quelque peu obsédée par ses recherches universitaires, qui fait bâiller son entourage quand elle en fait l'interminable compte rendu.

La première fois où elle est à toutes les commandes d'un film (scénariste, réalisatrice et actrice), en 2000, Agnès Jaoui, fille de parents communistes, a ce « goût des autres », dont elle fait le titre de son film, et creuse à cette occasion une autre conviction : son féminisme réfléchi. Elle est Manie, serveuse dans un bar, et un peu dealeuse de shit pour arrondir son salaire. Son coup d'œil sur les hommes est à la fois amusé et glacial. Ainsi quand elle retrouve un ancien amant (Alain Chabat) qui, la dragouillant au coin du zinc, lui demande : « On se connaît d'où exactement ? », elle lui répond : « Ça n'a aucune importance. On a juste couché ensemble. » Le récit est aussi en sous-main celui d'une tendresse particulière pour Jean-Pierre Bacri, qui devient son compagnon. Faux bougon et vrai gentil dans le film. Dans la vie aussi.

Avec *Comme une image* (2004), coécrit avec Bacri, et qu'elle réalise de nouveau, le ton se durcit et son regard se noircit. Le film, malgré son titre, n'est pas sage du tout. Professeure de chant d'une bien nommée Lolita, elle est Sylvia, observatrice des manigances des hommes, qui tendent à toujours avoir le dernier mot, celui qui est censé clouer le bec aux femmes. Agnès Jaoui filme et joue ce quant-à-soi à la façon d'une Claire Bretécher, entre envie d'amuser et rogne de fond.

Quand elle choisit d'être actrice pour les autres, elle ne se trompe pas. Pour preuve *Comme un avion* (2015), de Bruno Podalydès, qui a la bonne idée de lui confier le rôle de Laetitia, propriétaire accorte d'une guinguette idéale au bord de la rivière où canote le héros (Bruno Podalydès lui-même). L'énergumène du kayak fait halte dans ce havre d'humanité aussi souriant que celui de *La Belle Équipe* de Julien Duvivier, tombe amoureux de la belle taulière, mais hésite car, dans les mêmes parages, une jeune fille virevolte. Le personnage fait ce qu'il veut, mais nous on n'hésiterait pas : direct dans les bras d'Agnès Jaoui pour danser pieds nus sur l'herbe.

Autres films notables :
Le Rôle de sa vie (2004), de François Favrat ;
Au bout du conte (2013), d'Agnès Jaoui ;
Wahou ! (2023), de Bruno Podalydès.

MARLÈNE JOBERT

(NÉE EN 1940)

Marlène Jobert fait une de ses premières apparitions dans *Masculin féminin* (1966), de Jean-Luc Godard. Dans ce récit qui se propose de « parler de la jeunesse et du sexe », elle est une des jeunes filles libres qui tourbillonnent autour de Paul (Jean-Pierre Léaud). Et quelles filles ! Chantal Goya, Brigitte Bardot à la volée et, si on ouvre bien les yeux, Françoise Hardy. *Masculin féminin* est un rien ambigu. Pour preuve le soliloque où Jean-Pierre Léaud prétend que dans « masculin », il y a « masque » et « cul », et que dans « féminin », il n'y a rien. En contre-feu de ces jeux de mots typiquement godardiens, il y a le sourire, voire le fou rire, des femmes, Marlène Jobert en tête. Le film est en noir et blanc. On ne voit hélas pas sa rousseur, qui deviendra un de ses signes de reconnaissance.

Elle semble décidée à persévérer dans le cinéma d'auteur grand genre, quand elle joue aux côtés de Jean-Paul Belmondo et de Geneviève Bujold dans *Le Voleur* (1967), de Louis Malle. Mais un an plus tard, surprise !, la voilà en franche rigolote grand public dans *Alexandre le bienheureux*, d'Yves Robert, et dans *Faut pas prendre les enfants du bon Dieu pour des canards sauvages*, de Michel Audiard. Et c'est vrai qu'elle est irrésistible de drôlerie en diablesse libertine (*Alexandre le bienheureux*) ou en truande pétaradante dans (*Faut pas prendre...*).

Elle est au mieux de ce registre dans *Les Mariés de l'an II* (1971), de Jean-Paul Rappeneau. Dans le contexte, rendu loufoque, de la Révolution française, elle est une aristo qui ferraille avec son républicain de mari (Jean-Paul Belmondo en très grande forme). Leurs nombreuses engueulades sont un régal de vacheries et de paires de claques, où Marlène Jobert, hilare et hilarante, s'en donne à cœur joie.

Gagnée pour la comédie, perdue pour un cinéma plus grave ? Maurice Pialat vint. Dans *Nous ne vieillirons pas ensemble* (1972), elle est Catherine, la maîtresse d'un fieffé bourru (Jean Yanne). Son personnage encaisse tous les coups de son macho de fiancé, qui lui débite des horreurs : « Non seulement tu es vulgaire mais tu es banale avec ton petit nez pointu et tes taches de rousseur. » Ce que dément un plan où elle apparaît plus que gironde en bikini mini. La conclusion de ce récit abrupt lui appartient et la venge : elle ne vieillira pas avec lui. Marlène Jobert est ensuite « folle à tuer », en 1975, dans le film du même titre d'Yves Boisset, ou femme inquiète, qui a presque honte d'être atteinte d'un cancer, dans *L'Amour nu* (1981), de Yannick Bellon.

Peu après, elle s'éclipse, préférant son nouveau métier d'écrivaine de livres pour enfants et s'occupant des siens, dont Eva Green qui devient elle aussi actrice. Mais en 2007 quand elle reçoit un César d'honneur, elle ne joue pas ses remerciements, elle les dit, toute de reconnaissance sincère.

Autres films notables :
Le Passager de la pluie (1970), de René Clément ;
Pas si méchant que ça (1975), de Claude Goretta ;
La Guerre des polices (1979), de Robin Davis.

LOUIS JOURDAN
(1921-2015)

Quand on est le fils d'Henry Gendre, patron du Grand Hôtel à Cannes, proche du festival, on peut être tenté par une carrière cinématographique, a fortiori si on dispose d'un physique de jeune premier. D'Adonis, même. Louis Jourdan est beau, grand, mince, visage avenant, il jouit d'une distinction naturelle, d'une humeur égale, d'une aptitude à la langue anglaise, et surtout il est d'une parfaite éducation. Mais alors, qu'est-ce qui cloche ? Pourquoi n'a-t-il pas eu la carrière qu'il méritait, pourquoi tant de désillusions ? Trop parfait au physique, peut-être ? Ou trop exigeant artistiquement ? Une certaine raideur dans la démarche aussi. Et puis cette double appartenance à la France et à l'Amérique, où il a accompli la partie la plus substantielle de sa carrière (jusqu'à un *villain* dans *Octopussy*, treizième James Bond, en 1983) et où pourtant, dans le registre du *French lover*, la concurrence ne manquait pas. À commencer, dans l'immédiat après-guerre, par celle de Jean-Pierre Aumont, Claude Dauphin, Dalio et de Charles Boyer surtout, déjà solidement installé – Maurice Chevalier, lui, était de la génération précédente. Dans *Gigi* (1958), de Vincente Minnelli, l'on peut voir, justement, que Chevalier pourrait être le père de Louis Jourdan, qui chante bien lui aussi. Mais dans sa grande scène de colère, on dirait une gravure de mode qui se contorsionne. Digne d'un Brummel, son élégance vestimentaire ne présente pas que des avantages : le jeu du comédien s'amidonne au contact des chemises qu'il porte et même s'il danse avec grâce, les séquences de comédie le montrent gêné aux entournures.

Lors de son arrivée à Hollywood, le producteur David O. Selznick, qui l'a fait venir, lui a proposé un rôle impossible (le majordome qui se suicide !) dans un Hitchcock décevant, *Le Procès Paradine* (1947). Puis il eut quand même un rôle marquant, où son dandysme masque une certaine misogynie et où il reste séduisant par son magnétisme, ce sera *Lettre d'une inconnue* (1948), de Max Ophuls. Jourdan y incarne un pianiste de concert insouciant et frivole qui s'amuse une nuit avec une gamine romantique (merveilleuse Joan Fontaine) tombée amoureuse de lui. Lorsqu'ils se reverront, elle s'apercevra qu'il l'a oubliée. Elle en mourra. Lui peut-être aussi. Il y est souple, empressé, suave, irrésistible, la sensibilité d'Ophuls a attisé son côté gandin décadent.

Débuter à Hollywood sous la houlette de ces deux maîtres, Hitchcock et Ophuls, c'est s'assurer une notoriété mondiale. Cependant, Jourdan ne s'y plaît pas, même s'il a décidé de s'y installer pour de bon. Il aime l'existence protégée qu'on y mène, il aime progresser, mais il n'aime pas du tout le système des studios. Il y vivra pourtant avec sa femme Quique, ils auront un fils, qui mourra d'une overdose, il y mourra lui aussi, en 2015. Mais, auparavant, il sera revenu en Europe poursuivre sa carrière.

L'ennui, c'est que, de déception en déception, il ne se satisfait plus de rien, même de certaines comédies pleines de vivacité, comme *Rue de l'Estrapade* (1953), de Jacques Becker, ou comme, autrefois, *La Comédie du bonheur* (1940), de Marcel L'Herbier, qui lui permettent de donner libre cours à son allant et son charme. Seul *Le Comte de Monte-Cristo* (1961), de Claude Autant-Lara, trouve grâce à ses yeux. Peut-être cette insatisfaction quasi permanente était-elle signe d'orgueil ? Peut-être aurait-il été avisé de bousculer ici ou là son côté gravure de mode ?

Autres films notables :
Félicie Nanteuil (réalisé en 1942, sorti en 1945),
de Marc Allégret ;
Madame Bovary (1949), de Vincente Minnelli ;
La Flibustière des Antilles (1951), de Jacques Tourneur.

ODETTE JOYEUX

(1914-2000)

Quand on la repère dans *Entrée des artistes* (1938), de Marc Allégret, c'est déjà, à 23 ans, son douzième rôle ! Celui d'une petite jeune fille qui sait ce qu'elle veut : tout, tout de suite ! Bonheur, amour, talent. Et qui se bat pour l'obtenir, jusqu'à s'empoisonner sur scène afin de détruire celui qu'elle aime. Avec elles – le personnage et la comédienne –, le maître mot, c'est : exigence.

La capricieuse Odette cache la violence de ses sentiments derrière un visage pur. On n'y voit que ses grands yeux noirs, un regard qui brille d'espoir – espoir, avant tout, d'être quelqu'un –, puis de déception. Danse, théâtre, cinéma, littérature, livres pour enfants, feuilletons télévisés : dans le domaine créatif, Odette Joyeux a souvent changé de registre, par foucade ou par dépit.

Claude Autant-Lara est celui qui, en quatre films, l'a le mieux cernée et mise en valeur, avant de se lasser d'une aussi forte personnalité. *Le Mariage de Chiffon* (1942) ouvre le bal, puis c'est *Lettres d'amour*, la même année. *Sylvie et le fantôme* sort en 1946, mais c'est avec *Douce* (1943), chef-d'œuvre de l'auteur, qu'Odette atteint le pinacle et même une certaine grandeur. Elle y sera vive, gâtée, rebelle, folle, charmante, boudeuse, jamais à court de repartie. Fille d'une famille de nobles, elle jalouse la gouvernante, se jette dans les bras du palefrenier, part avec lui, revient, insatisfaite, meurt dans l'incendie du théâtre. Romantisme pas mort. Désillusion non plus.

Elle jouera encore une douzaine de rôles, comme dans *La Ronde* (1950), de Max Ophuls, ou *Si Paris nous était conté* (1956), de

Sacha Guitry, même si aucun ne l'emballe vraiment. Et puis finie la comédie. Elle plaque le cinéma comme elle a lâché la danse, comme elle a quitté son premier mari, le comédien Pierre Brasseur, pas toujours sobre. On imagine les éclats de voix. Elle reporte sa soif d'absolu sur l'écriture. Son second mari, Philippe Agostini, chef opérateur puis cinéaste, gérera l'intendance. Son travail ! Son travail ! Tout ce qui l'entravait un tant soit peu était banni, faire un enfant y compris. Fils unique non désiré, Claude Brasseur[1] n'a jamais oublié cet abandon assez monstrueux. C'est que la petite dame de fer avait rêvé d'être une étoile. Elle l'a été, même si, d'un art à l'autre, ce fut une étoile filante.

Autres films notables :
Altitude 3 200 (1938), de Jean Benoit-Lévy et Marie Epstein ;
Les Petites du quai aux Fleurs (1944), de Marc Allégret ;
Pour une nuit d'amour (1947), d'Edmond T. Gréville.

1. Deuxième sur trois dans la dynastie des Brasseur comédiens.

GÉRARD JUGNOT
(NÉ EN 1951)

Dans la troupe du Splendid, chacun a sa place. Avec son physique sans âge, sa moustache, et sa calvitie naissante, Gérard Jugnot semble né pour jouer le franchouillard suffisant et veule, le type qui râle en permanence de sa voix de fausset. Il sera donc parfait dans le rôle de Bernard Morin, vacancier ridicule, mari de Nathalie (Josiane Balasko), qu'il engueule copieusement en toute occasion, dans *Les Bronzés* (1978), de Patrice Leconte. La caricature est féroce, mais très très drôle. Avec *Le père Noël est une ordure* (1982), film culte de Jean-Marie Poiré, Gérard Jugnot monte d'un cran dans la méchanceté crasse. L'ordure, c'est lui, père Noël mal rasé, aux lunettes de traviole, giflant les enfants, voleur, cogneur de sa fiancée, Zézette. C'est à lui aussi qu'échoit le rôle du concierge collabo dans *Papy fait de la résistance*, du même Jean-Marie Poiré, un an plus tard.

La rupture arrive en 1987 avec *Tandem*, de Patrice Leconte, qui impose Jugnot dans le casting. Un film doux-amer aux airs de comédie italienne grinçante, où l'acteur incarne le chauffeur-technicien-souffre-douleur de l'animateur vedette d'un jeu radiophonique, interprété par Jean Rochefort. Cette fois, on ne rit plus, et Jugnot sans moustache et avec perruque se montre convaincant. Grave et émouvant quand il laisse tomber sa peau de clown, et qu'il peut aussi donner le change face au magistral Jean Rochefort.

Ce registre de l'émotion deviendra sa marque de fabrique dans les années suivantes, remportant le plus souvent de grands succès populaires, comme *Les Choristes*, de Christophe Barratier, en

2004, où il se glisse dans la peau d'un surveillant au grand cœur envoyé dans un internat de garçons à problèmes, qui entreprend de monter une chorale. Un triomphe, plus de 8 millions d'entrées, qui l'amène assez naturellement à devenir à l'écran le petit bonhomme, le sans-grade, amené à changer le monde, dans ce que les Anglo-Saxons appellent des *feel good movies*, des films qui remontent le moral. Le public applaudit, la critique ne suit pas toujours. À cela, il répond souvent : « Les critiques de cinéma sont des botanistes, moi, je suis un jardinier. »

Autres films notables :
Les bronzés font du ski (1979), de Patrice Leconte ;
Une époque formidable... (1991), de Gérard Jugnot ;
Faubourg 36 (2008), de Christophe Barratier.

JEAN-PIERRE KALFON
(NÉ EN 1938)

Jean-Pierre Kalfon, c'est d'abord une posture, un rien de guingois, due à une épaule légèrement déboîtée, qui lui permet des regards de biais, œil de jais surligné par une masse de cheveux noir corbeau. Un physique de rocker, qu'il est aussi. Mais c'est aussi plus que ça. Car ce qui fait tout le sel de cet acteur rare, arrivé au cinéma par le théâtre, c'est aussi ce pas de côté. Pas vraiment de la nouvelle vague, pas vraiment hippie, mais certainement punk avant l'invention du mot. Toujours un coup d'avance, précurseur, pionnier, aventurier, explorateur, au cinéma et dans la vie.

Gamin fugueur, *boy* aux Folies Bergère, Jean-Pierre Kalfon se lie, dans les années 1960, avec Marc'O, chef de troupe hors normes, inventeur du « théâtre musical », véritable pépinière d'acteurs et de chanteurs, au nombre desquels on compte Michèle Moretti, Pierre Clémenti, Bulle Ogier ou encore Valérie Lagrange. *Les Idoles* (1968), film de Marc'O, qui signe ici l'adaptation de sa pièce démontant les yéyés, sera la porte d'entrée vers le cinéma pour Jean-Pierre Kalfon.

Un an plus tard, il est le Sébastien de *L'Amour fou* (1969), de Jacques Rivette, avec Bulle Ogier. Un metteur en scène qui monte *Andromaque*, choisissant ses comédiens, donnant des instructions, assistant (œuvrant ?) en parallèle à la destruction de son couple. Jean-Pierre Kalfon, acteur débutant, domine sa partition, sexy et ombrageux, rieur et brutal, désespéré, ravageant sa chemise à coups de rasoir, comme pris d'un accès de folie qui semble à peine feint. C'est dire l'énergie sidérante de Jean-Pierre Kalfon. Cette intensité, cette volonté de se jeter dans un rôle à corps perdu, jettent le trouble. De son acteur, Jacques Rivette dira plus tard aux *Cahiers du cinéma* : « C'est un acteur magnifique. Jean-Pierre et Bulle sont autant que moi les metteurs en scène de *L'Amour fou.* » Barbet Schroeder, le réalisateur de *More* (1969), terrassé par la performance de Jean-Pierre Kalfon dans le film de Rivette, l'embarque en Nouvelle-Guinée avec Bulle Ogier et Valérie Lagrange, pour tourner *La Vallée* (1972), l'histoire folle d'une expédition à la recherche d'une vallée inexplorée. « Je ne l'aurais pas eu, je n'aurais pas tourné ce film. Je ne vois personne qui lui soit comparable, c'est un acteur-né, toujours complètement lui-même », confiait le cinéaste.

D'autres metteurs en scène, tel Pierre Granier-Deferre, avec *Une étrange affaire* (1981), le prennent à contre-pied, imaginant cette nature indomptable dans des rôles de cadres supérieurs coincés dans leur costume trois-pièces, souvent un poil tordus. Il s'en sort avec une excellence telle qu'on en viendrait presque à regretter qu'il n'ait pas, un jour, croisé la route de Luis Buñuel. Claude Chabrol, comme à son habitude, pousse le bouchon un peu plus loin, en lui confiant le rôle d'un commissaire de police, dans *Le Cri du hibou* (1987).

La rage de vivre, de ne rien laisser passer a parfois pris le dessus sur la carrière de Jean-Pierre Kalfon, déclinant de belles propositions pour un voyage en Brésil, avançant sa détestation de jouer en costumes, comme la raison de son refus. Mais trente ans après ses débuts, il sera toujours aussi bouleversant, cette fois en Louis XIV vieillissant, bienveillant mentor de cette école pour jeunes filles aristocrates voulue par Mme de Maintenon (Isabelle Huppert), dans *Saint-Cyr* (2000), de Patricia Mazuy.

Autres films notables :
Vivement dimanche ! (1983), de François Truffaut ;
L'Amour par terre (1984), de Jacques Rivette ;
Total Western (2000), d'Éric Rochant.

ANNA KARINA
(1940-2019)

Anna Karina a tourné avec Cukor (*Justine* [1969]), Visconti (*L'Étranger* [1967]), Fassbinder (*Roulette chinoise* [1976]), André Delvaux (*Rendez-vous à Bray* [1971]), Jacques Rivette (*La Religieuse* [1967]). Serge Gainsbourg lui a écrit la comédie musicale *Anna*, où elle chante à tue-tête « Sous le soleil exactement », qui devint un succès. Philippe Katerine, en 2000, lui compose un album-hommage, intitulé *Une histoire d'amour*. Elle a écrit des romans, elle a réalisé un long métrage, *Vivre ensemble* (1973). Elle a vécu sa vie.

Pourtant, injuste et sélective, la mémoire s'obstine à privilégier les films qu'elle a tournés sous la direction de Jean-Luc Godard au début des années 1960 et qui éclipsent tout le reste. Quels films ! Quelle rencontre ! Cela dit, il aurait fallu être très bégueule pour ne pas tomber sous le charme de cette jeune Danoise très brune, que le réalisateur a repérée dans le magazine *Elle* où elle pose pour des photos de mode. Godard lui propose de jouer dans *À bout de souffle* (1960). Elle dit non car une scène la voulait nue. Elle dit oui, la même année, pour *Le Petit Soldat*, film immédiatement interdit (il ne sortira qu'en 1963), car portrait d'un déserteur en pleine guerre d'Algérie. Anna dit oui aussi à la mairie, où elle épouse Godard. Elle confiera des années plus tard pour un portrait dans *Libération* : « J'étais une jeune fille amoureuse. » Ça se voit à l'image, où elle est tout regard pour son Jean-Luc. Il est manifeste que Godard est lui aussi énamouré. Dans l'ombre de Karina, il y avait sans doute la silhouette de son compatriote Carl

Dreyer que Godard adulait. Dans *Le Petit Soldat*, Karina s'appelle Veronica Dreyer. Ultérieurement, c'est elle qui présente Dreyer à Godard, servant évidemment d'interprète de part et d'autre lors de la rencontre. Son français, parlé d'une voix rauque où traîne une pointe d'accent, est une de ses charmes.

Son jeu est comme bilingue lui aussi. Une jolie fille alerte et rieuse mais qui porte sur ses épaules le poids d'une gravité secrète. Summum de cette dichotomie dans *Pierrot le fou* (1965). Certes elle est la compagne amusée du fou Pierrot dans sa mortelle randonnée, mais aussi une sirène, échouée sur la plage, répétant jusqu'à s'en saouler : « Qu'est-ce que j'peux faire ? J'sais pas quoi faire… » Un mantra devenu viral chez tous les fanas du film. Karina expliqua qu'il s'agissait d'une improvisation : « Je l'ai dit un peu comme ça, par hasard, avant de tourner. C'était une scène où mon personnage s'ennuie sur la plage alors que Pierrot est en train d'écrire. » L'homme écrit en se foutant du reste du monde, la femme s'ennuie en songeant aux bonheurs et aux vicissitudes de la vie. Une thématique récurrente chez Godard, tout particulièrement avec Karina. Dans *Vivre sa vie* (1962), elle est Nana, anagramme d'Anna, une vendeuse que la dèche conduit à la prostitution. Vivre sa vie certes, mais à la merci des hommes. Comme dans la nouvelle d'Edgar Poe qui inspire le film, l'artiste Godard brosse le portrait d'une femme qui peu à peu décline. Nana/Anna finit assassinée. Vivre sa vie, ce n'est pas une vie si le but c'est de la perdre.

Moins sombre mais toujours en regard des hommes, elle est Odile dans *Bande à part* (1964), le film le plus juvénile de Godard. Pour preuve une scène fameuse où, avec ses deux comparses de facétie (Sami Frey et Claude Brasseur), elle tente de battre le record de vitesse de visite du Louvre, détenu, en 9 minutes et 45 secondes, par un Américain. Cheveux au vent et hilare, Karina est une belle qui gagne la course, mais qui surtout échappe aux rets du récit.

À gambader dans les huit films que Godard et Karina tournèrent ensemble, à se pencher sur ce passé devenu mythique, une citation de Rimbaud s'impose, telle qu'elle est convoquée à la fin de *Pierrot le fou* : « Elle est retrouvée. Quoi ? – L'Éternité. C'est la mer allée. Avec le soleil. »

Anna Karina, de toute éternité, c'est la mer allée, avec le soleil.

Autres films notables :
Le Joli Mai (1963), de Chris Marker et Pierre Lhomme ;
L'Assassin musicien (1976), de Benoît Jacquot ;
L'Île au trésor (1986), de Raoul Ruiz.

TCHÉKY KARYO
(NÉ EN 1953)

Le beau gosse des années 1980. Statut largement conforté par le fait que Tchéky Karyo joue dans le film le plus emblématique de ces années-là, *Les Nuits de la pleine lune* (1984), d'Éric Rohmer. Mâchoire carrée, regard bleu étiré en amande, sourire rare, épaules larges, il est parfait dans le rôle de l'amant dépassé par les désirs de liberté de sa compagne (la délicieuse Pascale Ogier).

Mais ce physique, qu'il doit à son ascendance gréco-turque, contrebalancé par une grande douceur dans la voix, l'amène aussi naturellement vers d'autres rôles, plus musclés. Des truands mal rasés, des brutes qui font le coup de force, ou encore ce chasseur déterminé à tuer l'ours dans le film du même nom de Jean-Jacques Annaud, en 1988. De ces années-là, on retient surtout le pygmalion machiavélique de la jeune délinquante Anne Parillaud, dans *Nikita* (1990), de Luc Besson. Une brute encore, mais cette fois tirée à quatre épingles, cruel et tendre à la fois, le cocktail va à ravir à l'acteur. Ce registre deviendra le sien pour de longues années, et lui vaudra çà et là des incursions à l'international, mention spéciale ici au très plausible ministre de la Défense russe qu'il incarne dans *GoldenEye* (1995), de Martin Campbell.

Plus récemment, c'est à la télévision qu'il lui sera permis de se réinventer, dans *The Missing* (2014-2016), formidable série anglaise sur la disparition d'un enfant, en flic boiteux, apiculteur à ses heures. Triste et doux, mû par une détermination muette, Tchéky Karyo est tellement convaincant que son personnage de

Julien Baptiste générera une nouvelle déclinaison de la série, dont il est le premier rôle.

Autres films notables :
L'Ange noir (1994), de Jean-Claude Brisseau ;
Jeanne d'Arc (1999), de Luc Besson ;
De guerre lasse (2014), d'Olivier Panchot.

MATHIEU KASSOVITZ
(NÉ EN 1967)

Sa légendaire véhémence sur toutes sortes de sujets, qui vont du 11-Septembre jusqu'au cinéma français qu'il invita un jour en termes crus à aller se faire voir, ferait presque oublier que le réalisateur Mathieu Kassovitz est aussi un acteur de qualité. Rare, pas seulement parce qu'il est exigeant sur ses choix. Rare, aussi, par son travail, sa maîtrise, et son authenticité.

Le premier à déceler cette promesse est Jacques Audiard qui l'embarque dans son premier film, le formidable *Regarde les hommes tomber* (1994). Kassovitz y est Johnny, un gentil garçon paumé, silhouette de moineau tombé du nid, aux emportements d'adolescent, gauche et gaffeur, collé aux basques de Jean-Louis Trintignant, un escroc à la petite semaine. Un grand écart complet avec son personnage de skinhead dans *La Haine*, qu'il réalise un an plus tard.

Son visage, qui fut longtemps celui d'un adolescent, trompe son monde, c'est sans doute ce que se dit Jacques Audiard, encore lui, quand il lui confie le rôle principal d'*Un héros très discret*, en 1996. L'histoire d'un homme qui s'invente un passé de résistant, après la guerre, et qui parvient, au culot, à se faire accepter par les membres d'un ancien réseau, au point d'être nommé lieutenant-colonel. Un imposteur de la pire espèce à qui Mathieu Kassovitz prête un regard si doux et une candeur telle qu'elle jette le trouble même parmi ses ennemis.

Quelques années plus tard, Costa-Gavras lui fait endosser la robe du vicaire qui travaille aux côtés du nonce apostolique à

Berlin et qui tentera d'obtenir du pape une condamnation sans appel des persécutions des Juifs pendant la guerre, dans *Amen* (2002). Un serviteur de l'Église à qui Mathieu Kassovitz donne une rigueur austère, servie par son visage anguleux, pour mieux laisser émerger, *in fine*, toute l'humanité qu'il renferme. Du grand art.

Il obtient son bâton de maréchal un an plus tard, dans *Munich* (2005), quand Steven Spielberg le sollicite pour interpréter Robert, un fabricant de jouets, expert en explosifs, appelé par le Mossad à rejoindre une opération de représailles contre les terroristes palestiniens responsables de l'assassinat de onze sportifs israéliens lors des Jeux olympiques de Munich en 1972. Il y est impeccable, et on note que les grands sujets, les grandes problématiques du siècle lui vont très bien, peut-être aussi parce qu'il y a comme un éclair de mysticisme dans son regard. Et de modestie dans son jeu, entièrement au service de son sujet.

Une des raisons probables de son aptitude à jouer à la perfection les militaires, placés devant des choix cruciaux, tel cet amiral dans *Le Chant du loup* (2019), d'Antonin Baudry. Ou les agents secrets aux identités multiples, comme il le fit si bien dans *Le Bureau des légendes*, d'Éric Rochant, entre 2015 et 2020. Son pseudo ? Malotru. On n'est pas près de l'oublier.

Autres films notables :
Le Fabuleux Destin d'Amélie Poulain (2001),
de Jean-Pierre Jeunet ;
Vie sauvage (2014), de Cédric Kahn ;
Happy End (2017), de Michael Haneke.

REDA KATEB

(NÉ EN 1977)

Tiens, se disait-on, en découvrant Reda Kateb à l'écran, il y a quelque chose de Gabin chez cet acteur. Le Gabin d'avant-guerre, celui de *La Bête humaine*, de *Quai des brumes*, de *La Grande Illusion*. Le taiseux, qui préfère le chuchotement, l'économie de moyens et de gestes pour mieux laisser toute la place à l'intensité d'une présence, d'un regard. En biais pour Reda Kateb. Étrange coïncidence, quelques années plus tard, l'acteur confie au fil des interviews, que ce Gabin-là est justement son acteur préféré. Les gesticulations tourmentées de l'Actors Studio, ce n'est pas son truc à lui, le nerveux rentré.

Le révélateur de ce talent fou est le metteur en scène Jacques Audiard, qui lui confie un second rôle dans *Un prophète* (2009), aux côtés de Tahar Rahim. Un cadeau, et un piège en même temps. Car le cinéma français n'a pas tout le temps de l'imagination pour cet acteur né, et le risque d'être enfermé dans des rôles de dur, de caïd des banlieues existe. Lui, il se voit comme un acteur français et avoue être fatigué d'être sans cesse ramené à ses origines. Acteur communautaire, non merci : « J'essaye d'être libre. Avec mon physique, j'ai la chance de pouvoir passer pour un gitan, un Vincent, un Mohamed. Le cinéma joue avec les clichés. Il ne doit pas se nourrir que de ça. »

Ses racines sont dans le théâtre, celui où il allait enfant, voir jouer son père, Malek Eddine Kateb, cofondateur du Théâtre national algérien, émigré en France. À 8 ans, Reda Kateb est sur les planches. À 15 ans, il joue une pièce de Tahar Ben Jelloun mise en scène par son père. Le reste, il l'apprend en faisant tous les petits boulots imaginables, mais toujours en lien avec le cinéma. Et il se met très sérieusement à l'anglais pour élargir le champ de ses possibilités. En 2012, son agente lui parle d'un rôle de terroriste dans le nouveau film de Kathryn Bigelow, *Zero Dark Thirty*. Une drôle de proposition, on lui demande de jouer avec une cagoule sur la tête. Reda Kateb se prépare, sans trop y croire, mais très heureux de rencontrer Kathryn Bigelow. La cinéaste tombe sous le charme de l'acteur et accepte que la cagoule soit retirée.

Un an plus tard, il fait un premier pas de côté en acceptant un rôle de dragueur gay dans le film de Guillaume Gallienne, *Les garçons et Guillaume, à table !* (2013). Et puis arrive Thomas Lilti, médecin-réalisateur, qui change véritablement la donne avec *Hippocrate* (2014). Reda Kateb y incarne un médecin, avec une grande humanité et surtout une douceur qu'on ne lui connaissait pas, lui l'abonné aux rôles de dur à cuire.

Un an plus tard, on le retrouve en chauffeur de taxi errant dans un Detroit en friche, dirigé par Ryan Gosling dans *Lost River*. Ses pairs commencent à regarder Reda Kateb d'un autre œil. Il tourne énormément, apprend la guitare, et soigne la fine moustache en accent circonflexe de son sourire d'enfer, pour mieux incarner Django Reinhardt dans le film d'Étienne Comar (2017). Il est aussi un formidable capitaine de frégate dans *Le Chant du loup* (2019) d'Antonin Baudry. Et il se taille sans problème une place aux côtés de la grande Isabelle Huppert, maire d'une ville de banlieue, dans la peau de son dévoué directeur de cabinet, dans *Les Promesses* (2022), de Thomas Kruithof.

De cet impressionnant CV, il ressort une question : à quel moment de sa carrière Reda Kateb a-t-il déçu ? Réponse : jamais.

Autres films notables :
Gare du Nord (2013), de Claire Simon ;
Loin des hommes (2015), de David Oelhoffen ;
Hors normes (2019), d'Olivier Nakache et Éric Toledano.

SANDRINE KIBERLAIN

(NÉE EN 1968)

Sandrine Kiberlain est une véritable amie de cinéma, de celles à qui on n'a pas besoin d'être présenté pour les connaître. Ses films ne parlent pas pour elle, ils la représentent sous mille aspects, car ce serait trop triste, dans la vie comme au cinéma, d'être une seule chose à la fois.

On l'a remarquée pour la première fois dans *Les gens normaux n'ont rien d'exceptionnel* (1993), de Laurence Ferreira Barbosa. Elle fait partie de la bande de jeunes gravitant autour de Valeria Bruni-Tedeschi, qui joue (à peine) une fille « qui ne va pas du tout ». Pourquoi distingue-t-on Sandrine Kiberlain ? Cheveux courts, gants rouges, écharpe multicolore, quasiment muette sur un banc, comme un bloc de malaise face aux assauts de Valeria la dérangée. C'est Jacques Audiard qui va la regarder d'un peu plus près, dans *Un héros très discret* (1996), portrait d'un imposteur au lendemain de la Seconde Guerre mondiale, dont elle est l'épouse abandonnée. Grâce à son jeu tourmenté, ses questions deviennent les nôtres : comment peut-on vivre dans les parages d'un faux héros ?

On la trouve ensuite au premier plan dans *Le Septième Ciel* (1997), de Benoît Jacquot. Une jeune femme qui, pour soigner sa cleptomanie, consulte un hypnotiseur. La longue scène de leur première séance est littéralement abyssale. Braquée sur le visage de Sandrine Kiberlain, la caméra surveille son endormissement progressif. Elle endure et surmonte l'épreuve de cette longue scrutation parce que son jeu la rend énigmatique. « Comment vous sentez-vous ? » demande l'hypnotiseur après l'avoir réveillée. Dans un souffle, elle répond : « Bizarre. »

Bien dit car le bizarre devient une de ses grandes qualités d'actrice. Par exemple, dans *La Fausse Suivante* (2000), de Benoît Jacquot. Un jeu de duperies, adapté de Marivaux, où elle est une femme travestie en chevalier. Sa rivale, la comtesse (Isabelle Huppert), la croque méchamment : « Capricieuse, ridicule, visionnaire et de mauvaise foi. » Mais le chevalier Kiberlain, toisant le personnage de la comtesse autant que l'actrice Huppert, résiste à cette morsure par une fin de non-recevoir, qui augmente le trouble : « Dites comme moi : chevalier, je vous adore. »

Il n'y a pas qu'en chevalier qu'on adore Sandrine Kiberlain. Dans *Les Femmes du 6e étage* (2011), de Philippe Le Guay, elle est une bourgeoise parisienne quelque peu troublée quand son mari va s'intéresser (et même plus) à leur bonne espagnole. Sa façon d'interpeller la domestique est un bijou d'humour, et, visiblement, Sandrine Kiberlain se régale : « Je compte sur vous pour que tout soit impeccable. » C'est là une des preuves qu'un peu vite cataloguée actrice sombre, elle transporte dans ses soutes une puissance comique qui ne demande qu'à monter sur le pont. C'est évident dans *Pauline détective* (2012), de Marc Fitoussi. Maquettiste d'un magazine de faits divers, Pauline décide de prendre du recul et du repos dans un palace italien où sa passion pour les crimes va reprendre le dessus. Elle enquête sur une série de meurtres présumés. Sorte de Miss Marple en plus sexy, Sandrine Kiberlain est à son affaire dans les plus foldingues de ses répliques, notamment quand elle explique avec un intense sérieux qu'elle sait très bien qui est Scoubidou, le héros du dessin animé pour enfants. Même effet de fou rire dans *Les Deux Alfred* (2021), de Bruno Podalydès. Tel un personnage d'Almodóvar, elle est une femme d'affaires « moderne » et partant au bord de la crise de nerfs.

Rien à voir, mais tout aussi prégnante, elle est la mère apaisante d'un jeune homosexuel en chantier dans *Quand on a 17 ans* (2016), d'André Téchiné. Le bol d'avoir une maman comme ça !

Enfin, belle surprise qui nous cueille : Sandrine Kiberlain est au générique d'*Aimer, boire et chanter* (2014), le dernier film d'Alain Resnais. Elle est une des femmes qu'un acteur mourant va tenter de séduire. Un conte fatalement funèbre mais qui, Resnais oblige, a l'élégance ultime de faire sourire. Sandrine Kiberlain est magiquement en osmose avec cette atmosphère où elle respire à plein poumons : drôle, émouvante, étrange. Une grande vivante en somme.

Autres films notables :
À vendre (1998), de Laetitia Masson ;
Mademoiselle Chambon (2009), de Stéphane Brizé ;
La Belle et la Belle (2018), de Sophie Fillières.

VICKY KRIEPS
(NÉE EN 1983)

Qui a deux maisons perd la raison. Qui a plusieurs langues pourrait y perdre son latin. Vicky Krieps, née au Luxembourg, carrefour éminemment européen, parle le français, l'allemand, l'anglais et luxembourgeois. Mais pas le latin. Donc aucun risque qu'elle le perde. Mais ce qu'elle parle le plus couramment, c'est la langue du cinéma. « La langue du silence », dira-t-elle au magazine *Télérama*. Songeait-elle pour exprimer cet apparent paradoxe au *Silence*, de Bergman, elle qui, physiquement, est comme un mélange de certaines actrices du maestro suédois, entre Bibi Andersson et Ingrid Thulin ?

Mais parler le silence, ce n'est pas demeurer muette. Après quelques bricolages de rôles, notamment en Allemagne, au fil des années 2010, elle semble comme saisie d'un don d'ubiquité. Elle est partout à la fois, en commençant par le sensationnel *Phantom Thread* (2017), de Paul Thomas Anderson, où elle est Alma, jeune serveuse dans un salon de thé, qui devient le modèle, puis la muse, puis la maîtresse, puis, qui sait ?, l'empoisonneuse d'un grand couturier londonien (Daniel Day-Lewis). Comme exportée d'une nouvelle inédite de Henry James, Vicky Krieps, de la gentille fille à la tueuse, s'adonne à une polymorphie où, à chaque étape, elle excelle jusqu'à faire peur : ingénue, perverse, séductrice, drôle et juste sur les rapports de pouvoir qui cimentent un couple et parfois le détruisent. Face au tyrannique Day-Lewis (et son mètre quatre-vingt-sept !), elle se démarque, contrepoids détonant, en apprentie opposante, fragile et peu à peu indestructible. Cela se déchiffre sur son visage où une heureuse dissonance fait se côtoyer hermétisme et expressivité, orage et embellie.

« Je n'ai pas envie de plaire, je n'ai pas envie que ce soit facile », déclare Vicky Krieps. En 2021, elle est à cet égard (bien) servie dans *Serre-moi fort*, de Mathieu Amalric. Elle y est une jeune femme qui, sur un coup de tête, quitte son mari et ses deux jeunes enfants. Dès lors, c'est une inondation de « peut-être » qui l'emporte et nous transporte. Peut-être que cette femme est folle ? Peut-être qu'elle est suprêmement raisonnable (qui n'a jamais eu envie de se casser et, ce faisant, de tout casser) ? Peut-être qu'elle dit vrai quand elle ment ? Surtout quand elle énonce son mode d'emploi : « J'invente, j'imagine que je suis partie. » Le film tourne autour de cette femme tourbillonnante. Et Vicky Krieps fait le film autant qu'il la fait.

On la retrouve dans *Bergman Island* (2021), de Mia Hansen-Løve. Deux narrations se croisent. La première raconte comment un couple (Vicky Krieps et Tim Roth) se délite, sur l'île suédoise de Fårö, terre d'attache d'Ingmar Bergman, cernée par la Baltique. La deuxième, sourde, enchâssée dans la première, relate la confrontation feutrée mais belliqueuse de deux artistes, la femme et l'homme étant cinéastes. D'abord perçue comme l'artiste dominée, la femme va progressivement s'affirmer et triompher face au génie autoproclamé de son mari. Vicky Krieps, plausible en charmante épouse et tout aussi convaincante en émancipée, est une magnifique figure de féminisme radieux. Car jamais elle ne cesse de sourire.

Autres films notables :
Une histoire d'amour (2013), d'Hélène Fillières ;
Avant l'hiver (2013), de Philippe Claudel ;
Corsage (2022), de Marie Kreutzer.

VINCENT LACOSTE

(NÉ EN 1993)

C'est peut-être son allure inimitable, bras pendant le long du corps, cette façon de se déplacer tout en jambes et en légèreté qui fait de Vincent Lacoste un acteur unique en son genre. Mieux encore, dans un cinéma marqué par le mouvement #MeToo, il incarne, à 30 ans, une nouvelle masculinité, assumant tranquillement sa part de féminité. Séducteur d'un nouveau type, il relègue ainsi à un passé révolu les modèles machos du cinéma de papa. À l'exception peut-être d'un James Stewart trébuchant sur les mots, hésitant.

Soyons francs, son premier rôle au cinéma, dans *Les Beaux Gosses* (2009), de Riad Sattouf, ne va pas vraiment, pas encore, lui donner l'occasion de développer cette facette. C'est par hasard, pour faire comme les copains, que Vincent Lacoste, 15 ans, se présente au casting de Riad Sattouf, qui adapte pour le cinéma son hilarant roman graphique, *Retour au collège*. Il y sera Hervé, collégien de troisième, mal dans sa peau, qui cherche à conquérir la jeune Aurore. Riad Sattouf a fait le bon choix, Vincent Lacoste est désopilant en ado acnéique exaspéré par sa mère dépressive, obsédé par les plaisirs solitaires en tête à tête avec les pages lingerie d'un catalogue de vente par correspondance. Sans parler de cette moue en V et de ce regard en coin qui invite à la rigolade complice. Le film est un triomphe public et critique et Vincent Lacoste… en est malade. Il s'imaginait en nouveau Brad Pitt et il se voit à l'écran mal fagoté, boutonneux et coiffé comme Coluche.

Mais le tournage des *Beaux Gosses* a éveillé quelque chose en lui : le plaisir de jouer. Le cinéma français se précipite, il enchaîne les tournages, passant d'*Astérix et Obélix : Au service de Sa Majesté* (2012), de Laurent Tirard, à *Camille redouble* (2012), de Noémie Lvovsky, se promenant sur un large spectre, entre films d'auteur et films grand public. Si Riad Sattouf a été le premier à révéler le talent d'acteur de Vincent Lacoste, d'autres viendront ensuite le confirmer, tel le réalisateur-médecin Thomas Lilti qui lui propose un rôle de jeune interne à l'hôpital, découvrant l'humanité inhérente à ce métier, dans *Hippocrate* (2014). Vincent Lacoste y est impeccable de modestie, s'effaçant derrière son personnage. Sérieux. Il lui manque le registre dramatique. Le réalisateur Christophe Honoré va s'en charger avec *Plaire, aimer et courir vite* (2018), où il devient Arthur, amoureux de Jacques qui se meurt du sida. Élégant et romantique, Vincent Lacoste en impose.

De ces trois réalisateurs, l'acteur dit aujourd'hui qu'il aimerait faire tous leurs films. « Ce qui m'intéresse, confiait-il au *Monde* en 2020, c'est de tout essayer, j'aime le cinéma dans son entièreté. Ça me plaît de faire des choses différentes, d'être ridicule dans *Mes jours de gloire*, d'Antoine de Bary, et hyperbeau et sexué dans les films d'Honoré. Je ne veux pas choisir entre les deux, me priver de quoi que ce soit. »

Autres films notables :
Jacky au royaume des filles (2014), de Riad Sattouf ;
Amanda (2018), de Mikhaël Hers ;
Fumer fait tousser (2022), de Quentin Dupieux.

DOMINIQUE LAFFIN
(1952-1985)

Parfois il suffit d'un petit bouquet de films pour qu'on aime une actrice. En l'occurrence un bouquet pour fleurir le souvenir de Dominique Laffin, décédée en 1985, à l'âge de 33 ans.

Elle ne voulait pas être actrice. Elle l'est devenue lorsque, mariée et jeune maman de 22 ans, elle se cabre et envoie tout balader. Elle confiera ultérieurement : « J'avais l'impression que la vie s'était arrêtée. » Une femme qui n'en peut plus des murs entre lesquels on veut l'enfermer. Sur ces murs elle aurait pu écrire un fameux slogan de Mai 68 : « Vivre, ce n'est pas survivre. » Être actrice pour aller voir ailleurs si elle y est. Elle se démène, court les auditions, assiège un monde dont elle ignore tout, revendique un métier de comédienne qu'elle n'a jamais pratiqué. Cette détermination enragée lui ouvre subitement la porte du cinéma, lorsqu'elle est repérée par un réalisateur, et non des moindres. En 1977, après un rôle discret dans *La nuit tous les chats sont gris*, de Gérard Zingg, elle est la partenaire de Gérard Depardieu et de Miou-Miou dans *Dites-lui que je l'aime*, de Claude Miller. Elle y est Lise, une femme mariée, la femme d'à côté, dont Depardieu, célibataire taciturne, tombe amoureux jusqu'à l'obsession assassine. Dominique Laffin sublime les deux faces de son personnage : indifférente à la passion de son impossible amant, mais offerte aux fantasmes de ce monstre d'amour qui va la faire disparaître. La tragédie sied à Dominique Laffin.

Ce que confirme un autre film majeur de sa courte carrière : *La Femme qui pleure* (1979), de Jacques Doillon, chef-d'œuvre de grâce, de pudeur et de douleur, qui met en scène un homme (Doillon lui-même) et deux femmes. Celle qui pleure, parce qu'on l'abandonne, c'est Dominique Laffin. Elle dit : « Je sais, c'est minable mais je ne peux pas faire autrement. » Dominique Laffin a le talent de ne pas rendre ses larmes amères, ridicules ou agaçantes. Pleureuse mais pas résignée pour autant, et c'est là que l'actrice est immense : belle et rebelle jusqu'à donner des méchants coups qu'on n'aimerait pas recevoir. Dans une scène clé, elle convoque sa rivale (Haydée Politoff) dans un café de campagne. Au lieu de la massacrer, ce à quoi, paresseusement, on s'attend, elle lui montre ses dessins d'enfant, des dessins inquiétants. À cet instant, le regard anarchiste de Dominique Laffin fait peur et enthousiasme.

En 1985, elle tourne dans le premier film de Laurent Perrin, *Passage secret*. Elle y est Anita, une tenancière de bar qui mène et manipule une bande de jeunes monte-en-l'air. Ses yeux tristes, son visage sensuel, sa voix noyée, ses gestes brusques, sa tendresse. Pour la dernière fois.

Autres films notables :
Tapage nocturne (1979), de Catherine Breillat ;
Pipicacadodo (1979), de Marco Ferreri ;
Liberty belle (1983), de Pascal Kané.

LAURENT LAFITTE

(NÉ EN 1973)

Laurent Lafitte est un paradoxe. Une allure distinguée, un sourire éclatant, la raie sur le côté et un goût attesté pour le bleu marine, il est tout ce qu'il y a de plus bon chic bon genre. Et pourtant. Ce comédien si policé en apparence n'est jamais aussi bon que dans les rôles de gougnafier, mufle et arrogant. Cette façon qui n'appartient qu'à lui de donner ainsi le change est une des caractéristiques et des forces de ce comédien, l'un des plus demandés du cinéma français.

Laurent Lafitte a d'abord visé une carrière de comique à travers des seconds rôles et surtout un one-man show au Palais des glaces en 2008, intitulé *Laurent Lafitte comme son nom l'indique*, « J'ai compris que ce que je dégageais de prime abord ne correspondait pas du tout à mon univers intérieur et qu'il allait falloir que je change ça si je voulais avancer. » Lafitte n'y va pas de main morte, surjouant le macho satisfait, la meneuse de revue, l'adepte de sites de rencontres gays. Dans *Le Monde*, Guillaume Canet se rappelle avoir « pris une claque » en voyant ce spectacle et avoir découvert un type « cynique, corrosif, super intelligent ». Très vite, le réalisateur lui propose de rejoindre la bande des *Petits Mouchoirs* (2010). La partition de Lafitte dans cette brochette de quadras en pleine crise est celle d'Antoine, plaqué par sa fiancée et qui tente de la reconquérir à coups de SMS gênants, monstrueux d'égoïsme. Guillaume Canet n'est pas le seul spectateur sidéré par le spectacle de Laurent Lafitte : Muriel Mayette-Holtz, alors directrice de la Comédie-Française, lui propose d'intégrer la légendaire troupe. C'est peut-être au contact des grands textes ou des drames que le jeu de Laurent Lafitte prend de l'épaisseur. Le grand serin qui fait rigoler tout le monde a une face obscure, dérangeante presque. Elle se fait jour dans *Elle l'adore* (2014), de Jeanne Herry, où il incarne un chanteur à succès qui manipule une de ses fans. On rit moins. Dans *Elle* (2016), de Paul Verhoeven, il monte encore d'un cran : son grand bourgeois catho est franchement inquiétant, mais toujours planqué dans son camouflage de garçon formidable. Laurent Lafitte est effrayant. Une révélation.

Le cinéma français le voit en militaire, haut gradé, méprisant et veule, dans *Au revoir là-haut* (2017), d'Albert Dupontel. Le mordant de son comique servant à merveille les vacheries qu'il égrène. Mais il est aussi ce général Caillard, bienveillant et droit, qui sauve l'honneur de Saint-Cyr, dans *Pour la France* (2023), de Rachid Hami.

Autoritaire et vénéneux, Laurent Lafitte est bien le candidat idéal pour incarner le perfide procureur de Marseille dans *Le Comte de Monte-Cristo*, de Matthieu Delaporte et Alexandre de La Patellière, prévu pour 2024.

Autres films notables :
Les Beaux Jours (2013), de Marion Vernoux ;
Papa ou Maman (2015), de Martin Bourboulon ;
Un peuple et son roi (2018), de Pierre Schoeller.

BERNADETTE LAFONT

(1938-2013)

Au début des années 1980, sur le plateau d'une émission de télévision diffusée en direct du festival de Cannes, l'ambiance est orageuse. Pour on ne sait quelles raisons, les techniciens du son ont décidé de faire une grève du zèle, qui perturbe la claire audition. Tout le monde a envie d'étrangler tout le monde. Sauf Bernadette Lafont, coprésentatrice avec Pierre Bouteiller. Tout sourire, elle rassure son monde : « On va voir ce qu'on va voir ! » De fait, le lendemain, on a vu : Bernadette déboula sur le plateau avec une robe plus que décolletée et la tête surmontée d'une étonnante corne de cheveux d'allure phallique. Les techniciens revêches se bousculèrent pour fixer un micro HF entre ses seins et l'incident sonore fut clos. L'anecdote vaut pour toute la carrière de Bernadette Lafont : pragmatique, rieuse, bonne vivante. Elle disait : « J'aime bien tourner dans un film de Claude Chabrol, c'est l'assurance qu'on mangera bien. » Mais pas seulement. Elle racontait aussi que, justement sur le tournage d'un Chabrol (*Les Godelureaux* [1961]), tout le monde voulait coucher avec elle. « Et devinez qui gagna ? demandait-elle, de la malice au fond des yeux. Jean-Claude Brialy ! »

Plus que l'amour du cinéma, c'est l'amour tout court qui la conduit devant les caméras. En 1955, à 18 ans, elle fait la connaissance de Gérard Blain, beau gosse français de l'époque, qui répétait *Jules César* dans les arènes de Nîmes. Crac-crac ! comme aurait dit Bernadette. Ils se marient et elle monte à Paris. La suite est consubstantielle à l'histoire de la nouvelle vague. Elle va jouer beaucoup chez Chabrol, un peu chez Truffaut qui lui offre son premier rôle, dans le court métrage *Les Mistons* (1957), puis la consacre, en 1972, dans un film dont le titre est comme un pléonasme : *Une belle fille comme moi.* Suivront des prestations majeures dans des films qui eux aussi font date, bien au-delà de la nouvelle vague : *Out 1* (1971), de Jacques Rivette, et surtout *La Maman et la Putain* (1973), de Jean Eustache.

Fille d'un pharmacien protestant des Cévennes, Bernadette Lafont avait peut-être hérité de son père l'art de concocter des potions dans l'arrière-boutique de ses rôles : tantôt magique, lorsqu'elle métamorphose un personnage a priori insipide de servante dans *Le Voleur* (1967), de Louis Malle, tantôt nettement plus vénéneuses quand en 1969, elle devient Marie, la paria sexy d'un village, dans *La Fiancée du pirate*, dont Nelly Kaplan, la réalisatrice, disait : « C'est l'histoire d'une sorcière des temps modernes qui n'est pas brûlée par les inquisiteurs, car c'est elle qui les brûle. » Et comment ! Après avoir séduit et abandonné tout ce que le patelin compte de sombres hypocrites, Marie, féministe en pétard, s'enfuit, mais avec son bouc !

Plutôt que le cliché de la petite fiancée du cinéma d'auteur, l'image de la magicienne Circée convient mieux à Bernadette Lafont. Qui n'a jamais rêvé d'être son Ulysse ? Mais un Ulysse avisé qui, loin de résister à son envoûtement comme chez Homère, choisirait de la suivre dans les abysses, quitte à en mourir, mais de mort lente, toute de bonheur et de rigolade.

Autres films notables :
Les Bonnes Femmes (1960), de Claude Chabrol ;
Zig-Zig (1975), de László Szabó ;
Nous sommes tous encore ici (1997), d'Anne-Marie Miéville.

GÉRARD LANVIN

(NÉ EN 1950)

« On me propose souvent des rôles de con. En ce moment, j'ai envie de faire un film d'époque. Je sais que Beaumarchais traîne dans le secteur et j'aimerais bien jouer ça. Est-ce que quelqu'un en aura l'idée ? » Ainsi parlait Gérard Lanvin au journal *Libération*, en 1994, au moment de la sortie du film de Nicole Garcia, *Le Fils préféré.* Sans conteste, le plus beau rôle de l'acteur. Jean-Paul Mantegna, hôtelier à Nice, est le dernier d'une fratrie de trois garçons, et le seul à prendre soin de son père, quotidiennement et avec beaucoup de dévouement. Empêtré dans des problèmes de trésorerie, il va faire appel à ses frères, perdus de vue depuis dix ans. Gérard Lanvin a 45 ans, il est au summum de l'image virile qui est devenue la sienne. Mais le film de Nicole Garcia et le personnage qu'il incarne exigent qu'il sorte de cette carapace d'homme qui ne doute de rien. Apparaît alors une cassure dans le regard de l'acteur, quelque chose d'une blessure enfantine jamais soignée qui ajoute de la vulnérabilité. C'est Gérard Lanvin comme on ne l'a jamais vu auparavant.

À cela, il y a une bonne raison. Le drame n'était pas forcément sa tasse de thé, quand il a débuté au cinéma. Sa bonne fée c'est Coluche, et la bande du Café de la Gare, rencontrés aux puces de Saint-Ouen dans les années 1970. Coluche, c'est son père, son mentor, son boss aussi, qui lui confie la tâche de faire le tour des bistrots pour y récolter des échanges savoureux. Coluche lui met le pied à l'étrier dans *Vous n'aurez pas l'Alsace et la Lorraine* (1977), unique film réalisé par l'humoriste, une fantaisie médiévale délirante. Pour sa première apparition au cinéma, Gérard Lanvin est servi : vêtu d'une paire de collants et de grandes bottes, il est le Chevalier blanc, chaînon manquant entre Luis Mariano et les Monty Python. Parfaitement hilarant.

Mais les années 1980 vont l'éloigner de cette veine loufoque, pour l'emmener vers un autre registre, beaucoup plus noir qui, petit à petit, va fabriquer une autre image de Gérard Lanvin, celle avec laquelle on l'identifie un peu vite, à force de polars et de types vengeurs pas toujours très inspirés. *Marche à l'ombre* (1984), de et avec Michel Blanc, viennent à point nommé rappeler que Lanvin n'a pas oublié son passé de café-théâtre. Avec Michel Blanc, dans le rôle de l'éternel souffreteux (« J'ai les dents qui poussent »), et Lanvin, dans le rôle du type qui fonce tête baissée dans toutes les mauvaises situations, ils composent un duo irrésistible. Cinq ans plus tard, il est l'un des piliers de *Mes meilleurs copains* (1989), épatante comédie de Jean-Marie Poiré.

L'âge venant, Lanvin se fait plus rare au cinéma. Peut-être un effet boomerang de son franc-parler, « sa grande gueule », peut-être aussi par manque de propositions. Ces derniers temps, il s'est fait chanteur et parolier. La première de ses chansons est un SOS pour les femmes battues. Voilà, il est comme ça, Gérard Lanvin, il ne faut pas se fier aux apparences.

Autres films :
Tir groupé (1982), de Jean-Claude Missiaen ;
Mon homme (1996), de Bertrand Blier ;
Les Lyonnais (2011), d'Olivier Marchal.

PIERRE LARQUEY

(1884-1962)

Quel dommage que la France n'ait pas, comme le Royaume-Uni, une tradition de romans et de films d'espionnage. On y aurait placé un petit homme gris se rendant chaque matin en autobus à son bureau de la DGSI. Ses vêtements auraient été sombres, il tiendrait un parapluie sous son bras et porterait un chapeau melon sur ses cheveux blanchis. Au lieu de quoi, à 47 ans passés, Pierre Larquey, ancien du théâtre et marchand de jouets, entre d'un pas tranquille dans l'univers du cinéma populaire. Pagnol pour commencer. Il sera deux fois Tamise (sur trois versions) dans *Topaze* : d'abord en 1933, dans la mise en scène de Louis Gasnier, puis en 1951, dans celle de Pagnol lui-même. Entre les deux, il aura tourné des dizaines de seconds rôles – vingt-trois pour la seule année 1934, cent cinquante en tout –, et même un premier rôle, en 1938, dans *Monsieur Coccinelle*, de Dominique Bernard-Deschamps. Mais, en fade petit-bourgeois de banlieue à la Emmanuel Bove, il échoue à monter en gamme.

Seulement, quand pendant vingt ans et plus, le public ne peut guère voir un film sans qu'apparaisse le même visage banal du Français moyen, le bonhomme lui devient familier. Sa voix est douce, on le sent plein d'humanité, disponible derrière son sourire engageant. À croire qu'il nous observe depuis l'écran et qu'il s'apprête à descendre nous parler. Il ne s'emporte pour ainsi dire jamais et donne l'impression d'accepter n'importe quel rôle, si peu excitant soit-il, de peur de froisser quelqu'un. Bien sûr, il faut gagner sa vie. Sinon, comment comprendre sa présence en tête d'affiche du *Congrès des belles-mères* (1954), d'Émile Couzinet, farce d'une grande vulgarité de l'extravagant magnat du cinéma bordelais ? Et comment tolérer – ne serait-ce que par respect pour les bons cinéastes – qu'il interprète les nanars comme les beaux films avec la même égalité d'humeur, la même diction paisible ? Peut-être voulait-il établir une théorie suivant laquelle le fait de jouer serait plus important que ce que l'on joue ? Mais il y a des limites. Dans les cas désespérés, on se demande parfois si son registre ne se borne pas à faire acte de présence.

Par bonheur, un grand metteur en scène l'a repéré et a utilisé à contre-emploi sa sobre présence. Faisons donc comme si ce bon papa Larquey n'avait tourné que pour Clouzot. Clouzot pour qui, dans *L'assassin habite au 21* (1942), il assume à coups de strangulations sa place dans le trio criminel ; Clouzot pour qui, dans *Les Diaboliques* (1955), il végète en petit prof à la Topaze ; Clouzot toujours, pour qui, dans *Le Corbeau* (1943), il dirige un hôpital, dans le rôle du docteur Vorzet, avec ses tirades sur le bien et le mal, la lumière et l'obscurité, histoire d'adoucir sa mauvaise conscience. Œuvre majeure datant de l'Occupation, personnage qui ne s'oublie pas. Clouzot enfin, pour qui il est chauffeur de taxi cité comme témoin, dans *Quai des Orfèvres* (1947), contraint de dénoncer Simone Renant en sa présence : « Faites excuse, Madame, mais on n'est pas les plus forts… »

Cela dit, imagine-t-on quelqu'un d'autre dans le rôle-titre du *Père Goriot* (1945), de Robert Vernay ? En conservateur du musée de Vanne-en-Bresse, dans *Messieurs les ronds-de-cuir* (1936), d'Yves Mirande ? En administrateur, dans *Le journal tombe à cinq heures* (1942), de Georges Lacombe, qui s'emploie, faute d'être pris au sérieux, à récupérer les trombones dans les corbeilles à papier des journalistes. Corbeille où beaucoup de films de Larquey auraient dû finir.

Autres films notables :
L'Habit vert (1937), de Roger Richebé ;
Jéricho (1946), d'Henri Calef ;
Assassins et Voleurs (1957), de Sacha Guitry.

DENIS LAVANT

(NÉ EN 1961)

Les premières mesures d'une guitare battent le pavé de cette nuit parisienne. Courbé en deux, un jeune homme accélère le pas, « I'm standing in the wind... », chante David Bowie, le rythme monte crescendo, la course suit le tempo jusqu'à devenir folle, le garçon se désarticule sous l'effet de la musique et de la vitesse conjuguée, ébauche une roue, saute, se frappe la poitrine, rebondit et disparaît. Cette scène, extraite de *Mauvais sang* (1986), de Leos Carax, devenue aujourd'hui emblématique pour une génération de cinéphiles doit beaucoup à l'acteur-coureur, Denis Lavant. Lavant-Carax, une alliance, un compagnonnage, né deux ans plus tôt, à la faveur de *Boy Meets Girl* (1984), l'histoire d'un garçon qui regarde les autres s'aimer. Une tignasse brune farouchement emmêlée, la clope au coin de la bouche, et cette diction précipitée, à l'image de ses gestes doux et imprévisibles, Denis Lavant a 22 ans, et il émane déjà de ce si jeune acteur au visage lunaire une lumière et une présence évidentes.

Il y a quelque chose d'extraterrestre chez Denis Lavant, et pas seulement parce qu'il n'a pas le physique d'un jeune premier. Une volonté de se mettre à nu, de déchaîner la camisole de force d'un rôle pour s'épanouir, sortir du carcan, aller plus loin. Cas d'école, *Les Amants du Pont-Neuf* (1991), de Leos Carax, où l'acteur s'engouffre à corps perdu dans la peau d'Alex, un homme perdu, en marge, clochard, SDF, ermite-poète, qui revient à la vie par la grâce d'une rencontre avec Michèle/Juliette Binoche. C'est avec son corps, rompu aux arts du cirque et du funambulisme, que Denis Lavant exprime le mieux cette résurrection. Il pourrait être Gavroche, Étienne Lantier, ou même Oliver Twist avec sa dégaine de quat'sous et ses godillots qui s'envolent quand il danse avec sa Michèle.

Claire Denis, elle, lit de la dureté, de l'obstination sur le visage de Denis Lavant, idéal pour ce personnage trouble de légionnaire saisi de pulsions sadiques (et amoureuses) envers le jeune Grégoire Colin dans *Beau travail* (2000).

Puis, accaparé par le théâtre, la musique, Denis Lavant délaisse petit à petit le cinéma. Mais certains ne l'ont pas oublié, tel Pierre Schoeller, qui lui confie le rôle de Marat dans *Un peuple et son roi* (2018), une performance mémorable, tant l'acteur est habité. Le visage s'est modelé avec l'âge, mais la lumière fulgurante de *Boy Meets Girl* ne l'a pas quitté.

Autres films notables :
Mona et moi (1990), de Patrick Grandperret ;
Holy Motors (2012), de Leos Carax ;
Gagarine (2021), de Fanny Liatard et Jérémy Trouilh.

ROBERT LE VIGAN
(1900-1972)

Il était une fois un acteur de seconds rôles si remarqué qu'il s'offrit même une incursion en haut de l'affiche : le Jésus de *Golgotha* (1935), de Julien Duvivier. Son talent, sa singularité – petits yeux inquiétants, voix caverneuse, menton en galoche –, la fantaisie de ses compositions, tout en lui promettait une carrière longue et fameuse. Mais certains sont ainsi faits que la politique les poursuit et les conduit au précipice. Devenu le bouffon de Céline, sa collaboration active à la propagande nazie sous l'Occupation et sa fuite à Sigmaringen ont valu au sieur Coquillaud, dit Le Vigan, dix ans de travaux forcés, la confiscation de ses biens et l'indignité nationale à vie. À sa libération conditionnelle, les grandes espérances ont laissé place au rejet de toute une profession, à la mort civile, enfin à l'exil en Argentine, dans l'oubli d'une cachette misérable.

Restent l'œuvre, les films tournés, les rôles incarnés, tous variés, aucun indifférent, certains brillantissimes. Un des atouts des années 1930 est de pouvoir aligner un nombre illimité de seconds rôles hors du commun, mais ils arrivent avec leurs valises, autrement dit leur personnalité. Alors que Le Vigan devient autre à chaque nouveau film, y jouant sa petite partition comme s'il s'agissait du premier rôle. Oscillant entre l'oiseau de mauvais augure et le fantoche génial, il exécute en virtuose des silhouettes inspirées dans les yeux desquelles brille un regard halluciné. Dès qu'il paraît à l'écran on ne voit que lui : le doucereux marchand de nouveautés dans *Madame Bovary* (1934), de Jean Renoir, « l'albinos », vieux beau plein aux as dont les filles refusent l'argent, dans *Jenny*

(1936), de Marcel Carné, l'acteur déchu des *Bas-fonds* (1936), de Renoir, le gendarme hargneux de *Regain* (1937), de Marcel Pagnol, ou encore un maître chanteur cauteleux dans *Le Dernier Tournant* (1939), de Pierre Chenal. Il est aussi garde-chiourme, armateur, soutier, chef d'escadrille, huissier complaisant, chanteur à voix, commissaire, alcoolique... Sans oublier deux morceaux de roi : le peintre sentencieux de *Quai des brumes* (1938), de Marcel Carné, et l'indic de *La Bandera* (1935), de Julien Duvivier, qui poursuit Gabin jusque dans la Légion étrangère. Seul survivant d'un accrochage meurtrier, il épellera un à un le nom de ses camarades « morts à l'ennemi », en un final qui ne manque pas de grandeur. Autre titre de gloire : Goupi Tonkin, dans *Goupi Mains-rouges* (1943), de Jacques Becker, ex-colonial secoué de crises de palu et de délires névrotiques, rôle qui résume à lui seul tous ses emplois d'énergumènes de choc, toutes les contorsions d'un des rares comédiens à jouer aussi de son corps. Un corps qui ondule, se tortille et s'exprime, comme s'il était maudit.

L'Homme qui vendit son âme (1943), de Jean-Paul Paulin, où il joue le diable, est un titre qui lui va comme un gant et scelle son itinéraire. Mais il y a les personnages et il y a la vie. Celle du peintre de *Quai des brumes* qui, après avoir dit : « Un nageur, c'est déjà un noyé », s'avançait dans la mer. Celle de Goupi Tonkin qui, ayant hurlé : « Ils sont tout petits ! », chutait de son arbre. Leur vie se terminait tragiquement, ils ne causaient de tort qu'à eux-mêmes. Par ses vociférations antisémites à Radio-Paris, Le Vigan s'en prenait à autrui. Que c'est long une fin de vie quand on n'a rien d'autre à faire que de remâcher des crimes qu'on ne reconnaît pas comme tels ! Peureusement, minablement, interminablement, son dernier tournant fut celui d'un paria.

Autres films notables :
Les Disparus de Saint-Agil (1938), de Christian-Jaque ;
Le Mariage de Chiffon (1942), de Claude Autant-Lara ;
Untel, père et fils (tourné en 1940, sorti en 1945),
de Julien Duvivier.

JEAN-PIERRE LÉAUD

(NÉ EN 1944)

L'audition, pour le cinéma, c'est la première rencontre entre un réalisateur et un possible interprète. L'exercice est parfois fastidieux, pourtant certaines d'entre elles sont entrées dans l'histoire du septième art, aussi célèbres souvent que le film qu'elles précèdent. On se souvient par exemple de l'inoubliable audition de Marlon Brando, les cheveux couverts de cirage, les joues gonflées de mie de pain, pour *Le Parrain*. Celle de Jean-Pierre Léaud, se présentant devant François Truffaut à la recherche du personnage principal de ses *Quatre Cents Coups*, est du même ordre. Les cheveux en bataille, un gamin au regard déluré se présente pour répondre aux questions du metteur en scène. « J'ai entendu dire que vous cherchiez un type avec de la gouaille, alors me voilà », déclare fièrement ce titi de 14 ans. Antoine Doinel est né. La saga de Truffaut peut ainsi commencer.

Six films ensemble, dont cinq sur le même personnage, Antoine Doinel, double projeté du réalisateur, capté à divers stades de sa vie qui feront de Jean-Pierre Léaud, son interprète, le frère siamois de son personnage, confondant les deux en une seule entité, et gravant en lettres de feu une composition au plus haut niveau de la cinéphilie. Dans *Baisers volés* (1968), Doinel est partagé entre deux femmes, Delphine Seyrig (et son sourire dans la voix) et Claude Jade. Léaud est devenu un homme, il en porte la panoplie de l'époque, costume-cravate, bien coiffé, le changement est radical. Est-il pour autant rentré dans le moule de cette bonne société bourgeoise dans laquelle le réalisateur le fait évoluer ? Pas tellement : il a des emportements, des coups de folie, une manière bien à lui de sortir du champ, comme s'il n'en pouvait plus. « Antoine Doinel avance dans la vie comme un orphelin et il cherche des familles de remplacement. Malheureusement, quand il les trouve, il a tendance à prendre la fuite car il reste un fugueur », expliquait François Truffaut.

Une autre métamorphose se fait jour au fil de la saga Doinel, au fur et à mesure que celui-ci prend de la bouteille et tente de trouver sa juste place de père, de mari : l'acteur Jean-Pierre Léaud s'échappe. Toujours plus disruptif, plus imprévisible, plus funambule, gardant toujours dans les yeux la magie de l'enfance.

Comme s'il se posait déjà la question de l'après-Doinel, de comment dépasser le mythe et rencontrer un tant soit peu la réalité. L'affaire est d'autant plus compliquée par l'envie de certains cinéastes de faire appel à Jean-Pierre Léaud comme à une citation de référence. Il y parvient pourtant, et même magistralement, avec *La Maman et la Putain* (1973), de Jean Eustache, et ce rôle d'Alexandre, intellectuel parisien tiraillé entre Bernadette Lafont et Françoise Lebrun.

D'autres réalisateurs, plus jeunes, fascinés par l'acteur emblématique de la nouvelle vague (cinq films avec Jean-Luc Godard), viendront plus tard lui proposer des sorties de route bienvenues. Le cinéaste finlandais Aki Kaurismäki l'imagine dans le rôle d'un homme suicidaire qui rate toutes ses tentatives et qui finit par contacter un assassin professionnel, dans *J'ai engagé un tueur* (1990), ou encore Bertrand Bonello qui le voit en réalisateur de films X dans *Le Pornographe* (2001) et qui dira de son interprète : « Il est bouleversant à chaque prise. Le moindre incident est récupéré au profit du jeu et du film. Qu'il se prenne les pieds dans le tapis ou fasse tomber un accessoire, c'est génial. Léaud est un comédien complet, à la fois expressionniste et bressonien. »

Summum de l'acteur, son Louis XIV agonisant, dans le magnifique film d'Albert Serra, *La Mort de Louis XIV* (2016), un vieillard qui se meurt mais quelle autorité dans le regard de l'acteur.

Autres films notables :
Masculin féminin (1966), de Jean-Luc Godard ;
Domicile conjugal (1970), de François Truffaut.

GINETTE LECLERC

(1912-1992)

C'est une belle femme et elle le sait. Ginette Leclerc a des formes, des dents prêtes à mordre, un sourire canaille, ça ne la dérange pas de jouer les mauvaises filles, voire les putains. Moyennant quoi une centaine de films au compteur, où elle s'exerce à faire de l'œil à qui entre dans le champ de sa perversité. Une particularité érotique, qui s'ajoute à son charme : l'œil brille de désir quand la bouche fait la moue.

Bien sûr, née la même année, Viviane Romance occupe aussi le trottoir : même genre de beauté insolente, même abattage, même séduction, mais, outre qu'il y a place pour deux, Geneviève Menut, dite Leclerc, ne craint pas de se montrer agressive, sa sensualité peut être encore plus provocante, comme le montre sa grande scène du *Corbeau* (1943), d'Henri-Georges Clouzot, film parfait, assurant la pérennité de la comédienne dans l'histoire du cinéma. Elle y est la scandaleuse du village, boiteuse de surcroît (selon Erich von Stroheim, un pied-bot accentue l'érotisme), ce qui ne l'empêche nullement de vouloir mettre dans son lit le docteur Germain (Pierre Fresnay), praticien du bourg avec son confrère Vorzet (Larquey). Il a fui les ennuis, le docteur Germain, et quand il vient la visiter pour une légère fièvre, il tique un peu de la trouver au lit. Mais c'est quand il applique son oreille contre ses poumons qu'il comprend ses intentions : elle se cambre outrageusement pour que la pointe de ses seins vienne se frotter contre le cher docteur, qui aussitôt voit rouge… « Dommage », regrette-t-elle. Et de se moquer des faux jetons du patelin, lui en tête…

La deuxième présence marquante de Ginette Leclerc sur les écrans, on la doit à Pagnol et au rôle de l'épouse volage dans *La Femme du boulanger* (1938), peu à l'écran mais évoquée à chaque instant du film. Sa fuite avec un berger déclenche chez Raimu la grève du pain et une fin de film à la fois grandiose et bouleversante comme il en existe peu de pareilles. Quand elle revient (jusqu'à quand ?), la belle émigrée, toute repentante, reçoit, indirectement, la leçon que Raimu adresse à la chatte, la Pomponnette, coureuse elle aussi... « Garce, salope, ordure, c'est maintenant que tu reviens ? »

Troisième présence mémorable : Flora, dite Balançoire, faisant partie de la charrette de prostituées qui viennent honorer de leur présence froufroutante une première communion à la campagne, sous la houlette de Madeleine Renaud, la Madame du bordel, dans *Le Plaisir* (1952), de Max Ophuls, d'après Maupassant. Ginette y est royale et, comme pour ses autres rôles, interprète Flora avec une santé et une jovialité réjouissantes. Bien sûr, les années 1930 sont loin, mais elle est parfaitement convaincante quand elle sort ses griffes face à une gourgandine guignant son gagne-pain.

Dans l'histoire du cinéma, Ginette Leclerc restera toujours la garce de service, la fille vénale, la boudeuse à frange que les femmes détestent, pour le lot habituel de la production française, Chenal, Moguy, Gréville, Daroy, Pagliero, Lampin, Borowczyk (son premier nu intégral) et aussi Brialy, pour lesquels elle aura toujours rempli ses contrats avec professionnalisme et une insolente assurance, elle qui n'a jamais marché droit. Quand on évoque sa mémoire, on entend, dans la ruelle du *Corbeau*, le petit claquement sourd de son brodequin orthopédique, symbole, selon Buñuel, des amours ineffables.

Autres films notables :
L'Hôtel du libre-échange (1934), de Marc Allégret ; *Prison sans barreaux* (1938), de Léonide Moguy ;
Le Val d'enfer (1943), de Maurice Tourneur.

FERNAND LEDOUX

(1897-1993)

Il arrive qu'un acteur soit remarqué dès l'adolescence. Études, débuts, petits rôles, trois lignes dans un journal : la carrière commence. Quand le talent est là et que tout va pour le mieux, elle s'étend des jeunes années à l'âge mûr et pourquoi pas à la vieillesse, si la forme, l'envie et le goût du public en décident ainsi.

Pour d'autres, comme Fernand Ledoux, le retard à l'allumage frôle le scandale. Son origine belge n'y est pour rien, mais quand le rôle de Roubaud, le sous-chef de la gare du Havre dans *La Bête humaine* (1938), de Jean Renoir, le lance enfin pour de bon, l'acteur a déjà 41 ans. À sa mort (à 96 ans), on a conclu un peu vite qu'il n'avait joué toute sa vie qu'un seul emploi, où il excelle d'ailleurs : le père de famille à la quarantaine sonnée, montre à gousset sur la panse, casquette sur le chef bientôt chauve et demi-sourire carnassier, babines retroussées. Dans son jeu, on a l'impression qu'il s'économise. Comme si l'éminent professeur d'art dramatique qu'il a été longtemps, en plus des vingt ans à la Comédie-Française, s'était convaincu que moins on en fait, mieux c'est. Il faut que Renoir le mette dans des situations dramatiques extrêmes (dans *La Bête humaine* justement, où il a des crises de jalousie), ou Christian-Jaque (dans *Sortilèges* [1945], où il casse la baraque), pour qu'il s'ensauvage et sorte de ses gonds. Mais l'attitude, la diction, les jeux de physionomie, les gestes sont toujours précis, sobres, convaincants. Regard sévère bien planté dans celui de l'interlocuteur.

Ce regard, précisément, toujours le même et jamais pareil, fait toute la différence. Couleur bleu glacier, c'est celui d'un moraliste austère qui vous juge. Pour qu'il sourie enfin, poussons-le dans les bras d'une chattemite aux cajoleries appuyées, autrement dit Simone Simon dans *La Bête humaine*. Ou mieux encore, dans ceux de l'orpheline de *Premier rendez-vous* (1941), d'Henri Decoin. Là, c'est Danielle Darrieux qui s'y colle. Elle vient d'avoir 24 ans, elle affiche déjà vingt-sept films au compteur, elle est à croquer. Enfin ! Le voilà qui s'attendrit devant la fraîcheur de la belle enfant, tout en se gardant de tomber dans le ridicule. Quoique…

On est d'autant plus content de le retrouver inquiétant, irascible ou compréhensif dans *Volpone* (1941), de Maurice Tourneur, *Remorques* (1941), de Jean Grémillon, *L'Assassinat du père Noël* (1941), de Christian-Jaque. Ou encore dans le rôle du baron Hugues, le veuf qui s'ennuie dans *Les Visiteurs du soir* (1942), de Marcel Carné, dans celui du chef de famille autoritaire de *Goupi Mains-rouges* (1943), de Jacques Becker, ou de l'aiguilleur de gare maritime halluciné dans *L'Homme de Londres* (1943), d'Henri Decoin.

Par la suite, peut-être y a-t-il eu usure d'un personnage qui pourtant prend garde de n'être jamais fastidieux ni de s'apitoyer sur lui-même ? Peut-être a-t-il lassé d'avoir fait l'acteur dans trop de films sans que le public tienne compte de cette grosse poignée – de 1941 à 1943 – qui aurait dû l'imposer une bonne fois pour toutes ?

Autres films notables :
Le Lit à colonnes (1942), de Roland Tual ;
Pattes blanches (1949), de Jean Grémillon ;
Papa, Maman, la Bonne et Moi (1954), de Jean-Paul Le Chanois.

VIRGINIE LEDOYEN
(NÉE EN 1976)

En 2009, lors du festival de Cannes, à l'occasion d'un dîner entre amis très champagnisé, on suggéra à Robert Guédiguian qu'il devrait tourner une vie de la chanteuse Sheila, avec Virginie Ledoyen dans le rôle principal. L'actrice, présente et tout ouïe, se déclara immédiatement partante, et pour le prouver attacha ses longs cheveux en deux couettes archi-Sheila. « Ça le fait non ? » dit-elle, en éclatant de rire. Et de rappeler que ses parents, comme ceux de Sheila, étaient déballeurs sur les marchés forains et qu'elle a beaucoup appris de leur bagout, façon commedia dell'arte.

Ce n'est pourtant pas du côté de la fantaisie que Virginie Ledoyen est remarquée pour la première fois au cinéma, dans *L'Eau froide* (1994), d'Olivier Assayas. Elle y est une jeune femme percluse de tourments qui persuade son compagnon de fuguer avec elle vers une utopique communauté. Même gravité de jeu, toujours sous la direction d'Assayas, dans *Fin août, début septembre* (1999), où elle compose un personnage de jeune femme passionnée, mais inquiétante, aux comportements parfois violents. On se dit, à part soi, qu'on n'aimerait pas, au cinéma comme dans la vie, qu'elle nous en retourne une. C'est ce fond de colère grondante que Benoît Jacquot a parfaitement exploité dans *La Fille seule* (1995), où elle excelle en femme de ménage d'un hôtel parisien, sur la brèche d'une révolte à venir.

Et la voilà, divine surprise, enchantante et en chansons, dans *Jeanne et le Garçon formidable* (1998), tragi-comédie musicale d'Olivier Ducastel et Jacques Martineau. Jeanne, c'est elle, amoureuse d'un garçon certes formidable (Jacques Bonnaffé) mais qui lui annonce, moins formidable, qu'il est séropositif. Planant dans le ciel du récit telle une bande-son subliminale, Virginie Ledoyen est un hymne à la vie qui doit continuer malgré tout. Puis, toujours en musique, dans la palanquée de stars qui, de Catherine Deneuve à Danielle Darrieux, font swinguer *8 Femmes* (2002), de François Ozon, elle est Suzon, toute de rose vêtue, emblème convaincant de l'amour romantique.

Parfois Virginie Ledoyen s'éclipse du cinéma pour vaquer à des téléfilms, notamment *La Mélancolie ouvrière* (2018), de Gérard Mordillat, où elle est Lucie Baud (1870-1913), une militante meneuse de grèves. Une osmose politique (à gauche toute !) qui n'avait pas échappé à Robert Guédiguian quand, pour *L'Armée du crime* (2009), il lui confie le rôle de Mélinée Manouchian, figure clé d'un réseau de résistants communistes pendant l'Occupation.

Virginie Ledoyen atteint sa pleine maturité d'actrice dans *Les Adieux à la reine* (2012), de Benoît Jacquot, où elle est la duchesse de Polignac, confidente et, dit-on, maîtresse de Marie-Antoinette. Sous la carapace des falbalas et des perruques, elle se régale à incarner un caractère aux antipodes de ce qu'elle est : une sorte de Cruella d'enfer à la cour de Louis XVI, manipulatrice et odieuse. Virginie Ledoyen a le talent de rendre triomphal ce personnage effarant.

Autres films notables :
La fille d'un soldat ne pleure jamais (1998), de James Ivory ;
Une autre vie (2014), d'Emmanuel Mouret ;
L'Amour et les Forêts (2023), de Valérie Donzelli.

JEAN LEFEBVRE

(1919-2004)

Les parents de Jean Lefebvre souhaitaient qu'il soit pharmacien. Doté d'une superbe voix de ténor, le jeune homme leur déclara qu'il se destinait plutôt à devenir chanteur d'opéra. Restait un problème : « Je n'avais pas le physique de ma voix », expliquait-il. Et voilà l'ex-chanteur qui, au début des années 1950, bifurque vers le cabaret, au même programme que Jean Richard, Darry Cowl, Roger Pierre et Jean-Marc Thibault. Une chouette bande de branquignols qui l'accueillent comme l'un des leurs.

Ce clown « au regard de cocker », selon les mots de Lino Ventura, tourna près de cent trente films, pas tous mémorables à ses yeux : « J'ai tourné tellement de navets que j'aurais pu en faire un potager », disait-il volontiers. Il n'empêche. Cet appétit effréné de facéties à tout prix, symbole d'une certaine époque, a généré quelques pics de rigolade pour lesquels on lui garde une éternelle reconnaissance. Commençons par ce pauvre Paul Volfoni, nature fragile, engoncé dans un gros manteau, frère du redoutable Raoul (Bernard Blier, pour mémoire), qui ramasse une grosse mornifle de Lino Ventura et qui pleure sous l'effet de l'alcool : « Y a de la pomme mais y a autre chose… », dans *Les Tontons flingueurs* (1963), de Georges Lautner. Jean Lefevbre n'est jamais aussi irrésistible que dans des rôles de chien battu, un peu bêta, maladroit, parfois attendrissant. On pense ici au gendarme Fougasse, souffre-douleur de Louis de Funès, maréchal des logis, dans *Le Gendarme de Saint-Tropez* (1964), de Jean Girault, et ses quelques déclinaisons, ainsi qu'au téléphoniste Pithivier dans la trilogie de la *Septième Compagnie* (1973, 1975, 1977), de Robert Lamoureux.

Autres films notables :
La Belle Américaine (1961),
de Robert Dhéry et Pierre Tchernia ;
Ne nous fâchons pas (1966), de Georges Lautner.

RENÉ LEFÈVRE
(1898-1991)

Timide devenu grognon, René Lefèvre avait deux amours, le cinéma et les courses de chevaux. Comédien et jockey, il tirait parti de ces deux disciplines. Un peu de *Knock*, pas mal de Longchamp, mais un jour son canasson le fait chuter et il se casse le nez. Adieu les jeunes premiers, tel le peintre du *Million* (1931), de René Clair, courtisé par la danseuse (Annabella) et la vamp (Vanda Gréville), et qui court après un billet de loterie gagnant mais égaré. Ce nez amoché fut à la fois sa malchance et sa gloire. Sa malchance quand les metteurs en scène n'étaient pas des pur-sang, souvent hélas, sa gloire quand, en cravachant, il coiffe sur le poteau des acteurs chevronnés. Plein de justesse et de sincérité bourrue, il se contente de rôles de composition jusqu'au sommet de sa carrière, *Le Crime de M. Lange* (1936), de Jean Renoir, l'histoire d'une petite imprimerie, celle d'un escroc nommé Batala (génial Jules Berry). Employé effacé doté d'une imagination débordante, Lefèvre lui tient tête et joue très contrôlé ce doux rêveur de M. Lange par opposition à l'exubérant Jules. Si Lange finit par tuer Batala, lui, le naïf auteur d'*Arizona Jim* et autres histoires de cow-boys, ce n'est pas parce que l'autre l'a roulé en lui faisant signer un contrat d'édition léonin. Mais parce que son retour, après avoir fui de peur d'être arrêté, va mettre en pièces la coopérative ouvrière qui a repris l'imprimerie sous l'impulsion de Lange. Il faut sauver la petite famille unie autour de ce bel idéal. Exterminer le rat devient le geste auquel est acculé cet homme indigné. Il fuit à son tour. Par bonheur, les frontaliers à qui Florelle, son îlot de tendresse, raconte cette histoire – et qui tiennent lieu de jury populaire – l'amnistieront en le laissant filer en Belgique.

La finesse de René Lefèvre s'était déjà manifestée dans *Jean de la lune* (1931), de Jean Choux, où il incarnait le rôle-titre, même si croiser le fer avec Michel Simon est encore plus difficile qu'avec Berry. Si tous deux sont imprévisibles sur un tournage, Simon ignore ses partenaires. Quant à Jean Choux, ce n'est pas Jean Renoir, mais sa compétence est admise et les dialogues pré-nouvelle vague d'un Marcel Achard en forme se prêtent à de charmantes divagations.

Son troisième duel se déroule avec Jean Gabin dans *Gueule d'amour* (1937), de Jean Grémillon, nouvel exemple qu'à l'écran, l'amitié masculine fait long feu dès que la femme paraît (*confer La Belle Équipe*, de Duvivier, l'année précédente). Gabin, c'est Lucien, l'ex-spahi reconverti en bistrotier et Lefèvre/René en médecin. Amis intimes jusqu'à ce que se dresse entre eux la peu farouche Mireille Balin, l'affaire de cœur se terminera dans le sang, mais, cette fois, c'est celui de la belle enfant que Gabin étrangle sauvagement. La réconciliation finale avec Lefèvre est un grand moment : Gabin est devenu une loque qui pleure à chaudes larmes – scène rarissime dans sa filmographie. Tout de noblesse et de douce compréhension, René pardonne, rassérène et se lance dans la vaine tentative de le protéger de sa propre folie. Fin.

Au début sympathique et timide mais pas très consistant, L'homme aux trois duels s'est affirmé de plus en plus au cours de sa longue carrière après les succès fracassants, de *Jean de la lune* et de *Gueule d'amour*. Résultat : une centaine de films qui ont différé son impatience d'écrire. L'âge avance et voilà ce vieux bougon rêveur qui prend la plume pour des scénarios, des livres, deux tomes de mémoire, des romans populistes où il raconte les aventures naïves d'un vieux cow-boy rêveur qui s'appellerait Arizona Jim.

Un autre de ses ouvrages, *Rue des prairies* (1955), riche en thèmes et en personnages de la classe ouvrière, attire l'attention du scénariste Michel Audiard qui l'adapte pour Denys de la Patellière. Héros Gabin. Comme on se retrouve.

Autres films notables :
Le Chemin du paradis (1930), de Wilhelm Thiele ;
Les Musiciens du ciel (1940), de Georges Lacombe ;
Le Point du jour (1949), de Louis Daquin.

GILLES LELLOUCHE

(NÉ EN 1972)

Sur Gilles Lellouche, nombreux sont ceux qui partirent sur une fausse piste : meilleur ami de Jean Dujardin à la fin des années 2000, plutôt sympathique, mais pas forcément « le couteau le plus affûté du tiroir », pour reprendre cette expression d'outre-Manche. Erreur sur toute la ligne. « On m'a assimilé à ce que je n'étais pas. C'est ma faute, c'est une mauvaise projection de moi-même », reconnaît-il aujourd'hui.

Le coming-out cinématographique de Gilles Lellouche a lieu en mai 2018 au festival de Cannes, non pas en tant qu'acteur mais derrière la caméra. *Le Grand Bain*, premier long métrage réalisé par l'acteur est présenté hors compétition. L'histoire d'un groupe hétéroclite d'hommes de 50 ans et plus, en rupture de ban, qui reprennent goût à la vie à travers la pratique de la natation synchronisée en équipe. En creux de cette euphorie du collectif, on y trouve une analyse très fine de la masculinité aujourd'hui et de sa capacité à se réinventer. « J'ai l'impression que ma vraie carrière démarre avec ce film. Je ne suis plus l'acteur qui peut être trahi de mille manières. Ce sont mes mots, mes goûts, mes choix », confie-t-il au *Monde*.

En vérité, le virage de Gilles Lellouche, de l'acteur bon copain des *Petits Mouchoirs* (2010), de Guillaume Canet, vers le registre dramatique, dans lequel il excelle aujourd'hui, a lieu un peu avant ce *Grand Bain*. Mais, reprenons du début. Difficile. Après le Cours Florent, « je voyais bien que je ne suscitais pas une attente inouïe », confie l'acteur à *Libération*. Alors, il prend les choses en main, écrit et réalise des courts métrages, dans lesquels il joue, avec des copains du cours Florent. Repéré par des producteurs de rap, il plonge dans l'univers du clip et de la pub. En attendant de pouvoir enfin être comédien. Ses qualités de réalisateur lui valent des encouragements à reprendre sa place devant la caméra. Yvan Attal lui offre un petit rôle dans *Ma femme est une actrice* (2001).

Neuf ans plus tard, la notoriété vient lui faire la cour avec *Les Petits Mouchoirs* (2010), de Guillaume Canet. Gilles Lellouche a 37 ans et beaucoup d'enthousiasme. Il incarne alors pour le cinéma une succession de flics ou de voyous bougons, à la virilité un peu désuète. Mais dans *À bout portant* (2010), de Fred Cavayé, on le retrouve dans le rôle d'un infirmier mêlé, bien malgré lui, à un règlement de comptes entre trafiquants. Poursuites, crissements de pneus, distribution de bourre-pifs comme il se doit, mais Gilles Lellouche apparaît sous un jour légèrement différent, plus fragile, plus inquiet, plus Monsieur tout le monde aussi.

Dans la foulée du *Grand Bain*, l'acteur s'oriente vers le drame. Il est renversant de douceur et d'empathie en père d'accueil pour enfants abandonnés, dans *Pupille* (2018), de Jeanne Herry. Et tout aussi convaincant en responsable de l'Alliance française à Irkoutsk, arrêté par le FSB emprisonné et torturé pour avoir présenté un spectacle où deux hommes s'embrassaient dans *Kompromat* (2022), de Jérôme Salle. Un homme ordinaire catapulté dans un cauchemar. Un homme seul aussi. Gilles Lellouche est tout ça à la fois, mâchoires tombantes, regard accablé, épaules rentrées. *Exit* le gros macho qui roulait des mécaniques.

Dernière corde à l'arc de cet acteur qui ne cesse de se bonifier avec l'âge, un incontestable talent comique, qui explose dans *Le Sens de la fête* (2017), d'Éric Toledano et Olivier Nakache, où Gilles Lellouche joue un chanteur de charme délicieusement ringard, un peu beauf. Une performance hilarante d'autant qu'elle convoque pas mal d'autodérision. Gilles Lellouche a bon fond. Vraiment.

Autres films notables :
L'Enquête (2015), de Vincent Garenq ;
Goliath (2022), de Frédéric Tellier.

VALÉRIE LEMERCIER

(NÉE EN 1964)

Dans les films qu'elle a réalisés, Valérie Lemercier s'est à tel point fondue dans les rôles qu'elle s'est donnés qu'on a tendance à la prendre pour ses personnages, et inversement. Il est vrai qu'à chacune de ses apparitions, publiques et même privées, elle ne cesse jamais de jouer sa comédie. Par exemple, quand elle arrive à déstabiliser certains présentateurs vedettes de la télévision qui ont eu l'imprudence de l'inviter. Michel Drucker en fit les frais quand, lors d'une interview, Valérie Lemercier lâche : « Michel, je vous le rappelle, je suis la seule actrice française qui se soit fait suturer l'anus. » Rires bien sûr, mais aussi un certain malaise. Toute la singularité de l'art de Valérie Lemercier est dans ce cocktail où souvent le fou rire reste en travers de la gorge.

C'est le cas avec son premier film, *Le Derrière* (1999), où elle joue Frédérique, une fille devenue garçon pour tenter de se faire reconnaître et accepter par son père homosexuel. Travestie, Frédérique fait illusion au point que son papa, la/le jugeant efféminé(e), la/le traite de lopette. Trouble dans le genre, c'est le moins qu'on puisse dire, surtout quand Frédérique s'exerce à faire pipi debout. Valérie Lemercier avait rodé cet art de la métamorphose à la télévision, dans la série humoristique *Palace* (1988), de Jean-Michel Ribes, où elle interprète le rôle de lady Palace, arbitre du bon goût bourgeois à double tranchant : « Aujourd'hui, je vais vous apprendre comment péter dans la soie. » Puis, sur scène, avec des one-woman shows mémorables : son sketch de la psy québécoise, on ne s'en remet toujours pas. Mais c'est au cinéma qu'elle fait au mieux son cinéma.

Après *Le Derrière*, la voilà dans *Palais royal !* (2005) en princesse Armelle, copie plus ou moins conforme d'une certaine Lady Di, dont Valérie Lemercier, avec une férocité gouleyante, suggère qu'elle fut peut-être moins la « princesse des cœurs » que la reine des garces. Dans *100 % cachemire* (2013), nouvelle mutation de Fregoli : elle est Aleksandra Cohen-Le Foulon, patronne d'un magazine de mode, légèrement embarrassée, jusqu'à des envies de meurtre, par l'adoption d'un petit garçon russe. Faisant preuve d'un certain génie pour les prénoms en forme de pataquès, on la retrouve dans *Marie-Francine* (2017), portrait d'une quinquagénaire qui, abandonnée par son mari et licenciée de son emploi de chercheuse moléculaire, est obligée de retourner vivre chez ses parents, grands bourgeois du 16e arrondissement parisien. Lemercier est idoine dans ce rôle de femme en vrac, surtout dans cette scène d'anthologie où sa maman (Hélène Vincent, géante), qui la rêve toujours petite fille, la réveille avec les marionnettes de Nicolas et Pimprenelle.

Aline (2021) est un autre sommet de son humour-malaise. S'inspirant de la vie de Céline Dion, Valérie Lemercier ne mégote pas dans la reconstitution de son modèle (accent québécois compris), jusqu'à apparaître par les trucages du morphing en petite fille de 12 ans. C'est marrant, c'est terrifiant. L'humour de Valérie Lemercier est grandiose quand il louvoie dans cette zone d'incertitude où ce qui fait rire fait peur.

Elle s'est aussi aventurée dans les films des autres. Notamment *Adieu Berthe* (2012), de Bruno Podalydès, où elle joue avec conviction la maîtresse collante et autoritaire d'un pharmacien (Denis Podalydès) qui se débat dans les obsèques compliquées de sa grand-mère. Une seule fois, on découvre Valérie Lemercier dans un rôle « grave ». Cette rareté est regrettable car elle est sensationnelle dans *Vendredi soir* (2002), de Claire Denis. Une femme, coincée dans les embouteillages, prend à son bord un égaré de la circulation (Vincent Lindon). S'ensuit une romance d'une nuit, sensuelle et sans suite. Valérie Lemercier est le parfait visage de ce bonheur fugace, intense et trouble, qui plane au-dessus d'un gouffre de solitude.

Autres films notables :
Milou en mai (1990), de Louis Malle ;
Les Visiteurs (1993), de Jean-Marie Poiré ;
Main dans la main (2012), de Valérie Donzelli.

VINCENT LINDON
(NÉ EN 1959)

« J'aime être un Français, un Monsieur Tout-le monde […], tout au long de ma carrière, je n'ai eu qu'une seule envie, que les gens en me voyant au cinéma se disent, lui c'est moi », expliquait Vincent Lindon à France Inter, lors de la promo pour du film de Stéphane Brizé, *Un autre monde* (2022). C'est d'ailleurs pour un rôle de vigile dans *La Loi du marché* (2015), de Stéphane Brizé qu'il reçoit la consécration, le prix du meilleur acteur au festival de Cannes, un club très très select.

Vincent Lindon, issu d'une grande famille de la bourgeoisie parisienne, est aujourd'hui la figure du cinéma social et politique français. Le visage de ces Français harassés par les dettes, la précarité et le monde du travail. À l'origine de cette figure emblématique, il y a principalement le cinéaste Stéphane Brizé, avec qui l'acteur a tourné cinq films. Il est un maçon amoureux dans *Mademoiselle Chambon* (2009), et ne fait pas semblant de jeter des pelletées de gravats dans une brouette, tête baissée, concentré sur son ouvrage, couvert de poussière. Tout l'art de l'acteur est dans la mécanique du geste, c'est le corps de Vincent Lindon qui parle à sa place. Leader syndicaliste à cran dans *En guerre* (2018), Lindon passe de l'autre côté de la barrière avec *Un autre monde*, en incarnant un PDG sommé de réaliser un plan social par la direction de son groupe. Et qui n'y parvient pas. Tout le projet de l'acteur est dans l'humanité qui émerge de cet homme au pied du mur, soudainement en proie au doute. La belle cinquantaine de Vincent Lindon à ce moment donne encore plus d'intensité à sa performance fébrile et dramatique.

Mais la figure de l'acteur politique ne se réduit pas à ses années Stéphane Brizé. Avant lui, Vincent Lindon a fait d'autres rencontres cinématographiques tout aussi capitales et tout aussi engagées. À commencer par Coline Serreau qui, l'une des premières, offre un rôle principal à l'ancien élève du Cours Florent, l'ex-roadie de Coluche, un jeune homme hérissé de tics et de bégaiements qui s'envolent par magie dès qu'il est devant une caméra. Pour elle, il sera Victor, un conseiller juridique qui perd son travail, le jour même où sa femme le quitte, dans *La Crise* (1992). Il y a dans ce Victor le germe de l'acteur que deviendra Lindon : la présence et la gravité. L'acteur est du genre fidèle, il tournera encore deux autres films avec la réalisatrice de *Trois Hommes et un couffin* (1985). Vincent Lindon est repéré, apprécié, il tourne avec Benoît Jacquot, Pierre Jolivet, Claire Denis. Capable de faire le pont entre le cinéma d'auteur exigeant et le cinéma plus populaire. Le séisme qui forgera son image d'acteur politique, arrive en 2009, avec un rôle de maître nageur dans *Welcome*, de Philippe Lioret. L'histoire d'un homme simple, installé à Calais, ancien champion de natation qui décide d'aider un jeune Kurde à traverser la Manche. Et un film qui pose la question de la solidarité aux réfugiés. D'un coup, c'est toute la souffrance de ces hommes et de ces femmes qui se lit sur le visage hypersensible de Vincent Lindon. Mais ce qu'on lit aussi c'est l'implication de l'acteur dans ces sujets de société. Lindon progressivement en impose. Deux ans plus tard, en 2011, au festival de Cannes, *La Conquête*, de Xavier Durringer sur Nicolas Sarkozy, fait grand bruit ; pourtant le vrai film politique du festival, cette année-là, s'appelle *Pater*. Réalisé par Alain Cavalier, le film met en scène des dialogues improvisés entre un président de la République, joué par Cavalier et son Premier ministre, Vincent Lindon. L'acteur touche cette fois à l'épure, tant il est au cœur de son sujet : économie du geste, économie d'effets, le résultat est pour le moins impressionnant. Et si Vincent Lindon était notre dernier monstre sacré ?

Autres films notables :
Ma petite entreprise (1999), de Pierre Jolivet ;
La Moustache (2005), d'Emmanuel Carrère ;
Journal d'une femme de chambre (2015), de Benoît Jacquot.

MICHAEL LONSDALE

(1931-2020)

Le classicisme et la distinction très britanniques de Michael Lonsdale sont de faux amis. Ils lui permettent, certes, d'incarner de grands bourgeois tirés à quatre épingles, mais toujours en cultivant une distance vis-à-vis de ses personnages qui peut aller jusqu'à l'ironie mordante. Sa fréquentation des auteurs qu'ils soient d'avant-garde ou anticonformistes dessine pourtant d'autres contours, plus proches de la réalité peut-être, de cet acteur rare. Ainsi, dans l'une de ses premières apparitions au cinéma, il affiche déjà un goût prononcé pour l'excentricité, dans *Snobs* (1962), de Jean-Pierre Mocky. Il y incarne un notable de province, aristocrate, qui adopte une étrange prononciation, transformant tous les *é* en *ai* (« La municipalitai a décidai... »). Il est irrésistible de drôlerie, mais Michael Lonsdale rit peu. Il a pourtant un vrai penchant pour la comédie comme le montre son compagnonnage de neuf films avec l'extravagant Mocky. Ou encore cette apparition incongrue en spécialiste de la cryogénisation dans *Hibernatus* (1969), d'Édouard Molinaro.

C'est sympathique, mais loin de l'étrangeté qui caractérise vraiment Michael Lonsdale et sa filmographie, fourmillante de seconds rôles stupéfiants au point d'en devenir inoubliables, tel ce chapelier sadomaso, adepte des fessées de préférence en public, dans *Le Fantôme de la liberté* (1974), de Luis Buñuel. Les salauds ne lui font pas peur, son débit onctueux qui peut tourner à la brutalité, voire à la colère, s'y prête à merveille. Il est plus qu'inquiétant en collaborateur vichyste dans *Section spéciale* (1975), de

Costa-Gavras, et parfait en Hugo Drax, grand méchant de James Bond, dans *Moonraker* (1979), de Lewis Gilbert.

Cette sévérité apparente alliée à une foi chrétienne profonde fait de Michael Lonsdale un homme d'Église idéal pour le cinéma. On se souvient de l'abbé bibliophile du *Nom de la rose* (1986), de Jean-Jacques Annaud, et plus encore du frère médecin Luc Dochier dans le très beau film de Xavier Beauvois consacré à l'assassinat des moines de Tibhirine, *Des hommes et des dieux* (2010), où Michael Lonsdale dévoile des trésors d'humanité et de simplicité, par de petits gestes, et conseils chuchotés à voix basse, égrainant chaque mot distinctement, jusqu'à cette dernière marche dans la neige, soufflant, flageolant.

Au sommet des émotions que l'acteur sait exprimer, il y a ce slow langoureux entre Anne-Marie Stretter (Delphine Seyrig) et le vice-consul de Lahore, fou d'amour, qu'il interprète merveilleusement, dans *India Song* (1975), de Marguerite Duras. Une scène d'autant plus renversante que Michael Lonsdale n'a jamais fait mystère de la passion qu'il nourrissait pour cette comédienne. Vêtu d'une très élégante veste de smoking blanc, il lui murmure des phrases tendres et belles : « Je voulais sentir l'odeur de vos cheveux. » À quoi elle répond : « Vous n'avez aucune chance. » L'acteur sort du champ, ses hurlements de douleur restent. Déchirant.

Autres films notables :
Le Procès (1962), d'Orson Welles ;
La mariée était en noir (1967), de François Truffaut ;
Monsieur Klein (1976), de Joseph Losey.

CORINNE LUCHAIRE

(1921-1950)

Parfois, le destin se conduit mal. Ainsi pour Corinne Luchaire, qui avait pourtant de quoi réussir. La beauté d'abord, un visage étrange, qui la rendait plus désirable encore. Des yeux écartés, une bouche voluptueuse, un joli nez droit, enfin un front étroit comme si sa frange blonde s'était retirée pour lui faire une place. Cas rarissime pour une comédienne débutante (école de Raymond Rouleau), elle incarne les dures, les révoltées, les guerrières – elle a le physique et le tempérament pour –, de *Prison sans barreaux* (1938), de Léonide Moguy, où elle mêle rage et timidité, jusqu'au film qui lui vaut son entrée dans la cour des grandes, *Le Dernier Tournant* (1939), de Pierre Chenal. En perruque noire, elle y incarne la maléfique Cora, qui pousse Frank (Fernand Gravey), son amant, à assassiner Nick (Michel Simon), son mari. Slogan publicitaire : « Elle l'embrasse pour qu'il tue. » Comment croire qu'elle n'a que 17 ans ? Corinne y fait preuve de modernité et de brusquerie, à la fois cruelle, acharnée, fragile, amoureuse aussi, meneuse du couple qu'elle forme avec Fernand Gravey en contre-emploi tragique. Première des adaptations du roman noir de James M. Cain, *Le facteur sonne toujours deux fois* (il y aura d'autres versions, à commencer par l'hollywoodienne de Tay Garnett, avec Lana Turner, et l'italienne de Luchino Visconti, avec Clara Calamai), celle de Chenal soutient haut la main la comparaison grâce à ses acteurs et à une mise en scène inspirée : quand Frank tue Nick, qui joue avec l'écho, sur une route de montagne : « Cora ! », sa voix revient alors qu'il est déjà mort : « Coraaa. »

Voilà Corinne catapultée en couv des magazines, dès son troisième film. C'est peut-être trop pour une lycéenne, fille à papa, le patron de presse Jean Luchaire. Se sent-elle de taille ? A-t-elle l'intuition que sa vie sera brève, gâchée ? Elle nage dans l'indolence d'une gamine grande bourgeoise habituée au luxe et qui voit fondre sur elle le bonheur et le malheur mélangés comme le cinéma et la vie. Le bonheur, c'est ce métier irréel, la gentillesse des journalistes. Le malheur, c'est la tuberculose qui l'envoie fréquemment en sana. Séjours qu'elle sèche, comme on sèche un cours. Dans les films aussi, la mort rôde : dans *Conflit* (1938), de Léonide Moguy, Annie Ducaux, sa sœur, tire sur elle deux coups de revolver ; dans *Je t'attendrai* (1939), très beau mélo du même Moguy, c'est la guerre de 14, un convoi militaire, les bombardements, un déserteur, l'amour fou…

En 1939, justement, la guerre pour de vrai. À partir de là, oublié le cinéma. Pour Corinne, c'est le temps de l'insouciance : une conduite irresponsable, une existence irréelle dans Paris occupé, les fêtes, la vie facile, les boîtes de nuit (le Shéhérazade, notamment), les soirées à l'ambassade d'Allemagne, un officier autrichien qui lui fait un enfant… Puis elle suit en enfer son père, actif collabo sous l'Occupation, qui se réfugiera en 1944 à Sigmaringen puis en Italie et sera rendu à la France, jugé et fusillé au fort de Châtillon juste après la guerre. Ramenée elle aussi, elle sera écrouée un temps à Nice, dans la prison même (ironie du sort !) où elle a tourné *Prison sans barreaux*. Seule, démunie, Corinne rendra son dernier souffle à 28 ans, bien avant la fin des dix années d'indignité auxquelles elle a été condamnée. Ainsi s'achève le chaos de sa courte vie.

Autres films notables :
Les Beaux Jours (1935), de Marc Allégret ;
Cavalcade d'amour (1940), de Raymond Bernard ;
Abbandono (1940), de Mario Mattòli.

ANDRÉ LUGUET
(1892-1979)

Qu'est qui fait courir André Luguet ? De ne jamais s'arrêter. Comme sa carrière a été très longue, il est passé de sémillant jeune homme à homme de pouvoir, pour finir en bon-papa farfelu de Brigitte Bardot dans *Une Parisienne* (1957), de Michel Boisrond.

À l'orée des années 1930, stoppant net les gestes outrés du muet, il se dessine une allure de gentleman tiré à quatre épingles, pochette apparente et nœud papillon sous la moustache taillée à l'identique. Même sa voix est de velours. Flegme, diction, sourire moqueur… il plaît. En 1931, il trône sur l'affiche de *Gloria*, de Hans Behrendt et Yvan Noé, et en 1932 sur celle de *Cœur de lilas*, d'Anatole Litvak : Gabin vient derrière, en second rôle, avec ses douze ans de moins et sa dégaine de music-hall, alors que Luguet vient du théâtre, art noble. Trois ans plus tard, l'ordre s'inverse et Gabin ne quittera plus la tête d'affiche. Mais Gabin a du génie. À vrai dire, l'acteur dont Luguet se rapproche le plus c'est Fernand Gravey, le grain de folie en moins. Mais Gravey n'est pas gêné d'apparaître vêtements froissés, ivre et hoquetant, alors que Luguet s'agace que Marie Déa lui fasse porter un déguisement grotesque dans *La Femme que j'ai le plus aimée* (1942), de Robert Vernay.

Il a du métier, Luguet. Il lui arrive d'être trop sûr de lui mais sa classe inspirée des grands d'Hollywood, où il a tourné deux Feyder, reprend toujours le dessus. Il a même joué avec Buster Keaton dans *Buster se marie* (1931), de Claude Autant-Lara et Edward Brophy, version française du film de Sedgwick.

Impossible d'atteindre la drôlerie existentielle du génial Keaton, mais battre son propre record, ça, oui. Il le battra encore dans *Samson* (1936), de Maurice Tourneur, où jouer contre Harry Baur lui donne des ailes, une grâce et une justesse infinies.

Son âge pourrait le desservir. Sous l'Occupation, il a déjà 50 ans. Mais il continue de jouer le bel homme élégant et empressé sans rien avoir perdu du rythme de la comédie à l'américaine, ni des leçons d'un Lubitsch. Se succèdent ainsi *Battement de cœur* (1940), d'Henri Decoin, où il est un ambassadeur jaloux qui demande à Danielle Darrieux de voler la montre de Claude Dauphin pour voir si la photo de sa femme se trouve dans le boîtier, *Le Mariage de Chiffon* (1942), de Claude Autant-Lara, où il est duc, *L'Honorable Catherine* (1943), de Marcel L'Herbier, où il a un second rôle, et enfin *L'Inévitable M. Dubois* (1943), de Pierre Billon, le meilleur de ces trois films, où il tient le rôle-titre.

Ensuite, il oscille entre la présomption qu'un bon acteur suffit pour faire un bon film et l'humilité d'un comédien heureux d'amuser le public sans souci de la postérité. Force de l'habitude, besoin d'argent, préférence pour le théâtre ? Pour jouer les prolongations, il va renoncer à un minimum d'ambition artistique et se contenter d'apporter des éclats de gaieté à un public qui a vieilli lui aussi.

Simplement, quand il découvre que le film ne sera pas à la hauteur, il se met en pilotage automatique et se dit qu'au long d'une existence bien remplie, où il a tenu dans ses bras les belles du temps jadis (Françoise Rosay, Suzy Prim, Danielle Darrieux, Madeleine Sologne, Annie Ducaux, Edwige Feuillère, Gaby Morlay et Odette Joyeux), il aura au moins essayé d'être un grand comédien. Puis il se console en songeant qu'il n'en a pas été loin.

Autres films notables :
Bourrachon (1935), de René Guissart ;
Madame du Barry (1954), de Christian-Jaque ;
Les Racines du ciel (1958), de John Huston.

NOÉMIE LVOVSKY

(NÉE EN 1964)

Noémie Lvovsky a plusieurs vies de cinéma. Scénariste, réalisatrice et actrice, pour ses propres films ou pour ceux des autres, pourvus qu'ils soient des proches, des complices, des amis. Surtout des amies, car elle semble privilégier les coopératives de femmes. En tête, Valeria Bruni-Tedeschi, avec qui elle coécrit moult scénarios, notamment celui de *Il est plus facile pour un chameau...* (2003). Toujours pour sa Valeria bien-aimée, elle est actrice, évidemment, dans *Actrices* (2007), où elle est une excentrique particulière dans la troupe des fadas qui peuplent le récit.

Une actrice par-dessus le marché ? Pas du tout ! Lorsqu'elle devient comédienne, Noémie Lvovsky n'y va pas à reculons. Par exemple, dans *Les Beaux Gosses* (2009), de Riad Sattouf, où elle une maman dépressive et cependant hilarante. Autre fou rire garanti dans *La Bonne Épouse* (2020), de Martin Provost, où elle transfigure un rôle de religieuse, sœur Marie-Thérèse, sectatrice du général de Gaulle. Elle est moins rieuse dans *Camille redouble* (2012), qu'elle réalise et dont elle joue le rôle-titre. Une retombée surréelle en enfance pour une quarantenaire joyeuse et débridée, mais empreinte d'une forte mélancolie quand sonne l'heure du retour à la réalité. Dans *Backstage* (2005), d'Emmanuelle Bercot, elle incarne, en retrait, l'agente d'une star de la chanson (Emmanuelle Seigner), qui tente de maîtriser la folle passion d'une fan (Isild Le Besco). Pas commode la dame Lvovsky dans ce rôle de protectrice rapprochée.

On l'aime aussi dans *Les Adieux à la reine* (2012), de Benoît Jacquot, où elle joue Mme Campan, femme de chambre de Marie-Antoinette et ordonnatrice de sa garde-robe. Certes, une domestique, mais dotée d'une solide distance critique qui s'exprime par le regard dubitatif de Lvovsky quand elle jauge la frivolité de la souveraine, soucieuse de ses rubans à l'heure où le peuple de Paris prend la Bastille.

Et voilà qu'on l'adore définitivement dans *Viens je t'emmène* (2022), d'Alain Guiraudie. Elle y est Isadora, une prostituée clermontoise tout en chairs avenantes et franc-parler. Noémie Lvovsky, comme de coutume, se lance de tout cœur et de tout corps. Une impératrice du plaisir qui règne et frétille de bonheur dans l'univers zinzin, quoique politique, de Guiraudie.

À l'été 2023, dans un article du *Monde*, Noémie Lvovsky, parlant de sa mère, internée quand elle avait 9 ans, confie qu'elle préfère le mot *inadaptée* à celui de *folle*. Elle dit aussi : « Il y a plein de souffrance. Pourquoi on irait la chercher ? Elle n'est pas plus intéressante qu'autre chose. »

Comment ne pas aimer Noémie Lvovsky ?

Autres films notables :
Rois et Reine (2004), d'Arnaud Desplechin ;
L'Apollonide : Souvenirs de la maison close (2011),
de Bertrand Bonello ;
Un peuple et son roi (2018), de Pierre Schoeller.

VINCENT MACAIGNE
(NÉ EN 1978)

En quelques films à peine, Vincent Macaigne s'est imposé comme le visage emblématique d'une nouvelle génération de cinéastes français, à commencer par Justine Triet qui l'installe dans le rôle d'un père de famille divorcé, dans *La bataille de Solférino* (2013). La mèche en vrac, barbu, perdu, Vincent Macaigne incarne, selon ses mots, « une autre façon d'avoir trente ans », entre illusions perdues et aventures collectives. Il confie d'ailleurs considérer les films qu'il tourne comme des films d'amis. Cette année 2013 est son année, on retrouve Vincent Macaigne au générique de deux autres films : il est l'un des rôles principaux de *La Fille du 14 juillet*, d'Antonin Peretjatko, et de *2 automnes 3 hivers*, de Sébastien Betbeder.

Vincent Macaigne est drôle, c'est incontestable, il suffit de se rappeler son personnage de serveur dans *Le Sens de la fête* (2017), d'Éric Toledano et Olivier Nakache, qui débarque en pantalon de pyjama écossais au boulot et qui drague éhontément la mariée, pour avoir des larmes aux yeux de rigolade. Mais si l'acteur est de plus en plus présent dans le cinéma français, à deux pas de la première place, c'est qu'il sait aussi manier le drame. Avec sa façon, fantasque, lunaire, fragile, pour mieux tenir la tristesse à distance, de voiler son regard, comme s'il était éteint, à l'image de ce *Médecin de nuit* (2021), d'Élie Wajeman, plongé dans un trafic de stupéfiants. Fini de rire : Vincent Macaigne, au bout du rouleau, est impeccable.

Jamais enfermé dans un type de rôle, cet acteur-réalisateur, qui passe le reste de sa vie au théâtre, est tout aussi plausible dans le registre délicat de la séduction, dans *Chronique d'une liaison passagère* (2022), d'Emmanuel Mouret, embarquant Sandrine Kiberlain dans une étonnante histoire d'amour qui ne veut pas dire son nom. Une intrigante attraction, c'est souvent l'effet que provoque Vincent Macaigne.

Autres films notables :
Marvin ou la Belle Éducation (2017), d'Anne Fontaine ;
En même temps (2022), de Benoît Delépine
et Gustave Kervern.

BENOÎT MAGIMEL

(NÉ EN 1974)

Entamer une carrière d'acteur à 13 ans n'est pas forcément un cadeau. Combien d'étoiles filantes adolescentes ont traversé le cinéma mondial, sans pour autant transformer l'essai à l'âge adulte. Ce n'est pourtant pas le cas de Benoît Magimel, le petit Momo frondeur, solaire et désarmant de candeur de *La vie est un long fleuve tranquille* (1988), d'Étienne Chatiliez. À 50 ans à peine, il affiche aujourd'hui une impressionnante filmographie faisant l'aller et retour entre films d'auteur et grosses productions.

Ces derniers temps, Benoît Magimel parle beaucoup de son poids. Il a forci, et il s'en réjouit. « Le jour où j'ai pris du poids, je me suis senti ancré dans le sol, je me sentais plein, lourd et très fort, et ça me plaisait beaucoup. » Démonstration avec de Roller, haut-commissaire de la République en Polynésie, personnage principal de *Pacifiction* (2022), d'Albert Serra. À sa façon de déambuler, de descendre de sa voiture, de s'asseoir à une table, d'occuper l'espace, éternellement vêtu d'un costard blanc croisé sur un ventre qu'on devine, Benoît Magimel rappelle fugacement le Brando d'*Apocalypse Now*, à qui il suffit d'être là. Mais de Roller demandait aussi du mouvement, sans qu'on sache très bien où il porte, et de l'ambiguïté. « De Roller est le rôle parfait, parce qu'il n'est jamais complètement défini. C'est un voyou, un politicien, il est ridicule, mégalo, et en même temps profondément sincère », expliquait l'acteur au moment de la sortie du film. La liberté que lui donne le réalisateur donne des ailes à Magimel, tour à tour bienveillant, la tête légèrement penchée, attentif, agressif parfois, le regard de lac éteint par des lunettes aux reflets bleus. Et la tchatche en roue libre.

Pour ça, il n'a pas trop besoin de forcer le naturel, il s'est construit sur le langage, celui de ses potes quand il traînait dans la rue avec son frère aîné. Il a naturellement ce phrasé pointu de titi parisien qui avait séduit Étienne Chatiliez. Trois ans après *La vie est un long fleuve tranquille*, Benoît Magimel quitte le lycée pour se consacrer uniquement au cinéma. Très vite, il capte l'attention des meilleurs. Benoît Jacquot lui offre de partager l'affiche avec Virginie Ledoyen dans *La Fille seule* (1995). Mais c'est surtout André Téchiné qui, en 1996, avec *Les Voleurs*, amène Benoît Magimel tout en haut de l'affiche. À la fin des années 1990, l'acteur est devenu un premier rôle, incarnant Alfred de Musset, face à Juliette Binoche en George Sand, dans *Les Enfants du siècle* (1999), de Diane Kurys. Le cinéaste autrichien Michael Haneke lui apporte la consécration avec *La Pianiste* (2001). Il a 26 ans et décroche un prix d'interprétation à Cannes. L'acteur ne délaisse pas pour autant le cinéma plus commercial : il décline le rôle de Mesrine pour jouer dans le deuxième film de son copain Florent-Emilio Siri, *Nid de guêpes* (2002).

Benoît Magimel marche à l'instinct, il tourne pour Chabrol, Houellebecq, Barbet Schroeder. Des premiers et des seconds rôles tel cet éducateur judiciaire, formidable d'humanité qui prend en main un adolescent déboussolé dans *La Tête haute*, d'Emmanuelle Bercot, en 2015. Modeste, au service de l'histoire, Magimel y est impeccable. Il retrouve la réalisatrice six ans plus tard, avec *De son vivant* (2021). Il hésite un peu avant d'accepter le rôle de cet homme atteint d'une maladie incurable, fils de Catherine Deneuve. Amaigri, le visage creusé, Benoît Magimel concentre le regard sur l'éclat de ses yeux plus intense que jamais, comme si c'était le dernier refuge de ce qui lui reste de vie.

« La première fois que je suis tombé sur *Il était une fois dans l'Ouest*, je me suis dit : "Ça, ça t'apportera la liberté." Mais le cinéma, ce n'est pas un sprint, c'est une course de fond », explique l'acteur. Avec trois films présents au festival de Cannes 2023, et un carnet de bal déjà bien rempli pour les années à venir, Benoît Magimel peut se rassurer, il est un grand champion.

Autres films notables :
Selon Matthieu (2001), de Xavier Beauvois ;
L'Ennemi intime (2007), de Florent-Emilio Siri ;
Inju : la bête dans l'ombre (2008), de Barbet Schroeder ;
Omar la fraise (2023), d'Élias Belkeddar.

ANNA MAGNANI
(1908-1973)

Anna Magnani est une géniale comédienne italienne que des rôles d'une grande humanité ont rendue fameuse comme dans *Rome ville ouverte* (1945), de Roberto Rossellini, ou *Bellissima* (1951), de Luchino Visconti. Mais par chance pour le cinéma de l'Hexagone, elle a aussi travaillé pour des maîtres français, comme Jean Renoir, dans *Le Carrosse d'or* (1953), ou Claude Autant-Lara, avec *Le Magot de Josefa* (1963). Si ce dernier film s'avère pétillant grâce à elle, bien qu'inégal, celui de Renoir est un des plus brillants, spirituels et émouvants de son auteur. Il nous fait rire et nous entraîne au plus profond de l'art de l'actrice et de la nature humaine à travers deux de ses axes prépondérants : le sexe et l'argent – l'or en l'occurrence.

Il y est question de vice-roi, de carrosse doré, d'intrigues de cour, de prétendants, d'une troupe de théâtre, dont Anna fait partie, et d'un célèbre toréador. Les hommes se disputent la femme. Mais cette dernière est à la manœuvre : c'est elle, la Périchole, qui choisit ses amants avec une dignité et une force de sentiments inhabituelles dans ce genre de pantalonnade qui tient de la commedia dell'arte. Le naturel époustouflant d'Anna Magnani et son rire unique, inoubliable, sur une voix éraillée explose en un phénomène répétitif bien connu de ses admirateurs. Mais ce n'est pas tout. D'habitude intarissable bavarde, elle donne ici, sur les instructions de Jean Renoir, une véritable leçon de mime dans l'arène où le matador et le taureau disputent leur lutte à mort, la corrida se déroule entièrement sur le visage de la comédienne qui trahit tour à tour les émotions ressenties : la curiosité, l'excitation, le goût du paraître, la crainte pour l'homme aimé, le suspense, l'éclatement de joie collective, enfin.

Dans *Intervista* (1987), Fellini, qui joue son propre rôle, heurte à sa porte à l'aube, il est ivre, il veut entrer. Elle le renvoie, gentiment : « Va dormire, Federico. » Dans *Le Carrosse d'or*, elle se demandait plus gravement : « Où commence la comédie, où finit la vie ? » Mais le personnage comme la comédienne auraient perdu leur temps à trop s'interroger sur ce point : chez beaucoup d'interprètes talentueux la frontière est mouvante.

Autres films notables :
Amore (1948), de Roberto Rossellini ;
La Rose tatouée (1955), de Daniel Mann ;
Mamma Roma (1962), de Pier Paolo Pasolini.

AÏSSA MAÏGA
(NÉE EN 1975)

C'est indiscutable : les actrices noires sont quasi absentes du cinéma français, majoritairement masculin et blanc. Ou alors elles sont cantonnées à des rôles d'utilité, de faire-valoir ou pire, d'alibi. Quelque chose comme une voix perfide qui murmurerait à leurs oreilles : « Sois noire et tais-toi. » Aïssa Maïga s'est démenée pour abattre cette fatalité. En exerçant envers et contre tout, mais non sans chaos, son métier d'actrice.

En 1997, elle tourne son premier long-métrage, *Saraka* Bô, de Denis Amar, enquête policière dans une communauté africaine. On la remarque, puis on l'oublie. Des longs mois de placard. Son agente s'entend même dire : « T'es conne ou quoi, on t'a demandé une comédienne de 20 ans, on ne t'a pas demandé une Noire. » Aïssa Maïga ne se décourage pas. Elle fait bien. Alain Tanner la sollicite pour *Jonas et Lila, à demain* (1999). Elle est la Lila du titre, une jeune Marseillaise qui se rend pour la première fois au Sénégal, son pays d'origine. Dans une des scènes de retrouvailles familiales, Aïssa Maïga est tout simplement bouleversante. Puis Mehdi Charef a lui aussi la bonne idée de la demander pour *Marie-Line* (2000). Sous le commandement d'une cheffe pas commode (Muriel Robin), elle fait partie d'une équipe de femmes de ménage qui s'échinent au nettoyage des supermarchés. Dans ce récit « choral », Aïssa Maïga fait entendre une voix poignante qui fait vaciller sa cheffe irascible.

En 2005, elle se distingue de nouveau avec le personnage de Kassia dans *Les Poupées russes* de Cédric Klapisch. Une jeune femme qui séduit Xavier (Romain Duris). Il n'y a pas que lui qui est séduit !

En 2006, Abderrahmane Sissako lui confie le rôle principal de *Bamako*. Elle est Melé, chanteuse d'un bar de la capitale malienne, dont la morosité vaguement cynique va être secouée par un vrai faux procès de l'emprise du FMI en Afrique. Tout aussi combatif sous ses apparences de comédie, *Bienvenue à Marly-Gomont* (2016), de Julien Rambaldi. Dans les années 1970, Seyolo, jeune médecin originaire du Zaïre, saisit l'opportunité de travailler à Marly-Gomont, un village de l'Aisne, où il s'installe avec sa femme (Aïssa Maïga) et toute sa famille. L'accueil est polaire mais l'ambiance se dégèle en partie grâce à la jeune fille de la famille, championne de foot. L'arrivée dans le bled d'Aïssa Maïga, telle une Angela Davis téléportée dans l'Aisne sous une pluie battante, est convaincante de drôlerie. Mais elle est très sérieuse quand, sur le marché, à un commerçant lui disant en petit-nègre : « Poireau, poireau, très bien », elle répond : « Pourquoi vous me parlez comme à une idiote ? » On sent que ce n'est pas seulement le personnage qui réplique, mais l'actrice qui s'exprime. De fait, en 2018, elle est à l'origine d'un collectif de seize actrices noires ou métisses, dont la « doyenne » Firmine Richard, qui publient leurs témoignages pour dénoncer les rôles le plus souvent caricaturaux ou anecdotiques qui leur sont proposés. Le titre du livre résume leur combat : *Noire n'est pas mon métier.*

Autres films notables :
Caché (2005), de Michael Haneke ;
Prête-moi ta main (2006), d'Éric Lartigau ;
Corniche Kennedy (2017), de Dominique Cabrera.

JACQUELINE MAILLAN
(1923-1992)

La carrière de Jacqueline Maillan commence par un gag « à la Maillan ». À la fin des années 1940, elle brûle de devenir tragédienne et s'inscrit à Paris dans un cours d'art dramatique. Mais son professeur l'en dissuade après l'avoir entendue déclamer du Racine : hilarité générale.

Une perte peut-être pour le théâtre classique, mais un gain très certainement pour le théâtre de boulevard, dont elle devint peu à peu un des plus solides piliers et même une star, dans les années 1960-1970, quand dans la fameuse émission de télévision « Au théâtre ce soir », elle joue *Folle Amanda* (1971), une fantaisie de Pierre Barillet et Jean-Pierre Grédy. Le cinéma comique lui fait évidemment des risettes, pour des films dont les titres sont déjà tout un programme : *Les deux font la paire* (1954), d'André Berthomieu ; *Chéri, fais-moi peur* (1958), de Jack Pinoteau ; *Comment trouvez-vous ma sœur ?* (1964), de Michel Boisrond ; ou encore *Pouic-Pouic* (1963), de Jean Girault, parangon de ce genre : elle y joue Cynthia, l'épouse excentrique et crédule de Léonard, un homme d'affaires nerveux et grimaçant (autant dire Louis de Funès). Alors que Léonard est sur le point de résoudre le pataquès d'une escroquerie au pétrole, Cynthia compromet l'opération en déboulant habillée en danseuse vaguement brésilienne. Le film est un succès et popularise simultanément la Maillan et de Funès.

Autre sommet : *Papy fait de la résistance* (1983), de Jean-Marie Poiré, « le film qui a coûté plus cher que le Débarquement », proclame la bande-annonce. Dans la France de l'Occupation, Jacqueline Maillan est Héléna Bourdelle, dite « la Bourdelle », célèbre cantatrice plus ou moins patriote, à la tête d'une famille de branquignoles où papillonne son fils Guy-Hubert, coiffeur un peu beaucoup chochotte qui est en fait un justicier connu sous le fier pseudonyme de « Super-Résistant ». Un délire délirant où la Maillan évidemment exulte en grande bourgeoise qui dit « Flûte ! » quand un autre mot lui brûle les lèvres.

Avec Jean-Pierre Mocky, elle trouve un mentor frappadingue qui exacerbe encore plus sa folie furieuse. Quatre films ensemble dont, en 1988, *Les Saisons du plaisir*, où, en guêpière et fanfreluches, elle crève l'écran en animatrice d'un Minitel rose. 3615-n'importe quoi, mais crise de ririte assurée.

Autres films notables :
Les Motards (1959), de Jean Laviron ;
Tartarin de Tarascon (1962), de Francis Blanche ;
Appelez-moi Mathilde (1969), de Pierre Mondy.

JEAN MARAIS

(1913-1998)

Dans la chambre de Jean Marais, il y avait au mur un dessin facilement identifiable, car tout le monde a en tête le trait de celui qui fut son bienfaiteur : Cocteau. Le poète a lancé Jean Marais en l'installant durablement dans sa vie et son intimité. Il a écrit pour lui des rôles au charme fou, lui donnant une fière allure et en en faisant l'idole de la jeunesse, de l'immédiat avant-guerre jusqu'aux années 1950 : *La Belle et la Bête* (1946), *L'Aigle à deux têtes* (1948), *Les Parents terribles* (1948), *Orphée* (1950), *Le Testament d'Orphée* (1960), sans compter le théâtre, mais Jeannot aurait existé sans un tel pygmalion : sa beauté, son romantisme, son sourire, sa gentillesse, et même son talent d'artiste le prouvent. Il est reconnu comme le comédien le plus aimable de son temps. Gentillesse et sincérité : à l'opposé de la star traditionnelle, Marais s'offrait au public comme un Monsieur Tout-le-monde, escorté de son chien de belle race, Moulouk. Émanaient de lui un naturel, une fraîcheur lumineuse qui forçaient la sympathie. Rendons toutefois justice à Jean Delannoy qui, le premier, dans *L'Éternel retour* (1943, écrit par Cocteau), a rendu Marais célèbre. Son corps, qui portait si bien les vêtements, était à la fois robuste et délicat. C'était celui d'un jeune homme à la blondeur solaire, paré d'un chandail jacquard et d'une belle modestie. Il aura ainsi lancé la mode du pull-over, qui allait devenir l'attribut de la jeunesse sous l'Occupation, et surtout celle d'une manière d'être tout en simplicité.

Déjà à l'époque, sa voix se posait comme une caresse. Cette caresse, devenue douleur dans *La Belle et la Bête*, participe de l'entreprise de création d'un univers merveilleux où le masque de la bête – monstre au corps humain et à tête de lion – inventé par le décorateur habituel de Cocteau, Christian Bérard – accompagne les gestes, les positions, les regards du monstre, en une version à peine déformée de Marais lui-même justifiant ses quatre heures de maquillage quotidien. À la fin – conte oblige – la bête se transforme en prince charmant, homme d'une seule bien aimée qui s'envole avec la Belle (c'est Josette Day, alors compagne de Pagnol).

Dans *Le Château de verre* (1950), de René Clément, c'est tout le contraire : Marais joue, face à Michèle Morgan, un coureur de jupons incapable d'aimer, qui finit par s'éprendre d'une femme vouée à mourir dans un accident d'avion. Rôle d'une grande complexité qu'il interprète avec ce même mélange de force et de douceur.

Chemin faisant, Jean Marais a tourné quantité d'autres films, œuvres de grands metteurs en scène (Guitry, Renoir, Decoin, Gance, Visconti, Demy), comme de moyens, voire petits, que nous ne citerons pas. Films de cape et d'épée (*Le Bossu*, *Le Capitan*, *Le Capitaine Fracasse*), auxquels le prêtait sa silhouette, films historiques (*La Tour, prends garde !*, *Les chouans*), films policiers enfin (la série des *Fantômas*, *Le Saint*, *L'honorable Stanislas, agent secret*) où la sympathie du public pour le comédien l'emportait sur toute considération. On retrouve le masque dans *Nez de cuir, gentilhomme d'amour* (1952), d'Yves Allégret, dans *Fantômas* (1964), d'André Hunebelle, ou encore dans *Le Masque de fer* (1962), d'Henri Decoin.

Jeannot s'amuse à y cacher ce si beau visage derrière sa grande mèche blonde qui évoque la mer toute proche. Car lorsqu'un peu las de tant de films médiocres, il décide de lever le pied, peu après le charmant *Peau d'âne* (1970), de Jacques Demy, il se replie dans le Midi, où il ne se contente pas d'aller dîner chez Picasso. Il écrit, peint, sculpte, modèle, en potier à la main sûre, sans perdre le contact avec le milieu du spectacle. Car il y a le jeu du comédien et il y a la vie. La lecture de la presse de l'époque montre qu'avec les paparazzis comme avec les fans ou les journalistes, Jeannot a toujours su se montrer bon prince.

Autres films notables :
Ruy Blas (1948), de Pierre Billon ;
Elena et les hommes (1956), de Jean Renoir ;
Nuits blanches (1957), de Luchino Visconti.

SOPHIE MARCEAU

(NÉE EN 1966)

Boum et même *badaboum* ! En 1980, une gamine de 13 ans devient la star de *La Boum*, de Claude Pinoteau, et, par ricochet, l'égérie de toute une génération d'adolescents, filles et garçons, qui se reconnaissent dans son personnage de Vic, pétulante et pétillante, à l'heure des premiers émois amoureux. Un succès colossal, confirmé et augmenté par *La Boum 2* (1982). Vic, c'est évidemment Sophie Marceau. Comment va-t-elle s'y prendre pour survivre à un tel démarrage en flèche qui aurait pu la planter dans le décor des comédies dites « sympas » ? En faisant affaire avec des cinéastes dont on ne soupçonnait guère qu'ils puissent s'y intéresser.

En tête, Maurice Pialat qui a détecté que, sous l'apparence de la petite bourgeoise rigolote, se cache une dure à cuire au franc-parler prolétaire, fille d'un routier et d'une employée de grand magasin. La voilà donc dans *Police* (1985), plus qu'à l'aise dans le rôle de Noria, ex-petite amie d'un dealer, et elle-même pas nette, dont s'entiche un flic brutal (Depardieu). Rideau la Vic acidulée, Sophie Marceau est stupéfiante de justesse dans ce rôle de voyouse, menteuse, duplice, charmeuse et infrangible lors des interrogatoires de police musclés, même quand le flic Depardieu lui retourne une beigne carabinée, dont on peut supposer, Pialat oblige, qu'elle n'est pas simulée. Elle casse son image, c'est rien de le dire. Ce qui est déjà le cas en 1984, quand elle est choisie par son futur compagnon, le polonais Andrzej Żuławski, pour tenir le principal rôle féminin dans *L'Amour braque* (1985). Elle y est Marie, une prostituée au passé chargé qui oscille entre un braqueur fantasque et un aristocrate hongrois excentrique. Même brisure dans *Mes nuits sont plus belles que vos jours* (1989), du même Żuławski. Un ingénieur (Jacques Dutronc) est atteint d'un mal qui le rend amnésique. Sophie Marceau est une médium très allumée qui va tenter de le guérir par l'hypnose.

Dès lors, on croit Sophie Marceau en route pour une carrière du côté des auteurs « difficiles ». Or, pas vraiment. Malgré quelques revenez-y, notamment *Par-delà les nuages* (1995), de Michelangelo Antonioni et Wim Wenders, au fil des ans et des films, elle retourne à la case comédie, parfois avec entrain et efficacité comme dans *Chouans !* (1988), de Philippe de Broca, ou *La Fille de d'Artagnan* (1994), de Bertrand Tavernier.

Le reste ne nous regarde guère. On rouvre cependant grand les yeux quand, en 2005, elle joue le rôle d'une femme courage dans *À ce soir*, de Laure Duthilleul. Elle est Nelly, une infirmière, mère de famille heureuse, subitement ravagée par la mort de son mari. Une Sophie Marceau mature, bouleversante quand, répondant à une de ses enfants sur le décès de leur père, elle dit dans un souffle : « C'est ça, ma chérie, il doit être au paradis. »

Autres films notables :
L'Étudiante (1988), de Claude Pinoteau ;
Les Femmes de l'ombre (2008), de Jean-Paul Salomé ;
Tout s'est bien passé (2021), de François Ozon.

GEORGES MARCHAL

(1920-1997)

« S'en moquer comme de l'an quarante » est une expression malvenue. L'an quarante, en effet, a compté l'un des plus beaux trios de jeunes premiers : Jean Marais, Gérard Philipe et Georges Marchal. Certes, ce dernier n'a ni la grâce de Gérard, ni le charme solaire de Jeannot, mais il bénéficie d'un corps parfait et d'une force physique qui lui auraient permis de jouer haut la main le Porthos des *Trois mousquetaires* si l'occasion s'en était présentée – en revanche, il sera le d'Artagnan de la version d'Hunebelle, en 1953. Curieusement, nos gaillards ont un autre point commun que leur métier d'acteur, à savoir une grande fidélité sentimentale : Jean Marais à Jean Cocteau, Gérard Philipe à sa femme, Anne, grand amour de sa vie, et Georges Marchal à Dany Robin, avec laquelle il est resté marié dix-huit ans. Dix-huit ans de bonheur conjugal au cours desquels il lui a apporté une collaboration fructueuse (six films avec elle), une ardeur sportive qui l'a fait passer de la comédie romantique au péplum à tel point qu'il a passé à Rome, patrie de ces films au style spectaculaire, la moitié de sa vie professionnelle.

Coursier dans sa jeunesse, puis débardeur aux Halles et garçon de piste au Cirque Medrano, Georges Marchal a donc bien échauffé ses muscles avant d'en faire, le moment venu, l'usage qui s'imposait. Il n'est pas facile de paraître viril en costume de prétorien ou d'empereur romain. Pourtant, paré de sa force tranquille et de son regard d'airain, Georges y parvint sans effort, n'arrêtant le port de la jupette qu'à l'heure des tempes grisonnantes.

Il y eut dans la félicité du couple une autre volte-face lorsque Dany et Georges achetèrent le château de Bluche près de Montfort l'Amaury décidant d'arrêter leur métier pour se livrer à l'élevage de chevaux et… fouette cocher ! À leur séparation, Georges confessa qu'il ne pouvait assumer seul les frais d'entretien, le château fut vendu et il se retira dans un domaine de Dordogne où, remarié, il finit sa vie.

La double aubaine de sa carrière aura été d'une part sa rencontre avec Luis Buñuel, qui l'employa quatre fois, notamment dans *La Mort en ce jardin* (1956) et *Belle de jour* (1967), et d'autre part, d'avoir incarné Mermoz dans *Au grand balcon* (1949), d'Henri Decoin, où sa ténacité face à l'obstination de Fresnay, qui joue le chef de l'Aéropostale, lui va si bien.

Il est des personnages qui affichent un air grognon, soit pour se protéger des raseurs, soit qu'ils ne se contentent pas de l'existence qu'ils mènent. Georges Marchal semble avoir appartenu aux deux catégories. Son itinéraire, en tout cas, a compté quelques zigzags comme si son caractère insatisfait l'avait incité à changer de vie.

Autres films notables :
Lumière d'été (1943), de Jean Grémillon ;
Théodora, impératrice de Byzance (1954), de Riccardo Freda ;
Si Versailles m'était conté… (1954), de Sacha Guitry.

JEAN-PIERRE MARIELLE
(1932-2019)

Quand on lui parlait de la bande du Conservatoire, qu'il avait rejoint au mitan des années 1950, de cette farandole de joyeux drilles et d'acteurs épatants, qui étaient aussi ses amis, Belmondo, Rochefort, Cremer et compagnie, Jean-Pierre Marielle disait : « Il y a des années de groupe de comédiens, comme des années de peintres, de musiciens, c'est comme les années à prunes, comme le pinard. C'est comme ça. »

Mais alors que Belmondo s'envole vers la notoriété avec la nouvelle vague, Jean-Pierre Marielle doit se contenter de troisièmes, voire de quatrièmes rôles. Pas assez mystérieux peut-être ? Ou trop grande gueule ? Car Jean-Pierre Marielle c'est d'abord une voix, forte et chaude à la fois, caverneuse, enjôleuse aussi. Mais jamais vulgaire, même quand il dit les pires insanités, et il n'est pas avare sur ce chapitre. Hâbleur, amateur de pinard et de « beaux culs », pour mémoire *Les Galettes de Pont-Aven* (1975), de Joël Séria, où il incarnait un VRP, vendeur de parapluies, obsédé par Gustave Courbet et les fesses des femmes. Gaulois, macho à un degré impensable pour la génération #MeToo, Jean-Pierre Marielle se construit ainsi, dans les années 1970, à travers une série de films aux qualités cinématographiques discutables, mais qu'il assumait tranquillement. « Ça ne me gêne pas de faire des navets, j'espère en faire encore quelques-uns », disait-il au *Monde* en 2011.

Pourtant d'autres cinéastes voient en lui une propension à se glisser sinon dans le drame, tout du moins dans l'adversité.

Bertrand Tavernier est de ceux-là. En lui confiant le rôle d'un noble breton, révolté contre la Régence, qui rêve de créer une république bretonne, dans *Que la fête commence...* (1975), le metteur en scène emmène Marielle vers un autre terrain. L'acteur y trouve l'occasion de déployer toute sa verve, moulinant son épée, funambule au risque du ridicule, entre Don Quichotte et le capitaine Haddock, il est épatant. Avec *Coup de torchon* (1981), du même Bertrand Tavernier, Jean-Pierre Marielle se trouve un nouveau rythme de croisière, plus calme, plus taiseux, dans un double rôle de frères jumeaux.

Son plus beau rôle ? Sans aucun doute, M. de Sainte-Colombe dans *Tous les matins du monde* (1991), d'Alain Corneau. Un compositeur de génie, maestro de la viole de gambe, obsédé par la musique et la pratique de son instrument, refusant en bloc tous les honneurs, replié du monde dans une douleur inextinguible après la mort de sa femme. Marielle, qui aimait à se définir comme un « cabotin », prouve, par ce film, qu'il ne l'est pas : il y est magnifique de dignité, de souffrance muette, un pur bloc de chagrin au regard fixe, comme emmuré.

Autres films notables :
Sex-shop (1972), de Claude Berri ;
Quelques jours avec moi (1988), de Claude Sautet ;
Les Âmes grises (2005), d'Yves Angelo.

JANE MARKEN
(1895-1976)

C'est inimaginable aujourd'hui : pendant les quatorze années de leur mariage, le possessif Jules Berry a exigé de sa femme qu'elle mette en veilleuse son métier de comédienne. Par bonheur, quand elle le quitte, sur ce simple télégramme : *J'ai assez ri*, Jane Marken va mettre les bouchées doubles. Et assurer un double emploi : la Marken gentille, petite, rondelette, souriante, bien brave dame, avec ses rires de gorge et ses bonnes intentions ; et l'autre, la rombière maléfique, mégère doucereuse, qui s'empoigne même avec sa garce de fille dans *Manèges* (1950), film d'une folle noirceur d'Yves Allégret. Tantôt coquette, heureuse de vivre, tantôt mère maquerelle, harpie vénale sur le retour.

Comme elle accepte ce qu'on lui propose et qu'elle a ce qu'on appelle une bonne tête et un métier sûr, elle devient familière des moyens comme des grands réalisateurs, tels Gance, Guitry, Carné (*Hôtel du Nord*, *Les Enfants du paradis*, *La Marie du port*), Grémillon, Delannoy, Becker, Dréville, Duvivier, Vadim, Cayatte et, bien sûr, Yves Allégret, pour trois films, avec qui elle est au tendre. Dans cette cinquantaine de rôles, elle est souvent patronne d'hôtel ou de café, concierge, bouchère, nourrice, prostituée ou amie de prostituée.

Mais son plus beau rôle est sans conteste celui de Mme Dufour dans *Partie de campagne* (réalisé en 1936, sorti en 1946), de Jean Renoir, un des plus beaux films du monde, où elle incarne pour l'éternité la mère et épouse venue passer un dimanche en famille dans une guinguette des bords du Loing. Ils pique-niquent paisiblement, quand deux canotiers décident de faire goûter à la mère et à la fille l'esprit panthéiste de la nature et de la vie. Henri (Georges Darnoux) propose à Henriette (Sylvia Bataille) un tour sur sa yole, tandis que Rodolphe (Jacques Brunius), à coups de danse faunesque et de gaieté partagée, entraîne bientôt Juliette (Jane Marken) à l'orée du bois. Heureuse de vivre, de profiter de la vigueur dionysiaque du canotier, elle se sent comme rajeunie par cet hymne à la sensualité et à l'amour. La rivière est calme. Son corset la serre trop, si monsieur Rodolphe pouvait l'aider à le délacer. Un pas bien grave coup de canif au contrat dans les fourrés, pendant que son mari, M. Cyprien Dufour (Gabriello), fait la sieste à l'ombre. Juliette a un peu bu, la tête lui tourne, elle est contente et consentante. Ah ! Bon.

Autres films notables :
Un grand amour de Beethoven (1937), d'Abel Gance ;
Une si jolie petite plage (1949), d'Yves Allégret ;
Maxime (1958), d'Henri Verneuil.

PIO MARMAÏ
(NÉ EN 1984)

Pio Marmaï se définit comme un acteur physique, un homme qui préfère laisser parler son corps d'abord. Dans le film de Pierre Salvadori, *En liberté !* (2018), il incarne Antoine, un homme qui a purgé une peine de huit ans de prison pour un braquage qu'il n'a pas commis. À sa sortie, Antoine/Pio Marmaï déambule sans but en se parlant à lui-même, grondement incompréhensible, avec des aigus et des graves, comme s'il jouait d'un instrument de musique, changeant subitement de trajectoire, s'arrêtant, repartant. Imprévisible.

Formé au théâtre, Pio Marmaï fait ses débuts au cinéma avec Rémi Bezançon, dans *Le Premier Jour du reste de ta vie* (2008). Il y est un jeune étudiant en médecine dans une famille compliquée, et déjà la dualité de l'acteur se révèle, cette capacité à cacher ses tourments derrière une armure de gentil garçon, voire de gendre idéal. Et ce talent particulier pour injecter des émotions fortes, et du trouble, dans des sentiers balisés.

Ce côté rugueux lui vaut l'affection des réalisateurs de thrillers tendus tels *Enquête sur un scandale d'État* (2022), de Thierry de Peretti, où il incarne un journaliste plongé dans une affaire de trafic au sommet de l'État. Mais il y a dans le regard de Pio Marmaï, une lueur de dinguerie qui va inspirer d'autres cinéastes. Catherine Corsini, par exemple, en fera un gilet jaune blessé lors d'une manifestation, un homme sous tension, dans *La Fracture* (2021). Pio Marmaï a trouvé son rythme, il est partout à la fois, essoufflé, hagard, courant, gesticulant, impeccable.

« J'estime que c'est un luxe d'être acteur. Quand on prend la parole, il faut qu'il y ait quelque chose à dire. J'aime travailler avec des gens exigeants qui ont à cœur de raconter des histoires », confie-t-il à *Libération*.

Autres films notables :
L'Événement (2021), d'Audrey Diwan ;
Yannick (2023), de Quentin Dupieux ;
Les Trois Mousquetaires : D'Artagnan (2023),
de Martin Bourboulon.

CHIARA MASTROIANNI

(NÉE EN 1972)

Comme chacun sait, à moins de sortir d'une très longue hibernation, Chiara Mastroianni est la fille de Catherine Deneuve et de Marcello Mastroianni. Alors, fatalement, on se demande : comment a-t-elle fait pour s'affranchir d'une ascendance aussi incandescente, qui plus est en choisissant le même métier que ses parents ? Tout simplement en traçant sa propre route, son itinéraire bis. Qui débute à l'adolescence quand, avec son copain d'école Melvil Poupaud, elle se monte le bourrichon sur le thème « Super ! on va être acteurs. » Apprenant que Leos Carax organise un casting pour son nouveau film après *Les Amants du Pont-Neuf* (1991), elle se prépare dans l'esprit de ce qu'elle croit être le style de ses héroïnes : fille cassée, cheveux sales et fringues douteuses. Pas de bol, Carax cherche des actrices d'allure noble.

En cachette de sa célèbre génitrice (qu'elle appelle maman, quand elle évoque la mère, et Deneuve, quand elle parle de l'actrice), elle postule un petit rôle dans *Ma saison préférée* (1993), d'André Téchiné, dont la tête d'affiche n'est autre que maman Catherine. Les vipères supputent le coup arrangé. Alors que pas du tout. Grâce à sa performance dans ce premier second rôle, Mastroianni, désormais, ne rimera plus seulement avec Marcello.

Et Xavier Beauvois vint qui lui confie un personnage de premier plan dans *N'oublie pas que tu vas mourir* (1996) : Claudia, la fiancée tragique d'un suicidé de la vie. Elle dévore alors un métier qu'elle n'avait jusqu'alors que goûté du bout des lèvres. D'autres prix d'excellence vont suivre. *Comment je me suis disputé… (ma vie sexuelle)* (1996), d'Arnaud Desplechin, où elle joue une fille folle normale, et *Le Journal du séducteur* (1996), de Danièle Dubroux, où elle est une fille normalement folle.

Autre rencontre cinématographique cruciale : Christophe Honoré, qui devient son compagnon de cinéma au long cours pour six films. « Quand elle parle, j'ai l'impression d'entendre ma voix », confie le réalisateur des *Chansons d'amour* (2007), où, surmontant une certaine tendance à ne jamais se faire trop confiance, Chiara Mastroianni a l'audace de pousser brillamment la chansonnette. Suivront : *La Belle Personne* (2008), *Non ma fille tu n'iras pas danser* (2009), *Homme au bain* (2010) et surtout *Les Bien-aimés* (2011), de nouveau en chansons mais cette fois dans un duo mère-fille en abîme puisque c'est Deneuve qui lui donne la réplique. Sous le regard séducteur de Christophe Honoré, les deux femmes ont le chic de développer une interprétation humoristique et tendre.

La complicité entre Chiara Mastroianni et Christophe Honoré se conclut provisoirement avec *Chambre 212* (2012), où elle interprète une femme en rupture de couple s'amourachant d'un jeune étudiant. D'où la chambre 212 d'un hôtel, propice au rendez-vous, et qui cite évidemment *Une chambre en ville*, de Jacques Demy, cinéaste idolâtré par Honoré.

Outre Honoré, Chiara Mastroianni a une vie de cinéma bien remplie. *Nowhere* (1997), de Gregg Araki, où elle campe une maîtresse sadomaso. *La Lettre* (1999), de Manoel de Oliveira, adaptation contemporaine de *La Princesse de Clèves*, où elle est ladite princesse, aristocratique à souhait. Ou encore *Augustine* (2012), d'Alice Winocour, où elle joue l'épouse dubitative du professeur Charcot, grand manitou de l'hystérie féminine.

Autant dire que Chiara Mastroianni a su se dépoisser haut la main d'une hérédité supposée handicapante. Benjamin Biolay, son ex-compagnon, le chante adéquatement : « Ça n'est pas ta faute / C'est ta chair, ton sang / Il va falloir faire avec / Ou plutôt sans. »

Christophe Honoré, décidément son plus fin connaisseur, dira d'elle : « Je pense que Chiara s'est débarrassée film après film du poids de sa parenté. Jusqu'à imposer ce mélange de densité et d'évanescence qui la caractérise. » Ajoutons, s'il vous plaît, sa beauté.

Autres films notables :
Le Temps retrouvé (1999), de Raoul Ruiz ;
Les Salauds (2013), de Claire Denis ;
Les Enfants des autres (2022), de Rebecca Zlotowski.

GILBERT MELKI

(NÉ EN 1958)

Bien sûr, il y a Patrick Abitbol, son bronzage terra-cotta, ses flamboyants costumes de shantung orangé, homme d'affaires milliardaire de *La Vérité si je mens !* (1997), de Thomas Gilou. C'est presque la première apparition de Gilbert Melki au cinéma et elle est largement inoubliable. Pour autant, il serait bien dommage que ce Patrick Abitbol soit l'arbre qui cache la forêt des mille possibilités de cet acteur de talent. Et de son goût de la nuance.

Sa capacité à dévoiler des microfailles sous couvert d'une opacité quasi minérale, comme s'il était constitué d'un bloc, se révèle dans la trilogie de Lucas Belvaux. Trois films, *Cavale* (2002), *Après la vie* (2002) et *Un couple épatant* (2003), trois histoires de couples dont les destins se croisent, dans lesquels Gilbert Melki incarne Pascal Manise, un policier aux méthodes à la limite de la légalité, soudain enferré dans une histoire d'amour destructrice. « C'est quelqu'un de terriblement intriguant. La lumière ne passe pas en lui, il la réfléchit », dira Lucas Belvaux de son acteur.

Les portes du cinéma d'auteur s'ouvrent alors pour Gilbert Melki qui y trouve l'occasion de se diversifier. On le retrouve dans le formidable *Crustacés & Coquillages* (2005), d'Olivier Ducastel et Jacques Martineau, dans le rôle d'un père de famille quadragénaire en vacances, retourné par ses retrouvailles avec un de ses anciens amants. Il est tout aussi impeccable en pompier volontaire tourmenté dans *Ça brûle* (2006), de la très exigeante Claire Simon. Jamais sûr de lui, toujours un peu incrédule, simple et impénétrable à la fois, Gilbert Melki est devenu, avec le temps, une bonne raison d'aller voir un film s'il est à l'affiche.

Autres films notables :
Reines d'un jour (2001), de Marion Vernoux ;
Au plus près du paradis (2002), de Tonie Marshall ;
Pris de court (2017), d'Emmanuelle Cuau.

DENIS MÉNOCHET

(NÉ EN 1976)

À 47 ans, Denis Ménochet continue de pratiquer le skateboard. Un sport périlleux mais un sport qui enseigne l'équilibre. C'est peut-être ça le secret de Denis Ménochet, cette manière si personnelle qu'il a de faire surgir des trésors de fragilité de son physique d'armoire à glace. Impressionnant et vulnérable à la fois. Un colosse aux pieds d'argile, un vrai.

Denis Ménochet est entré au cinéma par la grande porte, celle que lui a ouverte Quentin Tarantino qui cherchait son Perrier LaPadite, le fermier français qui cache une famille de Juifs sous le plancher de sa maison, dans *Inglourious Basterds*, en 2009. Face à Denis Ménochet, Christoph Waltz, acteur allemand plus que confirmé, dans le rôle d'un officier nazi traqueur de Juifs. La scène dure douze minutes, un temps suffisant pour remarquer Denis Ménochet, respirant pesamment, les yeux baignés de larmes, muet de peur. Il a 32 ans et il pense que ça y est, son heure est arrivée. En fait, pas vraiment. Certes, il a de petits rôles chez Ridley Scott et Stephen Frears mais il lui faudra attendre encore neuf ans pour s'imposer, avec *Jusqu'à la garde*, de Xavier Legrand, en 2018. Et cette fois c'est lui le bourreau, dans la peau d'Antoine Besson, père en plein divorce, accusé par son ex-femme de violences sur ses enfants, qui se bat pour obtenir la garde alternée de son fils. De la brutalité de ce père, on ne verra rien ou presque. Elle est pourtant palpable, à la façon dont Denis Ménochet se déplace, à sa façon d'obstruer les espaces confinés, mais aussi à travers l'acier de ses yeux bleus, capable de tétaniser son interlocuteur. « C'est un acteur intense, un artisan de l'actorat, une page blanche. Il ne se repose pas sur le hasard, le moment de grâce, il construit énormément », dit de lui Xavier Legrand.

En 2019, François Ozon lui propose de jouer, dans *Grâce à Dieu* (2019), le rôle de François, un quadragénaire abusé par un prêtre dans son enfance et qui décide de porter, avec d'autres victimes, son histoire devant la justice. Denis Ménochet y livre un sacré bon boulot d'acteur à travers la métamorphose de cet homme résigné en militant combatif, laissant toujours la porte ouverte à des microfailles, des sanglots étouffés. La confiance s'est installée entre l'acteur et le réalisateur qui le sollicite ensuite pour *Peter von Kant* (2022), remake très personnel des *Larmes amères de Petra von Kant* (1972), de Rainer Werner Fassbinder. Chez Ozon, Petra devient Peter, cinéaste à succès, excessif, débordant d'idées, autoritaire, tyrannique, tombé follement amoureux d'un jeune acteur. À l'image, l'effet est saisissant tant la ressemblance physique entre Denis Ménochet et le metteur en scène allemand, disparu en 1982, est frappante. Ici, il n'est plus question de contenir ses emportements ni ses chagrins, mais de les exprimer à mille pour cent. Ce n'est plus un acteur qui se déploie sous nos yeux mais une tornade en peignoir qui emporte tout sur son passage.

Le retour du balancier vers la fragilité s'opérera grâce à Rodrigo Sorogoyen, réalisateur espagnol, qui imagine Denis Ménochet et Marina Foïs en couple d'agriculteurs confrontés à l'hostilité d'un village de Galice, dans *As Bestas* (2022). L'acteur voit son rôle comme celui d'un buffle, les quatre pattes dans la terre. Menaçant et craintif. Magnifique.

Il rêve aujourd'hui de tourner avec Jacques Audiard.

Autres films notables :
Grand Central (2013), de Rebecca Zlotowski ;
Seules les bêtes (2019), de Domink Moll ;
Les Survivants (2023), de Guillaume Renusson.

KAD MERAD

(NÉ EN 1964)

En 2006, Kad Merad surprend son monde. Jusque-là, il était un acteur sympathique, plutôt drôle, qui avait eu l'heureuse idée d'accepter le rôle du professeur d'éducation physique dans *Les Choristes* (2004), de Christophe Barratier. La bonne pioche, 8,5 millions d'entrées. Il a 40 ans. Le réalisateur Philippe Lioret le remarque et lui propose un drame, *Je vais bien, ne t'en fais pas* (2006). Kad Merad y incarne un père de famille taiseux et pas très aimable, tenu pour responsable de la disparition de son fils. La vérité est ailleurs. Premiers pas réussis, son visage est fermé, la bonne humeur s'est évanouie, Kad Merad le rigolo a tiré sa révérence pour devenir acteur.

Les dix années qui vont suivre sont des années folles pour le comédien, qu'on retrouve à l'affiche des champions du box-office, *Bienvenue chez les Ch'tis* (2008), de Dany Boon, *Le Petit Nicolas* (2009), de Laurent Tirard, ou encore *Les Tuche* (2011), d'Olivier Baroux. Les prodigieux nombres d'entrées de ces films lui valent le statut d'acteur populaire. Mais le confort lui donne des envies d'inconfort. De se frotter à d'autres expériences. Cette liberté nouvelle lui permet d'endosser de nouvelles peaux, comme celle de ce père abusif dans *Comme des rois* (2018), de Xabi Molia, ou de ce Prix Nobel de littérature, Français d'origine algérienne comme il aime à se définir, de retour dans son pays pour y découvrir une réalité compliquée, dans *Citoyen d'honneur* (2022), de Mohammed Hamidi. Une constante émerge, confirmée par les récits de tournage : Kad Merad est un inquiet, jamais sûr de lui. Pas encore revenu d'avoir réalisé son rêve de gamin.

Autres films notables :
La Mélodie (2017), de Rachid Hami ;
Un triomphe (2021), d'Emmanuel Courcol.

PAUL MEURISSE
(1912-1979)

Il est impossible d'être davantage pince-sans-rire que l'imperturbable Paul Meurisse, qu'il interprète un voyou, un évêque ou un directeur de pensionnat démoniaque. Pour parfaire ce dernier, il se dressera, tout habillé, les yeux révulsés, du fond de la baignoire bien remplie du film *Les Diaboliques* (1955), comme si Clouzot, en plein tournage, l'y avait oublié pendant la pause-déjeuner. On peut encore l'admirer en avocat d'assises dans *La Vérité* (1960), attentif avant tout à briller, comme si la petite tête de Brigitte Bardot, en cours de jugement, roulait déjà dans la sciure – mais là, Clouzot, toujours lui, a mis en travers de Meurisse une pointure, Charles Vanel, en avocat rival, d'où les joutes oratoires entre les deux hommes, un régal ! *Idem* dans *La Tête contre les murs* (1959), de Georges Franju, où il forme avec Pierre Brasseur un duo effrayant de médecins marrons dans un asile de fous.

Des palabres, Paul Meurisse s'en donne à cœur joie dans des films insignifiants, voire ratés, où le cinéaste lui laisse la bride sur le cou, par exemple, *Doucement les basses* (1971), de Jacques Deray. L'apparition de Delon en prêtre et du toujours élégant Meurisse en évêque est certes hilarante, mais c'est maigre ! Aussi les acteurs cisèlent-ils leurs échanges avec d'autant plus de suavité que la comédie n'est pas drôle. Pas plus que *Du mouron pour les petits oiseaux* (1963), de Marcel Carné, raté lui aussi, à part la gestuelle et les mimiques d'un Paul Meurisse qui se lâche. À se demander s'il n'a pas un faible pour les navets. Sa diction se ralentit alors, ses yeux s'immobilisent, et il arbore sa fameuse face de mandarin, pour jouer aussi bien les impassibles gangsters que les flics impavides.

D'autant qu'il y a film noir et film noir. Et si la plupart de ceux dans lesquels joue Meurisse sont plaisants en raison du genre, ils sont routiniers et sans originalité. On citera la série, populaire à l'époque, des *Inspecteur Sergil* (1947, 1948, 1952), filmé par Jacques Daroy. Il y a aussi ses agents secrets, bien typés et pleins d'humour, comme le commandant Théobald Dromard, dit « le Monocle », dans *Le Monocle noir* (1961) et *Le monocle rit jaune* (1964), de Georges Lautner. Et puis, un jour, on tombe sur un chef-d'œuvre, si accompli qu'il brille comme un diamant sans défaut : *Le Deuxième Souffle* (1966), de Jean-Pierre Melville, où Meurisse est le commissaire Blot de la police judiciaire. La classe ! Le voilà qui opère une descente de police après une fusillade dans un restaurant chic tenu par des truands et il prend l'affaire en main de manière si spirituelle qu'on réalise après coup avoir vécu là un Himalaya du film policier. Mis en scène par Melville à travers un plan-séquence acrobatique de plus de six minutes, Meurisse peaufine son interrogatoire au fur et à mesure des témoins : la patronne, dont il est secrètement amoureux, le barman et garde du corps de la belle, le second barman, des garçons, le voiturier, « un homme honorable dont le nom m'échappe, encore tout secoué d'avoir assisté à la fusillade, remettez-vous, mon enfant… », ajoute-t-il, faussement apitoyé devant l'air de l'employé. Puis Blot poursuit sa tirade adressée à ses policiers mais qui n'est qu'un couplet pour épater la tenancière jouée par Christine Fabréga. À vrai dire, de ce monologue, Blot n'attendait rien d'autre que le plaisir d'un numéro personnel éblouissant. Plaisir que le spectateur partage largement.

Quel chemin parcouru depuis son entrée à tâtons dans la vie active ! Il a d'abord cherché sa voie comme clerc de notaire, puis comme inspecteur d'assurances, enfin comme chanteur de chansons joyeuses qu'il interprétait d'un air sinistre. Car rien n'aurait pu le détourner de la seule activité pour laquelle il se sentait fait : jouer la comédie, et qui était devenue sa raison de vivre.

Autres films notables :
Le Déjeuner sur l'herbe (1959), de Jean Renoir ;
Marie-Octobre (1959), de Julien Duvivier ;
L'Armée des ombres (1969), de Jean-Pierre Melville.

MIOU-MIOU
(NÉE EN 1950)

Penser à Miou-Miou, c'est tout de suite entendre son rire, un rire vrai, à gorge déployée, comme rient les enfants. C'est ce rire qu'on garde de Marie-Ange, l'apprentie coiffeuse des *Valseuses* (1974), de Bertrand Blier, bousculée sans ménagement par Patrick Dewaere et Gérard Depardieu. Elle joue les dessalées, les rebelles, mais son regard candide dit parfois sa lassitude d'être aussi mal aimée.

Cette femme si libre fait scandale dans la France de Giscard. Mais la performance de Sylvette Herry, rebaptisée Miou-Miou par Coluche, pour ce qu'il appelait sa voix de chaton, et qui préfère aujourd'hui qu'on l'appelle Miou, « parce que Miou-Miou c'est gnangnan », est comme le signal d'une société qui va changer. D'une jeunesse qui se fout des codes de la bourgeoisie, qui font encore autorité à l'époque. Parce que mai 1968 est passé par là, et que Miou-Miou pourrait parfaitement être cette jeune ouvrière des usines Wonder qui, devant les caméras du documentaire *Reprise* (1997), d'Hervé Leroux, clamait : « Je ne retournerai pas dans cette turne. C'est moche, ça pue, je n'irai pas ! » Le scandale ne lui fait pas peur. Elle a fait ses premières armes d'actrice au Café de la Gare, avec pour parrains Coluche et Romain Bouteille, pas tellement réputés pour faire dans la dentelle.

Le succès des *Valseuses* lui ouvre les portes du meilleur du cinéma étranger (Tanner, Comencini, ou encore Bellocchio). En France, on la retrouve dans *La Dérobade* (1979), de Daniel Duval, dans le rôle d'une jeune fille qui tente de se libérer de l'emprise d'un homme qui la met sur le trottoir. Le regard de Miou-Miou se fait têtu. Buté presque. Comme dans *La Femme flic* (1980), d'Yves Boisset, où elle est toute de détermination mutique, bien seule dans sa profession, bien seule dans sa vie. Parenthèse enchantée dans cette succession de drames, *Coup de foudre*, de Diane Kurys, en 1983, qui la met en scène dans le rôle de Madeleine, une lumineuse trentenaire au charme fou, artiste rêveuse et qui, avec sa meilleure amie Lena (Isabelle Huppert), va larguer les amarres, mariage, enfants, pour se donner une chance de vivre libre dans la France de l'immédiat après-guerre. Ultérieurement, Miou-Miou se fait assez rare : elle ne s'engage que lorsque le projet l'intrigue, comme *Nettoyage à sec* (1997), d'Anne Fontaine, où elle est une blanchisseuse libertine, ou encore *La Lectrice* (1988), de Michel Deville.

C'est à la télévision dans *Nona et ses filles* (2021), de Valérie Donzelli, qu'on a retrouvé son rire et son esprit de liberté, hommage discret de la réalisatrice à une actrice qui compte pour les femmes françaises.

Autres films notables :
Tenue de soirée (1986), de Bertrand Blier ;
Germinal (1993), de Claude Berri ;
Folle embellie (2004), de Dominique Cabrera.

YVES MONTAND

(1921-1991)

La filmographie d'Yves Montand a de quoi aveugler le plus blasé des cinéphiles : Jean-Luc Godard, Alain Resnais, George Cukor, Henri-Georges Clouzot, Jean-Pierre Melville, Vincente Minnelli, Joseph Losey et, bien sûr, Costa-Gavras sont les premiers noms qui viennent à l'esprit – en toute subjectivité. D'où cette question : que voyaient ces cinéastes dans leur viseur quand ils regardaient Yves Montand ? Un acteur bon à tout faire comme semble le suggérer cette esquisse de CV ? Un acteur qui collait à l'époque ? Mais de quelle époque parle-t-on quand on évoque un acteur qui tourna plus de soixante films en quarante ans de carrière ? Peut-être celle des lendemains qui chantent, celle des utopies, qu'Yves Montand incarnait.

Car s'il y a bien un fil rouge qui traverse ces années, c'est celui de l'engagement. Malgré quelques formidables incursions dans d'autres registres, comme celui de la comédie sentimentale avec *Le Sauvage* (1975), de Jean-Paul Rappeneau, ou celui de la comédie désopilante avec *La Folie des grandeurs* (1971), de Gérard Oury, Yves Montand reste dans la mémoire du cinéma comme la figure, un peu datée en 2023, de l'« acteur engagé ». Mais comment ce fils d'un militant communiste italien fuyant le fascisme pour atterrir à Marseille dans les années 1920 aurait-il pu échapper à pareil destin ? Quand, dans la famille Livi, la politique ou plutôt le parti communiste était quasiment une religion, et Staline son prophète ? Sur scène, Montand est déjà le prolo chantant, façonné comme il se doit par Édith Piaf. Ultrapopulaire.

Au cinéma, Montand sera d'abord ça, la figure type du monde ouvrier, grande gueule et beau gosse, à l'image de ce Mario, routier d'occasion, prêt à risquer sa peau pour 2 000 dollars, en transportant de la nitroglycérine liquide, dans *Le Salaire de la peur* (1953), d'Henri-Georges Clouzot. Yves Montand gagne ses galons d'acteur en prêtant au personnage sa silhouette de grand escogriffe, tendue à l'extrême, le regard fixe. Inouï de densité. Sa rencontre avec Simone Signoret en 1949 donne un formidable coup d'accélérateur à cette volonté d'engagement artistique. Leur premier film ensemble, *Les Sorcières de Salem* (1957), de Raymond Rouleau, adapté du livre d'Arthur Miller, est un film manifeste contre le maccarthysme. Ce qui n'empêchera pas Montand, quatre ans plus tard, de s'offrir une sacrée parenthèse hollywoodienne, dans la peau du *Latin lover*, où il tourne sous la direction du maître de la comédie George Cukor, au bras de la divine Marilyn Monroe.

C'est à l'aube de la quarantaine que Montand se révèle. L'homme clé de cette épiphanie est un réalisateur grec qui s'appelle Costa-Gavras, rencontré lors d'un tournage. Pour le cinéaste, Montand accepte un rôle de douze minutes dans *Z* (1969), film qui dénonce la dictature d'extrême droite des colonels grecs. Et pourtant, malgré la présence de Jean-Louis Trintignant, de Marcel Bozzuffi, Pierre Dux ou encore Jacques Perrin, on reste sous le choc de ces douze minutes, où Montand, dans la peau du chef de l'opposition parlementaire, le Docteur, déploie une assurance nouvelle et impressionnante. Il a l'élégance discrète de l'acteur au service de son histoire. Un an plus tard, *L'Aveu*, du même Costa-Gavras, va lui fournir l'occasion de tout donner pour mieux incarner Artur London, communiste tchèque victime des purges staliniennes des années 1950. Pour entrer dans la peau du prisonnier politique, Montand s'engage à mille pour cent : pendant le tournage, il dort à même le sol tout habillé dans une chambrette sans fenêtre, exige que l'eau du seau jeté à sa figure soit glacée, perd dix-sept kilos. « Il y avait dans ce que je m'imposais pour ce rôle quelque chose d'un acte d'expiation », confiera-t-il plus tard.

Expiation pour son aveuglement face aux crimes du stalinisme ? Quoi qu'il en soit, le film connaît un énorme succès populaire.

Les années 1970 sont les grandes années Montand. À l'exception du *Cercle rouge* (1970), de Jean-Pierre Melville, et cette inoubliable scène de delirium tremens, Montand attaque un registre plus léger. Ce sont ses années Pinoteau, Verneuil, et surtout Claude Sautet, qui l'installent dans le rôle du quinqua en pleine crise existentielle.

À 65 ans, il renâcle devant la proposition de Claude Berri d'interpréter le Papet de son diptyque *Jean de Florette/Manon des sources*. Pas très envie de jouer les pépés. Et pourtant il accepte. Il fait bien. Son Papet est parfait de malveillance dissimulée derrière un bon sourire et des yeux qui se plissent de plaisir. Le public lui fait un triomphe. Deux ans avant sa mort, Montand retourne aux sources, à Marseille, pour le film de Jacques Demy, *Trois Places pour le 26* (1988), une comédie musicale autour d'un chanteur à succès de retour dans sa ville natale. La boucle était bouclée.

Autres films notables :
Le Milliardaire (1960), de George Cukor ;
La guerre est finie (1966), d'Alain Resnais ;
César et Rosalie (1972), de Claude Sautet.

JEANNE MOREAU (1928-2017)

Elle aurait pu se contenter du destin sans envergure que lui mijotait son père. Ou, mieux, s'encalminer dans une troupe comme la Comédie-Française (elle y a fait ses classes) ou le TNP où elle regardait jouer Gérard Philipe tout en lui donnant la réplique. Mais Jeanne était trop gourmande, trop « tourbillon de la vie » : théâtre, cinéma, plus tard chanson, voire mise en scène, elle volerait de ses propres ailes, de son propre zèle. Le père se fâche quand il apprend qu'elle joue la comédie et, pire, qu'elle s'est fait faire un enfant par l'acteur Jean-Louis Richard. Alors Jeanne claque la porte et fouette, cocher ! On se doute bien que sur ses cent trente films, tous ne sont pas signés Truffaut, Antonioni, Losey ou Fassbinder. Mais se donnant à cœur joie même dans les films de genre, elle a peu à peu bâti quelque chose, à commencer par elle-même.

C'est Louis Malle qui la lance, en 1958, avec sa balade nocturne vers les Champs, sur un air de Miles Davis. *Ascenseur pour l'échafaud* devient le tremplin de la gloire pour Jeanne Moreau, qui semble dotée d'un sixième sens pour choisir des films qui feront d'elle une égérie du changement. Ainsi, ses premiers succès tournent autour de la libération de la femme. La même année, dans *Les Amants*, à nouveau de Malle, elle incarne une grande bourgeoise qui plaque tout, mari, enfant, milieu, pour gagner son indépendance. Pas sûr qu'elle reste avec le petit prof qui l'enlève en 2 CV Citroën. Années 1960 : *La Nuit* (1961), d'Antonioni, où elle s'ennuie ferme dans sa vie de femme mariée. Dans *Jules et Jim*

(1962), de François Truffaut, son film clé, elle finira par choisir la Seine – suprême liberté – après avoir aimé deux hommes en alternance et fait régner sur le tournage une ambiance rieuse. Jeanne est lancée, c'est à présent une vedette internationale et une grande actrice.

Sa belle voix rocailleuse l'y aide, ainsi que son visage, où elle sait faire éclore toute une gamme de sentiments. Son corps aussi : son pouvoir érotique est une seconde peau, ses gestes sont ceux d'une gazelle épanouie. Il suffit de la voir sautiller et se déhancher dans *Eva* (1962), de Joseph Losey, pour se débarrasser d'une jupe, au milieu d'un de ces plans-séquences dont le réalisateur peut s'enorgueillir. Elle y joue cette prostituée cruelle et merveilleuse qui incarne Venise, son histoire et ses ressacs. Autre prostituée dans *Le Procès* (1962), d'après Kafka, signé de cet Orson Welles sur le ventre duquel elle a plaisir à se jucher dans *Falstaff* (1965). Jeanne a toujours su choisir ses vieux amis et ses jeunes amants. Ainsi ses embardées vers l'intelligentsia : Marguerite Duras et Peter Brook, pour *Moderato cantabile* (1960), contrebalancés par le juvénile Belmondo.

Un de ses apogées restera *Les Valseuses* (1974), de Bertrand Blier : rôle bref, mais décisif, puisqu'il dit tout de la vie. Elle y est cette femme mûre qui sort de prison, avec sa robe noire et sa petite valise. Depardieu et Dewaere la draguent, la regardent manger une langouste dans un restau de bord de mer. La nuit qui suit, elle s'offre à eux, avant de se faire sauter le caisson. Ils sont trop chlass pour s'apercevoir que ce soir-là, elle ne joue plus.

Dans la vraie vie, quand l'âge est venu, elle s'est contentée de rester chez elle, sans plus répondre au téléphone. Puis le silence jusqu'au bout à se remémorer peut-être certains rôles où on ne l'attendait pas. Comme dans le *Journal d'une femme de chambre* (1964), de Luis Buñuel, quand le vieil obsédé sexuel lui demande : « Combien chaussez-vous ? », avant de lui enfiler les fameuses petites bottines pour mieux lui tâter les mollets… Ou quand elle s'est laissée muer de châtain en blonde platine par Jacques Demy dans *La Baie des anges* (1963), où la passion de la roulette la tyrannise, – petite coquetterie pour l'actrice qui avait la passion de l'exigence plutôt que celle du jeu. Ou encore, quand, comme nous le disions, Orson Welles l'a priée de venir chevaucher son énorme panse. Jeanne était contente de surprendre ainsi le public comme elle était contente qu'on lui obéisse au doigt et à l'œil. Elle remerciait alors de son rire cajoleur, ruisselant comme une cascade un jour d'été.

Autres films notables :
Mademoiselle (1966), de Tony Richardson ;
Souvenirs d'en France (1975), d'André Téchiné ;
Le Dernier Nabab (1976), d'Elia Kazan.

YOLANDE MOREAU

(NÉE EN 1953)

Pour rallier Paris, où elle espérait faire carrière à l'école de Zouc son idole, depuis Bruxelles où elle est née, la jeune Yolande Moreau fit le voyage en 2 CV. Ce véhicule bon marché et populaire, icône de l'automobile française de l'après-guerre, lui sied à ravir : un tacot cahotant qui peine dans les côtes, prend l'eau quand il pleut, menace de se coucher dans les virages, mais va son chemin, increvable.

C'est à la télévision qu'on la remarque d'abord, lorsqu'elle devient, à partir de 1993, une des pièces maîtresses de la troupe des Deschiens de Jérôme Deschamps et Macha Makeïeff. Elle incarne Yolande, femme au foyer qui a la beigne facile et le parler confus. Riche de ce succès, la voilà bientôt distinguée par le cinéma. En 2001, Jean-Pierre Jeunet lui confie le petit rôle d'une femme triste dans *Le Fabuleux Destin d'Amélie Poulain*. Elle rend joyeuse cette morosité. Mais c'est surtout avec *Quand la mer monte* (2004), qu'elle interprète et coréalise avec Gilles Porte, que Yolande Moreau fait merveille. L'histoire quasi autobiographique d'une humoriste, en tournée pas toujours triomphale dans le nord de la France et en Belgique, qui tombe amoureuse d'un saltimbanque. Des bistrots où l'on siffle des bières à tour de bras, jusqu'aux banlieues délaissées et à ce titre terroirs du FN, Yolande Moreau est dans son élément, sans aucun mépris de classe ni ricanements envers les « cons de pauvres ». Et franchement bouleversante lorsque, présentant son amoureux au public d'un théâtre, elle déclare : « Le début des grandes histoires d'amour, c'est ça qui compte, la fin on s'en fout. »

Dans les années 2000, elle va rencontrer un duo de réalisateurs, Gustave Kervern et Benoît Delépine, qui, en quatre films, vont l'exhausser au plus haut d'une sorte de folie faite cinéma. Dans *Louise-Michel* (2008), elle est Louise, une ouvrière pétroleuse qui convainc ses camarades d'usine d'embaucher un tueur (interprété par son compatriote Bouli Lanners) pour dégommer leur patron indélicat. Las ! le tueur est une brèle, et Louise va devoir le seconder dans sa tâche. Dans *Mammuth* (2010), elle est encore plus à son affaire dans le rôle de Catherine, épouse de Serge, un fieffé cabossé de la société. Serge, c'est Depardieu. Yolande Moreau ne se laisse pas bousculer par la forte présence du « gros Gégé » qui, il est vrai, a l'intelligence de la laisser passer devant dans des scènes conjugales tendres autant que comiques. Dans *Le Grand Soir* (2012), elle n'est plus au centre de l'intrigue explicitement « révolutionnaire » (d'où son titre), occupé avec génie par Benoît Poelvoorde et Albert Dupontel, mais elle rougit nos yeux de rire et d'émotion par son interprétation d'une maman de punkette un peu larguée. Enfin, dans *En même temps* (2022), toujours sous la direction bienveillante des deux zigotos Kervern et Delépine, elle jette son propre pavé dans la mare de cette fable politique et féministe qui rend hommage à l'engagement, aussi ciné-cinoque soit-il.

Yolande Moreau fait rire, mais elle inquiète aussi quand son regard vire au noir. Ce qu'a parfaitement détecté Martin Provost qui, en 2008, lui propose le rôle-titre de *Séraphine*, inspiré de la vie brute et brutale de la peintre autodidacte Séraphine de Senlis, qui finira sa vie en hôpital psychiatrique. Yolande Moreau comme du bel art naïf. En 2011, elle retrouve Martin Provost pour *Où va la nuit*, histoire d'une femme battue qui assassine son mari et s'enfuit avec son fils à Bruxelles. Elle y joue, comme le veut le prénom de son rôle, une Rose qui embaume mais darde ses épines quand on la maltraite.

En 2012, Yolande Moreau fait coup double : elle joue avec délice la mère foutraque de *Camille redouble*, réalisé par Noémie Lvovsky, et elle dirige son deuxième film, *Henri*, qui magnifie l'amour inattendu mais dingue entre un restaurateur veuf et une handicapée mentale. Un film de toute bonté.

On ne peut pas résumer autrement Yolande Moreau : une bonté tous azimuts tant qu'on ne vient pas lui casser les pieds ou, encore plus mal poli, les écraser.

Autres films notables :
Le Lait de la tendresse humaine (2001),
de Dominique Cabrera ;
Une vieille maîtresse (2007), de Catherine Breillat ;
Le Tout Nouveau Testament (2015), de Jaco Van Dormael.

MARGUERITE MORENO
(1871-1948)

Qui donc disait que dans « monstre sacré », il y a « monstre » ? N'exagérons pas. Marguerite Moreno n'a jamais été belle mais il ne suffit pas d'être d'une laideur intéressante pour se signaler – c'est son cas – comme une des gloires de Paris et la muse des poètes symbolistes. La comédienne avait de l'esprit, une allure. Ce qui lui a valu bien des amitiés (notamment avec Colette et Mallarmé), des amours (Catulle Mendès et Blaise Cendrars, pour ne citer qu'eux), et des maris – qu'elle a d'ailleurs tous enterrés, à commencer par l'écrivain Marcel Schwob, son premier époux, qui meurt à 37 ans, puis l'acteur Jean Daragon, son second, à 53. Tous deux ont aimé son grand vilain nez, sa brusquerie masculine, ses yeux de femme malicieuse, des yeux pétillant d'avoir tout compris. Elle disait les vers comme personne et les répliques à l'exemple de Sacha Guitry, qui l'a d'ailleurs comblée : pas moins de six rôles, par exemple, dans *Le Roman d'un tricheur* (1936) et *Les Perles de la couronne* (1937).

Moreno se contente aussi du tout-venant, même d'un banal *Tout va très bien, madame la marquise* (1936), de Henry Wulschleger, ou d'un *Vingt Ans après*, d'Henri Diamant-Berger, histoire d'embrouiller, dès 1922, les années et les âges. Car elle a déjà 46 ans quand elle débute au cinéma muet, en... 1915. Vite, qu'on lui avance un fauteuil ! Elle sera donc une comédienne qui ne craint pas de se bonifier comme les vins, si bien qu'on croit l'avoir toujours connue âgée. Mais elle s'amuse si follement en ancêtre autoritaire sous les phares et les feux des projecteurs qu'il serait dommage de se priver de ses grands moments. Comme la Mamèche, vieille sorcière de *Regain* (1937), de Marcel Pagnol, une des trois habitants d'un village qui meurt – mais pas elle, on l'a vu. Comme l'aïeule colérique, dans *Douce* (1943), de Claude Autant-Lara, qui ne tolère aucune discussion, ni de la part de Roger Pigaut, son intendant, ni de Madeleine Robinson, la gouvernante, ni même de son fils (Debucourt en boiteux timoré), et qui, à la fin, quand Douce, sa petite fille (qui affiche elle aussi un sacré tempérament magnifiquement exprimé par Odette Joyeux), meurt dans l'incendie du théâtre, a des accents de tragédienne grecque pour chasser les amants ancillaires qui font les frais de sa malédiction.

Ou bien, dans ce monologue en trompe-l'œil d'*Un revenant* (1946), de Christian-Jaque, censé honorer Jouvet, muet, pour une fois, sous le compliment, mais où elle s'offre le luxe de tirer la couverture à elle, et pas seulement quand il fait froid l'hiver sur la colline de Fourvière. Aussi, lorsque la vénérable Moreno articule de sa voix de mêlécasse : « Jean-Jacques, tu es parfait ! Par-fait ! », on a envie de lui répondre : c'est celui qui l'dit qui l'est.

Autres films notables :
Le Mot de Cambronne (1937), de Sacha Guitry ;
Félicie Nanteuil (réalisé en 1942,
sorti en 1945), de Marc Allégret ;
L'Idiot (1946), de Georges Lampin.

MICHÈLE MORGAN
(1920-2016)

Mais oui, elle a de beaux yeux, elle le sait, cher Jean Gabin, tout le monde le sait, même aujourd'hui qu'elle a disparu mais que survit le mythe. Déjà que les ados de 1938 achetaient par milliers son ciré noir luisant et son béret. Des yeux immenses, magnifiques, couleur d'océan un jour d'été et qui illuminent le port du Havre où elle vient de tourner *Quai des brumes* (1938), de Marcel Carné. La réplique de Jean Gabin est si célèbre qu'on en a oublié la réponse de Morgan : « Embrassez-moi ! », suivie aussitôt de : « Embrasse-moi ! »

Plutôt osé à l'époque pour une jeune fille d'à peine 18 ans qui vient de tomber amoureuse d'un déserteur en déclarant sa sensualité. Décidément, Simone Roussel, devenue Michèle Morgan, n'est pas comme les autres. Et comment pourrait-elle l'être alors que deux ans plus tard, elle aura tourné neuf films, dont deux chefs-d'œuvre : *Quai des brumes* et *Remorques* (1941), de Jean Grémillon, et aura eu pour partenaires Raimu, Boyer, Gabin, Vanel... Débuts fracassants, uniques et porteurs de bien des promesses. Au lieu de quoi, il y a eu la guerre, l'exil aux États-Unis jusqu'en 1945, la vie privée agitée, un fils.

Mais il y a autre chose : son visage si pur, ses hautes pommettes, sa peau douce et claire de vedette assumée la différencient, mais surtout on sent chez elle un heurt entre détermination farouche et constante inquiétude. Dont l'Anglais Carol Reed s'est habilement servi dans *Première désillusion* (1948), un thriller londonien avec un enfant affabulateur et un Butler dans le pétrin. D'autres films ont vieilli, ça crève les yeux, comme *La Symphonie pastorale* (1946), où Jean Delannoy, au service de Gide, a fait des siens, si beaux, ceux d'une aveugle dans la neige. En revanche, c'est quand elle évolue dans le blizzard et les glaciers de Laponie au contact des chiens de traîneau (*La Loi du Nord* [réalisé en 1939, sorti en 1942], de Jacques Feyder) qu'elle s'anime enfin, sourit, est la plus naturelle. Elle a affaire, il est vrai, à ces trois gaillards entreprenants que sont Pierre Richard-Willm, Charles Vanel et Jacques Terrane, dans cette fuite éperdue devant la police montée canadienne. Elle irradie et se dégèle enfin – quitte à en mourir. Beaucoup plus tard, en 1975, il y aura ce fameux fou rire dans *Le Chat et la Souris*, de Claude Lelouch.

Mais pendant des décennies, heureuse dans sa discrétion et son statut de grande dame du cinéma, peintre à ses heures, vedette attachée à ne pas se couper du public qui l'adore, elle alterne réussites sans surprise et fades conventions. Par bonheur, au sein de ses quelque soixante films, certains restent inaltérables comme *Les Grandes Manœuvres* (1955), l'un des grands René Clair. Une petite ville de province. Il y a des réceptions, des bals, un kiosque à musique, des clairons à cheval, le mess des officiers. Il y a surtout une modiste venue de Paris, Marie-Louise, autrement dit Morgan à l'époque de sa splendeur. Dépitée de découvrir qu'elle est l'enjeu d'un pari entre dragons alors qu'elle a cédé au charme étourdissant de Gérard Philipe, elle paiera cher ces incendies du cœur. Cette petite société émoustillée par un René Clair qui aurait relu Marivaux est un des plus hauts chefs-d'œuvre de l'esprit français. Douce, langoureuse, frémissante, blessée, mutine, lumineuse, s'emballant tout en sachant ce qu'elle risque, sourire triste, renoncement ému, maintien seigneurial, elle y est à se damner.

Autres films notables :
Le Château de verre (1950), de René Clément ;
Marguerite de la nuit (1956), de Claude Autant-Lara ;
Fortunat (1960), d'Alex Joffé.

GABY MORLAY

(1893-1964)

Ses grands yeux vifs brillent sur les écrans depuis… 1913. Ensuite, le parlant met en valeur sa voix nette, bien timbrée, un petit rire bien à elle, à l'aise dans le drame comme dans la comédie.

En boulimique de théâtre et de cinéma, qui n'arrêtera de jouer qu'à quelques semaines de sa mort, Gaby Morlay traversait le temps comme Orphée les miroirs et même le manipulait à grand renfort de maquillage, incarnant dans *Entente cordiale* (1939), de Marcel L'Herbier, une très vieille reine Victoria, dont elle avait la toute petite taille à un centimètre près (1,52 m).

Plus de cent films ! Marcel L'Herbier, Sacha Guitry et Maurice Tourneur sont parmi ceux qui ont concouru à sa célébrité. Dès le milieu des années 1930, alors âgée d'une petite quarantaine, Gaby Morlay était considérée comme irremplaçable tant elle irradiait la féminité et l'espièglerie, avec son visage de cousette parisienne et ses moues d'enfant gâtée. Henri Bernstein a reconnu sa dette envers la comédienne qui a créé plusieurs de ses « mélos » et le cinéaste Paul Vecchiali rêvait d'un film où elle serait en gros plan d'un bout à l'autre ! Aurait-elle quelque chose que les autres n'ont pas ? Si oui, aucun, sauf Guitry, des cinéastes emblématiques d'avant-guerre (Renoir, Carné, Duvivier, Gance, Clair, Grémillon, Pagnol) n'en a fait usage. Fâcheux bémol.

Pourtant, elle maintenait ses personnages dans une gaieté où le rire sonnait clair et une tristesse où les larmes coulaient avec sincérité. Aujourd'hui que les temps ne sont plus à l'innocence, il n'est pas surprenant que son jeu éveille des impressions nouvelles et qu'on ait du mal à croire que les hommes subissent son attrait, si prometteuse soit sa hardiesse. En amour, le physique compte aussi. Elle est à l'aise dans le mensonge, la perversité c'est autre chose, si bien qu'on peine à s'identifier aux personnages. On se dit bon, c'est une petite bonne femme popote, une bien brave dame qui joue avec beaucoup de spontanéité et de fraîcheur, d'où son succès au milieu de tous les méchants et les égoïstes, mais elle n'est même pas glamour. Il arrive cependant qu'elle nous mette encore dans sa poche : on se dit sacrée Gaby et on a hâte de la retrouver dans un nouveau drame mondain comme *Samson* (1936), de Maurice Tourneur, où sa dignité fait merveille aux côtés d'Harry Baur, ou dans une comédie légère comme *Le Roi* (1936), de Pierre Colombier, où elle ne dépare pas une distribution éblouissante. Ou même dans *Le Voile bleu* (1942), de Jean Stelli, qui a bouleversé la France occupée. Le naturel avec lequel elle distille ses rôles (elle n'a pas peur d'apparaître ridicule) participe de son côté touchant, presque fragile, alors qu'elle fait face aux situations comme un menhir breton. Touchant, le mot est faible, cette vulnérabilité peut l'entraîner jusqu'au sublime sans même qu'elle semble y prêter attention. C'est le cas dans *Le Bonheur* (1934), de Marcel L'Herbier, où elle endosse les accessoires et l'allure d'une star de cinéma avec une évidence qui est le signe de la générosité. Un caricaturiste anarchiste, alias Charles Boyer, vient de la revolveriser, la voilà qui en tombe amoureuse et c'est lui qui fera les frais de sa gesticulation. C'est le cas aussi dans *Un revenant* (1946), de Christian-Jaque, le film de toutes les amertumes, où Jouvet triomphe et revient à Lyon pour l'accuser, elle et sa famille, d'avoir tenté de le supprimer autrefois. Il propose de l'emmener avec lui à Paris où il dirige une troupe de danseurs. Elle consent, heureuse enfin, quitte tout, mais c'était une vengeance. Quand elle comprend, son dépit et sa manière de se faire une raison ruissellent de gentillesse. Le train part sans elle, elle rentre, elle va devoir retrouver son pénible mari (Louis Seigner), son petit rire carillonne, léger.

Autres films notables :
Le Bois sacré (1939), de Léon Mathot ;
Le Fabuleux Destin de Désirée Clary (1942), de Sacha Guitry ;
Papa, Maman, la Bonne et Moi (1954), de Jean-Paul Le Chanois.

CATHERINE MOUCHET

(NÉE EN 1959)

En 1986, au festival de Cannes, un ouragan cinématographique secoue les palmiers, et bientôt un prénom est sur toutes les lèvres : Thérèse. Thérèse qui ? Thérèse quoi ? Thérèse comme le titre du film d'Alain Cavalier. A priori on ne se bousculait pas pour aller voir une biographie de Thérèse Martin, devenue sœur Thérèse de l'Enfant-Jésus et canonisée sous le nom de sainte Thérèse de Lisieux. Mais le début de bâillement fut interrompu dès les premières minutes de la projection cannoise et se mua en stupeur et ravissement. On pouvait faire confiance à Alain Cavalier pour métamorphoser l'odeur de sainteté en un parfum nettement plus païen. Loin de toute hagiographie, *Thérèse* dessine une épure minimaliste à partir des aventures d'un désir, tout de silences, de mise à l'écart de la chair et surtout de doutes drolatiques. Ainsi de cette confession, involontairement hilarante, de sœur Thérèse à propos de son seigneur Jésus-Christ : « Dire que je suis mariée à un type mort il y a plus de mille ans et dont je ne sais même pas s'il a existé. » *Thérèse* n'aurait évidemment pas eu ce vif impact s'il n'était pas illuminé par une jeune actrice inconnue : Catherine Mouchet, radieuse en allumée de Dieu, telle une machine célibataire que rien n'arrête.

Le succès du film et sa pléthore de récompenses (dont le César du meilleur espoir féminin pour Catherine Mouchet) vont paradoxalement contrarier la carrière de l'actrice. Une fixette « Thérèse » s'attache à son nom et lorsque des réalisateurs la contactent, ils la voient uniquement comme une résurrection de son premier personnage. Dès lors, le cinéma quitte Catherine Mouchet pendant de nombreuses années où elle se dirige vers le théâtre. Revenant sur cette éclipse, elle confie, en 2001, au magazine *Les Inrocks* : « Je me suis dit que contrairement à d'autres comédiennes, le temps jouerait pour moi. »

Et, en effet, dans les années 2000, elle retrouve le cinéma. Certes pour des rôles modestes, mais elle est de ces actrices par qui un second rôle peut devenir premier. C'est le cas dans *Les Destinées sentimentales* (2000), d'Olivier Assayas. Dans cette fresque romanesque de forte intensité, elle est Fernande, la sœur de Nathalie (Isabelle Huppert), première épouse d'un industriel de la porcelaine (Charles Berling). En quelques plans, Catherine Mouchet fait entendre sa voix d'actrice singulière. On ne dit plus : « Oh Thérèse ! », on pense plutôt : « Chic, revoilà Catherine Mouchet ! » Même délice de retrouvailles dans *Les Fantômes d'Ismaël* (2017), d'Arnaud Desplechin, où elle campe une médecin pleine d'humanité, ou dans *Mon amie Victoria* (2014), de Jean Paul Civeyrac, où elle joue une mère sévère.

Quand elle parle de son image, Catherine Mouchet fait preuve d'un humour rare : « Je veux bien être moche pour un film, bien pour un autre, ça me fait rire. Je m'en fous un peu. »

Autres films notables :
Le Pornographe (2001), de Bertrand Bonello ;
Le Moine (2011), de Dominik Moll ;
Hors normes (2019), d'Olivier Nakache et Éric Toledano.

PIERRE NINEY

(NÉ EN 1989)

Il suffit de prononcer son nom pour que surgisse tout le catalogue des synonymes du mot *charmant*. Cool, dandy, élégant… Certes. Pierre Niney réunit toutes ces qualités. Mais cela reste un poil réducteur quand on veut parler du comédien, de son talent et du travail de cet infatigable bosseur. « Tourner avec lui est assez extraordinaire, il arrive avec un vrai projet, sans pour autant être rigide », confiait la réalisatrice Nicole Garcia, qui l'a fait tourner dans *Amants* en 2020. Pierre Niney n'a jamais envisagé d'autre métier que celui d'acteur. Jouer, il a ça dans la peau, depuis ses cours de théâtre au lycée, où il se régale de jouer le rôle d'un chien : « Pour moi, c'était trop bien ! J'allais voir le public, je me grattais les oreilles, je posais ma tête sur leurs genoux », raconte-t-il au *Monde*.

Cours Florent, Conservatoire, puis à 21 ans, Comédie-Française, dont il devient un des plus jeunes pensionnaires. Il y restera cinq ans avant de consacrer toute son attention au cinéma. Ses vrais débuts remontent à 2014 quand Jalil Lespert lui confie le rôle du couturier Yves Saint Laurent dans son film biographie. Pour mieux se plonger dans un personnage, Pierre Niney a sa méthode : il s'isole dix jours en amont du tournage. Le résultat est impressionnant : débit ralenti, chuchoté de garçon sage, épaules rentrées, regard innocent cohabitent avec des éruptions de colère et de violence, et un inimitable spleen dans la voix.

Dès lors, le cinéma français s'arrache Pierre Niney. Et l'on s'aperçoit que son physique de jeune premier s'accorde à merveille avec des rôles troubles, avec des types charmants pas toujours animés des meilleures intentions, tel cet Adrien qui prétend avoir été l'ami d'un jeune soldat allemand mort pendant la Première Guerre mondiale, auprès de sa fiancée et de ses parents, dans *Frantz* (2016), de François Ozon. Fidèle à sa réputation de travailleur acharné, Pierre Niney apprend l'allemand et le violon pour le film. Dans cette galerie de personnages entre deux eaux, on retient aussi le lobbyiste pour des fabricants de pesticides, tout ce qu'il y a de chic et bien élevé, dans *Goliath* (2022), de Frédéric Tellier.

Il lui manquait la comédie pour mieux déployer son côté fantasque, le cinéaste Michel Gondry lui en fournit l'occasion avec *Le Livre des solutions* (2023).

Autres films notables :
Un homme idéal (2015), de Yann Gozlan ;
La Promesse de l'aube (2017), d'Éric Barbier ;
Sauver ou périr (2018), de Frédéric Tellier.

NOËL-NOËL

(1897-1989)

De même que son nom est double, la carrière de Noël-Noël se divise en deux parties : les années 1930 et l'après-guerre. Et en personnages binaires : l'ahuri et le petit malin. Il exerce souvent deux métiers à la fois : acteur et scénariste après avoir débuté comme dessinateur humoristique et chansonnier. Mais c'est un élément essentiel pour lui qui va diriger son travail : le sourire. Sourire de son personnage, sourire du spectateur de ses films.

Dans les années 1930, ceux-ci racontent les aventures d'un garçon de ferme benêt au nez pointu, aux petits yeux inquiets, portant béret, petite moustache et grande gaucherie. Il l'a baptisé Adémaï. À chaque nouvel épisode (*Adémaï aviateur* [1934], *Adémaï au Moyen Âge* [1935], etc.) de ce discret précurseur de nos séries modernes, Noël-Noël affronte l'accent paysan et l'adversité. Dans *Adémaï aviateur*, la situation est double, elle aussi : on le marie de force à la fille de son patron, il bat le record du monde d'aviation en circuit fermé (en compagnie de Fernandel). La réalisation de Jean Tarride est gauche, mais on sourit souvent – là où le spectateur de l'époque hurlait de rire.

Après la guerre, la carrière de Noël-Noël arrive à maturité et prend une ampleur inespérée. Il joue les Français moyens et s'illustre dans un triplé fameux. En 1945, *La Cage aux rossignols* (l'ancêtre des *Choristes* !), de Jean Dréville, ou la rédemption par le chant dans une institution pour jeunes délinquants. Miséricorde, manécanterie et croix de bois totalisent 5 millions d'entrées et devancent *Les Enfants du paradis* ! Ensuite, *Le Père tranquille* (1946), de René Clément, commence comme un film sur la routine des jours, des gestes d'un homme incrusté dans ses habitudes, entre sa maison en Charente, la belote au café avec ses amis, les orchidées qu'il fait pousser dans sa petite serre et son travail régulier d'employé. Jusqu'au jour où sa vie bascule… Qui soupçonnerait en effet ce paisible bon père de famille de devenir un résistant discret pendant la Seconde Guerre mondiale, un descendant d'Adémaï saisi par le patriotisme ? L'intrigue se passe en 1944. Les Francs-Tireurs et Partisans participent à la libération de la France. Les collabos s'apprêtent à retourner leur veste. Ils la retournent déjà, car les Alliés débarquent. La France pétainiste ne crie plus « Vive le maréchal ! », elle applaudit le général de Gaulle. Aussi *Le Père tranquille* (le film) arrive à point nommé pour que les spectateurs, qui, tant s'en faut, n'ont pas tous été des résistants, s'identifient à ce petit Français héroïque leur permettant de redevenir présentables. D'où le succès phénoménal du film et l'attente bienveillante du film suivant, *Parade du temps perdu (Les Casse-pieds)* (1948), de Jean Dréville, un film à sketches sur tout type d'importuns et que présente Noël-Noël en conférencier – beaucoup plus sûr de lui désormais. La satire est finement observée et divertissante, elle ne fait de tort à personne, chacun de nous étant à son insu le raseur de quelqu'un. Mais elle permet de se remémorer des situations qu'on a vécues et de saluer la performance d'acteurs hilarants. De là à lui attribuer le prix Louis-Delluc et le Grand Prix du cinéma français en 1948…

Noël-Noël jouera encore dans seize films, dont *Les Carnets du major Thompson* (1955), de Preston Sturges, et *Les Vieux de la vieille* (1960), de Gilles Grangier, avec Gabin et Fresnay – un honneur ! –, sans jamais se départir de son petit air mi-gêné, mi-triomphant.

Autres films notables :
Adémaï et la nation armée (1932), de Jean de Marguenat ;
Retour à la vie (1949), de Georges Lampin,
Jean Dréville, Henri-Georges Clouzot et André Cayatte ;
Messieurs les ronds-de-cuir (1959), d'Henri Diamant-Berger.

PHILIPPE NOIRET

(1930-2006)

Il est des acteurs qui n'ont jamais été jeunes. Noiret débute en 1949, mais ce n'est qu'à partir des années 1960 qu'il atteint son statut de grand comédien.

Ce délai est affaire de physique. Sa silhouette encombrante, son début d'embonpoint, la mollesse du visage l'ont dispensé de jouer les jeunes premiers. Alors, il a misé sur le soin accordé à son allure, sa diction dont il joue comme d'un jeu d'orgue, son aspect rassurant non dénué d'ambiguïté. Et ça paie : il est plein de prestance à un âge où beaucoup cherchent encore une posture. Lui, plus il s'éloigne de la trentaine, plus l'homme s'affermit. De timide et taiseux, il s'impose désormais par une autorité courtoise et un feu roulant de répliques savoureuses.

Pour faire vivre autant de personnages (cent quarante au total), différents par l'apparence, le caractère et la psychologie, il faut se sentir bien dans sa peau. La panse garnie, l'œil éveillé, le pas tranquille, dans des habits de bonne coupe et des bottines sur mesure, Noiret c'est un mélange de bonhomie, d'émotion et de nonchalance. Autrement dit, il est plus fait pour dire les dialogues osés du Régent libertin de *Que la fête commence...* (1975), de Bertrand Tavernier, ou assumer la fainéantise du paysan d'*Alexandre le bienheureux* (1968), d'Yves Robert, que pour se dépenser dans des rôles très physiques comme ceux d'un Belmondo ou d'un Delon.

Et si, comme son projectionniste de *Cinema Paradiso* (1988), de Giuseppe Tornatore, qui collectionne les plans de baiser au cinéma, interdits par l'Église, Noiret avait collé bout à bout quelques-unes de ses plus belles séquences ? Se suivraient le gentleman-farmer de *La Vie de château* (1966), de Jean-Paul Rappeneau, le quadra timide de *La Vieille Fille* (1972), de Jean-Pierre Blanc, le juge au solide coup de fourchette de *La Grande Bouffe* (1973), de Marco Ferreri, M. Lepic de *Poil de carotte* (1973), d'Henri Graziani, le médecin justicier du *Vieux Fusil* (1975), de Robert Enrico, l'helléniste débonnaire de *Tendre Poulet* (1978), de Philippe de Broca, le policier véreux des *Ripoux* (1984), de Claude Zidi, le comte breton devenu l'arbitre de la tourmente révolutionnaire dans *Chouans !* (1988), de Philippe de Broca – etc. Que de bons films !

Au fil des ans, Noiret a acquis une maîtrise qui en a fait un acteur exceptionnel, habile à faire sentir les palpitations de l'âme. Et comme il est généreux dès qu'il sent un talent ! En acceptant de jouer dans le premier film de Tavernier, *L'Horloger de Saint-Paul* (1974), il lance la carrière de l'attaché de presse devenu cinéaste, qui lui confiera ensuite d'autres premiers rôles : le policier colonial de *Coup de torchon* (1981), que sa veulerie transforme en exécuteur de tout un village africain, y compris ses proches, et le commandant chargé de recenser les soldats disparus de la guerre de 14 dans *La Vie et rien d'autre* (1989).

Noiret, c'est l'homme des nuances. Comme un dessinateur humoristique, un détail lui suffit pour esquisser un personnage : moustache hirsute, costume froissé, tendance à s'avachir. Surtout, il peut jouer des rôles voisins ou opposés comme le bourgeois de province, le prof homo ou le châtelain résistant avec une infinité de variations d'humeurs, d'airs éplorés ou hilares. Dans sa carrière, il a obtenu deux Césars. Il en aurait mérité davantage tant il excelle à montrer le trouble, le chagrin, la colère et la passion, voire à jouer les salauds dans les dizaines de personnages qu'il a marqués. Quand il ne tournait pas, Noiret vivait dans son domaine près de Carcassonne, s'abritant derrière les volutes bleues d'un cigare et derrière des formules qu'il laissait se répandre : Noiret gentleman-farmer, Noiret hédoniste provincial,

Noiret l'homme de cheval, servi par un prénom providentiel : Philippe, c'est l'homme amoureux des chevaux. Monter son andalou préféré était un des plaisirs qu'il ne se refusait pas.

Autres films notables :
Thérèse Desqueyroux (1962), de Georges Franju ;
Mes chers amis (1975), de Mario Monicelli ;
L'Étoile du Nord (1982), de Pierre Granier-Deferre.

BULLE OGIER

(NÉE EN 1939)

Octobre 1971 : *La Salamandre*, d'Alain Tanner, est projeté à Paris au cinéma Saint-André-des-Arts. Sur l'écran, une apparition en noir et gris. Rosemonde, jeune femme égarée dans le décor d'une Suisse névrogène, qui erre d'amours incertaines en emplois débilitants (ouvrière dans une usine de saucisses), jusqu'à échouer, comme vendeuse de chaussures, dans un magasin chic de Genève. « Godasses ! Godasses ! Godasses ! » Rosemonde n'en peut plus. Accusée d'être la complice d'un cambriolage dudit magasin, soupçonnée, plus à raison qu'à tort, d'avoir tiré au fusil sur son oncle libidineux, accaparée par deux journalistes foutraques qui veulent raconter sa vie (Jean-Luc Bideau et Jacques Denis, sorte de Laurel et Hardy de l'enquête), Rosemonde suffoque et va se dissoudre dans l'anonymat de la foule au dénouement du film. Une femme disparaît, mais Bulle Ogier surgit, intense actrice qui, de film en film, va reconduire la fille libre et libérée de *La Salamandre* : moue dégoûtée quand on lui cherche des noises, sourire comme une épiphanie quand elle pactise avec les bontés et les beautés du monde.

Bulle Ogier avait été repérée précédemment dans deux films « monstres » : *Les Idoles* (1968), de Marc'O, fresque satirique sur les chanteurs des années yéyé, où elle joue Gigi la folle (damned !). Et *L'Amour fou* (1969), de Jacques Rivette, chronique d'une passion restée dans les annales pour une scène d'anthologie où Sébastien (Jean-Pierre Kalfon), pour tenter de reconquérir Claire (Bulle Ogier), lacère ses vêtements au cutter. Mais c'est le grand succès de *La Salamandre* qui va définitivement hisser Bulle Ogier au firmament des actrices françaises différentes et pas pareilles. Qu'est-ce qu'une salamandre ? Un amphibien nocturne à la peau noire tachetée de jaune qui peut aussi bien respirer par ses branchies ou ses poumons et qui, selon la légende, peut traverser le feu ou envenimer ses ennemis. Autant dire : Bulle Ogier.

Deux rencontres majeures dans sa longue carrière : Barbet Schroeder, qu'elle épouse dans les années 1970, et Jacques Rivette *forever*. Pour le premier, elle sera en 1972 l'héroïne d'une débâcle hippie dans *La Vallée*, puis, aux antipodes, en 1975, dans *Maîtresse*, une dominatrice sado qui dresse un Depardieu maso à coups de cravache, ou encore une flambeuse de casino, dans *Tricheurs* (1984).

Avec Rivette c'est une autre histoire, au plus long cours, où elle est aussi complice qu'actrice. *Out 1* (1971), *Céline et Julie vont en bateau* (1974) – avec une façon unique de laisser échapper de ses doigts une coupe de champagne –, *La Bande des quatre* (1989), et surtout *Le Pont du Nord* (1982), où elle partage la vedette avec sa fille Pascale. Une merveille de complicité entre Claire (Bulle Ogier), l'ex-taularde, et Baptiste (Pascale Ogier), la vagabonde.

Et un immense chagrin à venir : la prometteuse Pascale Ogier, qui fut un soleil dans *Les Nuits de la pleine lune* (1984), d'Éric Rohmer, décède en 1985 d'un malaise cardiaque. Elle avait 25 ans, et Bulle Ogier mit bien plus de temps à amadouer sa tristesse. La vie passe, mais pas les souvenirs, qu'elle réunit en 2019 dans son autobiographie coécrite avec la journaliste Anne Diatkine. Un livre de mémoires, intitulé avec humour et sincérité *J'ai oublié*. Pas nous, chère Bulle Ogier : ni vos rôles dans des films d'autres cinéastes de haut vol (Fassbinder, Godard, Oliveira, Philippe Garrel, Daniel Schmid, Werner Schroeter), ni vos trop rares excursions dans la comédie (hilarante à souhait, en 1999, dans *Vénus Beauté (Institut)*, de Tonie Marshall).

C'est un privilège de croiser Bulle Ogier. Toujours une gentillesse, un sourire ou une bonne blague en embuscade. Osons-le :

lady Ogier, vous êtes une bulle de cristal qui vole au vent, irisée, subtile, fragile, et qui fait rêver que nous pourrions vivre-autrement.

Autres films notables :
Le Navire Night (1979), de Marguerite Duras ;
N'oublie pas que tu vas mourir (1996), de Xavier Beauvois ;
Irma Vep (1996), d'Olivier Assayas.

PASCALE OGIER

(1958-1984)

À Londres, en 1983, l'artiste vidéaste Ken McMullen filme le dialogue entre un philosophe renommé et une jeune fille en passe de le devenir. Le philosophe, c'est Jacques Derrida. La jeune fille c'est Pascale Ogier, qui vient de tourner dans *Le Pont du Nord* (1982), de Jacques Rivette. Ils parlent de quoi ? De fantômes. Le philosophe demande à la jeune fille : « Et vous, vous y croyez, aux fantômes ? » Ses grands yeux sombres perdus dans le vague, Pascale Ogier répond : « Si je crois aux fantômes ? Absolument. Maintenant, absolument. » Presque livide, la voix absente, menaçant de se briser, Pascale Ogier ne le sait pas encore mais elle est déjà une revenante qui n'en finit pas de nous hanter.

Dans *Le Pont du Nord*, elle est Baptiste, un loubard au féminin et blouson de cuir, venue d'« Ailleurs-les-Oies », qui vagabonde dans Paris sur son vélomoteur. Au hasard, elle rencontre Marie, qui sort de prison. Marie, c'est Bulle Ogier, la mère de Pascale. L'association mère-fille devient une complicité d'actrices pétaradantes et excentriques, sans qu'on puisse décider qui est la plus juvénile des deux.

Passant de Rivette à Rohmer, Pascale Ogier se métamorphose. Dans *Les Nuits de la pleine lune* (1984), Baptiste la petite frappe devient Louise, figure citadine ultrafille, folle de bricolages vestimentaires, courant de fiesta enfumée en boîte à la mode. Un papillon de nuit virevoltant dans un monde flambeur et flamboyant.

Pascale Ogier est désormais une jeune actrice qui compte, récompensée du prix d'interprétation à la Mostra de Venise.

Mais son aura excède le cinéma. Louise/Pascale devient l'emblème d'une génération, la sienne, celle de ceux qu'on appelait les « jeunes gens modernes », tenant de la culture « Növo », branchée, post-punk. Une génération qui arpente Paris comme une fête, inventant des repères géographiques nouveaux. Le quartier des Halles, les clubs où danser jusqu'au bout de la nuit, du Palace aux Bains-Douches. Les filles de ce Paris de 1984 voient Pascale Ogier comme un modèle esthétique : le gros nœud dans les cheveux, le trench large, le pantalon à pinces coupé façon garçon, le débardeur en soie et le chignon choucroute. Une égérie éthique aussi : changer d'amoureux comme de chemisier. Les garçons rêvent qu'elle soit leur princesse. *Les Nuits de la pleine lune* est leur miroir.

Un miroir qui se brise à l'aube du jeudi 25 octobre 1984. La veille de ses 26 ans, au sortir d'une fête au Palace, Pascale Ogier meurt d'une crise cardiaque. L'étoile devient filante et inspire à Marguerite Duras un texte qui est le contraire d'une nécrologie, dans le *Libération* du 30 novembre 1984, elle écrit : « Autour du visage adorable, le souvenir ne peut pas encore se produire. Pascale vit toujours. On mesure chaque jour davantage à quelle profondeur la mort est allée chercher sa proie. Mais, cependant qu'elle frappe, la grâce de la jeune fille se répand encore dans la ville. »

Autres films notables :
Perceval le Gallois (1979), d'Éric Rohmer ;
Signes extérieurs de richesse (1983), de Jacques Monnet.

VANESSA PARADIS
(NÉE EN 1972)

Devenue célèbre à 14 ans avec son premier disque et succès mondial *Joe le taxi* (1987), Vanessa Paradis semblait destinée à une belle carrière de rossignol enchanteur. Une vingtaine de films plus tard, elle a prouvé qu'elle était aussi une actrice. Parfois dans des productions faciles et peu mémorables. Mais quand elle rencontre des auteurs à la hauteur, sa présence s'impose dans un registre dramatique où on ne l'attendait guère.

Pour sa première apparition, elle est sollicitée par Jean-Claude Brisseau pour *Noce blanche* (1989). Elle y est Mathilde, une jeune élève de terminale qui, coup classique, tombe amoureuse de son professeur de philosophie, interprété par un Bruno Cremer dans un premier temps indifférent. Moins classique, l'interprétation de Vanessa Paradis : tour à tour malicieuse, calculatrice, harceleuse, séductrice, crue et cruelle, belle et délavée. Un pur bloc d'obsession tatoué sur son front buté. La scène où elle se prend une méchante beigne par son professeur, qui n'en peut plus de ses assauts incessants, est un sommet : « Tu vas nous emmerder longtemps comme ça ? », crie Cremer. Relevant ses cheveux ébouriffés par la claque, une larme coulant sur sa joue, Mathilde répond, radicale et inquiétante : « Oui. » Mourir d'amour : Vanessa Paradis, petite Eurydice bouleversante, nous montre cet enfer.

Elle traverse des tourments nettement plus d'actualité dans *Frost* (2017), de Šarūnas Bartas. Un couple de jeunes Lituaniens part de Vilnius en convoi humanitaire vers le Donbass pour apporter un soutien aux troupes ukrainiennes, déjà en guerre contre l'armée russe qui a annexé la Crimée. Sur leur route, à proximité du front, ils croisent Marianne, une journaliste française. Un rôle secondaire pour Vanessa Paradis, mais pas du tout anecdotique. Sur son visage marqué et épuisé, se lisent toutes les horreurs de la guerre, mais aussi la troublante fascination qui anime et fait tenir celles et ceux qui sont préposés au témoignage « objectif ». « Guerre ou pas, c'est un vrai bordel », dit Marianne/Vanessa, implacable de froideur réaliste.

Dans *Un couteau dans le cœur* (2018), de Yann Gonzalez, c'est une autre sorte de réel qui fait la grimace. Celui, fantasque et fantasmé, du cinéma pornographique homosexuel des années 1970. Vanessa Paradis est Anne, une productrice renommée dans ce milieu, qui décide de changer de registre par amour pour sa compagne de longue date. Dans la troupe interlope du film (où brille l'excellent Nicolas Maury), l'actrice domine et triomphe : outrageusement blonde, le fard exagérément charbonneux, maîtresse autoritaire en ciré noir qui redevient une adolescente fragile, esclave de ses amours. Une Vanessa Paradis sincère et plausible, une reine de la nuit scintillant de toutes ses contradictions.

Autres films notables :
La Fille sur le pont (1999), de Patrice Leconte ;
Maryline (2017), de Guillaume Gallienne ;
Les Deux Alfred (2021), de Bruno Podalydès.

DITA PARLO

(1908-1971)

Une phrase, « J'y pense tous les soirs », a suffi pour rendre célèbre Sylvia Bataille, dans *Partie de campagne* (réalisé en 1936, sorti en 1946), de Jean Renoir. De même, une réplique, « Lotte a les yeux bleus », éclabousse de tendresse l'un des moments les plus émouvants de *La Grande Illusion* (1937), de Renoir – encore lui. Qui a choisi Grethe Gerda Kornstädt née à Stettin (Empire allemand) en 1908, dite Dita Parlo pour incarner le seul rôle féminin du film. (Excepté des soldats anglais détenus dans un camp en Allemagne pendant la guerre de 14 et qui se déguisent en girls de music-hall à l'occasion d'un spectacle donné pour distraire leurs camarades).

La comédienne Dita Parlo a pu se targuer d'avoir deux chefs-d'œuvre à son actif. Avant le film de Renoir, elle a joué, en effet, dans *L'Atalante* (1934), de Jean Vigo. Elle y est Juliette, la jeune épousée d'un marinier, incarné par Jean Dasté qui l'installe sur sa péniche. Y loge aussi le père Jules, marin qui a beaucoup bourlingué et que Michel Simon interprète de manière éblouissante. La vie à bord est faite de monotonie, de promiscuité mais aussi de moments magiques comme les récits de voyage du vieil excentrique ou des scènes poétiques où Juliette court sur le pont, la nuit, en robe de mariée : une des séquences les plus légendaires et les plus fantasmagoriques de toute l'histoire du cinéma français.

Naïve, mal à l'aise entre les deux bateliers, avide de voir du pays, Juliette lors d'une halte à Paris se laisse entraîner par un camelot (Gilles Margaritis) qui lui fait miroiter une existence bien différente de la sienne. La fuyarde reviendra.

Si on pouvait définir le caractère d'une interprète d'après ses films, alors Dita, dans la vie, serait crédule, hésitante, facilement influençable, émerveillée par les lumières de la ville si l'on se réfère à *L'Atalante* ; douce, aimante attachée à sa famille, respectueuse d'autrui pour la veuve de *La Grande Illusion*. L'itinéraire de la comédienne ferait opter plutôt pour le premier des deux tempéraments : elle a été lancée en Allemagne, a raté un début de carrière à Hollywood, a réussi en France, s'est dévoyée ensuite.

Dans *La Grande Illusion*, Elsa/Dita recueille Maréchal/Gabin et Rosenthal/Dalio, les deux officiers français évadés de leur prison, épuisés, morts de froid et de faim. La beauté triste de cette petite paysanne allemande qui les cache n'échappe pas à Gabin, tandis que Dalio qui s'est tordu la cheville clopine dans son sillage. Mais il parle allemand et leur servira d'interprète pour les aider à faire connaissance, et plus si affinités. Le lien pour Jean Renoir, ce sont les yeux : ceux de la fille d'Elsa : *Lotte hat blaue Augen*. (Lotte a les yeux bleus) sont les premiers mots d'allemand que Gabin balbutie ; ceux de Gabin qui s'attendrissent au contact de cette vie de famille qu'il rêve de partager un jour ; ceux de Dita, enfin, qui se mouillent de larmes quand les deux hommes doivent reprendre leur fuite.

Mais la jolie Gretchen n'était pas faite pour une époque maudite. Au temps de l'Occupation, l'actrice à succès use de sa nationalité par opportunisme. À la Libération, elle est accusée d'avoir fréquenté la Gestapo française, est assignée à résidence dans des camps pour étrangers, passe devant les tribunaux. Elle finit par obtenir un non-lieu. Et épouse en heureuses noces l'aumônier de l'une des geôles où on l'avait enfermée. Cette vie à rebondissements, ces amours successives aurait pu inspirer des scénaristes hollywoodiens pour un de ces mélodrames d'autant moins vraisemblable que, par convention, tous les personnages y parlent anglais. Titre tout trouvé : *Lotte has blue eyes*.

Impossible que Stanley Kubrick n'ait pas eu en mémoire les scènes de Dita dans *La Grande Illusion* en écrivant pour Christiane Harlan, sa future femme, le rôle de la chanteuse allemande dans le final des *Sentiers de la gloire*, aussi fort et aussi émouvant que celui de Renoir.

Autres films notables :
La Rue sans nom (1934), de Pierre Chenal ;
Rapt (1934), de Dimitri Kirsanoff ;
Mademoiselle Docteur (1937), de Georg Wilhelm Pabst.

FRANÇOIS PÉRIER
(1919-2002)

La prunelle sombre, la mèche tombante et le sourire enjôleur de François Périer, son talent d'acteur aussi – aisance diabolique, composition du personnage, voix prenante et vélocité de la diction – l'ont fait rencontrer, à 36 ans, la chance de sa vie. Avant, il ajoutait une touche de goguenardise à des adaptations de boulevard (*Les Jours heureux* [1941], de Jean de Marguenat) et à des comédies en costumes (*Lettres d'amour* [1942], d'Autant-Lara). On lui confiait des rôles de second plan dès qu'il s'agissait de grands films, comme le discret homosexuel d'*Hôtel du Nord* (1938), de Carné, ou l'assistant de Maurice Chevalier dans *Le silence est d'or* (1947), de René Clair. Excepté le jeune rebelle suicidaire d'*Un revenant* (1946), de Christian-Jaque, c'était vif, gai, sans conséquence, et il aurait végété sans le théâtre, où il a créé les principales pièces de Sartre (*Les Mains sales*, *Le Diable et le Bon Dieu*, *Les Séquestrés d'Altona*) et, plus tard, interprété le Salieri d'*Amadeus*, de Peter Shaffer, mis en scène par Polanski. De quoi s'offrir une notoriété.

Mais, au cinéma, une double aubaine à un an d'intervalle : en 1956, *Gervaise* de René Clément et, en 1957, *Les Nuits de Cabiria*, de Federico Fellini. Fellini, pour un second rôle français né Pillu ? Pensez donc ! Qu'avait donc découvert le maestro dans son interprétation du Coupeau de Zola ? Le contraire absolu de ce que proposait jusqu'alors le jeune François Périer : une capacité à incarner un ivrogne sordide, un abruti devenu méchant, veule, méprisable, un couvreur bonasse qui tombe du toit, se blesse, finira créateur de son propre désastre jusqu'à dormir dans son vomi, rabaisseur de sa femme dont il saccagera la blanchisserie dans une crise de delirium tremens. Soit le naturalisme de Zola mué en tragédie antique par la mise en scène de Clément. Périer est passé avec brio de ses rôles narquois, vifs et primesautiers à l'interprétation d'une créature abjecte en pleine dégringolade. Et c'est grâce à cela, donc, que Fellini lui offre le rôle d'Oscar dans *Les Nuits de Cabiria*, où il rencontre Giulietta Masina, petite prostituée qu'il émerveille. Face à la crédulité de la jeune femme en quête d'un amour vrai, Fellini cherchait un type gentil en apparence mais, derrière ses lunettes noires, assez ignoble pour la jeter à l'eau et s'enfuir avec ses économies. Le réalisateur a trouvé l'ambiguïté qu'il désirait chez un acteur sachant passer de l'amabilité à la noirceur la plus sordide. Et couler des regards aussi bien malicieux que furibonds. Après cela, on pouvait être sûr que ses rôles suivants, Périer les jouerait les doigts dans le nez.

Pourtant, à la fin des années 1960, il se fait plus rare même si ses compositions sont désormais marquées d'une personnalité forte ou ambiguë comme dans ses rôles de commissaire chez Melville (*Le Samouraï* [1967]), Corneau (*Police Python 357* [1976]) et Sautet (*Max et les ferrailleurs* [1971], où son constant désaccord avec l'inspecteur joué par Piccoli procure de savoureuses scènes d'animosité réciproque). Ou encore son personnage empressé de bras droit de Jean-Paul Belmondo dans le *Stavisky* (1974), d'Alain Resnais.

Des pièces, nombreuses, de la radio, cent huit films tournés, n'y avait-il pas là de quoi s'égarer dans une kyrielle d'identités : Pillu, Périer, et tant de personnages, souvent complexes ? Entraînés à mémoriser autant de textes, de dialogues, de répliques, à changer de personnalité et de visage à tout bout de champ, le cerveau des comédiens est mis à rude épreuve, au point qu'un jour certains d'entre eux perdent tout repère. La mémoire leur manque ou déraille, les connexions nerveuses ne se font plus, le regard s'éteint que le public a tant aimé. Leur fin est d'autant plus atroce qu'ils se perdent à jamais dans l'univers même qui a été leur instrument de travail et leur raison de vivre. François Périer a souffert ce martyre. Raison de plus pour ne pas l'oublier.

Autres films notables :
Orphée (1950), de Jean Cocteau ; *Z* (1969), de Costa-Gavras ;
Le Cercle rouge (1970), de Jean-Pierre Melville.

MIREILLE PERRIER

(NÉE EN 1959)

Une actrice brumeuse, c'est ce qui vient en tête quand on songe à Mireille Perrier. En précisant, pour lever toute ambiguïté, que la brume peut être aussi prégnante, voire plus, qu'un paysage ensoleillé. C'est ce jeu entre chien et loup qui frappe et ravit dès sa première apparition, dans *Boy Meets Girl* (1984), de Leos Carax. La *girl*, c'est elle, une jeune provinciale à Paris, espionnée par Alex (Denis Lavant), bientôt tout fou d'amour. La scène de leur première rencontre est un parfait portrait de Mireille Perrier. D'abord cachée derrière un livre, on n'aperçoit d'elle que ses cheveux courts, citation de Jean Seberg dans *À bout de souffle* mais en brune. Quand le livre s'abaisse, le rideau se lève sur son visage dont, drôle de manière de séduire, elle énumère les imperfections : une dent de travers, cinq rides d'enfance sur le front. « Ah oui », concède le boudeur Alex, alors que nous pensons le contraire. Qu'est-ce qu'elle est belle et désirable, surtout avec ses « défauts ». Mais le vrai sujet de ce portrait, c'est le regard de Mireille Perrier, sans cesse en mouvement, évitant soigneusement l'œil scrutateur de la caméra, comme si elle guettait dans les tous les coins du cadre le moyen de s'en échapper.

Songeuse et fuyante, Mireille Perrier va bientôt s'évader vers d'autres films, où, la plupart du temps, elle sera choisie justement pour son énigmatique évanescence. Par exemple, dans *Elle a passé tant d'heures sous les sunlights...* (1985), de Philippe Garrel, où elle est la femme fantasmée d'un couple imaginaire. Dans *Chocolat*

(1988), premier film de Claire Denis, elle s'appelle France, une Française en effet qui revient sur les lieux de son enfance coloniale au Cameroun. Un fantôme du passé parmi les ombres du présent. Mireille Perrier et ses regards mélancoliques, incarnent à défaillir cette présence de l'absence.

Dans *Un monde sans pitié* (1989), fresque morose d'Éric Rochant sur les derniers soubresauts de l'après-68, elle paraît plus tangible en étudiante de Normale Sup' qui explique à son amoureux désabusé (Hippolyte Girardot) qu'être une intello n'est pas un défaut mais une chance pour tenter d'exhausser son existence. « Qu'est-ce que tu espères ? Qu'est-ce que tu désires ? C'est ça qui compte ! », dit-elle avec un allant dont on sent qu'il n'est pas seulement joué. Cet arrière-monde de militance et de féminisme se manifestera dans bon nombre des engagements politiques de Mireille Perrier, notamment en 2023 contre la réforme des retraites.

Très accaparée par le théâtre, elle se fait rare au cinéma. On pousse donc un cri de joie quand elle paraît, en 2010, dans *Orly*, d'Angela Schanelec. Dans le hall de l'aéroport parisien, où se croisent quatre vies en transit, elle est une mère qui accompagne son fils adolescent à l'enterrement de son père, dont elle est séparée. Affectueuse sans être étouffante. Qui ne rêverait pas d'avoir une mère pareille ?

Nouveau bonheur lorsque, au détour de *Dans la forêt* (2016), de Gilles Marchand, elle surgit en pédopsychiatre inquiète du sort de deux enfants que la folie de leur père menace.

Une personne sérieuse, Mireille Perrier ? Probablement, mais qui se révèle hilarante dans *La Patinoire* (1999), de Jean-Philippe Toussaint, une loufoquerie à la Jacques Tati. Sur le tournage d'un film localisé sur une patinoire, donc littéralement casse-gueule, elle est l'assistante affairée du réalisateur (Tom Novembre). Moulée dans une combinaison noire, sorte de Musidora sur patins à glace, l'oreille scotchée à un talkie-walkie, rien ne la déconcerte, même quand elle manque, comme tous les protagonistes, de se ramasser.

Glissant comme un rêve sur cette patinoire, son jeu nous laisse, c'est le lieu de le dire, sur le cul et heureux de l'être.

Autres films notables :
Gardien de la nuit (1986), de Jean-Pierre Limosin ;
J'entends plus la guitare (1991), de Philippe Garrel ;
Les Enfants des autres (2022), de Rebecca Zlotowski.

JACQUES PERRIN
(1941-2022)

« Je l'ai cherchée partout, j'ai fait le tour du monde, de Venise à Java, de Manille à Angkor », chante Maxence, dans une inoubliable mélodie composée par le duo Michel Legrand/Jacques Demy. Maxence, c'est Jacques Perrin, jeune marin qui part en « perm' à Nantes », à la chevelure blonde peroxydée, le romantisme incarné, amoureux fou de Delphine Garnier (Catherine Deneuve), dans *Les Demoiselles de Rochefort* (1967), le lumineux film de Jacques Demy. Trois ans plus tard, il est le prince écarlate de *Peau d'âne*, du même Jacques Demy, caracolant sur son cheval rouge à la recherche de sa princesse. De ces deux rôles, Jacques Perrin disait : « Ce n'est pas moi, ce jeune marin aux cheveux oxygénés, ce prince, alors que j'avais déjà 29 ans. »

Et pourtant si, c'est bien lui, Jacques Demy avait vu juste. Jacques Perrin a tout du prince charmant, candide et beau, comme sur les gravures de Gustave Doré qui illustraient les recueils de contes de fées. Chevaleresque et noble, tel Lancelot du Lac. Et si le marin Maxence des *Demoiselles de Rochefort* est issu de l'imagination du réalisateur, il y a toutefois un fort goût d'iode dans la vie de Jacques Perrin. Dans les années 1950, très jeune, il est mousse sur un chalutier en Méditerranée, bercé par les histoires de vieux loups de mer. Le mousse rêve d'aventure, de vivre plusieurs vies. Le cinéma lui offrira l'occasion de larguer les amarres. Cap sur le sud-est asiatique, Cambodge, Laos, Vietnam, pour les besoins du tournage de *La 317e section* (1965), de Pierre Schoendoerffer, où il sera un sous-officier envoyé en Indochine, à peine sorti de Saint-Cyr. Le même Schoendoerffer l'emmènera en haute mer, dans la peau du lieutenant Willsdorff, parti vivre sa vie sur son bateau, dans *Le Crabe-tambour* (1977). La clope à la commissure des lèvres, le torse bruni par le soleil tropical, vêtu d'un sarong, Jacques Perrin évolue sur sa jonque avec l'aisance de ce chat qui ne le quitte jamais, une force tranquille émanant de son regard qui ne peut s'empêcher de s'émerveiller de la beauté du monde.

Des films austères donc, à la rigueur militaire, qui l'éloignent de la nouvelle vague, à l'exception de Jacques Demy. « Je pensais que je n'avais ni le caractère ni l'intelligence de la communauté de la nouvelle vague. Je me croyais plus proche du cinéma traditionnel », disait-il pour expliquer cette absence. À côté de Belmondo ou Léaud, Jacques Perrin fait trop figure de gendre idéal, un peu raide, pas tellement à la cool. C'est d'ailleurs dans le rôle d'un garçon modèle qu'il fait un de ses premiers pas au cinéma, en Italie, dans le magnifique *La Fille à la valise* (1960), de Valerio Zurlini, où il a Claudia Cardinale pour partenaire.

Idéaliste, voire engagé, Jacques Perrin s'épanouit dans les films de Costa-Gavras, jusqu'en 1968. Le cinéaste cherche alors des financements pour tourner *Z*, son film sur l'assassinat d'un homme politique grec, qui sortira en 1969. C'est pile à cet instant que Jacques Perrin pose la première pierre de ce qui va devenir son deuxième métier : producteur. Le succès de *Z* lui donne des ailes. Dès lors, il se lance dans les projets les plus fous, l'adaptation du *Désert des Tartares* de Dino Buzzati, ou encore *Les Quarantièmes rugissants* (1982), de Christian de Chalonge, où il a aussi le rôle principal. Un échec cuisant, mais qui sera largement rattrapé par le triomphe de *Microcosmos* (1996), de Claude Nuridsany et Marie Pérennou, ou encore des *Choristes* (2004), de Christophe Barratier. Plutôt en avance sur son temps pour ce qui est de l'engagement face aux menaces qui pèsent sur la planète, il lance le gigantesque chantier d'*Océans* (2010), un hymne à la mer qui demandera cinq ans de tournage. 10 millions d'entrées dans le monde. Deux ans plus tard, le marin Perrin est promu capitaine de frégate dans la réserve citoyenne de la Marine nationale. De quoi donner raison aux demoiselles de Rochefort qui trouvaient les marins bien plus marrants que tous les forains réunis.

Autres films notables :
Un homme de trop (1967), de Costa-Gavras ;
L'Étrangleur (1972), de Paul Vecchiali ;
Le Juge (1984), de Philippe Lefebvre.

GÉRARD PHILIPE
(1922-1959)

Il est beau, grand, mince, de petites mèches encadrent son regard charmant. Son âme est disponible, pleine d'humanité. Son œil s'ouvre sur le monde. Sa vraie nature, c'est la vitalité. C'est le temps de ses 20 ans. La première fois qu'apparut sur une scène ce nouveau venu, avec cette présence assurée, qu'on l'a soudain vu sourire, glisser son regard vers l'horizon, prononcer une réplique de cette voix si claire, on a senti qu'un comédien pas comme les autres venait de naître, qui était l'alliance du feu et de la glace, de la simplicité et de la poésie. Quelque chose sonnait neuf : le roi des elfes avait un corps, une allure, des gestes légers comme des ombres. Il avait de la chair, de la peau, des os. Du sang de roi coulait dans ses veines, il ne lui restait plus qu'à se lancer, qu'à vivre. Comme s'il pressentait qu'il allait mourir jeune – 36 ans ! – Gérard Philipe s'est livré alors à une boulimie d'existence. Le théâtre avant tout, puis la famille, le cinéma, les voyages, une vie sociale au service de la paix, de la défense des artistes, la lecture, les amis, les travaux de la vigne dans sa maison de Ramatuelle, où il se réfugiait avec Anne, sa femme, Anne-Marie et Olivier, ses enfants.

Cette vie si brève, son éblouissante carrière théâtrale, la réussite inégale de la trentaine de films tournés incitent à glorifier quelques œuvres où sa présence toujours émouvante et la justesse de son interprétation le situent en pole position. Les Stendhal – *La Chartreuse de Parme* (1948), de Christian-Jaque, *Le Rouge et le Noir* (1954), de Claude Autant-Lara – ont vieilli, mais Gérard y est dévoré par sa tragédie intérieure, dans toute la pureté de ses élans. Même dans les duels de *Fanfan la Tulipe* (1952) de Christian-Jaque, on sent comme un amusement derrière le flot d'énergie, comme si l'avenir de la royauté était entre les mains d'un Errol Flynn à la française, intrépide et virevoltant. Dans d'autres films, au contraire, son destin se retourne contre lui. Confronté à l'amour, à la guerre et aux adultes, l'étudiant du *Diable au corps* (1947), d'Autant-Lara, ne gardera qu'un souvenir de l'amour et des fugitifs moments de bonheur passé. Dans *La Beauté du diable* (1950), de René Clair, il perd tout, sauf la liberté, mais qu'en fera-t-il ? Dans *Les Belles de nuit* (1952), de René Clair, c'est la fin du rêve et de l'évasion. Sous le regard infaillible de René Clément, dans le rôle-titre de *Monsieur Ripois* (1954), il est un petit employé, exilé à Londres, coureur et superficiel. Ce Don Juan à la petite semaine s'acharne à conquérir les jouvencelles comme les femmes puissantes quitte à les fuir aussi sec. Il finira paralysé, à la merci d'une des femmes qu'il a séduites – la sienne ! Héros inattendu, d'une terrible dureté, sans doute le meilleur emploi au cinéma de Gérard Philipe. Il y a des rôles où un comédien se dépasse et donne sa vraie mesure. Celui qu'il interprète dans *Les Grandes Manœuvres* (1955), encore de René Clair, est de ceux-là. Délicat, naturel, primesautier, Gérard Philipe y est brillantissime. Ici aussi, le séducteur sera pris au piège de l'amour et repoussé par sa conquête. Puis, dans *Montparnasse 19* (1958), de Jacques Becker, il incarne Modigliani qui finit rongé par l'alcool.

Au total, une suavité, une grâce, une agilité et une bravoure, alternant avec le charme et la douleur. Gérard Philipe avait l'intelligence du cœur, l'élégance morale, une musique céleste sortait de ses lèvres de même que son regard avait la douceur d'un ange. Il avait tout et ce tout, il le répandait autour de lui comme le saint distribuait des miettes aux petits oiseaux. Il y a pourtant des circonstances où cet être affable se montrait intransigeant. C'était lorsque sa conception scrupuleuse d'un rôle différait de celle du metteur en scène. Gérard alors ne cédait pas d'un pouce, comme s'il était investi d'une mission sacrée. Comme si l'essence même du théâtre, du cinéma, dépendait de lui. L'autre finissait par s'incliner et l'humeur redevenait exquise.

Peut-être avait-il conscience qu'il faisait partie des grands artistes qui, dotés d'un destin remarquable, finissent par devenir des dieux. D'où vient que ce don si singulier se soit abattu sur cet homme simple ? Sans doute est-ce chez lui que s'exprime le plus naturellement ce mélange d'énergie masculine et de finesse féminine qui sont une des marques de son génie. C'est enfin qu'au fil des générations, il représente la jeunesse dans toute sa légèreté, son insouciance et sa splendeur. Cette splendeur s'inscrit dans son regard, sa silhouette, sa voix, cette majesté tranquille qui soudain illumine l'écran comme l'arrivée d'une comète.

Autres films notables :
L'Idiot (1946), de Georges Lampin ;
Une si jolie petite plage (1949), d'Yves Allégret ;
Les Aventures de Till l'espiègle (1956),
de Joris Ivens et Gérard Philipe.

MICHEL PICCOLI

(1925-2020)

« Ma fiancée trouvait mon nom très ridicule [...] Elle refusait le nom de Mme Dame. » Ainsi chantait Simon Dame dans son petit costume de velours bleu pétrole, marchand de musique mélancolique dans *Les Demoiselles de Rochefort* (1967), de Jacques Demy. Simon Dame, l'amoureux éconduit, c'est Michel Piccoli, tout en pudeur, en retenue, en demi-teinte dans un film solaire. Sauf quand il sourit. Car le sourire de Piccoli est contagieux au point d'illuminer d'un coup sa petite boutique.

Quand vient le moment de trouver un adjectif qui siérait au jeu ou aux choix de carrière de Michel Piccoli, on opterait volontiers pour excentrique, qualificatif inventé Outre-Manche bien avant ses débuts au cinéma. Ou anticonformiste, épris de liberté, d'aventures, de rencontres : « Je suis tombé amoureux des metteurs en scène avec lesquels j'ai travaillé et eux sont tombés amoureux de moi. » Car ce sont bien des histoires d'amour, ou de tribus, qui tissent l'incroyable filmographie de Michel Piccoli, qui compte plus de deux cents films.

La première de ces rencontres décisives a pourtant lieu sur le tard pour le comédien qui depuis dix ans, travaille essentiellement au théâtre. Il a 38 ans quand Jean-Luc Godard pense à lui pour le rôle de Paul Javal, scénariste, dans *Le Mépris* (1963). Face à lui, Brigitte Bardot, la bombe de ces années-là, dans le rôle de sa femme (« Et mes fesses ? Tu les aimes mes fesses ? »). L'histoire d'un homme qui, pour réussir, n'hésite pas à proposer la compagnie de sa femme à son producteur, ce qui lui vaudra...

du mépris. Éternellement coiffé d'un petit feutre, comme Dean Martin dans *Comme un torrent* selon les souhaits de Godard, torse nu, Piccoli travaille dans sa baignoire, sur son lit. Veule à souhait, tout en sourires forcés, Piccoli donne à cet homme décevant, toute sa virilité condescendante et pathétique. De ce tournage et de ce film aujourd'hui au firmament des chefs-d'œuvre du cinéma, Piccoli garde un souvenir très joyeux. « Rencontrer Bardot était exceptionnel. Jack Palance, qui jouait le rôle de Prokosch, je le connaissais déjà, j'avais joué au basket avec lui en Yougoslavie, où on tournait chacun un péplum. Avec Brigitte, on jouait au basket aussi, en quelque sorte, une sorte de basket », confiait-il au JT de TF1 en mai 1981.

L'autre rencontre décisive de l'acteur s'appelle Luis Buñuel. Le réalisateur, venu voir Piccoli au théâtre en 1956, lui propose le rôle d'un prêtre dans *La Mort en ce jardin*. Piccoli, athée jusqu'au bout des ongles, sympathisant communiste, et Buñuel, anti-franquiste, anticlérical : les deux hommes se sont trouvés et tourneront cinq films qui comptent de nos jours comme autant de monuments, du *Journal d'une femme de chambre* (1964) au *Charme discret de la bourgeoisie* (1972), en passant par *Belle de jour* (1967).

Mais celui que Michel Piccoli désigne comme son frère de cinéma est italien. Avec Marco Ferreri, l'acteur peut déployer tout l'éventail de sa démesure, de son extravagance et de sa détermination à oser toutes les aventures les plus risquées. Exemple canon, choisi parmi les sept films qu'ils tourneront ensemble, *La Grande Bouffe* (1973), où l'on voit Piccoli en justaucorps et petits chaussons de danse s'exercer à des étirements sur une barre fixe. Sans parler de son col roulé rose et ses crises d'aérophagie sonores, qui finiront par l'emporter. Avec Marco Ferreri, Piccoli est punk, d'une increvable modernité, alternant les registres, passant du gentleman à l'agent provocateur, de l'homme vaincu à la caricature de l'homme viril (on songe ici à ce Buffalo Bill de *Touche pas la femme blanche* [1974]).

Comédien qui fait de l'exigence une marque de fabrique, il se glisse avec beaucoup d'élégance, dans l'univers du maître portugais, Manoel de Oliveira, avec qui il tournera trois films, dont *Je rentre à la maison* (2001), dans lequel il incarne un acteur accablé par le sort. Et Claude Sautet ? Évidemment *Les Choses de la vie* (1970) et l'accident de voiture au ralenti de Pierre, amoureux d'Hélène – Michel Piccoli et Romy Schneider, un couple de cinéma naît à cet instant. Et Piccoli fait non seulement la preuve qu'il excelle dans un cinéma plus commercial, mais il installe au passage une stature de séducteur.

Sur le tard, Michel Piccoli s'est essayé à la réalisation. Le dernier de ses trois longs métrages était intitulé *C'est pas tout à fait la vie dont j'avais rêvé* (2006). Difficile de le prendre au mot.

Autres films notables :
Une chambre en ville (1982), de Jacques Demy ;
La Belle Noiseuse (1991), de Jacques Rivette ;
Habemus papam (2011), de Nanni Moretti.

FRÉDÉRIC PIERROT

(NÉ EN 1960)

C'est la surprise de *Land and Freedom*, le film de Ken Loach présenté au festival de Cannes en 1995. Dans le casting, anglais et espagnol, on découvre un acteur français, qui incarne un militant du POUM pendant la guerre d'Espagne. Déterminé, évidemment, mais Frédéric Pierrot apporte quelque chose de plus à ce combattant, un côté terrien, dénué de toute affèterie, humain face à l'idéologie aveugle de certains, dont il n'est pas dupe. À dater de cet instant, on retient son nom.

Cette apparente simplicité de jeu n'est pas passée inaperçue auprès du cinéaste Bertrand Tavernier qui, dès 1992, lui confie des seconds rôles. Il n'est pas le seul : Jean-Luc Godard, Maïwenn ou encore Valérie Donzelli sont eux aussi touchés par l'intensité de Frédéric Pierrot, à la fois physique et cérébral, au regard chargé de poésie. Et c'est, chaque fois, un plaisir supplémentaire quand il apparaît dans un film, pas seulement pour jouer sa partition, mais aussi pour son sens du collectif. Frédéric Pierrot s'épanouit dans les seconds rôles, mais il n'est jamais secondaire.

Autres films notables :
Capitaines d'avril (2000), de Maria de Medeiros ;
Chocolat (2016), de Roschdy Zem ;
Madre (2019), de Rodrigo Sorogoyen.

MARGUERITE PIERRY

(1887-1963)

Les créatures drôles, il faut les considérer d'un drôle d'œil. Personne ne l'a jamais connue jeune. Elle fait partie de cette cohorte de dames sans âge qu'on croisait, comme autant de porte-bonheur, dans les films de Sacha Guitry. Lui les complimentait d'être complémentaires. Pauline Carton était la cheffe d'escadrille adorée et Jeanne Fusier-Gir, la bigote de service. De ces accortes vieilles dames, toutes trois réunies avec Marthe Mellot dans *La Citadelle du silence* (1937), de Marcel L'Herbier, on a cru longtemps que Gabrielle Fontan était la doyenne. Erreur ! Elle est née en 1873, mais Marguerite Moreno est de 1871, Marthe Mellot de 1870 et Yvette Guilbert de 1865. Marguerite Pierry fait donc figure de gamine avec vingt-deux ans de plus que cette dernière. L'âge mis à part, chacune arbore une particularité, un physique, une allure, des toilettes, une voix, qui les rendaient reconnaissables d'un film à l'autre, et le public les appréciait.

D'une minceur sèche, branlant du chef, la dégaine hautaine et ondoyante, Marguerite Pierry avait l'air d'un oiseau migrateur à la huppe fasciée, avec son vol bondissant, ses cris rauques montant soudain dans les aigus pour le grand bonheur des imitateurs. L'humour aussi, toujours au coin des lèvres, avec un je-ne-sais-quoi de mordant, comme on peut le voir dans *Ils étaient neuf célibataires* (1939), de Guitry, *Les Otages* (1939), de Raymond Bernard, ou *Mam'zelle Bonaparte* (1942), de Maurice Tourneur.

C'est chez Sacha, pour qui elle joue dans cinq films, qu'elle se sent le plus en famille. Sept répliques seulement dans *Napoléon*

(1955), dès la première séquence, et elle sort. Une seule scène dans *Donne-moi tes yeux* (1943), où elle est éducatrice pour aveugles, toute dépaysée quand elle se retrouve avec des gens qui voient. Mais voici son grand rôle, celui où elle s'empare du monde : on est ébloui par son jeu dans *La Vie d'un honnête homme* (1953). Elle y interprète la femme d'un des jumeaux (le riche) joués par Michel Simon, grande bourgeoise antipathique et guindée, que l'amour de l'argent fait toucher le fond de la bassesse humaine. Pour ne rien perdre de l'héritage marital, elle irait jusqu'à s'offrir à son beau-frère (le pauvre) dès le lendemain du décès de son mari, sans réaliser qu'elle fait des avances à... ce dernier qui se fait passer pour le mort !

« (La bonne) – Ce sont les robes de deuil qu'on vient de livrer. Je vais les mettre sur le lit de Madame. – Non, on ne va plus pouvoir bouger. Mettez-les plutôt sur le lit de Monsieur. – Mais Madame, sur le lit de Monsieur... il y a... – Quoi, qu'est-ce qu'il y a sur le lit de Monsieur ? – Mais Madame, il y a Monsieur. – Ah oui, c'est vrai. » Et l'oiseau continue de picorer ses répliques comme autant de miettes délicieuses.

Autres films notables :
On purge bébé (1931), de Jean Renoir ;
Conflit (1938), de Léonide Moguy ;
Knock (1951), de Guy Lefranc.

MARIE-FRANCE PISIER

(1944-2011)

Moitié pour rire, moitié par admiration, Jean-Paul Belmondo dit un jour de Marie-France Pisier qu'elle était « Marie-Pense Pisier, la star de la Cinémathèque ». Il abondait ainsi dans le sens de sa légende : une actrice cérébrale et intello. Ce qui est un chouïa réducteur. D'une part, parce qu'il n'y a pas de mal, bien au contraire, à être une intello. D'autre part, parce que « cérébrale », c'est trop vite dit à l'aulne de sa filmographie.

Certes, elle est d'abord repérée du côté des auteurs : *Trans-Europ-Express* (1967), d'Alain Robbe-Grillet, *Céline et Julie vont en bateau* (1974), de Jacques Rivette, et surtout *Paulina s'en va* (1969), premier film d'un jeune réalisateur nommé André Téchiné, dont elle devient une des actrices favorites. Dans *Souvenirs d'en France* (1975), chronique d'une famille provinciale, elle est Régina, la rebelle du groupe, qui, à la sortie d'une projection du *Roman de Marguerite Gautier* de George Cukor, s'esclaffe : « Foutaises ! Foutaises ! » Tout Pisier en une seule réplique : humour, désinvolture et charme fou. Dans *Barocco* (1976), elle est un rien éclipsée par le couple Depardieu-Adjani, mais en 1979, elle règne dans *Les Sœurs Brontë*. Elle y est Charlotte, l'aînée des trois sœurs, et joue à merveille son magistère de conseillère en écriture et de confidente sentimentale auprès d'Emily (Adjani) et d'Anne (Huppert). Grande sœur à l'écran et aussi dans les coulisses du tournage, électrisé par la rivalité entre les deux Isabelle et qui aurait parfois frôlé la castagne si Marie-France Pisier, élégance et humour, ne s'était pas interposée sur le mode : « On se calme les filles ! »

Il faut dire que Marie-France Pisier était experte dans l'art de gérer les crises. Engagée à gauche toute, c'est elle qui, à la fin des événements de Mai 68, organise l'exfiltration rocambolesque de Daniel Cohn-Bendit du territoire français. Interdit de séjour par le ministre de l'Intérieur, Cohn-Bendit revient le 28 mai à Paris, avant de repartir clandestinement vers le Luxembourg. Marie-France Pisier sera sa passeuse. Elle teint en noir les cheveux de Dany le rouge et lui fait franchir la frontière sans encombre. Petit détail qui signe la délicieuse excentricité de la dame : la cavale se fait au volant de sa MG décapotable.

À l'instar de cette « grande évasion » politico-comique, Marie-France Pisier ne néglige pas l'itinéraire bis du cinéma grand public. Par exemple, dans *L'As des as* (1982), de Gérard Oury, une comédie qui, à l'école de *To Be or Not to Be* de Lubitsch, réussit à ridiculiser ce qui a priori n'est vraiment pas drôle : l'Allemagne nazie des années 1930. Pisier y interprète une journaliste française un peu punaise, chargée de « couvrir » les Jeux olympiques de Berlin. Dessillée par sa découverte des exactions antisémites, elle devient une farouche mais hilarante opposante, contribuant à la fuite vers l'Autriche d'une famille de Rosenblum, quelque peu égarés sur les hauteurs de Berchtesgaden où niche le Führer.

Peu à peu Marie-France Pisier se fait rare. Une apparition onirique en Perséphone dans le mythologique *Parking* (1985), de Jacques Demy. Une productrice extravagante dans *La Patinoire* (1999), de Jean-Philippe Toussaint. Et *Le Temps retrouvé* (1999), de Raoul Ruiz, où, en exagérant ironiquement sa réputation de poseuse, elle est l'incarnation idoine de la snobissime Mme Verdurin. Dernier rôle important, en 2006, pour *Dans Paris*, de Christophe Honoré, où elle est la mère distante, dubitative mais bienveillante de deux jeunes gens immatures.

En avril 2011, Marie-France Pisier est retrouvée noyée dans la piscine de sa résidence secondaire. En mai de la même année,

Christophe Honoré présente à Cannes *Les Bien-aimés.* Le film lui est dédié.

Autres fims notables :
Le Fantôme de la liberté (1974), de Luis Buñuel ;
La Note bleue (1991), d'Andrzej Żuławski ; *Marion* (1997), de Manuel Poirier.

DENIS PODALYDÈS

(NÉ EN 1963)

Denis Podalydès n'est pas devenu acteur par hasard. Tout petit déjà, avec la complicité de son frère Bruno, il rejoue *Blanche-Neige et les sept nains* sur fond de requiem de Mozart, ou encore « La piste aux étoiles », où Bruno fait le dompteur et Denis, le fauve. Pour la plus grande joie de leur paternel, équipé d'une caméra super-8.

Ce métier, il l'a voulu et a franchi toutes les étapes : Cours Florent, Conservatoire, diplôme. Entre-temps, il lit tous les livres, apprend par cœur toutes les tirades du répertoire classique, se passe en boucle les grandes voix du théâtre français. Boulimique, Denis Podalydès ? C'est peut-être le cas tant ce comédien semble tenir mille fronts à la fois. Sociétaire de la Comédie-Française depuis une vingtaine d'années, il en est aujourd'hui l'un des moteurs, ouvrant les portes de cette institution à d'autres répertoires, il aime aussi donner des lectures, écrire des scénarios, publier des essais, mettre en scène. Le reste du temps, il tourne entre quatre à cinq films par an. Ouf ! n'en jetez plus.

Pourtant les débuts de cet acteur surdoué, sorte de chaînon manquant entre Jacques Tati et Michel Bouquet, ont été pour le moins décourageants : viré des répétitions d'*Hernani* au bout d'un mois, oublié en Toscane, sans un rond, sur un tournage. La chance tourne en 1992. Il a 29 ans, et est à deux doigts d'abandonner ce métier pour lequel il a tout donné. Son frère aîné, Bruno, qui poursuit des études de cinéma, lui propose de jouer dans son premier moyen-métrage, *Versailles rive gauche*. Denis y incarne un étudiant très coincé qui se prépare à recevoir une jeune fille dans son tout petit appartement. Les yeux ronds comme des billes, la mèche rare, Denis Podalydès a quelque chose d'un personnage de Sempé, un Monsieur Tout-le-monde qui cache des trésors de poésie. Auquel il convient d'ajouter un formidable talent de mime.

Difficile d'oublier le père de famille autoritaire et grotesque à la fois qu'il compose dans *Liberté-Oléron*, mis en scène par son frère Bruno, en 2001. Un sommet. Cette exigence de qualité, cette rigueur, qui sont sa marque de fabrique, lui attirent évidemment les faveurs du cinéma d'auteur. Denis Podalydès se glisse avec une facilité déconcertante dans les univers d'Arnaud Desplechin, Bruno Dumont, Robert Guédiguian, ou encore Coline Serreau. Mais à l'exception de *La Conquête* (2011), de Xavier Durringer, où il incarne Nicolas Sarkozy en campagne pour l'Élysée, et des films de son frère, Denis Podalydès est le plus souvent un second rôle au cinéma, passant de film en film, sans jamais baisser ses exigences de jeu, illustrant à sa manière la phrase de Constantin Stanislavski, créateur de la Méthode : « Il n'y a pas de petits rôles, il n'y a que de petits acteurs. »

Autres films notables :
Comment je me suis disputé…
(ma vie sexuelle) (1996), d'Arnaud Desplechin ;
Le Mystère de la chambre jaune (2003), de Bruno Podalydès ;
Plaire, aimer et courir vite (2018), de Christophe Honoré.

BENOÎT POELVOORDE

(NÉ EN 1964)

1992. Cette année-là, deux premiers longs-métrages se rencontrent au festival de Cannes. Deux films qui, avec le recul, semblent créer une nouvelle famille de cinéma. Le premier est *Reservoir Dogs*, de l'Américain Quentin Tarantino. Le second s'appelle *C'est arrivé près de chez vous*, et il est réalisé par un trio belge composé de Rémy Belvaux, André Bonzel et Benoît Poelvoorde. Deux ovnis provocateurs, issus d'une contre-culture trash, qui affichent le même humour noir et la même volonté de rire jusqu'à plus soif des pires horreurs. Le personnage principal du film belge, documentaire parodique sur un tueur, est incarné par un inconnu, un jeune homme de 28 ans, au regard survolté, longue silhouette agitée, bavard impénitent au débit furieux. Hilarant parfois, inquiétant le plus souvent. L'inconnu s'appelle Benoît Poelvoorde. Il ne le restera pas longtemps, tant sa performance explosive ne ressemble à rien de familier.

La télévision, puis le cinéma vont s'intéresser de près à l'énergumène et à son haut potentiel comique. Pourtant, quand le réalisateur Philippe Harel lui offre un rôle de guide dans *Les Randonneurs* (1997), il lui demande d'en faire moins. De brider ce jeu qui part dans tous les sens au risque de fatiguer. Il n'a pas tout à fait tort, avec 1,5 million d'entrées, Benoît Poelvoorde prend toute sa place dans le cinéma français et belge. Jusqu'en 2005, le comédien s'épanouit dans un cinéma comique et légèrement hors normes, à l'image de ce qu'il renvoie. Cohérent.

La réalisatrice Anne Fontaine va le sortir de ce registre confortable avec *Entre ses mains* (2005), en lui faisant jouer un vétérinaire amoureux mais très déprimé. C'est la corde sensible de cet acteur imprévisible. Poelvoorde bascule vers le drame et ça lui va très bien aussi. « Quoi que je fasse, quel que soit le scénario ou le réalisateur, tout le monde se dit : Il est rigolo celui-là, mais il est touchant, il y a toujours un con pour dire que je suis émouvant », expliquait l'acteur à propos de cet étrange cocktail de comique et d'écorché vif qui le constitue.

Ce mélange détonant aimante évidemment la fine fleur des cinéastes anticonformistes, tel le tandem Gustave Kervern/Benoît Delépine, avec qui il tourne cinq films. Au sommet de cette collaboration, *Le Grand Soir* (2012), où Benoît Poelvoorde, affublé du titre de « plus vieux punk à chien d'Europe », part en quête de son père biologique en attendant le « grand soir », en compagnie de son frère, incarné par Albert Dupontel. Leur duo est une bombe à retardement, une grenade dégoupillée qui traverse le film de bout en bout. Poelvoorde y est génial de détermination loufoque, de regards butés et de folie burlesque.

Mais c'est avec le film de Benoît Jacquot, *Trois Cœurs* (2014), que l'on découvre une autre palette, beaucoup plus nuancée, chez Benoît Poelvoorde. L'histoire d'un homme tiraillé entre le passé et le présent, un homme affable, amoureux et calme. Poelvoorde comme on ne l'a jamais vu encore, comme si la cinquantaine l'avait ancré dans la réalité et la vraie vie.

Dernier coup de cœur en date, Benoît Poelvoorde, dans *Le Grand Bain* (2018), de Gilles Lellouche, en vendeur de piscines, au bord de la faillite. C'est peut-être là que Benoît Poelvoorde est le meilleur, quand il est au bord de l'abîme, et qu'il peut déployer son sens du déni le plus absurde et son insondable tendresse.

Autres films notables :
Les convoyeurs attendent (1999), de Benoît Mariage ;
Podium (2004), de Yann Moix ;
Saint Amour (2016), de Gustave Kervern et Benoît Delépine.

JEAN POIRET
(1926-1992)

Il y a quelque chose d'inquiétant dans le regard de Jean Poiret. Une intranquillité qui aurait eu toute sa place, rêvons un peu, dans un film d'Hitchcock. Le seul cinéaste à l'avoir détecté, c'est Claude Chabrol, qui, au mitan des années 1980, lui offre sur un plateau d'argent un vrai premier rôle. « Ça faisait trente ans que j'essayais de dissimuler ma vraie nature, mais Claude m'a mis à nu. La prochaine fois, je ferai un porno, tellement il m'a foutu à poil. » C'est en ces mots que Jean Poiret parlait de son inspecteur Lavardin, au moment de la sortie de *Poulet au vinaigre*, en 1985. Le poulet, c'est lui, affublé d'un imper mastic, le cheveu poivre et sel impeccablement peigné, le regard clair et inquisiteur à la fois. Un Jean Poiret qui s'en donne à cœur joie, lâchant la bride à ce qu'il appelait son « mauvais fond ». Il interpelle le grand Michel Bouquet comme s'il sifflait son chien, ricane sur la province dans des cascades bruyantes d'éclats de rire sarcastiques, ironise à tout va, quand il ne donne pas de leçon sur la cuisson de ses œufs au plat, toujours relevés d'une touche de paprika. Cassant ainsi tous les codes de cette bonne société bourgeoise que Claude Chabrol aime à disséquer. La puissance comique de Jean Poiret, ainsi désinhibée se décuple. Jusqu'au moment où on se perd dans ce regard clair qui se fait d'acier jusqu'à installer un malaise. Une preuve supplémentaire du formidable talent d'acteur de Jean Poiret, qui depuis trente ans s'épanouissait comme jamais dans le registre comique, mais qui, en secret, rêvait depuis toujours de jouer Iago, le traître d'Othello. Ses professeurs de la rue Blanche lui déconseillent pourtant les rôles dramatiques. Il se tourne alors vers le comique et ça tombe bien car Jean Poiret a aussi un talent d'écriture qui lui vaudra d'immenses succès au théatre, mais aussi l'étiquette un rien condescendante d'acteur de boulevard. Il débute pourtant avec les meilleurs, dans le merveilleux feuilleton radiophonique de Pierre Dac et Francis Blanche, *Malheur aux barbus*.

Le duo qu'il forme ensuite avec Michel Serrault scelle son statut de clown blanc, le sérieux face à l'Auguste le loufoque poétique. L'histoire de leur rencontre à l'occasion d'un casting, est une légende. Poiret se tourne vers Serrault et lance : « De toute façon, je suis sûr d'être engagé, j'ai une fortune personnelle. » Ensemble, ces deux-là formeront un duo extraordinaire sur scène, de leurs premiers sketches à *La Cage aux folles*, mais aussi derrière la caméra puisqu'ils tourneront vingt-huit films, en l'espace de trente ans. Pas toujours mémorables sur le plan strictement cinématographique, mais atteignant parfois des pics de rigolade, le plus souvent entouré d'une bande de joyeux drilles, au nombre desquels on trouve Sophie Desmarets, Francis Blanche, ou encore Darry Cowl. Mais dans cette filmographie un rien foutraque, on trouve malgré tout, quelques joyaux, notamment *La Gueule de l'autre* (1979), écrit par Jean Poiret et réalisé par leur vieux complice Pierre Tchernia. Poiret y incarne un conseiller politique qui engage un sosie pour remplacer son candidat menacé de mort. Sanglé dans un petit costume impeccable, Poiret est cassant comme pas deux, voire brutal, face aux délires de son partenaire. Et puis, il y a Jean-Pierre Mocky, le réalisateur ami de trente ans qui propose au duo toutes sortes de fantaisies cinématographiques impayables, qui culminent avec *Le Miraculé* en 1987. Où l'on retrouve un Jean Poiret méconnaissable, mi-chiffonnier, mi-escroc à la petite semaine, vêtu d'un marcel crasseux, qui tente de monter une arnaque à l'assurance, en laissant croire qu'un accident de voiture l'a confiné dans un fauteuil roulant. Dans l'espoir d'être guéri, il se rend à Lourdes. Cette fois, les rôles sont inversés, Serrault est l'agent d'assurances tout en retenue et Poiret en roue libre, fracassant tout sur son passage.

Quand on demanda, un jour, à Jean Poiret comment il s'imaginait sur son lit de mort, il eut cette réponse : « Je dirai : "Donnez-moi un coussin péteur." »

Autres films notables :
Assassins et Voleurs (1957), de Sacha Guitry ;
Un drôle de paroissien (1963), de Jean-Pierre Mocky ;
Le Dernier Métro (1980), de François Truffaut.

ELVIRE POPESCO

(1894-1993)

Ce qu'elle peut être agaçante, Elvire, à exhiber cette assurance insolente de femme du monde, de directrice de théâtre, d'actrice rodée à jouer Shakespeare dès l'âge de 16 ans, en Roumanie où elle est née, ce qu'elle peut être fatigante avec son débit verbal de mitraillette, sa certitude en toute chose, sa manière d'imposer ses vues, ses « Mon chéri, mon trésor, je t'adooorre ! », son sentimentalisme exubérant où l'on danse, saute, s'embrasse à la slave, se cajole pour un oui ou pour un non, dans une sarabande d'émotivité où le cœur bat plus vite et plus fort, où la mesure est un mot qui n'existe pas, sans oublier son accent qu'elle entretient comme pour rappeler son statut d'immigrée du temps où tout le monde parlait français à Bucarest. Elle agace, mais on reconnaît sa vitalité, son abattage, son intérêt non feint pour autrui, son jeu à l'emporte-pièce, qui, littéralement, emporte la pièce où l'auteur souhaite l'emmener, c'est-à-dire vers le succès. Le film aussi, qui est presque toujours une pièce filmée. Oui, elle extériorise, la virevoltante Elvire, et alors ? Du moment qu'il s'agit de sentiments vrais.

Un de ses rôles les plus remarqués, dans *Dora Nelson* (1935), de René Guissart, est double : elle joue une vedette de cinéma, véritable poison, lasse de n'être qu'elle-même, qui abandonne un film en plein tournage, laissant une imitatrice la remplacer sur le plateau et dans la vie. Il fallait bien ce procédé, déjà utilisé dans *Le Grand Jeu* (1934), de Jacques Feyder, pour rassasier sa fringale d'action, d'excentricité, de paroles : remplissant l'espace, elle est étourdissante, entourée de Lefaur, Duvallès, Escande et Louis Verneuil, auteur dramatique, prince du boulevard, avec qui elle a entretenu une longue et orageuse liaison. Dans d'autres comédies adaptées à l'écran – *Ma cousine de Varsovie* (1931), de Carmine Gallone, *Le Roi* (1936), de Pierre Colombier, *L'Habit vert* (1937), de Roger Richebé, *L'Amant de Mme Vidal* (1937), d'André Berthomieu, etc. –, son aplomb fait merveille.

Cette présence explosive dont elle fait sa jouvence disparaîtra des écrans vers 1942, consciente que son modèle de princesse d'opérette par trop répétitive est passé de mode. Mais quel sacré numéro elle a été !

En 1960, René Clément la ressuscite dans *Plein Soleil*, elle et son babillage. Le cinéaste la fait débarquer en trombe dans le hall d'un palace romain. Elle tombe sur Delon qui aurait préféré passer inaperçu. Normal, il vient d'assassiner quelqu'un !

Elvire Popesco a su bien profiter de l'existence, et même une certaine grâce l'a effleurée.

Autres films notables :
Une femme chipée (1934), de Pierre Colombier ;
À Venise, une nuit (1937), de Christian-Jaque ;
Paradis perdu (1939), d'Abel Gance.

MELVIL POUPAUD

(NÉ EN 1973)

Pour signifier que le cinéma est une affaire de transmission, de flambeau qu'il s'agit de porter, le critique de cinéma Serge Daney avait imaginé le mot *ciné-fils*. Ce joli néologisme pourrait avoir été inventé pour définir Melvil Poupaud, qui, accessoirement, fut, dans la vraie vie, le filleul de l'illustre critique, disparu en 1992. Il est aussi le fils de Chantal Poupaud, réalisatrice, productrice et attachée de presse. Le cinéma est donc chez lui une affaire de famille, de maisonnée où se retrouvent acteurs, réalisateurs et intellectuels.

En 1986, Melvil (prénommé ainsi en hommage à l'auteur de *Moby Dick*) fait ses premiers pas devant la caméra du réalisateur chilien Raoul Ruiz, dans *L'Île des pirates*. Une complicité s'installe entre le jeune garçon et le cinéaste, qui durera jusqu'à la disparition de ce dernier en 2011. « Sans lui, je n'aurais jamais été acteur – ce n'était pas dans ma nature – ni réalisateur. Il m'a transmis le plaisir du jeu », confie l'acteur, fidèle, qui tournera neuf films avec Raoul Ruiz.

Quand on a autant de bonnes fées au-dessus de son berceau, il n'y a pas d'autre choix que celui de l'exigence, « on ne peut pas trahir ce chemin dans lequel on a démarré, » explique Melvil Poupaud. Au mitan des années 1990, quand il prend véritablement son envol au cinéma, il ne déroge pas à ce principe. Son premier rôle, il le doit à Éric Rohmer, qui fait de lui son Gaspard, musicien incertain aux amours compliquées, en vacances à Dinard, dans *Conte d'été* (1996). Melvil Poupaud a 23 ans, et le physique de l'époque, ado grandi trop vite, le torse cave, les bras trop longs, la chevelure en bataille et la moue boudeuse, juste ce qu'il faut pour agacer et séduire à la fois.

Pour quelques années encore, il persiste dans la même veine, jusqu'à ce que le goût de l'aventure le prenne et le pousse vers d'autres territoires moins familiers. À l'étranger par exemple, avec James Ivory, ou les formidables Wachowski. Ou encore dans un cinéma plus grand public, en incarnant le bandit Jesse James dans *Lucky Luke* (2009), de James Huth. En prenant de l'âge, il gagne en gravité, en intensité. Sa rencontre, déterminante, avec le réalisateur François Ozon va ostensiblement l'amener sur un terrain plus adulte, plus tourmenté. Il est impressionnant de calme et de fureur rentrée, en père de famille nombreuse, victime, lorsqu'il était enfant, d'abus sexuels commis par des prêtres, dans *Grâce à Dieu* (2019). Son expérience du cinéma est telle (à 50 ans, il affiche tranquillement quarante ans de carrière) qu'elle lui permet d'aller plus loin encore, de dévoiler une nouvelle profondeur, grâce à Arnaud Desplechin, dans *Frère et Sœur* (2022).

Quand on lui demande quel genre d'acteur il est, Melvil Poupaud a cette réponse : « Nous les acteurs, on est de sympathiques animaux, capables de changer comme le caméléon. Profondément, on est des êtres disponibles. »

Autres films notables :
Le Journal du séducteur (1996), de Danièle Dubroux ;
Laurence anyways (2012), de Xavier Dolan ;
L'Amour et les Forêts (2023), de Valérie Donzelli.

ALBERT PRÉJEAN
(1894-1979)

Albert Préjean présente un cas troublant de déclin brutal, en pleine gloire. Car enfin, comment un acteur doté d'un physique plaisant, ayant un passé d'as de l'aviation en 14-18, camarade d'escadrille de Guynemer, aimé du public, ayant réussi brillamment son début de carrière, muet comme parlant, a-t-il vu tout à coup les offres s'arrêter, les bons cinéastes se détourner de lui, comme s'ils avaient trouvé mieux ?

Ses grands rôles des années 1920 et 1930 auraient dû le protéger, lui qu'on pouvait situer quelque part entre Maurice Chevalier et Jean Gabin, ce qui n'est pas peu dire. Lui qui était à même d'aligner quatre ou cinq René Clair de suite, dont *Un chapeau de paille d'Italie* (1928), où il s'affirme en plaisant Fadinard, de jouer dans *Les Nouveaux Messieurs* (1929), de Jacques Feyder, et surtout d'incarner Mackie, le jeune premier de la version française de *L'Opéra de quat'sous* (1931), de Georg Wilhelm Pabst, où il chante et se dépense sans compter, comme dans *Sous les toits de Paris* (1930), de René Clair. Allégresse et culot sont les clés de son accession à la célébrité. Quarante films en dix ans, cent films au total, les magazines de cinéma, des idylles à la pelle, pas étonnant que la tête lui tourne, tout a été si facile jusqu'alors.

Certes, il n'est pas passé par le théâtre, ce qui nuit à la solidité de son jeu, mais son côté populaire, sportif, facétieux, son entrain de blagueur patenté provoquent la sympathie, voire l'identification du public. Et il compense ses manques par une aimable gaucherie, avec les femmes surtout. Quand Mackie emmène Polly (Florelle) et sa mère dans un café de Soho et qu'il arbore canne à pommeau, chapeau gris, œil coquin et sourire en coin, on se demande par qui Préjean aurait pu être remplacé. Erreur ! Jean Gabin arrive, Jean Gabin est là, avec dix ans de moins, et Gabin c'est Préjean multiplié par cent. En nouveauté, en présence, en épaisseur humaine, en diversité, en force dramatique… Assurément, il n'y a pas place pour deux et on n'imagine pas Préjean en légionnaire, tenancier de caboulot, déserteur, ouvrier, capitaine de remorqueur, chauffeur routier, avocat d'assises, président du conseil… Il devra se contenter d'être faux fêtard dans *L'Alibi* (1937), de Pierre Chenal, gigolo d'une tenancière de boîte de nuit (Françoise Rosay) dans *Jenny* (1936), premier long-métrage de Marcel Carné – encore est-il trop vieux pour cet emploi même s'il s'en tire. Il sera le second d'Harry Baur dans *Mollenard* (1938), de Robert Siodmak…

Voilà ! Son lot, désormais, sera second rôle dans des films moyens ou faiblards. Preuve qu'il fait partie de ces comédiens limités, donc moins bons que leur réputation du moment ne le laisse croire. Mais quand le milieu décide qu'on a fait son temps, il est bien difficile de se maintenir. Partagé entre le rêve de sa grandeur passée et la réalité de sa dégringolade, Préjean aurait pu remonter la pente sous l'Occupation (Gabin s'était exilé à Hollywood), mais les temps avaient changé et il avait blanchi sous le Carné. Bien entouré par Roger Pigaut et Madeleine Robinson, il laissera cependant sa carte de visite, en 1947, en patron ivre poussé à l'eau par son cadet, dans *Les Frères Bouquinquant*, de Louis Daquin, comme si, avant de finir attaché commercial du cirque de Jean Richard (!), couler à pic avait été une manière de tirer sa révérence en beauté, en disant : « Ne m'oubliez pas ! » Mais ça…

Autres films notables :
Paris qui dort (réalisé en 1923, sorti en 1925), de René Clair ;
Un soir de rafle (1931), de Carmine Gallone ;
La crise est finie (1934), de Robert Siodmak.

MICHELINE PRESLE
(1922-2024)

N'aurait-elle interprété que la Marthe du *Diable au corps* (1947), de Claude Autant-Lara, et, dans ce film, n'aurait-elle joué que la scène du repas au Grand Véfour avec le Pommard 1905 qui sent le bouchon, que Micheline Presle aurait déjà sa place dans l'histoire du cinéma. Marthe a provoqué Gérard Philipe, l'étudiant amoureux d'elle, dont le mari est au front en 14-18, et, pendant qu'il ferraille avec le sommelier, le jeu de Micheline fait de naturel, de battements de cils, de jeu de regards de ses grands yeux bleus est un vrai délice. Comme elle a été exquise et forte et magique dans ses grands rôles, de *Falbalas* (1945), de Jacques Becker, à *L'Amour d'une femme* (1953), de Jean Grémillon – amour, santé publique et force d'âme –, de *La Nuit fantastique* (1943), de Marcel L'Herbier, et *Félicie Nanteuil* (réalisé en 1942, sorti en 1944), de Marc Allégret, à *Boule de suif* (1945), de Christian-Jaque – où elle est la prostituée patriote.

Quand Micheline Presle devient comédienne, Danielle Darrieux occupe la première place depuis trois ans. Toutes deux sont jolies, vives, charmantes, espiègles, leur physique est irréprochable, elles ont les fous rires, l'agilité, elles chantent bien, bref elles ont tout ! Même alliance du charme et du fantasque, avec deux atouts en moins pour Presle : la confiance en soi, que Darrieux a acquise, et l'appui d'un grand metteur en scène (Henri Decoin). Et, vers le milieu de la décennie 1930, Michèle Morgan, née en 1920, deux ans après Presle, entre à son tour dans la danse sur le mode tragique. Certes, c'est souvent Darrieux qui remporte les rôles, mais avec l'arrivée de ces gamines de 15 ans, qui ont l'âge du personnage, un courant de fraîcheur et de modernité traverse le cinéma français des années 1930. Darrieux ne peut tout faire. C'est ainsi que Micheline décroche le double rôle de *Paradis perdu* (1939), d'Abel Gance, bien servi par le tandem éblouissant qu'elle forme avec Fernand Gravey et qui fera plus tard pleurer François Truffaut. Mélodrame enflammé, film d'amour, où la jeune actrice de 17 ans joue la mère et la fille, en une savoureuse et inattendue combinaison d'adulte et d'ado, une chanson devenue tube, le succès.

La voici grande vedette sauf que la guerre est là. Idylle avec Louis Jourdan ; ils tournent des Marc Allégret, dont *Félicie Nanteuil*, Micheline y est théâtreuse de la Belle Époque. Puis arrive son trio victorieux : *Falbalas*, *Boule de suif*, *Le Diable au corps*, bonheur impossible et scandale à la sortie – enfin des rôles dignes d'elle, où elle apparaît radieuse. Trois ans pour rien à Hollywood qui ne sait pas l'utiliser, pas même Fritz Lang, deux Guitry (elle y est la Pompadour, puis la reine Hortense), un Losey, un Rivette, la reine de *Peau d'âne* pour Demy, une bonne dizaine de nouveaux venus dans la mise en scène, y compris Tonie Marshall, sa propre fille, conçue avec le réalisateur américain Bill Marshall, qui avait d'abord épousé… Michèle Morgan. Rien qui équivaut à son trio glorieux. Notons pourtant *En haut des marches* (1983), de Paul Vecchiali et *Peau d'âne* (1970), de Jacques Demy. Plus tard, elle sera l'héroïne des *Saintes Chéries* à la télévision, qui lui rend sa popularité auprès d'un public amusé, toutes générations confondues.

Fêter une centenaire, c'est rare. Fêter une centenaire célèbre qui a carrément dépassé les 100 ans, c'est encore plus rare. Devant ses proches rassemblés autour d'elle, Micheline montra ce jour-là que les vraies stars ne s'éteignent jamais. Toujours le même sourire lumineux et la lueur malicieuse dans le regard, derrière les grosses lunettes toujours la bonté d'âme. Heureuse mais lucide, chantonnant pour faire plaisir, elle qui avait tant aimé chanter. Faible mais encore curieuse des choses et des gens. De ses lèvres rosies par un reste de coquetterie sortait un tendre désir, de ceux qu'on aurait pris pour un ordre autrefois : « Téléphonez-moi un jour normal, vous me ferez plaisir. »

Autres films notables :
La Comédie du bonheur (1940), de Marcel L'Herbier ;
L'Enquête de l'inspecteur Morgan (1959), de Joseph Losey ;
Le Roi de cœur (1966), de Philippe de Broca.

SUZY PRIM

(1896-1991)

Entre théâtre, cinéma et music-hall, tout a été avancé, reculé, chamboulé dans sa vie professionnelle. Suzanne Mariette Arduini, dite Suzy Prim, jouait déjà les gamines au temps de Feuillade – mais c'est vrai qu'elle en était une. Beaucoup plus tard, on la retrouve vedette très populaire. Parce qu'elles gagnent moins que les hommes, les actrices se consolent en se disant qu'elles ont toujours 20 ans. Suzy en aura le double (et plus) à partir des années 1930, quand elle promènera dans quelque soixante films sa vivacité sans faille et son charme mousseux. Tout était vaporeux chez elle, ses déshabillés, la blondeur de ses cheveux flous, ses grands yeux pâles derrière des battements de cils audacieusement programmés. Coquette aux gestes légers comme des ombres, physique collant mal avec sa belle énergie. Il en fallait pour jouer les aventurières et aussi de l'esprit de repartie pour tenir tête à Jules Berry, longtemps son compagnon attitré, après que Jane Marken l'a quitté. Lui faisait engager sa Suzy dans des films où il jouait. Commode sillage ! Pour d'autres, sa notoriété au théâtre suffisait, où elle a notamment servi Ibsen et George Bernard Shaw.

Dans *27 rue de la Paix* (1936), de Richard Pottier, elle est la maîtresse de Jules Berry, justement, qui la fera se noyer, plus tard, dans *L'Homme de Londres* (1943), d'Henri Decoin. Elle est superbe en goualeuse et espionne dans *Le Patriote* (1938), de Maurice Tourneur ; elle fait chanter Gaby Morlay dans *La Peur* (1936), de Victor Tourjansky ; elle incarne la grande Catherine dans *Tarakanova* (1938), de Fedor Ozep, sans que frémisse en elle le moindre soupçon d'âme russe. Les critiques d'alors la trouvent kitsch, ça ne la dérange pas, elle est sûre de son affaire. Mais ses titres de gloire, elle les doit à Jean Renoir et à Julien Duvivier. Premièrement, *Les Bas-fonds* (1936), de Renoir, en femme d'usurier jalouse et colérique. Contre-emploi ? Pas si sûr. Deuxièmement, *Au royaume des cieux* (1949), de Duvivier, en directrice haïe, avide de pouvoir, d'une maison de redressement pour jeunes filles. Sa meilleure interprétation ?

Par la suite, on la verra dans un Deray ou un Verneuil, mais le cinéma sous la France de la reconstruction ne ravalera pas sa cinquantaine avancée. Elle se souvient d'elle-même en vamp époustouflante, en conclut qu'elle a fait son temps et, ses projets déjoués, met fin sans maugréer à une carrière bien remplie.

Autres films notables :
Mayerling (1936), d'Anatole Litvak ;
Samson (1936), de Maurice Tourneur ;
Untel père et fils (réalisé en 1940
et sorti en France en 1945), de Julien Duvivier.

SOPHIE QUINTON

(NÉE EN 1976)

Sophie Quinton fait partie de ces actrices que l'on peste de ne pas voir plus souvent. Pourtant, elle est bien présente dans *Qui a tué Bambi ?* (2003), de Gilles Marchand. Une variation hitchcockienne dans laquelle elle est une infirmière-stagiaire d'un hôpital de Tours où officie un étrange chirurgien (Laurent Lucas, le regard de l'emploi), qui va littéralement l'envoûter. Et la rebaptiser Bambi. De fait, Sophie Quinton joue comme le Bambi de Walt Disney : naïve, apeurée, fragile sur ses jambes. Mais peu à peu, elle se redresse, combative face à son tourmenteur.

Avec Gérald Hustache-Mathieu, elle prend un nouvel envol en deux films : *Avril* (2006) et *Poupoupidou* (2011). Dans le premier, elle est une bonne sœur postulante qui retarde ses vœux quand elle apprend qu'elle a un frère jumeau. Tout voile dehors, elle part à sa recherche et, lors de leur rencontre, elle lui annonce : « Je suis votre sœur, je veux dire votre vraie sœur. » Le comique se pointe alors dans le regard de Sophie Quinton et va prendre une détonante tournure dans *Poupoupidou*. À Mouthe, dans le Doubs, commune réputée la plus gla-gla de France, elle est une morte vivante, présumée suicidée, qui se rappelle aux bons et aux mauvais souvenirs des autochtones et se désole d'avoir dû en arriver là : « C'est l'histoire de ma vie, il aura fallu que je sois morte pour que quelqu'un s'intéresse à moi. » La revenante est folle de Marilyn Monroe, d'où le titre de ce film où Sophie Quinton donne à son personnage une allure aussi sexy, spirituelle et émouvante que son modèle hollywoodien.

Citons aussi 38 *Témoins* (2012), de Lucas Belvaux, qui lui aussi raconte l'histoire d'une morte. Une femme assassinée la nuit dans une rue du Havre sous les yeux d'un certain nombre de témoins qui à leurs fenêtres ont préféré regarder ailleurs. Sophie Quinton est Louise qui, elle, n'a rien vu, mais regarde son mari (Yvan Attal) avec une inquiétude croissante. Sur le ciel de son visage passent toutes les ombres du doute et les nuages de l'amour qui vacille.

Autres films notables :
Queen of Montreuil (2013), de Solveig Anspach ;
Dans la forêt (2017), de Gilles Marchand.

TAHAR RAHIM (NÉ EN 1981)

On imagine la scène. On est en 2007, Tahar Rahim, jeune comédien débutant dans un petit rôle pour une série en banlieue parisienne, se voit proposer d'être raccompagné en voiture vers la capitale. Sur la banquette arrière, à côté de lui, le metteur en scène Jacques Audiard, qui cherche son « prophète », une gueule d'ange capable de tuer. Tahar Rahim, conscient de l'enjeu, se demande quelle attitude adopter : faut-il inonder Audiard de compliments ? lui dire tout de go qu'il rêve de travailler avec lui ? Finalement, Tahar Rahim optera pour une troisième option : celle de se taire, « parce que parler tue le désir », expliquera-t-il plus tard. Pari gagné, Jacques Audiard lui confie le rôle de Malik, un petit délinquant de 19 ans, condamné à six ans de détention. Un gamin perdu dans une prison tenue par des mafieux corses qui, très vite, lui mettent la pression. Dilemme identitaire, dilemme moral, Tahar Rahim exprime toutes ces déchirures avec un minimum d'effets, et un minimum de mots. Avec *Un prophète* (2009), le comédien de 28 ans explose littéralement, réalisant un doublé unique aux Césars, meilleur espoir masculin et meilleur acteur.

Il est très demandé, mais très pointilleux aussi dans ses choix. « Ces propositions de mecs de la cité, je les ai toutes reçues. Et refusées. Une fois étiqueté, le champ des possibles se réduit », confiait-il au *Monde*. Il préfère répondre à l'offre de Kevin Macdonald, le réalisateur du *Dernier Roi d'Écosse*, et incarner le prince du peuple phoque dans *L'Aigle de la neuvième légion* (2011), un péplum grandiose, face à Channing Tatum et Donald

Sutherland. Ou s'engouffrer directement dans le premier film du cinéaste franco-marocain Ismaël Ferroukhi, *Les Hommes libres* (2011), sur le rôle de la Grande Mosquée de Paris pendant la guerre. Au détour d'une scène où son personnage découvre le cinéma pour la première fois lors d'une projection du *Kid*, un détail émerge, une proximité physique entre Chaplin et Tahar Rahim : même silhouette fluette de clochard céleste, même visage hors du temps, hors mode. Étrange paradoxe car Tahar Rahim est sans conteste un acteur de son époque.

Un comédien qui travaille sans relâche, et qui choisit ses films avec beaucoup de soin, dans une cinématographie mondiale, passant aisément du cinéaste chinois Lou Ye à l'Iranien Asghar Farhadi, sans oublier Fatih Akin, pour qui il incarnera ce bouleversant père de famille arménien à la recherche de ses filles après le génocide de 1915 dans *The Cut* (2014). Tahar Rahim aime se couler dans des univers qui ne lui sont pas familiers : ouvrier dans une centrale nucléaire, pour Rebecca Zlotowski dans *Grand Central* (2013), chirurgien, dans *Réparer les vivants* (2016), de Katell Quillévéré.

À ce CV déjà épatant, il faut ajouter une carrière américaine confirmée à travers des séries télé d'envergure, comme *Le Serpent* (2021), où il incarne Charles Sobhraj, criminel réputé pour traquer et assassiner les jeunes touristes en Inde. Pas évident de retrouver Tahar Rahim sous les traits de ce type musculeux, aux Ray-Ban Aviator, qui menace ses victimes en chuchotant. Le comédien travaille à l'économie, pas d'affèteries, le résultat est impressionnant de naturel. Pour interpréter le rôle de Mohamedou Ould Slahi, un jeune Mauritanien détenu par erreur à Guantánamo pendant quatorze ans sans jugement ni inculpation, dans le film de Kevin Macdonald, *Désigné coupable* (2021), Tahar Rahim ira plus loin encore, s'enfermant dans des cellules glaciales, portant de vraies menottes aux pieds, aux mains, testant la simulation de noyade, le gavage imposé aux prisonniers qui refusent de s'alimenter, tout en tenant la dragée haute à ses partenaires, Jodie Foster et Benedict Cumberbatch, acteurs plus que confirmés. Cette fois les portes d'Hollywood s'ouvrent en grand pour le jeune comédien français. Ridley Scott le retient pour le rôle du révolutionnaire général d'Empire Paul Barras dans son *Napoléon*, les superhéros de Marvel lui font une place. Mais Tahar Rahim ne se laisse pas griser.

Dernier défi en date, se glisser dans le petit costume du grand Charles, dans *Monsieur Aznavour*, dirigé par Grand Corps Malade. Et apprendre à chanter.

Quand il était jeune et qu'il rêvait de cinéma, Tahar Rahim vénérait Robert De Niro et Al Pacino. Aujourd'hui, on peut raisonnablement se demander si l'élève n'a pas dépassé les maîtres. Et il n'a que 42 ans.

Autres films notables :
À perdre la raison (2012), de Joachim Lafosse ;
Le Secret de la chambre noire (2017), de Kiyoshi Kurosawa ;
Marie Madeleine (2018), de Garth Davis.

RAIMU (1883-1946)

Pourquoi un de nos meilleurs comédiens d'avant-guerre, sinon le meilleur, en tout cas le plus naturel, n'a-t-il tourné qu'avec deux grands auteurs, Guitry et surtout Pagnol, dont il est devenu l'acteur fétiche ? Si l'on excepte quelques réussites de grands metteurs en scène admirés comme Julien Duvivier (*Un carnet de bal* [1937]), Jean Grémillon (*L'Étrange M. Victor* [1938]) ou Henri Decoin (*Les Inconnus dans la maison*), il laisse une ribambelle de films archi-médiocres, voire débiles.

Au départ, Jules Muraire, dit Raimu, traîne quelques handicaps : le « grand Jules » n'est pas beau, il est corpulent, il vient d'un milieu modeste. Il a fait des études déplorables. Sans oublier l'accent du Midi, qu'il brandira comme un étendard. Pas étonnant dans ces conditions qu'il ait mis du temps à s'imposer via les cafés-concerts et le comique troupier. On dira que ces malchances ont été changées en atouts à partir de la célèbre partie de cartes de *Marius* (1931) et du succès mondial de la trilogie pagnolesque (*Marius*, *Fanny* [1932], *César* [1936]). Lui n'a jamais oublié la dureté des débuts. D'où l'élégance vestimentaire qui dément sa célèbre ladrerie.

De ces écueils, il tirera avantage. Le volume de sa carcasse rebondie et sa grosse voix claironnante vont lui permettre de s'imposer dans une quantité de rôles, de personnages, de métiers où le naturel prime sur la beauté, la vérité humaine sur l'intelligence, la faconde méridionale sur l'éloquence. Magie du verbe.

Son accent si familier enrichi d'une bonhomie joviale se fait d'autant plus remarquer qu'il joue des modulations de sa voix qui va des vociférations au murmure, du bredouillement à la répétition. Il rouspète, il bougonne, il apostrophe, il hausse ses larges épaules, il se moque… Il dit : « Mon pauvre Panisse ! », ou : « Vous plaisanteeez, môssieu Brun. » Ou encore il prend cet air d'ours ensommeillé qui le protège contre la méchanceté d'autrui. Effets comiques éprouvés. Effets dramatiques à fendre le cœur.

À la scène, à l'écran, inquiet de la pérennité du succès et doutant du talent des autres, Raimu bouscule sa timidité par ses corollaires : la méfiance, l'impatience, la colère (les siennes sont homériques) et, si l'on ose dire, le césarisme. Par exemple, à Becker qui lui suggère un essai pour *Le Colonel Chabert* (1943), il riposte : « Le test, c'est à vous de le faire ! » Becker rend son tablier, Le Hénaff le remplace. On descend d'un cran, voire de deux. Raimu s'en fiche : ce qui compte pour lui, c'est lui.

Raimu, c'est le patriarche à la dignité outragée d'une commedia dell'arte devenue universelle, c'est le bistrotier du Vieux-Port tout en pastis et en rodomontades, c'est le puisatier au regard sévère qui vient avec sa fille demander réparation aux parents du suborneur. C'est l'accession à la gloire d'un fada somptueux, épanoui dans son bagout, sa simplicité et sa pudeur. C'est surtout le héros immortel de *La Femme du boulanger* (1938), de Pagnol, qui résume tous ses rôles. Tout instinctif qu'il est, son art s'y déploie dans trois directions : la guignolade, la galéjade, la dignité. Ce sont elles qui culminent dans la partie finale, pièce maîtresse, sinon chef-d'œuvre de Pagnol. Quand, au cours d'une éblouissante scène d'ivresse, le boulanger fait grève, tente de se pendre, récupère sa femme, c'est le mari cocu, puis l'homme blessé, enfin le chef de famille retrouvant ses droits qui s'entremêlent en un moment déchirant de la condition humaine. Illustré par la cigarette jamais allumée. Et la métaphore de la chatte (la fameuse Pomponnette) partie à la chasse au mâle comme la boulangère qui s'est enfuie avec un berger, et toutes deux revenant piteusement au logis. Même situation, même approche. En insultant l'animal sans un mot pour son épouse, c'est une façon pour le boulanger de punir cette dernière et de manger son pain blanc.

Le grand Jules a vaincu. Il a aussi vécu, montrant par sa simplicité bourrue que rien ne ressemble plus au monde qu'il s'est créé que l'univers de l'enfance.

Autres films notables :
Ces messieurs de la Santé (1934), de Pierre Colombier ;
Monsieur la Souris (1942), de Georges Lacombe ;
L'Homme au chapeau rond (1946), de Pierre Billon.

CHARLOTTE RAMPLING

(NÉE EN 1946)

Anglaise de naissance, Charlotte Rampling, quand elle parle le français sa deuxième langue maternelle, a toujours dans la voix une traînée d'accent qui augmente son charme. Mais ce qu'elle s'est surtout longtemps traîné, parfois comme un boulet, c'est son apparition dans *Portier de nuit* (1974), de Liliana Cavani. Dans la Vienne de l'après-guerre, un ancien médecin SS (Dirk Bogarde) tente de disparaître dans l'anonymat. Portier de nuit dans un grand hôtel, il croise Lucia (Charlotte Rampling), une ancienne déportée, rescapée du camp où il « travaillait », avec qui il a eu une liaison. Le reste du film est un revenez-y entre le bourreau et sa victime sur fond de rite sadomasochiste. C'est peu dire que la réalisatrice (inconscience ? irresponsabilité ? bêtise ?) fait joujou avec de la dynamite et qu'on n'a pas follement envie de jouer avec elle. L'historien Saul Friedländer, dans son essai *Reflets du nazisme* (1982), écrit à propos de ce film qu'il révèle « une certaine fascination à l'égard du nazisme, qui permet désormais de s'y référer sur un registre esthétique, à la manière d'un exorcisme ». Une fascination qui se montre sur l'affiche du film : Charlotte Rampling, coiffée d'une casquette de SS, vêtue d'un pantalon militaire à bretelles, les seins nus. C'est évidemment un rôle ; mais, même à son corps défendant, Charlotte Rampling devient comme une publicité pour cette esthétisation nauséabonde. Comme un remord prémonitoire, quelques années auparavant, la même Charlotte Rampling était apparue dans un autre film « à nazis ». *Les Damnés* (1969), de Luchino Visconti, qui, lui aussi, mais avec nettement plus d'intelligence et de recul, se situe « au cœur du mal ». Elle y joue une grande bourgeoise contrainte de disparaître après l'assassinat du patriarche d'une famille de potentats industriels pronazis.

Charlotte Rampling sort de la « malédiction » *Portier de nuit* en jouant le rôle principal dans *La Chair de l'orchidée* (1975), de Patrice Chéreau. Elle y est Claire, riche héritière échappée d'un asile psychiatrique où sa tante prédatrice l'a fait interner. Traquée, éperdue, à la frontière de la démence, elle hurle : « Pourquoi ils me détestent tous ? Pourquoi suis-je toujours enfermée ? » On partage cette angoisse paranoïaque parce que Charlotte Rampling ne la joue pas mais, actrice maximale, la désire. Un désir qui prend une drôle de tournure dans *Max mon amour* (1986), de Nagisa Ōshima. Elle y est l'épouse d'un diplomate qui entretient une liaison extraconjugale. Rien que de banal. N'était que son amant, plus ou moins platonique, est un chimpanzé… Bizarre, étrange, Charlotte Rampling transcende le risque du ridicule en rendant plausible et émouvante cette passion « bestiale ».

Ultérieurement, elle se fait plus rare, et d'autant plus précieuse. Dans *Lemming* (2005), de Dominik Moll, elle est une très inquiétante intruse dans la vie d'un jeune couple trop tranquille. Et surtout dans *Sous le sable* (2001), de François Ozon. Elle y est Marie, universitaire bien mariée et bien aimée, qui va tenter de survivre à la noyade énigmatique de son époux en l'occultant. Charlotte Rampling, élégante, aristocratique à souhait, belle à tomber, règne et se surpasse avec cette sidérante et délicate incarnation du déni. Dans la scène finale, on la voit courir après une silhouette qui pourrait être celle de son mari. On court à ses côtés, vers les abîmes de la folie ou, qui sait ?, vers la vie malgré tout.

Autres films notables :
Stardust Memories (1980), de Woody Allen ;
Signs and Wonders (2000), de Jonathan Nossiter ;
Vers le sud (2006), de Laurent Cantet.

SIMONE RENANT

(1911-2004)

Il fut un temps où, pour monter en grade dans son travail, ou simplement rester en poste, des femmes devaient céder aux avances de messieurs. On appelait cette activité la « promotion canapé ». D'autres – hasard des rencontres ? – tombaient amoureuses d'hommes de pouvoir. Ce fut le cas de la comédienne Simone Renant qui, forte d'une beauté discrète et de lauriers du Conservatoire, se fit épouser tour à tour par Dalio, Charles Gombault (le second de Pierre Lazareff, patron de *France-soir*), Christian-Jaque et enfin le producteur Alexandre Mnouchkine. Moyennant quoi, quarante films au compteur et des pièces de boulevard par dizaines (elle vécut quatre-vingt-treize ans).

Mais le problème des femmes du monde, c'est qu'elles s'entichent aussi de toilettes, qu'elles portent à ravir, et ce plus encore chez les belles comédiennes. Aussi, parmi cette ribambelle de coquettes, de demi-mondaines et de princesses frivoles que Mlle Renant, qui sait être touchante, a interprétées avec classe et une réelle présence, on se souvient davantage des silhouettes d'époque (robes à volants, chapeaux, crinolines, éventails et falbalas) que des personnages incarnés – fussent-ils Mme du Barry, dans *Les Perles de la couronne* (1937), de Sacha Guitry, Mme Volanges, dans *Les Liaisons dangereuses 1960* (1959), de Roger Vadim, ou d'autres divines créatures. Fâcheux pour la postérité ? C'était à craindre.

Heureusement, Henri-Georges Clouzot vint qui procura un emploi à Simone Renant, qui ne s'est pas laissé empanacher et restera pour toujours le rôle de sa vie. C'est Dora, la photographe homosexuelle de *Quai des Orfèvres* (1947), belle blonde ambiguë, sulfureuse, mélancolique, secrète. Elle pratique notamment des tirages de jouvencelles dénudées pour de louches vieux messieurs (Charles Dullin) et surtout elle tripote sa belle voisine, la chanteuse Jenny Lamour (Suzy Delair), sous prétexte de rectifier sa pose pour la photo du siècle. Mais Suzy a d'autres soucis et remet la copine à sa place. Comme toujours, Jouvet, en inspecteur de police désabusé, aura le mot juste : « Au fond, vous êtes un type comme moi… » Ne nous y trompons pas : le jeu de Simone Renant est tout en délicatesse. Mais elle fume, et quand la fumeuse rejetait la fumée par le nez, dans les films d'autrefois, c'est qu'elle avait fort caractère ou qu'une inclination la portait vers les dames. À quoi tient l'art de pétuner. À quoi tiennent les choses de la vie.

Autres films notables :
On ne roule pas Antoinette (1936), de Paul Madeux ;
Les Pirates du rail (1938), de Christian-Jaque ;
Vive Henri IV, vive l'amour (1961), de Claude Autant-Lara.

MADELEINE RENAUD

(1900-1994)

Il y a des actrices dont on a en mémoire un visage inchangé et dont on se dit qu'on ne les a pas connues jeunes, qu'elles sont restées toujours sans âge, entre deux âges, intactes, et le talent toujours aussi vif. Ce n'est pas si étonnant, dans le cas de Madeleine Renaud, qui a exercé son métier pendant soixante-dix-neuf ans, qui en a vécu quatre-vingt-quatorze, et qui, tout ce temps-là, n'a eu que deux maris, des comédiens eux aussi : Jean-Pierre Granval et Jean-Louis Barrault, ce dernier mariage ayant duré cinquante-quatre ans. D'où cette sensation de pérennité, d'éternité même, qui va bien avec le personnage et l'étendue de son art. Visage franc et paisible, ouvert à toutes les émotions, les tourments, les peines, les joies. Elle est belle, d'une beauté simple, peu lui importent sa coiffure et sa mise, son regard est illuminé d'un feu intérieur qui trahit ses états d'âme.

Elle est tellement absorbée par le théâtre, par son Jean-Louis (c'est la même chose), par leur « compagnie » qu'on serait tenté d'affirmer que Mlle Renaud, au cinéma, c'est Grémillon, un point c'est tout. Sauf que dans les années 1930, elle a été une jeune première remarquée. Son premier succès : la Marceline de *Jean de la lune* (1931), de Jean Choux, qui est son contraire, une fille volage, qui subit la présence de Clo-Clo, son frère, alias Michel Simon. L'auteur, Marcel Achard, leur offre un dialogue pré-nouvelle vague, où elle exerce ses cruautés charmantes en s'étirant voluptueusement. Déjà pro, avec un métier très Comédie-Française, et face à elle une créature de génie toujours prête à improviser. Elle est parfaite. Comme toujours – elle n'est pas surprenante, si ce n'est par sa régularité. Pourtant, bien des années plus tard, elle se lâchera dans deux comédies étourdissantes, avec une cocasserie échevelée qui ne demandait qu'à s'exprimer : *Le Plaisir* (1952), de Max Ophuls, en tenancière de bordel autoritaire emmenant ses filles à la campagne, et *Le Diable par la queue* (1969), de Philippe de Broca, où sa vivacité en fait une excellente châtelaine pleine de rouerie qui s'amuse à mettre l'escroc Montand dans sa poche, en un ravissement de chaque instant.

Mais son grand œuvre, c'est chez Jean Grémillon qu'elle l'accomplit. Que cherchait-il donc en engageant quatre fois en six ans cette actrice sûre, précise, émouvante, incarnant admirablement les personnages qu'il lui confiait avec la justesse et la simplicité des grandes ? Le portrait d'une épouse, ou plutôt de l'épouse face à l'intruse qui vient détruire son couple. Épouse malade, sacrifiée, dans *Remorques* (1941), face à l'énigmatique Michèle Morgan ; épouse abandonnée (par Paul Bernard), dans *Lumière d'été* (1943) ; épouse et mère de famille héroïque, traversant les mouvements de la vie, dans *Le ciel est à vou*s (1944). Sa complémentarité avec Charles Vanel, sublime lui aussi, fait d'eux, dans ce chef-d'œuvre, clou du cinéma sous l'Occupation, avec *Le Corbeau* (1943), de Clouzot, un formidable couple de garagistes, uni dans l'amour comme dans le défi d'un record du monde aérien qu'elle tente avec succès, après bien des vicissitudes. On y célèbre la splendeur de l'artisanat, les aléas du quotidien. Madeleine Renaud traduit avec cette douceur et cette douleur qui ne la quittent jamais l'orgueil de la femme au foyer acquérant une passion, ici celle de l'aviation. Le ciel est à elle, la terre aussi. Et le public. Ne jamais se laisser aller, contrôler tout en toutes circonstances, peut-être était-ce sa manière à elle de résister au temps.

Autres films notables :
Primerose (1934), de René Guissart ;
Hélène (1936), de Jean Benoit-Lévy ;
L'Étrange M. Victor (1938), de Jean Grémillon.

JÉRÉMIE RÉNIER

(NÉ EN 1981)

Présenté en 1996 au festival de Cannes, *La Promesse*, de Jean-Pierre et Luc Dardenne, révèle en un seul film quatre talents magistraux : les deux frères cinéastes et les acteurs Olivier Gourmet et Jérémie Renier. Ce dernier a 15 ans, mais l'air d'en avoir 12. Petite bouille blonde, silhouette fragile d'adolescent, arrimé à son ogre de père, tel un rémora sous le ventre d'un grand requin. Une docilité apparente que trahit l'éclair buté de son regard bleu. « Pendant le casting, il nous a intéressés tout de suite. Il résiste par son silence, il nous regarde et ne dit rien, il a l'air de garder un secret. Et dans son corps, il y a une adresse extraordinaire, il se coule dans tous les mouvements avec une agilité animale. C'est un vrai félin », expliquent les frères Dardenne à *Libération*. Il a tout juste 17 ans quand il est choisi par François Ozon pour *Les Amants criminels* (1999). Mais son socle dans ce début de carrière, sa famille presque, restent les frères Dardenne, qui le rappellent pour encore trois films : *L'Enfant* (2005), *Le Silence de Lorna* (2008) et *Le Gamin au vélo* (2011).

Jérémie Renier, c'est l'école belge, naturel et spontanéité. Et un engagement très physique dans les rôles qu'il choisit. Ce qu'il aime avant tout, c'est l'exploration, faire le tour de tous les recoins du rôle qu'on lui confie, à la manière d'un Philip Seymour Hoffman, qui parvenait à disparaître derrière ses personnages et que le jeune acteur belge tient pour modèle. Ainsi, il prendra dix-huit kilos pour incarner le beauf fan de grosses cylindrées dans *Possessions* (2012), d'Éric Guirado, un film inspiré de l'affaire Flactif. Sur le tournage de *Elefante blanco* (2012), de Pablo Trapero, où il incarne un jeune prêtre belge qui tente de lutter contre la corruption dans un bidonville de Buenos Aires, il apprend le tango avec son partenaire, le génial acteur argentin Ricardo Darín. Avec la maturité, Jérémie Renier laisse remonter une part plus trouble, il a l'art de proposer toutes sortes de contrechamps, qui sont comme autant d'éclairages différents. Il est parfait en Pierre Bergé, autoritaire et raffiné, dans le *Saint Laurent* (2014), de Betrand Bonello. Une lueur quasi mystique se lit quelquefois dans son regard clair, comme s'il était habité, tel cet inspecteur de la brigade criminelle hanté par les bas-fonds de Bruxelles qu'il arpente dans *Waste Land* (2015), de Pieter Van Hees.

Et puis il y a cette étonnante ressemblance physique avec Claude François, qu'il finit par embrasser pour Florent-Emilio Siri dans *Cloclo* (2012). Une préparation intense, cours de danse, de chant, des heures de maquillage et des perruques discutables. On le préfère au naturel.

Autres films notables :
L'Heure d'été (2008), d'Olivier Assayas ;
L'Amant double (2017), de François Ozon ;
Albatros (2021), de Xavier Beauvois.

JEAN RENOIR
(1894-1979)

« Moi, je n'ai pas le temps, mais si j'étais vous je sais bien ce que je ferais… » Cette réplique est dite par Jean Renoir qui s'est attribué le rôle du père Poulain, l'aubergiste de *Partie de campagne*, qu'il réalise en 1936 (et qui sort en 1946).

Ce n'est pas pour ses exploits de comédien que Jean Renoir restera dans l'histoire du cinéma, mais bien pour son génie de metteur en scène. Pourtant, dans le rôle d'Octave, déguisé en ours, dans *La Règle du jeu* (1939), il marque les mémoires. Il parvient à se débarrasser de cette fameuse peau d'ours, mais il aurait mieux fait de la passer à André Jurieux (Roland Toutain) : elle aurait amorti la balle qui le tue, tirée par un garde-chasse trop nerveux (mais vrai acteur, lui, puisqu'il s'agit de Gaston Modot). Autant Octave est parfait pour lutiner la cinériste, autant il est balourd dans les salons du marquis. Cette démarche pataude, cet air embarrassé sont le propre de Jean Renoir, il aime à les surligner dans les rôles qu'il s'est attribués. Ils conviennent particulièrement pour le rôle de Cabuche, le vagabond de *La Bête humaine* (1938), accusé commode pour sa présence dans le train du crime, moins pour le sous-préfet de *Catherine, ou une vie sans joie*, qu'il réalise en 1924[1]. Son jeu est plus insolite dans *La Chasse à la fortune* (1930), de l'Allemand Rochus Gliese, où il joue Robert, un businessman.

Quoi qu'il en soit, Renoir n'était pas du genre à introduire un caméo de lui dans chacun de ses films, comme Hitchcock. Mais

1. Sort en 1927.

humaines ou pas, il aimait les bêtes. Sinon, outre l'ours de *La Règle du jeu*, comment expliquer sa présence au casting du *Petit Chaperon rouge* (1930), d'Alberto Cavalcanti ? Dans le rôle du loup, du grand méchant loup, évidemment.

PIERRE RENOIR

(1885-1952)

Pas sûr qu'être le frère de Jean Renoir soit forcément un avantage, à plus forte raison son frère aîné. Pierre Renoir dispose d'un physique massif, d'un visage austère, donc peu engageant, ses gestes sont brusques et nerveux, aussi les scènes d'amour ou de comédie légère lui sont-elles déconseillées. Par ailleurs, même si la justesse de son jeu, sa diction bien timbrée et son regard pénétrant en font un acteur d'une forte présence, il est en concurrence avec de tels monstres sacrés – Harry Baur, Charles Vanel, Jules Raimu, Michel Simon – que beaucoup de rôles lui passent sous le nez. Il hérite parfois de ceux que d'autres ont refusés : dire oui, c'est humiliant, dire non, c'est perdre un cachet et le plaisir de jouer. Il y a bien sûr des emplois secondaires, mais aussi de faux amis tels *Les Nuits blanches de Saint-Pétersbourg* (1938), de Jean Dréville, où il n'a pas grand-chose d'autre à faire que de se tirer une balle dans le caisson peu après le début du film. Blessé pour de vrai à la guerre de 14, il a perdu l'usage d'un avant-bras, d'où une raideur qui donnera une crédibilité à ses interprétations d'officiers supérieurs, comme le taciturne capitaine de la Légion étrangère espagnole, dans *La Bandera* (1935), de Julien Duvivier, qui porte un monocle noir de borgne, si vous voulez tout savoir, et qui, comme de juste, sera blessé mortellement au combat.

Même si son frère cadet a eu du mal à le convaincre de jouer sous sa direction, ils font ensemble un Maigret saisissant dans sa *Nuit du carrefour*, en 1932. Soixante rôles suivront, chez Jean Renoir et chez d'autres, dont le peu gracieux mais mémorable

Jéricho, le marchand d'habits de Carné/Prévert, dans *Les Enfants du paradis* (1945).

Ce sont principalement des personnages de procureur, professeur, médecin de campagne (Charles Bovary dans l'adaptation de 1934 du roman de Flaubert par Jean Renoir), pharmacien (dans la deuxième version de *Knock*, celle de Guy Lefranc, en 1951). Il est époustouflant en rédac-chef autoritaire dans *Le journal tombe à 5 heures* (1942), de Georges Lacombe, et aussi en chef de réseau d'espionnage allemand dans *Mission spéciale* (1946), de Maurice de Canonge. Plus surprenant, le voilà gangster dans *Dernier Atout* (1942), de Jacques Becker. Tous ces emplois mettent en évidence sa présence et ses dons de commandement comme si, paradoxalement, un ton sans réplique seyait à l'art du comédien. Mais il a beau jouer sans effort les personnages distants, imbus de leur personne et de leur mission, un second rôle reste un second rôle. Surtout quand on n'a pas le grain de folie d'un Saturnin Fabre ou d'un Jules Berry.

Il se console au théâtre dans la troupe de Jouvet, dont il est proche. Il sera duc d'Angoulême enfin, comme il a été Louis XIII au temps du muet, mais c'est en Louis XVI dans *La Marseillaise* (1938), de Jean Renoir, qu'il donne toute la mesure de son art si sombre. Il y est superbe, méditatif, humain, et l'on n'a pas oublié sa réplique célèbre quand, le 5 octobre 1789, les Parisiens envahissent Versailles pour ramener la famille royale à Paris. Le roi obtempère. Tout en cheminant dans la grande allée, il regarde les feuilles qui tourbillonnent et remarque : « Elles tombent de bonne heure, cette année. » Les têtes aussi.

Autres films notables :
Les Loups entre eux (1936), de Léon Mathot ;
La Citadelle du silence (1937), de Marcel L'Herbier ;
Mollenard (1938), de Robert Siodmak.

CLAUDE RICH

(1929-2017)

Smart, sensible et drôle, tel était Claude Rich. À cela il faudrait ajouter une longue silhouette élégante, un regard pétillant et une voix éraillée, qui se prêtait à merveille à la malice. Et à la taquinerie. Exemple canon avec une réplique culte, le personnage du sémillant Antoine Delafoy dans *Les Tontons flingueurs* (1963), de Georges Lautner, un jeune gandin suffisant, qui n'en rate pas une pour river son clou au protecteur patibulaire (Lino Ventura, évidemment) de la petite Patricia, dont il est très amoureux : « Monsieur Naudin, vous faites sans doute autorité en matière de bulldozer, [...] mais vos opinions sur la musique moderne et sur l'art en général, je vous conseille de ne les utiliser qu'en suppositoire. » Ce rôle de gendre insolent face à l'autorité est littéralement fait pour Claude Rich, grand échalas qui se tortille et tente d'en imposer en même temps, souvent trahi par un regard espiègle qui se délecte des explosions de colère de ses partenaires furibards. Un mot ici sur le petit comptable, joué par Claude Rich, qui ambitionne d'escroquer Louis de Funès dans *Oscar* (1967), d'Édouard Molinaro. Où le gandin se fait machiavélique, il est parfait.

Mais l'échalas est aussi capable de raideur austère et de distance, pour peu qu'on lui fasse endosser l'uniforme, comme le fit Pierre Schoendoerffer dans *Le Crabe-tambour*, en 1977, où Rich incarne un médecin de la marine très réservé. Il est tout aussi épatant en général Leclerc dans *Paris brûle-t-il ?* (1966), de René Clément.

Mais de tous ces rôles, celui que Claude Rich préférait fut celui de cet employé de bureau qui se voit proposer un voyage dans le temps, dans le film d'Alain Resnais, *Je t'aime, je t'aime* (1968). Un rôle légèrement hors sol, idéal pour un acteur qui semblait toujours faire un pas de côté.

Autres films :
Le Caporal épinglé (1962), de Jean Renoir ;
Les Compagnons de la marguerite (1967),
de Jean-Pierre Mocky ;
Capitaine Conan (1996), de Bertrand Tavernier.

FIRMINE RICHARD
(NÉE EN 1947)

Dans les années 1960, Firmine Richard, venue de Guadeloupe en métropole avec sa mère, entre à la RATP. Elle y est d'abord poinçonneuse, receveuse et enfin cheffe de station. Quinze ans plus tard, elle est de retour dans sa Guadeloupe natale, où elle entre au Conseil général, mais revient de temps à autre à Paris. Un soir de 1988, alors qu'elle est au restaurant, une directrice de casting la remarque : Coline Serreau est à la recherche de celle qui incarnera Juliette face à Daniel Auteuil, pour son prochain film *Romuald et Juliette* (1989). Rendez-vous est pris pour une audition, et la réalisatrice tombe instantanément sous le charme de Firmine Richard, qui n'a jamais entendu parler ni d'elle, ni de Daniel Auteuil. La voilà à l'affiche d'un film à sortie nationale, dans un premier rôle. À 40 ans. « Je vis tout ça comme un conte de fées, dit-elle. Ce n'est pas un rêve éveillé parce que je n'ai jamais rêvé de faire du cinéma. »

Quelle actrice on découvre alors, dans le rôle de cette femme de ménage qui élève seule ses cinq enfants, venant au secours de son patron, Romuald (Daniel Auteuil), largué par sa femme et victime d'une escroquerie qui le laisse sans le sou. Le film est un délice qui doit beaucoup au charme, à la simplicité, la grâce et la joie de vivre de Firmine Richard.

Le réalisateur italien Dino Risi en est bouleversé et, un an plus tard, elle tourne *Valse d'amour* (1990), avec Vittorio Gassman et Dominique Sanda. Plus tard, François Ozon lui offre un très beau moment de gravité dans *8 Femmes* (2002), avec cette reprise *a cappella* de « Pour ne pas vivre seul » de Dalida et cette larme qui roule sur sa joue.

Sa rencontre avec le réalisateur-acteur Lucien Jean-Baptiste fixe un autre cap dans la carrière de Firmine Richard, celui de la comédie. Avec notamment, *La Première Étoile* (2009), un joli succès à 2 millions d'entrées, où elle chausse des Moon Boot et le rôle d'une grand-mère antillaise qui accompagne son fils et ses trois enfants en vacances à la montagne. Et qui se moque comme d'une guigne des regards de travers sur son passage. Fière. À l'image de Firmine Richard, co-autrice avec Aïssa Maïga et quatorze autres actrices du livre *Noire n'est pas mon métier*. Une femme de caractère.

Autres films notables :
Je vous aime très beaucoup (2010), de Philippe Locquet ;
Bowling (2012), de Marie-Castille Mention-Schaar.

NATHALIE RICHARD

(NÉE EN 1963)

On aime Nathalie Richard depuis longtemps, au gré de ses multiples rôles, dans lesquels elle n'est à chaque fois ni tout à fait la même, ni tout à fait une autre, comme une voisine accorte qui changerait régulièrement d'appartement mais habiterait toujours dans notre immeuble.

Au seuil de sa filmographie, il y a Jacques Rivette, une fondation. Dans *La Bande des quatre* (1989), elle est Cécile, la plus volatile, la plus rétive à tout encagement, que ce soit dans le pavillon de banlieue qu'elle partage avec ses colocataires (Fejria Deliba, Bernadette Giraud, Laurence Côte) que dans son cours d'art dramatique dirigé par une professeure radicale (Bulle Ogier), qui enseigne comme méthode « la démolition et le doute ». Nathalie Richard, l'actrice autant que son personnage, préfère l'école buissonnière.

Elle retrouve Rivette en 1995 pour *Haut bas fragile*, où elle est Ninon qui agace son amoureux rétif. Dans un atelier de peinture, elle entame avec lui un long duo qui tient du dialogue musical et de la chanson dansée. Fluide dans tous ces registres, Nathalie Richard, mutine, chantonne : « Je ne sais pas si c'est oui, je ne sais pas si c'est non. »

Olivier Assayas, autre auteur majeur, la distingue dans trois films : *L'Enfant de l'hiver* (1989), *Irma Vep* (1996) et *Fin août, début septembre* (1999). Trois récits où, comme chez Rivette, elle fait bande, habitée d'un bel esprit de troupe au sens théâtral. Troupe pour troupe, dans *30 ans* (2000), de Laurent Perrin, elle est Barbara, cocréatrice d'une compagnie de théâtre qui se délite au gré de soubresauts sentimentaux. Actrice et témoin à charge, Nathalie Richard est la conscience très malheureuse de ce requiem pour une adolescence défunte.

On la croit a priori plus légère quand elle paraît au générique de *Jeune & jolie* (2013), de François Ozon. Souriante et papillonnante en effet, mais, finalement, principale préposée au déni familial qui nimbe la double vie fracassée d'une adolescente. Dans *Parc* (2009), d'Arnaud des Pallières, elle fulgure d'élégance en grande bourgeoise frivole, Mme Clou (*sic*), qui, dans la ravissante résidence qu'elle partage avec son merveilleux mari (Sergi López), ne voit pas, aveugle volontaire, qu'un nouveau voisin (Jean-Marc Barr) va se révéler un dangereux prédateur. Dans *Happy End* (2017), de Michael Haneke, équarrissage d'une famille de notables calaisiens, elle est une agente immobilière impavide, aussi glaçante que la mort qui rôde. Même regard à effet « objectif » dans *Le Règne animal* (2023), de Thomas Cailley, où elle est une professeure censée incarner la raison dans un foutoir d'aventures transhumaines. N'était que sur le visage vacillant de Nathalie Richard, l'incertitude se dessine. C'est ce qui nous emballe dans son jeu : toujours l'ombre d'un doute.

Autres films notables :
La Confusion des genres (2000), d'Ilan Duran Cohen ;
Au plus près du paradis (2002), de Tonie Marshall ;
Le Passager (2006), d'Éric Caravaca.

PIERRE RICHARD
(NÉ EN 1934)

« Au fond, s'il n'y avait pas eu Danny Kaye et Yves Robert, je n'aurais probablement jamais fait de cinéma », expliquait Pierre Richard, il y a trois ans, au magazine *Télérama*. Il découvre le premier au cinéma. Le film s'appelle *Un fou s'en va-t-en guerre* (1944), d'Elliott Nugent. « C'est très simple, je suis entré dans le cinéma, je ne savais pas ce que je voulais faire, quand je suis sorti, je voulais être Danny Kaye. » Pierre Richard est sidéré par la gestuelle de l'acteur américain, il y voit une forme de burlesque dans laquelle il se retrouve précisément. Le second lui offre sa première chance au cinéma, dans *Alexandre le bienheureux* (1968). Mieux encore, le cinéaste donne un formidable conseil à l'apprenti comédien : « T'es pas un acteur, t'es un personnage. Fais ton cinéma toi-même. »

Chaînon manquant entre Jacques Tati et Buster Keaton, Pierre Richard devient alors *Le Distrait*, *Le Grand Blond avec une chaussure noire*, *Le Jouet*, *Le Timide qui se soigne*, ou encore *La Chèvre*. L'homme à qui il arrive toutes sortes d'accidents, aux grandes jambes (un indispensable atout) systématiquement emmêlées dans tout ce qui traîne, empêtrées dans des obstacles incongrus (on songe ici à cette jambe qui s'enfonce malencontreusement dans un couvercle de WC dans *La moutarde me monte au nez* [1974], de Claude Zidi), jusqu'à la chute inéluctable. Mais ce n'est pas seulement son inénarrable jeu de jambes qui rend Pierre Richard irrésistible. Il joue aussi de son visage, de ses yeux bleus, étonnés, et surtout bienveillants, comme s'il y avait chez lui une confiance innée en l'humanité. Et une profonde gentillesse, ce qui fait de lui la victime désignée des brutes et des aigrefins qui croisent son chemin.

Exemple canon, *La Chèvre* (1981), de Francis Veber, premier volet des aventures d'un dénommé François Perrin, malchanceux congénital, appelé par son PDG à faire équipe avec Campana, détective privé baraqué et coriace, pour retrouver sa fille disparue au Mexique. Dans la peau de Campana, le détective exaspéré, Gérard Depardieu. À eux deux, ils forment un extraordinaire et authentique duo comique. Le cortège de catastrophes déclenché par Perrin partout où il passe, semble avoir très peu de prises sur son enthousiasme, tandis que Campana (l'homme rationnel), perd peu à peu ses repères jusqu'à se trouver débordé par les événements.

Tout au long des années 1970-1980, Pierre Richard enchaîne de très grands succès populaires flirtant tranquillement avec les 3 millions d'entrées – sans parler de *La Chèvre*, près de 8 millions d'entrées. Si le public lui réserve des triomphes, la critique, en revanche, ne suit pas. Elle ne le prend pas au sérieux, alors que lui a l'impression de dénoncer les insanités du monde moderne, la puissance de l'argent, tout particulièrement dans *Le Jouet* (1976), de Francis Veber, où il devient le jouet d'un enfant gâté. Il est une énorme star en Asie, adulé en Russie, mais la France des années 1990 le boude.

Il lui faudra attendre quarante ans avant que le magazine *Les Inrocks* rende hommage à son cinéma. Quand l'Académie des Césars décide de lui décerner un César d'honneur en 2006, il a 72 ans. Dans son smoking noir, chaussé d'une splendide paire de baskets blanches, Pierre Richard aura ces mots : « J'ai eu la malchance d'avoir trop de succès. »

Autres films notables :
Les Malheurs d'Alfred (1972), de Pierre Richard ;
Les Compères (1983), de Francis Veber ;
Les Mille et Une Recettes du cuisinier amoureux (1996),
de Nana Djordjadze.

PIERRE RICHARD-WILLM
(1895-1983)

D'abord pianiste, puis sculpteur, PRW est entré en cinéma à 34 ans. Zélé, lucide sur son niveau comme acteur, après cinq saisons passées à l'Odéon, il est parmi les comédiens des années 1930 celui qui détestait le plus le cinéma, en tant qu'univers d'orgueil et d'humiliation, sans aller jusqu'à l'appât du gain. Mais le désir fou de s'offrir un piano à queue Pleyel l'a fait céder à d'alléchantes propositions.

Son fardeau est d'avoir été le plus beau des jeunes premiers romantiques. Il est grand, blond, une mèche sur le front, le regard langoureux, le sourire charmeur. Il porte avec allure les tenues d'officier et les habits d'aristos. Parfois, il s'en amuse : c'est en dandy tiré à quatre épingles qu'il s'est rendu à une convocation de Julien Duvivier pour un rôle auquel ce costume ne convenait vraiment pas. Manière de paraître antipathique : il savait très bien qu'on ne lui proposait le personnage que parce que Gabin l'avait refusé et lui-même était d'avis que seul Gabin pouvait l'incarner. Dès ses débuts, il plaît au public. Moins à la critique, qui le malmène, dit qu'il joue sans éclat, avec des brusqueries, des gestes appliqués. Les choses s'améliorent en ce jour de 1934 où, après quatorze films privés de relief, il interprète avec brio le légionnaire désabusé du *Grand Jeu*, un des meilleurs films de Jacques Feyder… et de lui ! L'honneur d'y figurer lui aurait suffi, mais voici que l'enthousiasme du public à son égard se change en hystérie. Conforté la même année par le succès de *La Maison dans la dune*, de Pierre Billon, Pierre Richard-Willm devient la coqueluche des lectrices de *Ciné-Miroir*, l'idole des midinettes, qui se pâment en rêvant de se retrouver dans ses bras. À son grand embarras, on le tient pour le nouveau Valentino, il se contente d'être Werther, Pergolèse, Liszt ou Edmond Dantès… De leur côté, des actrices célèbres telles Madeleine Ozeray, Jany Holt, Junie Astor, Michèle Morgan, plus tard Edwige Feuillère, Mila Parély ou Annie Ducaux manifestent leur intérêt de former avec lui « le couple idéal ». Ne reste plus qu'à ouvrir le bal avec *Un carnet de Bal* de Duvivier (1937) où il batifole joliment en moniteur de ski avec Marie Bell.

Le hic est que son tempérament est si peu compatible avec toute cette frénésie qu'un beau jour de l'après-guerre il s'arrête sans crier gare, sans même prendre congé du public. Les temps ont changé, il a 50 ans, ses tempes blanchissent. Il disparaît dans la nature. Retour en catimini à ce théâtre populaire de Bussang, dans les Vosges, (où il a débuté en 1911) tout en demandant l'anonymat pour lui-même. Il rejoue du piano, est heureux enfin. Ainsi va s'achever pour de bon la carrière cinématographique d'un comédien qui désormais ne souhaite plus qu'une chose : vivre en homme tranquille. Vingt-cinq ans après ce retrait, il publiera pourtant *Loin des étoiles*, en réponse aux attaques d'un journal people. Ces mémoires sont un régal pour leur sincérité et leur élégance morale. Mais ses vingt ans de cinéma l'intéressent si peu désormais qu'ils n'occupent que cinquante-cinq pages sur trois cent seize ! PRW aurait été bien surpris d'apprendre que, de nos jours, on ne trouve pas moins de treize de ses films disponibles en DVD, lui dont la devise aurait pu être : « Oubliez-moi. »

Autres films notables :
La Tragédie impériale (1938), de Marcel L'Herbier ;
La Loi du Nord (réalisé en 1939,
sorti en 1942), de Jacques Feyder ;
La Duchesse de Langeais (1942), de Jacques de Baroncelli.

EMMANUELLE RIVA
(1927-2017)

D'abord il y a le phrasé singulier d'Emmanuelle Riva, une voix traînante qui vient d'un horizon brumeux. Peut-être un nuage d'accent hérité de sa famille ouvrière d'origine italienne. C'est cette musique particulière, le son de son corps, qui charme Alain Resnais et l'amène à réclamer cette jeune inconnue pour *Hiroshima mon amour* en 1959. Sur un scénario de Marguerite Duras, autre voix singulière, Emmanuelle Riva est « Elle », amoureuse de « Lui », un Japonais qu'elle accompagne sur le site de la ville atomisée. Emmêlement réussi de fiction et de documentaire, le film, à la croisée de ces deux regards, est aussi un reportage sur Emmanuelle Riva : sa beauté altière et résistante quand elle est bousculée par une foule, et cette façon en effet unique et sidérante de demander à son amant, comme un murmure à confesse : « La nuit, ça ne s'arrête jamais à Hiroshima ? »

Elle n'est pas moins fascinante dans *Léon Morin prêtre* (1961), de Jean-Pierre Melville, où les tourments de la chair sont au cœur du récit. Pendant l'Occupation, dans une ville de province, elle est la jeune veuve d'un militant juif communiste, mère d'une petite fille. Qui va provoquer un jeune prêtre (Belmondo, époustouflant de sobriété) sur le terrain de ses convictions religieuses. « Si vous n'étiez pas prêtre, vous me prendriez pour femme ? » Le silence de Belmondo est une réponse. Le jeu d'Emmanuelle Riva est celui d'un entêtement à aimer d'un impossible amour, avec ce qu'il faut de féminisme discrètement militant. Ainsi de la gifle à une amie qui se dit prête à coucher avec l'occupant nazi pour sauver sa vie misérable. La scène est troublante quand, pour s'excuser de son geste, Emmanuelle Riva regarde alors sa main comme si elle ne lui appartenait pas.

Autre rôle qui réclame du caractère : *Thérèse Desqueyroux* (1962), de Georges Franju. Riva y est une grande bourgeoise bordelaise accusée (à raison) d'avoir tenté d'empoisonner son mari (Philippe Noiret), pour échapper à l'étau des conventions sociales. Elle apparaît dès la scène d'ouverture, sur les marches du palais de Justice, innocentée grâce au témoignage à décharge de son époux qui craint l'opprobre de son milieu. Le visage clos de Thérèse est, comme le dirait Duras, « coupable, forcément coupable ». La suite est faite de retours en arrière où Thérèse documente la torpeur de sa vie claquemurée. Une longue scène dans un restaurant parisien la cadre face à son mari qui se goinfre tout en se répandant en horreurs antisémites. Le jeu d'Emmanuelle Riva est comme off. Sous son allure chic et proprette, menace une éruption de haine et de dégoût, d'autant plus inquiétante qu'elle ne cesse de gentiment sourire. Autrement dit, le quant-à-soi fait actrice. Des années plus tard, lors d'une rencontre impromptue, Emmanuelle Riva confie le mode d'emploi de son métier : « Ce qu'il y a de bien avec les mots qu'on échange, c'est qu'une grande partie de leur sens nous échappe. »

De nouveau avec Franju, elle est, dans *Thomas l'imposteur* (1965), une princesse devenue ambulancière pendant la guerre de 14-18 et engluée dans les manigances de Thomas, un jeune soldat mythomane qui croit à la vérité de ses mensonges. Son uniforme d'infirmière austère lui donne une allure religieuse qui pousse Thomas à lui demander : « Croyez-vous en Dieu, Madame ? » La princesse répond en regardant ailleurs : « Oui, surtout quand j'ai peur. Par exemple, en train. » L'aristocratie n'est pas seulement celle du personnage mais celle d'Emmanuelle Riva elle-même : belle, distante, lointaine, sans aucune sorte de mépris, l'autodérision à la boutonnière, proustienne en somme.

Emmanuelle Riva ne dédaigne pas de faire sourire, par exemple, dans *Y a-t-il un Français dans la salle ?* (1982), de

Jean-Pierre Mocky, ou dans *Vénus Beauté (Institut)* (1999), de Tonie Marshall. Mais c'est dans un film de haute tragédie qu'elle bouleverse à jamais : *Amour* (2012), de Michael Haneke. « Y a quelqu'un ? » crie un vieux monsieur dans l'appartement douloureusement silencieux où son épouse est en route vers la mort. Oui, M. Trintignant, il y a quelqu'un. C'est Mme Emmanuelle Riva qui en votre humaine compagnie invente un au-delà de l'émotion par sa retenue même. La scène folle de tendresse où Jean-Louis Trintignant prend dans ses mains le doux visage d'Emmanuelle Riva nous invite à en faire autant avec ceux qu'on aime.

Autres films notables :
Liberté la nuit (1984), de Philippe Garrel ;
Trois Couleurs : Bleu (1993), de Krzysztof Kieślowski ;
Le Grand Alibi (2008), de Pascal Bonitzer.

DANY ROBIN
(1927-1995)

« Ingénue », aurait lancé Jouvet, deux fois son partenaire, avec sa manie d'attribuer les emplois. Chaque génération de jeunes actrices a son ingénue. Mais elles ne le restent pas très longtemps. Elle, si. Une ingénue si pure et si sincère que les producteurs se sont fait de Dany Robin une idée stéréotypée (« Tu souris et tu te tais ! »), au point que, si elle s'était mise tout à coup à chanter à tue-tête, la scène aurait été coupée au montage. Les filles sérieuses ont tort de sourire. De ce sourire triste reposant sur la sainte trinité : douceur, candeur, fadeur. Car les garçons croient que quelque chose leur est promis alors qu'ils n'auront rien. Elle regrette d'allumer leur désir, elle veut seulement, cette chère Dany, se trouver un mari et lui rester fidèle. Mais avec ce seul schéma d'existence son personnage pourrait vite devenir lassant.

On aurait espéré autre chose, la voir, ne serait-ce qu'une fois, dans un contre-emploi surprenant. Par exemple – exagérons les choses ! –, dans un rôle de vampire aux canines pointues. Ou, à tout le moins, qu'elle se laisse défigurer, comme Michèle Morgan ou Édith Scob par leurs réalisateurs respectifs, Cayatte et Franju. À défaut, on est content, dans *La Fête à Henriette* (1952), de Julien Duvivier, dont elle est tête d'affiche, qu'elle y assomme à coups de maillet le malabar qui la poursuit, même si la scène n'est guère crédible. Le reste du temps, elle ne craint pas de paraître nunuche, avec grâce. Une grâce, une pudeur, une distinction uniques en leur genre, où la sexualité se limite à l'esquisse d'un baiser ou à un regard d'autrui vers l'échancrure de son corsage. La chair n'est pas triste, comme l'affirmait Mallarmé, elle n'apparaît pas. Et c'est ce qui fait sa singularité, car c'est plutôt le sexe qui attire le spectateur.

Au cinéma, qui dit belle innocente dit victime de son sort. Dany Robin était de celles qui sont malheureuses en amour, il lui revenait d'être virginale et de jouer les éplorées universelles. Aussi les titres de deux de ses films lui conviennent-ils très bien : *Les amoureux sont seuls au monde*[1] (1948), d'Henri Decoin, et *Le Plus Joli Péché du monde* (1951), de Gilles Grangier. Dans la vie, elle a épousé l'acteur Georges Marchal, jusqu'à ce que, au bout de dix-huit ans de mariage, Michèle Morgan vienne mettre le bazar dans un si beau couple. Dany Robin n'en a pas moins offert ses yeux doux et sa tendresse chez une quinzaine de metteurs en scène, de Carné à Clair, d'Anouilh à Guitry, de Blasetti à Genina. Elle tirera finalement sa révérence avec *L'Étau* (1969), où elle triomphe en dernière venue des blondes hitchcockiennes.

Ce vedettariat ne fait pas d'une petite-bourgeoise une star, mais clôt joliment une carrière s'ouvrant par un double premier prix du Conservatoire (danse et comédie), mettant le feu à la salle. Ironie du sort, c'est des suites d'un incendie chez elle à Paris que le cœur de la « petite fiancée de la France », comme on l'appelait alors, a cessé de battre, à 68 printemps.

Autres films notables :
Le silence est d'or (1947), de René Clair ;
Julietta (1953), de Marc Allégret ;
Cadet Rousselle (1954), d'André Hunebelle.

1. Le premier de ses deux films avec Jouvet, l'autre c'est *Une histoire d'amour* (1951), de Guy Lefranc.

MADELEINE ROBINSON

(1917-2004)

Pour son film *Douce* (1943), Claude Autant-Lara a confié à Madeleine Robinson le rôle ambigu de Mlle Irène, l'institutrice, qui ne se contente pas d'éduquer Odette Joyeux, la petite fille romantique de Marguerite Moreno, vieille comtesse tyrannique. Elle voudrait s'élever, a été la maîtresse de Roger Pigaut, le régisseur, et ne dirait pas non à Jean Debucourt, père veuf de Douce, qui désire l'épouser. Soudain, le drame : Douce meurt dans un incendie. Il faudra du caractère à Mlle Irène pour garder contenance face aux imprécations d'une aïeule qui vient de perdre sa petite-fille et qui chasse de chez elle la préceptrice et l'intendant.

Il y a chez Madeleine Robinson une dignité, apparue dès ses débuts, un jeu plein de retenue, de justesse et d'exigence. Son regard intense nous poursuit, émergé d'on ne sait quelles souffrances enfantines. Elle est née Svoboda, dans une famille modeste, devenue très pauvre quand ses parents (un ouvrier pâtissier et une receveuse de tramway), émigrés tchèques, se séparent. Jeunesse chaotique, que Madeleine passe au Pré-Saint-Gervais, à Marines dans le Vexin, puis en Italie. Rentrée à Paris, elle fait la vendeuse. Charles Dullin la laisse suivre ses cours de théâtre. Aussi aura-t-elle sa vie durant le sens de la mesure, pas d'exigences de star, juste la rage de s'en sortir et le contentement de ce qu'elle a, même si la Providence ne lui a pas donné grand-chose, sauf une étrange beauté, paisible en apparence.

C'est une actrice rare. Pas par le nombre de films (soixante-quinze), mais par sa pudeur, son courage, sa vérité, sur scène ou à l'écran, qui n'est pas une composition réussie mais celle de la vie même. Regardons-la descendre d'un autocar et s'éloigner sur une route de Haute-Provence, avec son manteau en laine et sa petite valise en carton bouilli. Une voiture à cheval s'arrête, conduite par Paul Bernard, aristocrate décavé. Patrice, c'est son nom, lui propose de la déposer à destination, un hôtel qui donne sur un barrage en construction. Il va tomber amoureux fou. Mais rien n'est simple, chacun a sa vie et tout va exploser. C'est le point de départ de *Lumière d'été* (1943), de Jean Grémillon. Elle seule a les pieds sur terre dans cette maison où vivent des fous, des dégénérés et un peintre ivrogne, où l'on reconnaît Pierre Brasseur et Madeleine Renaud.

Dans son regard, on mesure vite son sentiment sur autrui. Œil noir : tristesse, trahison, dépit. Œil plissé : évaluation, méfiance. Œil ailleurs : désir de se faire oublier. Aurait-elle le mauvais œil ? Dans *Le Mioche* (1936), de Léonide Moguy, elle est une fille mère qui abandonne son enfant. À d'autres moments, elle est mêlée à des incendies (*Douce*, *Piège pour Cendrillon*), des usurpations d'identité (*Les Louves*, *J'ai épousé une ombre*), des histoires d'amnésie (*Piège pour Cendrillon* [1965], d'André Cayatte – où elle joue la méchante gouvernante). Dans *Les Frères Bouquinquant* (1947), de Louis Daquin, ou dans *Une si jolie petite plage* (1949), d'Yves Allégret, elle est la servante un peu lasse ; ailleurs, la mère d'un garçon qui découvre qu'elle se prostitue ou une ex-putain qui se suicidera… Elle atteindra un statut social plus élevé dans *À double tour* (1959), de Claude Chabrol, et *J'ai épousé une ombre* (1983), de Robin Davis, sans être plus heureuse pour autant.

À travers cette galerie, on garde le souvenir d'une comédienne respectée, blessée parfois, primée souvent, mais sans illusions. Elle a laissé ses rôles vieillir avec elle et puis elle est partie s'enterrer en Suisse, après deux mariages sans lendemain. En atteignant le comble de la simplicité, se doutait-elle qu'elle nous apparaîtrait si classique et si moderne ?

Autres films notables :
Sortilèges (1945), de Christian-Jaque ;
Le Garçon sauvage (1951), de Jean Delannoy ;
Leur dernière nuit (1953), de Georges Lacombe.

VIVIANE ROMANCE
(1912-1991)

Elle n'a pas froid aux yeux, Pauline Ortmans, de Roubaix, même si ce n'est pas cet aspect de son physique que l'on remarque d'abord. Quand, à la fin des années 1920, les journaux rapportèrent qu'une petite *chorus girl* du Moulin-Rouge s'était payé le luxe de retourner une claque à la vedette du show – Mistinguett, s'il vous plaît –, qui eût pensé que dix ans plus tard elle serait l'héroïne du film événement *La Belle Équipe* (1936), de Julien Duvivier ? Ses épaules rondes, ses seins plantureux, ses cuisses pleines y aiguisent le désir de MM. Gabin et Vanel, au point de brouiller à mort les meilleurs amis du monde. Duvivier la reprendra dans *Panique*, dix ans plus tard, au sommet de sa maturité, où il faut la voir gruger Michel Simon : elle a bien gagné ses galons d'actrice.

Ah ! L'attirance physique ! Qu'on l'appelle vamp, femme fatale, garce, fille de joie, sex-symbol, c'est toujours la même chanson qui débouche sur des trafics et des passions vénales. À l'écran, les hommes se battent pour elle, voudraient la mettre dans leur lit ou sur le trottoir, lui faire mélanger les affaires et le plaisir. De son côté, elle aime s'exhiber, jouer des hanches, enfiler ou retirer ses bas résille noirs en présence de l'homme qu'elle veut séduire et, pour arriver à ses fins, faire semblant d'en être amoureuse, alors que pas du tout. La prostituée du *Puritain* (1937), de Jeff Musso, qui entraîne Jean-Louis Barrault dans des cabarets puis chez elle n'avait vraiment pas besoin de porter des pulls de deux tailles en dessous pour allumer sa concupiscence.

Dès le milieu des années 1930, elle devient une vedette archipopulaire : au box-office des films d'avant-guerre, elle dépassera Michèle Morgan et Danielle Darrieux. Car Viviane n'est pas seulement une belle plante vénéneuse à la sensualité moite et au sourire enjôleur pour hommes dans la quarantaine (à l'écran) et ados en pleine puberté (dans la salle). Elle a appris à la dure à jouer la comédie, à se comporter avec ses partenaires sur un plateau, à secouer ses longs cheveux de jais, à entrouvrir un bouton sur un sein accueillant, à remonter ses jupes, à danser et à chanter aussi, ainsi qu'elle le montre dans beaucoup de ses rôles, comme dans *Liliom* (1934), de Fritz Lang, *Mademoiselle Docteur* (1937), de Georg Wilhelm Pabst, *L'Étrange M. Victor* (1938), de Jean Grémillon, *La Maison du Maltais* (1938), de Pierre Chenal, etc. Elle sait désormais lancer la réplique, bouger, meubler un silence. C'est particulièrement visible dans ses rôles très habillés, comme dans *L'Affaire des poisons* (1955), où Henri Decoin la fait se confronter à Danielle Darrieux – consécration qui ne l'intimide pas !

À la fin des années 1940, enhardie par ses succès, et pour atteindre une respectabilité créatrice, elle a alors voulu produire, se mêler de la conception des films, apporter des idées, et même renvoyer des auteurs. Raté ! Elle va d'échec en échec. Elle revient à sa vie de comédienne mais la société a changé, le public n'est plus au rendez-vous. La deuxième partie de sa carrière la trouve aigrie, insatisfaite, quittant ses maris, vivant chichement dans une ancienne commanderie de Templiers de l'arrière-pays niçois, qu'elle avait retapée. Comme si, dans la vraie vie, le rôle de fille perverse qui a mal tourné lui revenait de droit.

Autres films notables :
Naples au baiser de feu (1937), d'Augusto Genina ;
La Tradition de minuit (1939), de Roger Richebé ;
L'Affaire du collier de la reine (1946), de Marcel L'Herbier.

MAURICE RONET
(1927-1983)

Quel mystère hantait Maurice Ronet ? Le syndrome de l'homme pressé craignant de mourir jeune ? La peur que tout s'arrête, classique chez les comédiens ? Mais quand la carrière se déploie au mieux et qu'on totalise presque une centaine de rôles, c'est bien sûr autre chose. S'inquiétait-il alors d'être ou ne pas être un assez grand acteur ? Quatre interprétations maîtresses sont là pour le rassurer : *Ascenseur pour l'échafaud* (1958), de Louis Malle, *Plein Soleil* (1960), de René Clément, *Raphaël ou le débauché* (1971), de Michel Deville, et surtout *Le Feu follet* (1963), de Louis Malle, d'après Drieu La Rochelle. Plus, comme tout le monde, deux ou trois Chabrol.

Il est d'abord enchanté de ses propres succès, sa vie sentimentale s'est étoffée dans le sillage des films. Des femmes très belles l'ont aimé, d'autres l'ont distraitement pris comme amant. Avant de les retrouver tard dans la nuit, il rejoint ses amis les hussards, Antoine Blondin, Roger Nimier et compagnie, dans les bars et les boîtes de la vie parisienne. Une vie qu'il appréciera d'autant moins que, imbibé d'alcool, il y alourdit sa silhouette de jeune premier, si bien qu'il peine à obtenir cette dureté sèche du Feu follet, ce personnage que Malle lui offre avant de s'éloigner, comme si ce double de lui-même avait fini par l'agacer. Mais cure d'amaigrissement et visage creusé ont fait gagner Ronet en crédibilité. Et il y a une telle adéquation entre lui et Alain, le héros de Drieu, une telle mélancolie de dandy nonchalant, qu'il y a trouvé sa vérité et sa gloire.

Les morts sont plus séduisants que les vivants, pourvu qu'ils disparaissent avec fracas. Maurice se serait sans doute satisfait de ce suicide plus personnellement ressenti que son trépas dans des films à venir, mais c'est par ces morts à répétition qu'il va bizarrement survivre. Il a aimé relire Melville au point qu'il adaptera *Bartleby* à l'écran. Ronet, qui lui aussi « préférerait ne pas », avait pourtant taquiné les arts, le pinceau, le piano, l'orgue, et réussi, donc, comme acteur avant d'être guetté par l'insatisfaction, voire le goût du désastre. La couverture de *L'Express* à la sortie d'*Ascenseur pour l'échafaud*, c'est gratifiant, mais c'est loin, si loin déjà. À vrai dire, Ronet ne se sent jamais sûr de lui. Tout juste est-il peiné de ne pas ressembler à l'homme qu'il aurait voulu être. Mais voici que lui naît l'idée perverse de s'être glissé à tort dans une tribu dont il serait indigne – celle des grands comédiens –, et ce sentiment le ronge.

Et puis, comme il faut bien gagner sa vie, payer sa maison du Luberon, il reconsidère. Se dit que tout irait bien s'il n'y avait pas quelqu'un pour le priver du haut de l'affiche. Qui ? Mais Delon, bien sûr ! Delon qui lui damera le pion dans quatre films... Surtout dans *Plein Soleil*, que Ronet illumine d'un naturel et d'une morgue aristocratiques. Il y tyrannise Delon avant que celui-ci ne le poignarde et ne lui emprunte sa personnalité en même temps que sa maîtresse (Marie Laforêt). *Idem* dans *La Piscine* (1969), de Jacques Deray, quand Delon, plus beau, plus jeune de six ans, lui maintient la tête sous l'eau au propre et au figuré. Alors que lui n'hérite que d'un second rôle de play-boy vieillissant ! Cette fois encore, Maurice doit s'avouer vaincu. Comme si la beauté canaille de Delon faisait ressurgir en lui le mécontentement de n'être que soi. Comme si la renommée s'était peu à peu dérobée devant cet acteur grandiose que sa tristesse d'âme replonge dans ses démons.

Autres films notables :
Trois Chambres à Manhattan (1965), de Marcel Carné ;
La Femme infidèle (1969), de Claude Chabrol ;
Mort d'un pourri (1977), de Georges Lautner.

NOËL ROQUEVERT
(1892-1973)

S'il avait joué un des nains de Blanche-Neige, ç'aurait été Grincheux, à n'en pas douter, tant l'homme a un physique et un emploi de pète-sec, de ronchon, de rouspéteur. À peine l'aperçoit-on sur l'écran qu'on sent qu'il va râler. Et sans une ombre d'autodérision ni de second degré, s'entend. Sa voix s'étrangle, ses sourcils se soulèvent, ses yeux fulminent, il tonitrue : le numéro est au point. Un peu lassant parfois, par manque de diversité, mais si savoureux quand, en face, il y a Gérard Philipe qui se moque de lui, dans *Fanfan la Tulipe* (1952), de Christian-Jaque, où il est sergent recruteur du roi (*idem* dans *Cartouche* [1962], de Philippe de Broca). Il se croit tout permis ce fier-à-bras qui se lance, flamberge au vent, s'apprêtant à donner une leçon au soldat déserteur. Mais Gérard, fine mouche et agile bretteur, s'amuse à le ridiculiser d'une épée bien trempée. Il ne veut pas l'embrocher mais, dans un duel réglé comme du papier à musique – la partition en fait un ballet –, le corriger d'importance avec chute finale du toit où ils s'affrontent.

Cependant, la main de notre fier-à-bras ne reste pas sans se faire remarquer dans la suite de sa carrière. Dans *L'assassin habite au 21* (1942), d'Henri-Georges Clouzot, elle étrangle les victimes de M. Durand, le meurtrier, à l'aide d'un solide lacet. Dans *Le Corbeau* (1943), du même Clouzot, Roquevert est manchot, mais de l'autre main, il gifle à tour de bras. Dans *La Main du diable* (1943), de Maurice Tourneur, – de plus en plus fort ! – il est un cuisinier espagnol qui vend une main vivante à Pierre Fresnay et perd à nouveau la sienne.

Cependant, le fantastique n'est pas du tout son genre, à lui qu'on imagine bien dans les lithos d'un Daumier. Officier de marine, garde-chasse, garde champêtre, commissaire de police, brigadier, inspecteur, gendarme, ancien grenadier et même acteur raté et centenaire… L'autorité, vous dis-je, surtout l'autorité. Dans *Napoléon* (1955), Sacha Guitry eut l'esprit, en cas d'esclandre prévisible, de lui confier le rôle du général Cambronne. Dans *Marie-Octobre* (1959), de Julien Duvivier, il est contrôleur des contributions, comme si la sienne était précisément incontrôlable. Avec son petit œil rond et sa grande gueule, sa moustache et son béret, il joue ici et là les Français moyens avec la jubilation béate du donneur de leçon. Il est resté fidèle à sa nature explosive malgré la masse des personnages qu'il a incarnés. Il les a tous rendus savoureux, mais sans toujours pouvoir les sauver de l'insignifiance.

Ce pourquoi sa vogue ne faiblit pas au cours d'une si longue carrière – onze films en 1962, onze en 1964, plus de cent cinquante en tout. La vieille baderne réac que voilà est restée jusqu'au bout populaire, sans doute parce que ses concitoyens sont friands de zozos à qui on ne la fait pas. Et qu'ils sont indulgents avec un gaillard dont il se dégage une bêtise reposante et une médiocrité qu'on surplombe. C'est rassurant. À force de jouer les caricatures, il finissait par ressembler à ce célèbre héros borné des dessins animés d'avant-guerre, le canard colérique et hargneux qui se fait berner par plus malin que lui. Cher vieux Donald Duck.

Autres films notables :
Les Otages (1939), de Raymond Bernard ;
Antoine et Antoinette (1947), de Jacques Becker ;
Les Diaboliques (1955), d'Henri-Georges Clouzot.

FRANÇOISE ROSAY
(1891-1974)

« Tu es trop laide pour être actrice ! », lui lance un jour sa comédienne de mère. Alors, elle tâte de l'art lyrique, des panouilles au cinéma et un court-métrage de 1916 de Jacques Feyder dont le titre dit tout : *Abrégeons les formalités* ! Mais la rencontre avec le réalisateur est fructueuse : deux mois après, les voilà mariés. Du coup, celle qui sera l'héroïne et l'inspiratrice de son mari, et des premiers Carné, deviendra une vedette internationale. Françoise a retenu la leçon. Elle connaît les limites imposées par son physique chevalin. Comment tirer avantage de cette disgrâce ? Elle se dit que les jolies femmes ont trente ans de pouvoir absolu, les autres toute la vie, si leur intelligence fait le reste. À elle de rester fidèle à ce qui lui permettra de s'imposer : du caractère, de l'allure, du professionnalisme. Et aussi l'art de jeter quelques drapés sur sa stature osseuse ou de pointer sur autrui son regard dédaigneux. Grâce à sa volonté farouche, elle deviendra la coqueluche des théâtreux, et l'une des reines des années 1920-1930 à l'écran.

Son emploi, ce sont les femmes dures, autoritaires, péremptoires. Pourtant, beaucoup d'hommes s'amourachent d'elle – et cela ne paraît pas invraisemblable : Henri Garat, dans *Le Fauteuil 47* (1937), de Fernand Rivers, Jean-Louis Barrault, le tueur de bouchers de *Drôle de drame* (1937), de Marcel Carné, Jean Murat, le duc espagnol de *La Kermesse héroïque* (1935), de Jacques Feyder, sans oublier Albert Préjean et Charles Vanel, qui se battent pour elle dans *Jenny* (1936), de Carné. Carette est même son mari dans *L'Auberge rouge* (1951), de Claude Autant-Lara, pour le meilleur et surtout pour le pire. Dans une des scènes les plus mémorables du film, elle se confesse à un moine de passage pour se faire pardonner les cent deux voyageurs qu'elle et son aubergiste de mari ont assassinés. Le comique vient du hiatus entre Fernandel, le moine pétochard à la comprenette difficile, et elle, toute de naturel et d'intonations doucereuses. Et foutu pour foutu, l'on découvre dans cette scène ce que jouer veut dire.

Quatre-vingt-quatorze films ! Dans sa boulimie jubilatoire, Mme Rosay a accumulé des nanars et des films moyens. Mais il reste un cursus splendide. Et au moins cinq portraits de femmes (dont quatre peints par Feyder) aux sentiments complexes, aux accents émouvants. S'y expriment la supériorité des femmes puissantes et leur fragilité. Le plus connu et le plus subtil de ces portraits est l'épouse du bourgmestre de *La Kermesse héroïque.* Le regard de mépris qu'elle jette à la fin sur son mari, le couard Alerme qui, sous l'occupation espagnole, se fait passer pour mort, résume tout. Trois d'entre ces rôles sont des tenancières d'hôtels louches. Pour le premier, elle tire les cartes aux légionnaires aux confins du désert, dans *Le Grand Jeu* (1934). Pour le second, la même année, dans *Pension Mimosas*, elle est une Phèdre qui s'ignore. Pour le troisième, dans *Macadam* (1946), elle est une hôtelière meurtrière et délatrice. Elle n'a pas froid aux yeux en dompteuse qui fait claquer son fouet, dans *Les Gens du voyage* (1938), nouveau cadeau de Feyder. Enfin, l'entremetteuse et patronne de boîte de nuit qui veut élever sa fille comme une grande bourgeoise, rôle-titre de *Jenny*, donc, qu'on évoquait. Elle y est sublime en mère jalouse de sa propre enfant. Bientôt, le temps présente la note – rôle de composition, car Françoise n'a alors que 45 ans. Mais comme elle est vieille, soudain, prenant conscience qu'elle a cessé de plaire ! À la fin, elle longe le pont de la gare Saint-Lazare. Va-t-elle sauter ? Elle se tasse dans sa redingote noire, un taxi la croise qu'elle ne hèle pas. D'une marche hésitante, elle disparaît peu à peu dans la fumée blanchâtre et les sifflements redoublés d'un train qui s'enfuit.

Autres films notables :
Un carnet de bal (1937), de Julien Duvivier ;
Le Joueur d'échecs (1938), de Jean Dréville ;
Pas folle la guêpe (1972), de Jean Delannoy.

JEAN-PAUL ROUVE

(NÉ EN 1967)

Il n'est pas si facile pour un acteur de débuter à la télévision. La liste de ceux qui ont franchi la ligne rouge qui sépare le petit du grand écran est très brève. Jean-Paul Rouve est de ceux-là.

Pas tout à fait parti de rien quand même, puisqu'il suit les cours d'Isabelle Nanty au Cours Florent. À la fin des années 1990, Jean-Paul Rouve a monté sa troupe, Les Robins des Bois. Dominique Farrugia (ex-Nuls) les repère et leur propose une émission sur la chaîne Comédie Plus. Rouve y pratique l'humour noir comme il respire, imperturbable, sur les traces des impayables Monty Python. La télévision lui apporte la notoriété.

Mais l'obsession du gamin de Dunkerque, c'est le cinéma, pour s'échapper, s'offrir une autre vie. Alors, il sera un collabo dans *Monsieur Batignole* (2002), de Gérard Jugnot, le sosie de Michel Polnareff dans *Podium* (2004), de Yann Moix, ou encore un animateur de colonie de vacances dans *Nos jours heureux* (2006), d'Olivier Nakache et Éric Toledano. Et il sera surtout Jeff Tuche, père de famille nombreuse, chômeur et fier de l'être, à partir de 2011 dans les quatre films réalisés par Olivier Baroux, qui feront chacun plusieurs millions d'entrées (2 pour le premier volet, 5 pour le troisième). Une coupe de cheveux de footballeur allemand des années 1970, des joggings informes, il y a dans ce personnage créé par Jean-Paul Rouve, un cousinage évident avec la famille Groseille (*La vie est un long fleuve tranquille* [1988], d'Étienne Chatiliez), le cynisme en moins, Jeff Tuche est sympa. On garde une petite tendresse pour ce photographe de mariage, qu'il incarne dans *Le Sens de la fête* (2017), de Toledano et Nakache, qui ne pense qu'à s'empiffrer.

Même s'il revendique la légèreté (« La futilité, c'est l'essence de la vie, de la nature humaine. C'est ce qui fait notre charme », confiait-il à *Libération*), Jean-Paul Rouve peut se montrer surprenant de conviction quand il aborde le registre dramatique. On pense ici à l'émouvant père de famille, jeté dans l'épouvante du Rwanda, dans *Petit pays* (2020), d'Éric Barbier.

Autres films :
RRRrrr !!! (2004), d'Alain Chabat ;
Poupoupidou (2011), de Gérald Hustache-Mathieu ;
Le Consentement (2023), de Vanessa Filho.

LUDIVINE SAGNIER
(NÉE EN 1979)

Le nom de Ludivine Sagnier est si fortement associé à celui de François Ozon qu'on en oublie presque sa carrière avec d'autres réalisateurs, un peu avant (*Les Enfants du siècle* [1999], de Diane Kurys) et beaucoup après. Il est vrai cependant que c'est dans les films d'Ozon qu'on la repère, au début des années 2000. *Gouttes d'eau sur pierres brûlantes* (2000), *8 Femmes* (2002), *Swimming Pool* (2003) Une trilogie qui scande sa croissance, son développement. Simple contrepoint féminin dans *Gouttes d'eau…*, elle a en revanche une place aussi importante que les sept autres actrices, dont quelques géantes (Deneuve, Huppert, Ardant, Darrieux), dans *8 Femmes*, où elle assume le rôle a priori ingrat de Marguerite, petite dernière censément innocente (voire bébête) d'une famille de douces dingues. Et la voilà pourtant adoubée et brillante, comme dans ce trio mémorable où, en pyjama bleu pâle, elle twiste à fond en compagnie de Catherine Deneuve et Virginie Ledoyen sur l'air de « t'es plus dans le coup, papa ». Oh yeah !

Dans *Swimming Pool*, elle atteint une consistance nettement plus dramatique. Elle y est une nymphette qui vire lolita, dans une maison du Luberon où une écrivaine (Charlotte Rampling) cherche une sérénité propice à l'écriture de son nouveau roman. D'abord filmée pour son corps, cadré au bord d'une piscine, sous toutes les coutures de son bikini, Ludivine Sagnier gagne pas à pas ses galons de personnage : d'abord aguicheuse et un rien crispante, puis intrigante, elle finit par devenir inquiétante quand un meurtre a lieu.

Après sa séparation (à l'amiable ?) avec Ozon, Ludivine Sagnier est distinguée par Christophe Honoré qui va lui donner de nouvelles ailes. Dans *Les Chansons d'amour* (2007), elle est Julie, l'amoureuse du sombre Ismaël (Louis Garrel). Christophe Honoré a chargé son personnage de moults références aux cinéastes qu'il idolâtre. Ainsi, quand Julie dit à Ismaël : « Je pense à quelque chose tout à coup : tu m'emmerdes ! », elle répète texto la réplique d'Anna Karina à Jean-Claude Brialy dans *Une femme est une femme*, de Godard. *Idem* dans le premier plan où, de dos, elle a la même silhouette et coiffure blonde que Catherine Deneuve dans *Les Parapluies de Cherbourg* de Demy. Elle n'est pas pour autant un simple porte-citations. En fille qui disparaît, elle fait de son évaporation une présence, jusqu'au final où, tel un fantôme, elle chantonne, plutôt juste : « Pourquoi viens-tu si tard ? » Dans *Les Bien-aimés* (2011), sa mission paraît impossible. Plus qu'une citation de Deneuve, elle *est* Deneuve. C'est-à-dire la jeune Madeleine qui, devenue adulte, est interprétée par Catherine Deneuve. Un micmac, typique d'Honoré, dont Ludivine Sagnier s'extirpe royalement, pleine d'entrain juvénile dans son rôle d'une vendeuse de chaussures qui, dans le Paris des années 1960, envisage gaiement d'autres sources de revenus occasionnels, comme la prostitution. Ludivine Sagnier n'est plus la citation de quoi que ce soit, elle est une actrice majeure qui apporte sa touche personnelle d'extravagance.

Autres films notables :
Mesrine : l'instinct de mort (2008), de Jean-François Richet ;
Lola et ses frères (2018), de Jean-Paul Rouve ;
Adieu Paris (2022), d'Édouard Baer.

CÉLINE SALLETTE

(NÉE EN 1980)

C'est un peu dingo mais la première fois où on a fait attention à Céline Sallette c'est pour un archi-minirôle, dans un film de Clint Eastwood, *Au-delà* (2010). Même pas de nom pour son personnage, juste une fonction : secrétaire. Pourtant, dans son recoin, Céline Sallette nous alpague, comme une promesse qui va se réaliser à travers trois films où elle ne joue plus les utilités. *Un été brûlant* (2011), de Philippe Garrel, où elle est Élisabeth, témoin glaçant de la dissolution d'un couple (Monica Bellucci et Louis Garrel). *L'Apollonide : Souvenirs de la maison close* (2011), de Bertrand Bonello, où elle est Clotilde/Belle-Cuisse, bien nommée pensionnaire d'un bordel mobilisé contre un client qui a mutilé une des filles. Une sorte de Louise Michel des putes, l'humour en plus. Et *Ici-bas* (2012), de Jean-Pierre Denis, où aux antipodes de son précédent rôle, elle est une bonne sœur qui, pendant l'Occupation, tombe amoureuse d'un résistant (Éric Caravaca). Pour tenter de concilier l'inconciliable, elle dit : « Le Seigneur sait notre amour, je le porte en moi. » Lorsque Céline Sallette, littéralement, se dévoile, la liberté est sur son visage.

Dans *Saint Amour* (2016), de Benoît Delépine et Gustave Kervern, elle est souriante en Vénus rousse, dubitative et tendre, qui, sur la route (des vins), croise un père (Gérard Depardieu) et son fils (Benoît Poelvoorde) en pleine dérive alcoolisée. Nouveau bond en avant avec *Nos années folles* (2017), d'André Téchiné. Un soldat de la Première Guerre mondiale (Pierre Deladonchamps) déserte et, pour éviter le peloton d'exécution, se fait passer pour une femme, avec l'aide de son épouse (Céline Sallette) qui brille dans ce couple hors normes et hors la loi. Après une scène d'amour, l'actrice, nue et pudique comme *La Grande Odalisque* peinte par Ingres, a le génie et la grâce de rendre banal l'extraordinaire : « Vivre avec un condamné à mort, ce n'est pas une vie mais c'est ma vie. »

Mais il peut aussi y avoir de la colère froide dans le regard en amande de Céline Sallette. Regard qui se fait foudroyant quand elle devient militante dans *Les Algues vertes* (2023), de Pierre Jolivet, où elle incarne une journaliste enquêtant en Bretagne sur la pollution liée à l'élevage intensif des porcs. Dans cette fiction documentaire, le personnage de Céline Sallette est inspiré de la journaliste Inès Léraud. Son jeu de reporter faussement naïve face aux événements et aux menaces de l'industrie agroalimentaire est évidemment en creux une leçon de journalisme. Mais sur l'écran, il est surtout une leçon de cinéma. Le doux sourire de Céline Sallette, sa gravité de fond, ses doutes, ses tristesses, ses rires : elle n'héroïse pas son personnage, elle le rend bienfaisant.

Autres films notables :
Un château en Italie (2013), de Valeria Bruni-Tedeschi ;
Geronimo (2014), de Tony Gatlif ;
Un peuple et son roi (2018), de Pierre Schoeller.

LOUIS SALOU
(1902-1948)

Tendresse et coup de cravache : la définition par Cocteau du patronyme de Marlene Dietrich vaut pour Louis Salou, précieux second rôle. La tendresse, c'est sa diction, qui fait toujours son miel d'un beau texte. La cravache, c'est son comportement souvent brutal.

Exemple : Fifi, l'officier prussien de *Boule de suif* (1945), de Christian-Jaque, qui fait fusiller le boulanger pris en otage parce qu'il livre du pain aux francs-tireurs. Il promet à la femme de ce dernier que son mari sera rentré à la maison le soir même. Il tient parole, mais ce sera son cadavre qu'il lui fera déposer, en jouant atrocement sur les mots.

Autour de Louis Salou et des trente-six films tournés dans sa courte vie, la mort rôde toujours. En comte de Montray, il tient la dragée haute à Lacenaire/Marcel Herrand dans *Les Enfants du paradis* (1945), de Marcel Carné, mais finira assassiné par lui dans les vapeurs d'un bain turc. De même, en prince d'opérette, il mourra de mort violente, dans *La Chartreuse de Parme* (1948), de Christian-Jaque. En d'autres lieux, il affiche ou bien la déchéance, en magistrat fasciste dans *Les Amants de Vérone* (1949), d'André Cayatte, ou une politesse exquise, en inspecteur de police qui siffle demi sur demi, dans *Voyage sans espoir* (1943), toujours de Christian-Jaque.

Pourtant, Louis Salou reste une devinette non résolue. Entre sa silhouette racée et son moi intime, il y a un je-ne-sais-quoi de dissonant. Le corps mince – une lame – se faufile aisément dans les tenues militaires et les parures de dandy. En revanche, le visage aux paupières lourdes semble caché derrière un masque de morgue. En apparence, tout semble sous contrôle. Équilibre fragile. Dans son meilleur travail d'acteur, le rôle d'un pion dans *La Vie en rose* (1948), de Jean Faurez, Salou se voit tel qu'il est et tel qu'il voudrait être. Dédoublement qui lève une piste. Dès le début du film, le pion tente de se pendre. La corde casse.

Mais l'année suivante, Louis Salou ne joue plus. Dans une souffrance qui colle avec la plupart de ses rôles, il avale du poison et meurt pour de bon. Sous le tragique de la chose, on devine un Salou secret. Un Salou venu des PTT, proche des arts et du surréalisme, qui publiait des poèmes dans la revue *Raison d'être* et était l'ami de Picasso, de Chagall. Un Salou dont, vingt-huit ans plus tard, le nain Piéral, dans ses mémoires[1], mentionnera l'attirance pour de très jeunes hommes. Comme pour partager, jusque dans la tombe, la douleur du regard de l'autre.

Autres films notables :
La Vie de bohême (réalisé en 1943, sorti en 1945), de Marcel L'Herbier ;
Le Voyageur sans bagage (1944), de Jean Anouilh ;
Sylvie et le fantôme (1946), de Claude Autant-Lara.

---

1. *Vu d'en bas*, Robert Laffont, 1976.

DOMINIQUE SANDA

(NÉE EN 1951)

En 1969, Robert Bresson tourne *Une femme douce*, d'après une nouvelle de Dostoïevski, son premier film en couleurs. Pourtant, cette singularité ne l'empêche pas de continuer à penser en noir et blanc. Noir comme le portrait d'une jeune bourgeoise languide, qui débute par son suicide. Blanc comme l'épiderme de son actrice. Une inconnue de 16 ans, Dominique Sanda. Bresson l'aurait choisie au vu de quelques photos de mode, mais surtout pour sa voix au téléphone.

C'est un cadeau de commencer sa carrière avec Bresson. À condition d'en sortir. La plupart des acteurs et actrices révélés par le réalisateur ont en effet ensuite disparu des écrans. Pour Dominique Sanda, le cadeau ne fut pas empoisonné. Fidèle à sa méthode, Bresson l'empêche de jouer à l'actrice, d'interpréter le texte. Pourtant quelque chose en Sanda résiste à cette minéralisation : sa beauté bien sûr mais surtout sa voix en effet comme téléphonée d'un ailleurs distant. Filmer une voix, c'est un des prodiges accomplis par Bresson.

Bernardo Bertolucci en fut, dira-t-il, comme envoûté. Il la veut pour *Le Conformiste* (1970), portrait d'un Italien ordinaire, Marcello (Jean-Louis Trintignant, géant !), se conformant au mussolinisme des années 1930 jusqu'à en devenir un exécuteur de très basses œuvres. Deux femmes dans sa vie : Giulia, son épouse, petite bourgeoise falote (Stefania Sandrelli), et Anna, compagne d'un professeur antifasciste exilé à Paris, dont Marcello, son ancien élève, doit organiser l'assassinat. Anna, c'est Sanda, *bellissima*, intelligente, anticonformiste pour le coup, le contraire de Giulia. Marcello en tombe amoureux (on le comprend), sans qu'il puisse cependant renoncer à sa mission terrible. Deux scènes mémorables doivent tout à Dominique Sanda : un tango saphique avec Stefania Sandrelli dans une guinguette des bords de Seine, moment de grâce où la vilenie des hommes est contrariée par la liberté des femmes. Et la fin du film. Sur une route de montagne, Marcello a fomenté le meurtre du professeur en fuite avec Anna. Elle échappe au massacre, se précipite sur la voiture d'où Marcello a assisté au crime sans broncher. Elle hurle, frappe la portière, déchirante, éperdue, folle de douleur, puis s'enfuit dans le sous-bois où elle est abattue à son tour. Dominique Sanda, sublime tragédienne, devient la Sanda !

Essentiellement en Italie, où elle début un voyage à la façon des poètes et des écrivains du XIXe siècle. Il y a à l'époque, dans ce pays, une facilité, une chaleur au coin de la rue, un mélange de simplicité et de gaieté qui lui conviennent et la rendent légère comme plume au vent. Souvent devant la caméra de maestros fameux. En 1970, elle est la plus belle fleur du *Jardin des Finzi Contini*, de Vittorio De Sica. Elle y est Micòl Finzi Contini, jeune fille de la bourgeoisie juive de Ferrare qui, dans les années 1930, vit dans l'inconscience du fascisme qui gronde et dans le déni de l'antisémitisme qui croît. L'élégance de Sanda, l'insouciance de son jeu, rendent d'autant plus tangible le destin effroyable qui la guette.

De nouveau, Bertolucci la désire, pour *1900* (1976), fresque politique qui arpente l'histoire de l'Italie du crépuscule du XIXe siècle jusqu'à la chute du fascisme. Sanda est Ada, jeune bourgeoise qui vaque, mutine, à ses passions amoureuses, indifférente à la grande histoire qui finira par la rattraper. Il fallait une certaine dose de charisme pour arriver à exister entre les sacrés monstres qui accaparent les rôles masculins du film : Robert De Niro, Gérard Depardieu, Burt Lancaster, Donald Sutherland. Dominique Sanda y parvient avec magnificence, comme un camée épinglé au revers du film, un bijou aussi discret qu'indiscret, qui pique notre cœur.

De retour en France, elle est la passagère clandestine et vaporeuse du *Navire Night* (1979), de Marguerite Duras, ou une manipulatrice diabolique dans *Les Ailes de la colombe* (1981), de Benoît Jacquot, son compagnon d'alors. Mais c'est dans *Une chambre en ville* (1982), de Jacques Demy, qu'elle atteint à nos yeux un nouveau firmament. Une tragédie plus chantée qu'enchantée, où elle est Édith, la jeune épouse d'un homme impuissant (Michel Piccoli, terrorisant) qui tombe amoureuse folle de François, un ouvrier métallurgiste (Richard Berry, idéal de beauté prolétaire pour Demy). Grâce à Sanda, déterminée par sa passion mortelle, on ne sait plus où donner de la tête et de l'amour. Avec en guise d'apogée, la scène nocturne où, dans les rues de Nantes, Édith, un peu pute, racole son futur amoureux en lui dévoilant beaucoup de sa nudité sous un manteau de fourrure. « Tu viens, mon bijou ? », chantonne-t-elle à son François. On ne vient pas, on accourt !

Autres films notables :
Poussière d'empire (1983), de Lam Lê ;
Saint Laurent (2014), de Bertrand Bonello ;
Un beau dimanche (2014), de Nicole Garcia.

MARIA SCHNEIDER

(1952-2011)

Maria Schneider n'a aucun lien de parenté avec Romy. Mais des choses en commun. Dans les deux cas, un même paysage existentiel douloureux où s'imbriquent vie et fiction.

Maria Schneider naît au cinéma au début des années 1970, notamment avec *La Vieille Fille* (1972), de Jean-Pierre Blanc, un méli-mélo destiné à faire briller ses deux acteurs très principaux, Annie Girardot et Philippe Noiret. Pourtant dans un recoin du film, on remarque une jeune fille bouclée, radieuse et rieuse, qui, comme un pléonasme, porte le nom de Mome. C'est Maria Schneider.

Puis retentit un coup de tonnerre qui lance ses éclairs et ses foudres dans mille directions. En 1972, elle est l'actrice principale du *Dernier Tango à Paris*, de Bernardo Bertolucci. Elle est Jeanne, une jeune Parisienne entraînée dans une passion sensuelle sans suite avec Paul, un Américain dépressif d'une quarantaine d'années, joué par Marlon Brando, monstre sacré s'il en est mais sacré monstre aussi. Le film est un succès, attisé par le scandale provoqué par une scène de sodomie qui épate le bourgeois et déchaîne bien des commentaires graveleux. Il n'y a pas grand monde à l'époque pour détecter le fond foncièrement misogyne qui parasite le film. Entre autres lors d'une scène où Brando, reluquant Maria Schneider nue dans une baignoire, se répand en commentaires ricanants sur ses seins. Bertolucci a beau déclarer que le personnage de Jeanne est « à la mesure des tourments que provoque l'explosion du féminisme », le mâle est fait. Maria

Schneider, devenue mondialement célèbre, sort brisée du tournage, victime d'hommes dominants (Brando et Bertolucci) qui l'ont soumise à la limite du viol dans la trop fameuse scène du beurre, dont elle ignore tout le matin même de son tournage. Des années plus tard, elle déclare : « J'ai perdu sept ans de ma vie entre cocaïne, héroïne et dégoût de moi et repoussé des rôles directement inspirés de celui de Jeanne. » Après le décès de Maria Schneider, Bertolucci s'est excusé. Un peu tard, un peu trop tard.

C'est un autre Italien qui va sinon refermer la plaie du moins essayer de la cicatriser. En 1975, Michelangelo Antonioni lui confie un des deux rôles principaux de *Profession : Reporter*. Une nouvelle fois, Maria Schneider est face à un monstre du cinéma hollywoodien : Jack Nicholson. Mais ce n'est plus un tango où l'homme dirige mais un duo à égalité, où Maria Schneider a toutes ses chances. Elle n'accompagne pas le personnage joué par Nicholson – un journaliste qui usurpe l'identité d'un autre –, elle est sa partenaire à part entière, son miroir et son écho dans cette dérive de tous les dangers. Certes très belle mais animée d'une puissance d'actrice qui n'a rien à voir avec la beauté ou la laideur, du côté de la vie hors limites, cheveux au vent, debout dans une décapotable, tandis que, sur l'autre rive du film, la mort fait les cent pas.

Autre « réparateur » de Maria Schneider, Jacques Rivette l'invite dans *Merry-Go-Round* (1977), dont il résume ainsi le scénario : « Deux personnes qui se réunissent parce qu'une troisième, qui leur a donné rendez-vous, n'est pas là. » Autrement dit, Léo (Maria Schneider) et un jeune Américain, Ben (Joe Dalessandro, star érotisée des films d'Andy Warhol). Leur « couple », par ailleurs sur-sexy, n'est qu'un prétexte, rivettien en diable, pour exalter la part de rêve de nos existences. Dans cet esprit poétique qui habite Maria Schneider au plus haut point et inspire son jeu décalé, elle est, à l'instar de toutes les actrices de Rivette, comme une fée du réel.

Une fée qui se métamorphose en démon, acharné à la détruire au gré d'apparitions de plus en plus furtives. Maria Schneider meurt le 3 février 2011, à l'âge de 58 ans, des suites d'un cancer. Lors de ses obsèques, Alain Delon lira l'hommage écrit par Brigitte Bardot, son ultime protectrice, qui souhaite qu'on se souvienne d'elle comme de « Maria l'insurgée, qui a marqué à jamais par son insolence ».

Autres films notables :
Violanta (1978), de Daniel Schmid ;
Weisse Reise (1980), de Werner Schroeter ;
La Clef (2007), de Guillaume Nicloux.

ROMY SCHNEIDER

(1938-1982)

Elles sont rares les actrices dont le seul prénom suffit à leur évocation : Marlene, Brigitte… et Romy. Qui dit Romy, dit fatalement Schneider. De ses débuts dans la célèbre trilogie des *Sissi* (1955-1957), d'Ernst Marischka, jusqu'à son ultime film, *La Passante du Sans-Souci* (1982), de Jacques Rouffio. La fin de sa vie fut tragique, trop de deuils, trop de chagrins. Les titres de certains de ses films résonnent comme une prémonition. Le dernier de la saga des *Sissi* la disait « face à son destin ». Le film inachevé d'Henri-Georges Clouzot, tourné en 1964 et réapparu en 2009 dans un documentaire consacré au tournage cauchemardesque où elle fut malmenée, s'appelait *L'Enfer*.

Entre ses débuts et sa fin, s'intercale une scène extrasolaire dans *Ludwig ou le Crépuscule des dieux* (1972), de Luchino Visconti. Visconti fait revenir Romy dans le rôle de Sissi. Mais ce n'est plus une jeune fille en blanc lâchée dans les intrigues viennoises : c'est Élisabeth, impérative impératrice d'Autriche, toute de noire vêtue, le visage caché par une voilette, comme en deuil de sa vie. Rendant visite à son fantasque parent, Louis II de Bavière, elle fait halte dans une des folies architecturales qu'il a commanditées : le château de Herrenchiemsee, avec sa réplique de la galerie des Glaces de Versailles. Que se passe-t-il quand Élisabeth découvre cette facétie ? Passé un court moment de stupeur, elle rit ! D'un rire sonore, qui sert l'intrigue du film : Ludwig est fou mais pour elle, amusant. Un rire qui, surtout, semble envahir tout l'espace mental de Romy Schneider, telle une ardoise magique qui effacerait le poids lourd de ses débuts dont il lui serait enfin permis de se moquer. Sublime Romy à cet instant de transfert cinématographique. Sissi est morte, Romy peut renaître et vivre sa vie, d'actrice et de femme.

Sa vie de femme, parlons-en justement. Notre cœur bat la chamade à évoquer ce qui, au début des années 1960, fut un des plus beaux couples du monde : Romy Schneider et Alain Delon. Couple à la ville, mais aussi à l'écran, dans deux films. Bien sûr *La Piscine* (1969), de Jacques Deray, où elle est Marianne, l'épouse de Jean-Paul (Delon), tous deux troublés par l'arrivée d'un ami qui leur veut du mal (Maurice Ronet). La scène où Romy bronze nue au bord de la fameuse piscine marque toute une génération d'hommes et de femmes. Plus délicat, sept ans auparavant, Delon et Romy sont mis en scène par Visconti dans l'épisode intitulé « Le travail » du film à sketches *Boccace 70* (1962). Pupe, jeune comtesse récemment mariée, est mortifiée que son époux folâtre avec des call-girls. Elle fomente une étonnante vengeance : elle exige que chaque fois qu'il voudra faire l'amour, il la paie au tarif que demandent les prostituées. Comme on est dans un film de Visconti, le pacte est conclu et redouble l'amour des époux. Dire que Romy et Alain sont alors d'une beauté suprême serait en dessous de la réalité. Visconti, manifestement amoureux de ses deux acteurs, les plonge dans une feria érotique où on ne sait plus où donner de la tête.

Romy, en solo, devint dans les années 1970 la *prima donna* de nombreux films de Claude Sautet, dont, leur premier ensemble, *Les Choses de la vie* (1970). On peut émettre des réserves sur le maniérisme du film, mais tout prendre de l'interprétation de Romy Schneider qui est Hélène, maîtresse du héros (Michel Piccoli). Une évidence radieuse au seuil de sa maturité. Elle fera florès, très souvent avec Sautet, mais aussi chez Żuławski, dans *L'important c'est d'aimer* (1975), où elle joue une actrice porno en perdition. Ou dans *Les Innocents aux mains sales* (1975), de Claude Chabrol, en épouse hitchcockienne qui ourdit l'assassinat de son vieux mari.

Mais c'est dans un film plus ancien qu'on l'adore *ad vitam aeternam* : *Le Combat dans l'île* (1962), d'Alain Cavalier. Elle y est Anne, jeune femme tiraillée entre trois hommes : Clément (Jean-Louis Trintignant), son mari, Serge (Pierre Asso), l'ami de Clément, et Paul (Henri Serre), une vieille connaissance. Les hommes s'entretuent mais la femme résiste, à la foi horrifiée et révoltée par leurs jeux de massacre immatures. Romy Schneider est à nos yeux cette femme solide, préposée à la vie, malgré sa fragilité.

Autres films notables :
César et Rosalie (1972), de Claude Sautet ;
Le Vieux Fusil (1975), de Robert Enrico ;
Fantôme d'amour (1981), de Dino Risi.

MATHILDE SEIGNER

(NÉE EN 1968)

Pour nombre de spectateurs, Mathilde Seigner est d'abord l'actrice de *Camping*, triomphe de Fabien Onteniente en 2006. Une belle fille, rigolote, forte en gueule, le verbe cru, pas forcément la meilleure définition de la distinction. Et pourtant. Mathilde Seigner, née au cœur d'une famille d'acteurs, avec pour grand-père le légendaire Louis Seigner, est beaucoup plus que ça, comme le montre la majorité des films qu'elle a tournés. Une comédienne, une vraie, particulièrement géniale dans le drame, comme elle le prouve, à ses débuts, avec *Rosine* (1995), de la délicate Christine Carrière, qui a repéré chez Mathilde Seigner cette capacité à exprimer ses blessures dans la colère : un personnage de jeune mère célibataire, tiraillée entre sa soif de liberté et l'amour fusionnel qui la lie à sa fille adolescente. Un premier essai, et déjà l'affirmation d'une nature, d'une présence incontestable, orageuse et tendre. Et très directe.

On la retrouve chez Anne Fontaine, dans *Nettoyage à sec* (1997), dans le rôle d'une chanteuse qui, avec son frère, cède aux propositions d'un couple de teinturiers échangistes. Mathilde Seigner laisse planer le doute sur son personnage, est-ce l'appât du gain, ou l'envie d'aventure qui la motive, on ne le saura pas et c'est tant mieux. D'autres cinéastes, comme Dominik Moll et Tonie Marshall, voient en elle une actrice à la fois terrienne et solaire, incarnant souvent la voix de la raison et du bon sens, mais non dépourvue pour autant de l'art de la vanne. Très à l'aise sur ce terrain, Mathilde Seigner se dirige alors vers des comédies pures, aux qualités cinématographiques parfois discutables mais qui finissent par l'établir comme une actrice très populaire auprès du public français.

C'est Christine Carrière, encore, qui saura la tirer de cette ornière, avec *Une mère* (2015). Elle y est Marie, mère célibataire sans le sou, en rupture avec son fils adolescent cruel et ingrat qui multiplie les écarts de conduite. Un rôle dur qu'elle prend à bras-le-corps avec une incroyable humanité. Mère effondrée, à terre, Mathilde Seigner nous saisit à la gorge. Interrogée au moment de la sortie du film sur sa méthode de travail, elle répondait : « C'est le costume, ma méthode, dès que j'enfile les grosses bottes de Marie, j'y suis. »

Autres films notables :
Harry, un ami qui vous veut du bien (2000), de Dominik Moll ;
Le Lait de la tendresse humaine (2001),
de Dominique Cabrera ;
Bowling (2012), de Marie-Castille Mention-Schaar.

MICHEL SERRAULT
(1928-2007)

Il n'y a pas un Michel Serrault. Il y en a au moins trois. Commençons par le génie comique, puisque c'est à travers lui que nous avons fait la connaissance de Michel Serrault, ancien séminariste, devenu comédien sur les conseils de son directeur spirituel qui, fine mouche, lui avait déclaré qu'il servirait mieux Dieu dans ce domaine. Ce qui fut fait, avec d'autant plus d'entrain que, toute sa vie, Michel Serrault fut un fervent catholique. Et avec les félicitations du jury si l'on en croit les trois Césars du meilleur acteur glanés entre 1979 et 1996.

Rodé sur scène avec Les Branquignols, la troupe de Robert Dhéry et Colette Brosset, son sens du comique, qui allie le mime au burlesque, se trouve survitaminé après sa rencontre avec Jean Poiret. Le duo ainsi formé court les cachets et enquille alors dans les années 1960, un formidable chapelet de films hilarants, le plus souvent totalement dénués de scénarios. Mais le téléspectateur du dimanche soir y trouvait son compte tant les performances combinées de Francis Blanche, Sophie Desmarets, Poiret et Serrault étaient à se tordre. Un exemple entre mille, *La Tête du client* (1965), de Jacques Poitrenaud, où Michel Serrault se déploie à merveille dans un double emploi, usant de son physique élastique de Monsieur Tout-le-monde, tissant un irrésistible contraste entre un chapelier obséquieux tout en bouche pointue et en regards contrits le jour, qui se métamorphose la nuit en un patron de claque, jurant comme un charretier. On retrouvera, ce genre de performance désopilante dans *La Gueule de l'autre* (1979), réalisé par son vieux complice et ami Pierre Tchernia, avec qui il a déjà commis l'impeccable *Viager* (1972).

Mais personne n'est prêt pour la tempête Zaza Napoli, reine des abeilles et de *La Cage aux folles* (1978), d'Édouard Molinaro, qui adapte ici la pièce triomphale écrite par Jean Poiret. Zaza, artiste travestie, vedette principale du cabaret tropézien La Cage aux Folles, c'est Michel Serrault. Mais il est aussi Albin, l'homme derrière l'artiste et compagnon de Renato, directeur artistique et proprio du cabaret. On notera, qu'à l'époque, plus de trente ans avant la Manif pour tous, ce couple homosexuel ne soulèvera pas l'ombre d'un frémissement. Le nom de Michel Serrault, en revanche… restera gravé en lettres de feu pour la scène des biscottes, ses coups de sang, ses chantages au suicide, son interprétation de la grande bourgeoise sévère, ses envolées lyriques, sans oublier ses hurlements de volaille outragée qui ponctuent la moindre de ses contrariétés.

Ce pic de rigolade arrive pourtant à un moment tragique dans la vie de Michel Serrault : le 30 août 1977, sa fille Caroline, alors âgée de 19 ans meurt dans un accident de voiture. Le deuxième Michel Serrault apparaît alors, sa carrière change de cap, pour des rivages plus sombres, où l'homme qui nous a tant fait rire, ne rit plus du tout. Surtout dans le rôle de Jérôme Martinaud, notaire de Cherbourg, suspecté du viol et de l'assassinat d'une fillette, dans *Garde à vue* (1981), de Claude Miller. Vêtu d'un smoking (une idée de l'acteur), Serrault se fait arrogant, nerveux, cassant. Inquiétant, en un mot. Au point de faire naître le doute dans la tête du rugueux inspecteur Lino Ventura qui l'interroge, mais aussi dans celles des spectateurs. Le film est un triomphe, et Michel Serrault rejoint le panthéon des très grands, ceux qui peuvent tout faire, tout se permettre. Et il ne s'en prive pas, rejoignant la bande de son vieux copain-complice Jean-Pierre Mocky, pour qui il tourne, avec Jean Poiret et Jeanne Moreau, *Le Miraculé* (1987), poilante pochade autour d'une arnaque à l'assurance censée se passer à Lourdes. Ou encore celle de Jean

Yanne pour incarner un César gay comme un pinson dans *Deux heures moins le quart avant Jésus-Christ.*

Le troisième Michel Serrault est abonné aux rôles de pépé bougon au grand cœur, souvent en roue libre, évoquant au mieux le Michel Simon du *Vieil homme et l'Enfant.* Une réplique en forme de conclusion : « Je me fous du qu'en-dira-t-on. »

Autres films notables :
L'Ibis rouge (1975), de Jean-Pierre Mocky ;
Les Fantômes du chapelier (1982), de Claude Chabrol ;
Nelly et M. Arnaud (1995), de Claude Sautet.

JEAN SERVAIS

(1912-1976)

Reconnaissez-vous dans *Du rififi chez les hommes* (1955), une des œuvres maîtresses de Jules Dassin, la petite toux sèche de Tony le Stéphanois, son héros en imper un peu grand d'ex-taulard en rechute de tuberculose ? Jean Servais parvient à la dissimuler, cette toux, pour ne pas inquiéter ses compères cambrioleurs. Leur taf, c'est le casse, le supercasse du siècle, pour lui le fameux dernier gros coup, toujours rêvé, rarement réussi, et il ne faut pas que sa bande se rende compte de la moindre faiblesse de cet homme marqué par la vie, car certains seraient fichus de tout plaquer, alors que ces crétins n'ont pas le centième du quart de son inventivité pour délester le diamantaire de la place Vendôme qu'ils ont choisi d'un tas de pierres précieuses et de bijoux infourguables après le vol sans qu'ils aient été retaillés. Il pense à tout, Jean/Tony, surtout à neutraliser les systèmes d'alarme hypersophistiqués du diamantaire. Et il rêve à la vie d'après, si la police ne lui met pas la main dessus, d'autant que, à la suite de sa maladie, le temps lui est compté.

L'année précédente, c'était la sortie en fanfare et le triomphe de *Touchez pas au grisbi*, insurpassable Becker, avec le grand retour du Gabin, mais, en 1955, avec *Du rififi chez les hommes* (c'est donc notre titre), Jules Dassin ambitionne de surfer sur la vague, et tout ça c'est bon pour Jean Servais. Il a 43 ans, il ne sait pas qu'il a encore vingt et un ans à vivre, il s'entend bien avec sa petite femme Dominique, la fille de Pierre Blanchar, alors, la vie est belle après l'énorme succès de ce film-là ? Pas sûr. Comme le Stéphanois, Jean est malade depuis longtemps, il souffre, il est désabusé, mélancolique. Que va-t-il faire de sa si belle voix grave, désormais éraillée comme un vieux disque ? Déjà, le redoutable gouverneur de *La fièvre monte à El Pao*, un Buñuel s'il vous plaît, en 1959, et pas mal d'autres films, une bonne poignée au total, honnêtes pour plusieurs d'entre eux, avec des titres qu'on dirait faits pour évoquer sa fin de parcours d'homme las : *Les héros sont fatigués*, *La fièvre monte à El Pao*, *Coplan sauve sa peau*, *Celui qui doit mourir*...

À Cannes, la projection du *Rififi*, s'est très bien passée. Le jour du palmarès, le directeur de l'époque, Robert Favre Le Bret, a appelé pour le faire revenir sur la Croisette. Jean saute dans un avion et se dit que son heure est enfin venue. Il a préparé un petit discours, rien, trois mots pour remercier l'équipe. Le film remporte le prix de la mise en scène et non celui de meilleur acteur, on les fête, Dassin et les producteurs sont heureux mais lui sait bien que l'occasion ne se représentera pas. Elle se représente à Venise la même année avec un Ciampi de derrière les castings avec une pléiade de comédiens : *Les héros sont fatigués*, mais c'est Curt Jurgens, interprète du film lui aussi, qui rafle la coupe Volpi du meilleur acteur. Une bonne fois pour toutes, il comprend que le destin ne repasse pas les plats et que la sobriété de son jeu ne favorise pas la reconnaissance de son talent à sa juste valeur, en tout cas par les jurys de festivals internationaux. Si encore il avait été japonais d'origine mais non, il est belge, d'Anvers, et la belgitude est surtout apte à fabriquer de bons acteurs français, c'est déjà ça, alors, se dit-il, interprétons de notre mieux les dix-neuf films qu'il nous reste à faire et qu'on n'en parle plus.

Un film pourtant mérite le détour : *Angèle* (1934), un des grands Pagnol. La fille d'un fermier est séduite par un vaurien. Un gars de la montagne l'épousera, adoptera son bâtard et rendra sa fierté à la famille. Ce n'est pas un rôle de dur comme Tony le Stéphanois, non : c'est un amoureux, juste un amoureux. Mais d'Orane Demazis...

Jean Servais, lui aussi, quand il calculait une âme sœur, c'était pour la vie. Dans sa trentaine, il crut la trouver en la personne de Maria Casarès, sublime tragédienne venue, elle, d'Espagne. Comment aurait-il pu se douter qu'elle s'était fiancée avec lui sans exaltation ? Un jour, elle le quitte. Lui a-t-elle au moins avoué qu'elle était secrètement amoureuse d'Albert Camus, amant pas libre ? Jean qui n'est pas battant s'incline. Pas sûr que le Stéphanois aurait si bien pris la chose…

Autres films notables :
La Danse de mort (1948), de Marcel Cravenne ;
Une si jolie petite plage (1949), d'Yves Allégret ;
Le Château de verre (1950), de René Clément.

LÉA SEYDOUX
(NÉE EN 1985)

Léa Seydoux. Seuls les francophones peuvent entendre le double sens de son patronyme. Léa, c'est doux, plus que Seydoux, synonyme d'une famille d'industriels, propriétaires entre autres de deux géants du cinéma, dirigés par des frères plus ou moins rivaux : la Gaumont par Nicolas, Pathé par Jérôme. Léa appartient à cette parentèle par Jérôme, son grand-père paternel. De là à supputer, avec un brin de malveillance, qu'elle n'a pas eu besoin de se démener pour faire carrière dans le cinéma, il n'y a qu'un pas. Or, pas du tout. Le peu qu'on connaît de sa biographie est très loin du cliché d'une gosse de riches pataugeant dans la soie. Elle ne cesse de le marteler. Dans la dynastie Seydoux, elle serait plutôt la petite princesse négligée, la branche cassée, qui ne doit rien à son nom et tout à sa ténacité. « Je suis allée cueillir ma chance. Et j'ai trouvé ma voie. »

La voie du cinéma, qu'elle va arpenter par mille chemins : lesbienne aux cheveux bleus dans *La Vie d'Adèle* (2013), d'Abdellatif Kechiche ; dame de compagnie de Marie-Antoinette dans *Les Adieux à la reine* (2012), de Benoît Jacquot ; petite sœur fumeuse de joints dans *Juste la fin du monde* (2016), de Xavier Dolan ; tueuse à gage dans *Mission impossible : protocole Fantôme* (2011), de Brad Bird ; James Bond girl dans *007 Spectre* (2015), de Sam Mendes. Une mutante ? Rebecca Zlotowski, qui l'a dirigée dans *Belle Épine* (2010) et dans *Grand Central* (2013), l'exprime autrement : « Elle peut avoir le corps ouvrier et le port aristo.

Elle peut être populaire et aussi intello. Elle est un sex-symbol, mais a des airs virils. Elle reste irrésolue. »

De cette manière « irrésolue », Léa Seydoux dit : « Quand je joue, j'entre dans un état de transe. Je ne sais pas si c'est un état d'oubli de soi absolu ou de conscience totale de soi. C'est très violent, parfois cela me submerge. » Léa, c'est dur. Son visage est rarement souriant, même sur les couvertures des magazines ou pour les publicités. Et les comédies sont discrètes dans sa filmographie. Son personnage bizarre dans le loufoque *The Grand Budapest Hotel* (2014), de Wes Anderson, n'est pas si drôle que ça.

Butée ? inquiète ? timide ? indécise ? réservée ? Plus certainement sérieuse, travailleuse et déterminée. Plus religieuse du cinéma que pâte à modeler. Bruno Dumont, dans *France* (2021), la saisit comme telle. Présentatrice vedette d'une chaîne d'informations, en tailleur et hauts talons. Enquêtrice sur le terrain de la guerre, en gilet pare-balles et casque militaire. Cruelle quand elle « sadise » son assistante énamourée. Et affichant un visage grimaçant de douleur quand elle apprend la mort de son mari, capable de se rendre laide, ce qui, étant donné sa beauté sidérante, est un exploit.

Dans cette collection de masques successifs, on détecte une des forces de Léa Seydoux. Elle se donne mais ne se laisse pas prendre, cultivant en son jardin les herbes folles d'une certaine distance, qui n'est pourtant pas de la froideur. Léa Seydoux n'est pas la fille d'à côté, elle est, tout de biais, la fille de côté, tissant la toile de son propre film à l'intérieur de chaque fiction. La preuve par un détail. Dans *Les Adieux à la reine*, pour rejoindre Marie-Antoinette dans son hameau de bergère d'opérette, elle traverse le parc de Versailles, infesté de moustiques. Elle y va tellement fort pour gratter les piqûres sur sa peau qu'on se demande si on n'assiste pas en sous-main à une tentative d'automutilation. De banale, la scène devient alarmante et complique son personnage de soubrette soumise.

Léa Seydoux raconte que, gamine, elle s'inventait des amis imaginaires pour s'évader, « avec la prémonition [qu'elle] cesserai[t] plus tard d'être transparente et qu'il [lui] arriverait quelque chose de grand ».

Mystère, imagination et opacité : c'est la martingale gagnante de sa grandeur désormais accomplie.

Autres films notables :
L'Enfant d'en haut (2012), d'Ursula Meier ;
Roubaix, une lumière (2019), d'Arnaud Desplechin ;
Un beau matin (2022), de Mia Hansen-Løve.

DELPHINE SEYRIG
(1932-1990)

Quel rapport entre *L'Année dernière à Marienbad* (1961), d'Alain Resnais, et *Jeanne Dielman* (1976), de Chantal Akerman ? Réponse d'évidence : Delphine Seyrig. Dans *Marienbad*, elle est une jeune dame brune qui déambule dans les décors statufiés d'un château et d'un parc. Elle est habillée de haute couture et son personnage d'aristocrate en exil semble être issu d'un inédit de Proust. Dans *Jeanne Dielman*, Seyrig est une modeste veuve bruxelloise qui se démène entre son fils, les tâches ménagères (célébrissime séance d'épluchage de patates en temps réel) et la prostitution occasionnelle. Un critique écrivit qu'Akerman avait banalisé Delphine Seyrig. Erreur fatale ! Seyrig chez Akerman rend l'ordinaire extraordinaire. D'autres trouvèrent de mauvais goût qu'une actrice issue de la haute société incarne une prolétaire. Certes, Delphine Seyrig est née dans une famille de la grande bourgeoisie intellectuelle. Son père est directeur du Service des antiquités aux États de Syrie et du Liban, à l'époque du mandat français, et sa mère descend du linguiste suisse Ferdinand de Saussure. Et alors ? Pourquoi une femme cultivée et d'origine bourgeoise n'aurait pas le droit, ni le talent, de jouer une prolétaire, et inversement ?

Bien des cinéastes ne s'y trompèrent pas, la considérant avant tout comme une actrice inouïe. Par exemple, François Truffaut, pour *Baisers volés* (1968), où elle est Fabienne Tabard, épouse d'un marchand de chaussures, dont Antoine Doinel (Jean-Pierre Léaud) est amoureux. Sa visite à Doinel, recroquevillé sous les couvertures de son lit, est un intense moment d'humour et, ma foi, de féminisme, Mme Tabard expliquant qu'elle n'a rien contre un agréable adultère mais à ses conditions.

Ce féminisme badin va se radicaliser et devient la grande affaire de Delphine Seyrig, aussi bien à travers son activité de militante (infatigable pour la défense du droit à l'avortement) que dans ses propres films. Dont *Sois belle et tais-toi* (1976), coréalisé avec Carole Roussopoulos. Une vingtaine d'actrices (entre autres Jane Fonda) témoignent que l'histoire du cinéma s'est majoritairement écrite au masculin. Bien en amont du mouvement #MeToo, ce documentaire est devenu une référence pour les comédiennes d'aujourd'hui qui cherchent à renverser ce système machiste. Delphine Seyrig est belle et ne se tait pas.

Dans les années 1980, elle ne tourne plus que sous la direction de réalisatrices, entre autres et de nouveau, avec Chantal Akerman, dans *Golden Eighties* (1986). Elle avait déjà mis le pied à cet étrier d'amazone pour Marguerite Duras : *Baxter Vera Baxter* (1977) et surtout *India Song* (1975), où, peau diaphane et robe de soirée immaculée, elle incarne une revenante, Anne-Marie Stretter, défunte épouse de l'ambassadeur de France en Inde dans les années 1930, dont les autres protagonistes évoquent le souvenir. Moiteur, touffeur et désirs emprisonnés. Un summum de Duras et un sommet pour Seyrig qui prête son corps et sa voix à un fantôme.

Cette voix, parlons-en. Rythmée, musicale, une sonate à elle seule, immédiatement identifiable. Et quand cette voix chante, c'est une magie. En 1970, elle est la fée des lilas, dans *Peau d'âne*, le conte enchanté de Jacques Demy. Marraine de la princesse (Catherine Deneuve), elle est aussi sa guide sentimentale qui lui déconseille de se marier avec le roi son père. « Mon enfant, on n'épouse jamais ses parents. » La leçon, distillée dans son boudoir de verdure, est un des apogées du film. Seyrig ne marche pas : vaporeuse, elle flotte, coquette en son miroir, vérifiant la mise de ses boucles blondes, vêtue d'un déshabillé en mousseline. La merveille et l'émerveillement sont tels qu'on croit assister à la résurrection de quelque star du cinéma hollywoodien des années 1930. Au comble du glamour, dessalée, mutine et souriante, la fée Seyrig conclut ses conseils par l'annonce du plan machiavélique qu'elle a manigancé. De fait, à la fin de *Peau d'âne*, elle descend d'un hélicoptère blanc pour annoncer à sa filleule médusée : « Tout est arrangé, j'épouse votre père. »

Telle fut Seyrig : drôle, grave, légère, engagée. La classe absolue.

Autres films notables :
Le Charme discret de la bourgeoisie (1972), de Luis Buñuel ;
Aloïse (1975), de Liliane de Kermadec ;
Johanna d'Arc of Mongolia (1989), d'Ulrike Ottinger.

SIMONE SIGNORET
(1921-1985)

Elle est très belle avec quelque chose en plus, peut-être la noblesse de son âme qu'on lit sur son visage ou la fente oblongue de ses beaux yeux verts toujours prêts à faire feu pour la défense des libertés. Dans ses débuts, quand elle paraît sur les écrans, on dirait que les producteurs s'entêtent à lui offrir les rôles de putains, que sa beauté, sa classe et son air effronté idéalisent. Cela donne *Dédée d'Anvers* (1948), d'Yves Allégret, qu'elle épouse. Puis *Manèges* (1950), du même : de prostituée sentimentale, elle passe à garce vénéneuse, parvenant à épouser le nanti joué par Bernard Blier – l'affaire finira mal. Ou encore une belle de nuit dans *La Ronde* (1950), de Max Ophuls. Ensuite, pendant deux ans, rien ou presque. C'est qu'un chanteur célèbre (Montand) est entré dans sa vie, et la voilà qui accompagne Yves dans ses tournées au détriment de sa propre carrière.

Commence ensuite sa première période flamboyante (1952-1970), qui se termine par *L'Aveu* (1970), de Costa-Gavras, et s'ouvre avec *Casque d'or* (1952), où Jacques Becker lui offre son plus beau rôle : encore une prostituée, au sommet de sa beauté radieuse pour un drame d'amour sur les fortifs. Elle s'éprend d'un menuisier (Reggiani) et tient tête au chef des apaches (Claude Dauphin) qui la désire de trop près. Et quand, à la fin, elle assistera d'une fenêtre à l'exécution de son amoureux, Becker trouvera une équivalence à leur destin tragique : l'image du couple uni dans une dernière valse au son du *Temps des cerises*. Prostituée, donc, mais avec l'assurance d'une grande dame, assurance qui sera désormais sa marque de fabrique. Le naturel de son jeu, la netteté de son timbre de voix, la précision de ses gestes sont admirables. Les récompenses ne tardent pas : un prix d'interprétation à Cannes et un Oscar, pour *Les Chemins de la haute ville* (1959), de l'Anglais Jack Clayton. La notoriété professionnelle, c'est bien, mais, surtout, elle a gagné le cœur du public, Désormais, les films s'égrènent en un formidable défilé : *Thérèse Raquin* (1953), de Carné, *Les Diaboliques* (1955), de Clouzot, *La Mort en ce jardin* (1956), de Buñuel… Elle y exprime ces déchirements du cœur qui se terminent en catastrophe, ou le calme héroïsme des rôles de résistante, comme dans *Le Jour et l'heure* (1963), de René Clément, et surtout *L'Armée des ombres* (1969), chef-d'œuvre de Jean-Pierre Melville où elle est sublime.

Les années passent. Sa silhouette s'est alourdie. Son Montand lui en fait voir et pas seulement en la trompant avec la voluptueuse Marilyn. Vulnérable et courageuse à la fois, elle souffre, sirote des verres et tient à incarner des femmes plus âgées qu'elle. Comme si se lancer dans des rôles de *mater dolorosa* allait exorciser les démons de l'alcool et les chagrins de la vie. Elle enchaîne les personnages : *La Veuve Couderc* (une paysanne cache un évadé), *Rude Journée pour la reine* (une femme de ménage qui rêve), *Police Python 357* (une paralytique), *Judith Therpauve* (patronne de presse qui se bat). Enfin, *La Vie devant soi* (1977), de Moshe Mizrahi, où elle puise en elle une foule de sentiments pour y interpréter Madame Rosa, une ex-prostituée à la tendresse infinie qui élève des enfants de ses anciennes collègues. Le rôle lui vaut un César. Quelques mois avant, elle a triomphé avec son livre au gros tirage, *La nostalgie n'est plus ce qu'elle était* (1976), suivi par *Le Lendemain elle était souriante…* (1979) et par *Adieu Volodia* (1985), celui-ci histoire de se prouver à elle-même qu'elle était aussi romancière. Chef-d'œuvre de cette deuxième période qui a débuté en 1971 : *Le Chat*, de Pierre Granier-Deferre, sur la haine tenace entre deux vieux époux qui ne se supportent plus. Elle fera disparaître le chat que Gabin adore pour qu'il connaisse lui aussi la vraie souffrance.

Simone a tourné jusqu'en 1982, trois ans avant sa mort. Elle voit de plus en plus mal et a jeté dans ses films ou dans un feuilleton télévisé (*Madame le juge*) ses derniers feux. Avant de se cloîtrer dans sa maison de l'Eure, jouant crânement les gourous pour ceux de ses amis qu'elle y invite encore.

Autres films notables :
Adua et ses compagnes (1960), d'Antonio Pietrangeli ;
Les Mauvais coups (1961), de François Leterrier ;
L'Étoile du Nord (1982), de Pierre Granier-Deferre.

MICHEL SIMON
(1895-1975)

Chez un comédien, un physique disgracieux est-il un obstacle ? Oui, pour un jeune premier, non, pour Michel Simon. Afin de donner encore plus de relief à ses compositions, il exhibe son corps caoutchouteux, sa trogne de boxeur amoché, ses joues flasques, son menton de prognathe – le tout sans effet autre que le naturel le plus génial. Sa barbe et ses cheveux sont hirsutes au possible, sa voix « de rocaille et de crème pâtissière » (Claude Dauphin) intercale entre chaque syllabe un blanc infime – ô ce bredouillement si particulier ! Au vu d'un ensemble aussi rébarbatif, le spectateur éclate de rire. Quand il ne joue pas, Michel Simon vit à l'écart de la société en compagnie de chats, d'un perroquet et de sa guenon Zaza, dont la jalousie perturberait, selon lui, la visite des demoiselles du trottoir. Comme il adore provoquer, l'acteur ne fait pas mystère de ses collections d'objets érotiques ni de sa fréquentation de prostituées.

Franc, grossier, marginal, libertaire, le Boudu de *Boudu sauvé des eaux* (1932), de Jean Renoir, est peut-être le personnage dans lequel Simon se reconnaît le plus. Être simple, qui dit ce qu'il pense en toute ingénuité, ce clochard s'est jeté dans la Seine. On le sauve. Recueilli, séché, vêtu, le voilà qui sans penser à mal bouscule aussi bien les femmes du logis que les livres inestimables du libraire qui l'a recueilli, si fier de son acte charitable. Se grattant, éructant comme un homme des bois, il vagabonde dans l'appartement en un inénarrable mélange de virevolte et de démesure, de franchise et d'impudeur. C'est Tarzan, quai Voltaire.

Un Tarzan parasite. Même refus de la civilisation, même besoin de liberté. Comme lui, il préfère coucher par terre. Comme lui, il émet des *houhou !* Ses lianes sont le séchoir à linge, ses noix de coco, les livres, dans lesquels il crache, ses singes, le libraire et sa femme, qu'il va honorer. Après quoi, il retrouvera son indépendance.

Le père Jules, vieux loup de mer bougon de *L'Atalante* (1934), de Jean Vigo, est comme la face sombre de Boudu. Entouré de chats lui aussi, sur sa péniche-capharnaüm, le torse nu couvert de tatouages, il vampe la femme du marinier à coups d'accordéon et de clope dans son nombril. Sa truculence est un poème. Dans le domaine des vies ratées, Simon obtient toujours la même densité d'émotion, comme si la simplicité des moyens lui octroyait une force miraculeuse.

On retrouve son intuition poétique et ce brin de folie dans toutes ses compositions : loque imbibée d'alcool, dans *Les Disparus de Saint-Agil* (1938), de Christian-Jaque ; auteur de romans policiers, dans *Drôle de drame* (1937), de Marcel Carné ; boutiquier épris de cantiques, dans *Quai des brumes* (1938), toujours de Carné ; inquiétant misanthrope, dans *Panique* (1946), de Julien Duvivier. René Clair, dans *La Beauté du diable* (1950), en fait un Méphisto à court d'idées, qui implore son patron en une tirade inoubliable : « Ô grand Lucifer, inspire-moiii ! Je ne suis qu'un diable de second ordre, tu le sais… » Et Lucifer lui donne un coup de main pour signer le pacte de Faust avec Gérard Philipe. Il est aussi le mari machiavélique de *La Poison* (1951), de Sacha Guitry. Dans *La Vie d'un honnête homme* (1953), du même Guitry, il joue des jumeaux de caractère opposé. Le pathétique caissier criminel de *La Chienne* (1931), de Jean Renoir, finit clochard et rejoint donc Boudu. De même que Jo, dit « les bras coupés », de *Fric-frac* (1939), de Maurice Lehmann et Claude Autant-Lara, pourrait être condamné par le juge de *Circonstances atténuantes* (1939), de Jean Boyer : le même créateur de personnages les incarne.

Il est le seul à mêler à ce point les contraires : le rire et les larmes, l'intelligence et l'intuition, la sobriété et la démesure. Au soir de sa vie, se retournant sur ses cent un rôles, tous différents, Michel Simon a pu savourer la revanche de la laideur sur l'uniformité.

Autres films notables :
Jean de la lune (1931), de Jean Choux ;
Faisons un rêve (1936), de Sacha Guitry ;
Le Vieil Homme et l'Enfant (1967), de Claude Berri.

SIMONE SIMON
(1911-2005)

Encore Marc Allégret ! Le nombre de comédiens et comédiennes que ce cinéaste dénicheur de talents aura révélés… Ici, il s'agit de sa petite amie de l'époque (en 1931). Pas moins de cinq rôles pour une amoureuse aussi câline. Une aubaine pour apprendre le métier, d'autant que *Lac aux dames* (où elle joue Puck, la sauvageonne), du même cinéaste, en 1934, alors qu'ils ont rompu, est une révélation.

Petite demoiselle (un saxe), petit chat, petit nez retroussé, petite voix, grande ambition. Tout est charmant et gracieux chez elle, créature enfantine et perverse capable des pires faux pas avec son visage d'ange, y compris dans la vie, si l'on en croit les ragots dont raffole Hollywood, où le producteur Zanuck, patron de la Fox, l'a convoquée et lui a donné des rôles qui ne convenaient pas.

Dépitée, elle rentre en France. Jean Renoir cherche une Séverine pour *La Bête humaine* (1938), c'est peu dire qu'elle est le personnage : Gabin, Fernand Ledoux et elle vont danser la valse tragique des amants criminels, que Zola mène au bout de leur destin et de la ligne SNCF Paris-Le Havre. Contrairement à Gabin, l'amour pour elle n'est pas un aboutissement mais un instrument pour arriver à ses fins. Tout rate, Séverine le paie de sa vie, mais Simone est désormais une pointure du cinéma français. Elle a ce petit quelque chose qui fait la différence. Quoi ? Une dureté sous les simagrées de l'amour simulé, une détermination à entraîner trop loin les hommes qui tombent fous amoureux d'elle. Une manière de sourire, de hocher la tête imperceptiblement, de cajoler de la main en chatte, et même en chattemite quand les manières doucereuses et la voix caressante remplacent la vraie tendresse.

Et puisque son côté félin est de la partie comment ne pas évoquer son autre succès, *La Féline* (1942), de Jacques Tourneur, à Hollywood de nouveau ? Film de l'inconscient et du rêve, des vieilles légendes slaves et d'un univers fantastique où l'héroïne, étrange étrangère, se transforme en panthère noire dès qu'elle est sous le coup de fortes émotions érotiques. Ici, tout n'est que croyance et terreur, suggestion et dédoublement, ombres et lumières, règne de l'invisible, malaise. Film culte aujourd'hui, incroyablement novateur et féministe avant l'heure. On ne voit rien ou presque de ses transformations en panthère noire, le trouble naît de l'absence de détails explicites. Chez Irena, la dessinatrice serbe d'un New York imaginaire, la bête s'éveille, elle ne consomme pas. Le coup de génie a été de choisir, pour incarner cette créature ambiguë, une femme-enfant inclassable, avec sa voix rauque et tendre, sa silhouette gracile, son accent à peine perceptible qui semble venir du fond des âges, d'un pays où les panthères se font femmes et les femmes sorcières.

Après, deux jolies choses chez Ophuls – la soubrette de *La Ronde* (1950) et le modèle nu du *Plaisir* (1952) – et une dernière apparition chez Michel Deville, dans *La Femme en bleu* (1973), elle a dit « Pouce ! », elle n'a plus envie de jouer. Elle qui réussissait cet exploit de passer de l'euphorie aux larmes en une fraction de seconde, sa présence matérielle était si légère qu'on aurait dit, de loin, une jeune dame du Middle West en route pour l'église, un dimanche matin.

Autres films notables :
Les Beaux Jours (1935), de Marc Allégret ;
Josette et compagnie (1938), d'Allan Dwan ;
Mademoiselle Fifi (1944), de Robert Wise.

MADELEINE SOLOGNE

(1912-1995)

Il est rare qu'un grand succès public entrave une vedette pour le restant de sa carrière. C'est pourtant ce qui est arrivé à Madeleine Vouillon, qui a choisi son surnom de Sologne parce qu'elle était solognote, de la Ferté-Imbault. Issue d'un milieu modeste, elle a commencé comme modiste à Paris. Travailler du chapeau n'est pas le plus court chemin pour devenir comédienne. Mais le peintre Moïse Kisling, qui faisait son portrait, lui a conseillé de prendre des cours de théâtre et, de fil en aiguille, elle fait son trou : ce n'est pas, pour une fois, Marc Allégret – grand découvreur de jeunes comédiens – qui l'a engagée le premier, mais Jean Renoir, pour un petit rôle d'ouvrière dans *La vie est à nous* (1936).

Elle a 24 ans. Sa vivacité, sa beauté, son charmant petit museau de brune aux pommettes saillantes la vouent d'abord aux rôles de gitanes (*Les Filles du Rhône* [1939], de Jean-Paul Paulin) ou à des seconds rôles comiques, par exemple, avec Fernandel (*Raphaël le tatoué* [1939], de Christian-Jaque). *Fièvres...* (1942), de Jean Delannoy, lui offre un contre-emploi : elle y joue une phtisique, en prélude à son interprétation la plus célèbre, qui sera aussi pour elle le baiser de la mort.

Arrive, en effet, *L'Éternel Retour* (1943), légende de Tristan et Yseult modernisée par un Jean Cocteau en petite forme pour un Jean Delannoy appliqué. On a vêtu Madeleine d'étoffes médiévales, on a blondi ses cheveux, elle a laissé pousser ses mèches. Face à Patrice (Tristan) qu'incarne Jean Marais en pull jacquard, dont il lance la mode, on lui a prescrit un comportement hiératique destiné à créer l'envoûtement. Nathalie (Yseult) doit prendre des poses mystiques, mises en valeur par les costumes d'Annenkov, les décors de Wakhevitch, la photo d'Hubert et la musique d'Auric. Comment, face à ces contraintes opposées à sa nature profonde et à sa joie de vivre, recréer le rayonnement magique d'une Garbo dans *La Reine Christine* ? Au total, on est loin de *La Belle et la Bête*, ce joyau de Cocteau, et le film apparaît aujourd'hui bien démodé. Mais l'accueil est triomphal et augure pour la jeune actrice une suite de carrière lumineuse. Sauf que non.

Une notoriété si subite occasionne un choc psychologique fait de plaisir et de crainte. Le plaisir, c'est l'enthousiasme de la jeunesse sous l'Occupation pour ce couple romantique, ce sont les instituts de beauté qui ne manquent pas de proposer la coupe « Éternel retour », c'est recevoir tout à coup trois cents lettres de fans par jour. Mais quand le flot s'arrête, le doute s'installe. Pour un peu, on la plaindrait. On devrait, car elle paiera cher d'avoir joué ce rôle qui désormais lui colle à la peau. La crainte, c'est l'avenir. Que faire après un tel triomphe, quand tout s'éteint ? Quel genre de films, quel personnage, vers quel destin ? A-t-on seulement envie de redescendre sur terre ?

Le déclin de Madeleine Sologne dans les années 1950 (une dizaine de films inégaux avant le jet de l'éponge) n'est peut-être pas étranger à son comportement de vedette associé à un découragement compréhensible. Ce n'était pas par ironie que Raymond Bernard lui propose, trois ans plus tard, le rôle féminin principal d'*Un ami viendra ce soir* (1946) : le film est situé dans une clinique de fous. Et, dans *La Foire aux chimères* (1946), de Pierre Chenal, elle est aveugle. Après la folle secousse de *L'Éternel retour*, le retour en Sologne de la petite modiste n'était-il pas inéluctable ? Elle s'y résoudra avec cette sagesse qui est, comme chacun sait, la vitamine du bonheur.

Autres films notables :
Le Père Lebonnard (1939), de Jean de Limur ;
L'Appel du bled (1942), de Maurice Gleize ;
Vautrin (1943), de Pierre Billon.

JEAN-FRANÇOIS STÉVENIN

(1944-2021)

L'impromptu fait homme. Toutes les émotions peuvent surgir, d'une seconde à l'autre, sur le visage imprévisible de Jean-François Stévenin. Dans l'inoubliable *Peaux de vaches* (1989), de Patricia Mazuy, il est Roland, de retour à la ferme de son frère Gérard, après une longue absence. Est-il revenu empoisonner la vie de son frère ? Est-il machiavélique ? Ou le contraire ? À ce personnage, Stévenin prête son regard bleu, changeant, son allure terrestre, les deux pieds plantés dans la boue, et ses errances de clochard céleste.

Jean-François Stévenin a un statut très particulier dans le cinéma français. Il est à la fois acteur et réalisateur, à cette nuance près que les trois longs métrages qu'il a réalisés (et dans lesquels il joue) font encore figure de films de référence pour toute une génération de cinéastes français, tant ils sont pleins de vie, de générosité et de révolte. Tenter de le situer relève de la gageure. On pourrait néanmoins citer deux noms pour approcher au plus près de cet acteur-cinéaste-artisan hors norme : Jacques Rozier, dont il fut l'assistant, et John Cassavetes, pour cette maîtrise des impromptus. Un poète en somme.

Mais un poète qui aurait fait ses armes à HEC, dont il sort diplômé en 1967, portant son intérêt vers l'économie du cinéma. C'est à Cuba, lors du tournage d'un film d'entreprise sur la production laitière, qu'il retourne sa veste de futur cadre et endosse l'habit d'artisan du septième art. Tout ce qui touche au cinéma le passionne, tous les métiers, la lumière, la musique, le montage. Il devient l'assistant de Jacques Rivette.

Juliet Berto le repère sur le tournage d'*Out 1* (1971) : « L'assistant ressemble drôlement à Marlon Brando. On devrait s'en servir pour le film, non ? » lance-t-elle à la cantonade. Le voilà donc acteur. Dix ans plus tard, on les retrouvera tous les deux dans le funèbre *Neige* (1981), de Juliet Berto, film emblématique d'une génération nourrie par les rêves de rébellion nés de Mai 68, le rock and roll et quelques stupéfiants.

Quand il n'est pas acteur pour André Téchiné, ou François Truffaut, Jean-François Stévenin se fait son cinéma. Premier essai en 1978 avec *Passe montagne*. Il y est Serge, un mécanicien installé au fin fond du Jura, qui dépanne Georges, un architecte parisien. Georges, c'est Jacques Villeret, très jeune, avec une bouille de chérubin. Pour évoquer ce qui passe ensuite entre les deux hommes et leur quête d'une combe magique à travers la forêt qui serait comme une libération, on peut citer François Truffaut qui, à la sortie du film, en parla en ces mots : « une baroquerie forestière ». Solaire, libre, Stévenin l'acteur y déploie un éventail de possibilités extraordinaire.

Chez les autres cinéastes, il est le plus souvent un second rôle. Jacques Demy, Catherine Breillat, Raul Ruiz, Marco Ferreri, l'acteur est éclectique dans ses choix. C'est en 1986 que sort son second film *Double messieurs*, un autre choc de cinéma, une histoire de dingues autour de deux anciens élèves voulant faire une bonne farce à leur ancien souffre-douleur. Avec *Michka* (2002), Stévenin, l'âge venu, s'interroge sur la paternité avec un père de substitution (Jean-Claude Bouillon). Équipée folle et questions fondamentales. C'est peut-être ça qui fait tout le sel de cet acteur indéfinissable, hors catégorie.

Autres films notables :
L'Argent de poche (1976), de François Truffaut ;
Mona et moi (1990), de Patrick Grandperret ;
Comme elle respire (1998), de Pierre Salvadori.

ERICH VON STROHEIM

(1885-1957)

Au début du parlant, le fracassant plus grand cinéaste américain des années 1920 (*Les Rapaces* [1924], *La Symphonie nuptiale* [1928]) sera peu à peu mis au ban par Hollywood. En 36-37, il débarque en France et vient y faire l'acteur.

Rôle le plus digne de son mythe, le commandant von Rauffenstein de *La Grande Illusion* (1937), pour lequel, impressionné par sa stature et son corpus, Renoir intégrera ses suggestions. Oublié l'officier d'opérette en tenue fantoche que Stroheim avait imaginé pour *Folies de femmes* (1922), à grand renfort de shakos à plumes, claquements de talons et débauches sexuelles. Place à la pèlerine réglementaire, à la prothèse qui lui permet de se casser en deux pour s'incliner ou s'envoyer un schnaps cul sec selon un cérémonial bien établi. Il ajuste la mentonnière, se visse un monocle, se rase le crâne. Le voilà « prêt à tourner, tête faite ». Il est donc cet officier au passé glorieux, sanglé dans sa raideur et ses tâches subalternes de commandant d'une noire citadelle-prison pour officiers français de 14-18. Au contact de Pierre Fresnay – même race d'hobereaux pète-sec –, il s'épanouit, comme cette fleur de géranium qu'il coupera à la mort de cet autre lui-même. L'évasion du capitaine de Boëldieu (Fresnay) jouant l'air d'« Il était un petit navire », les projecteurs se croisant dans la nuit, les sommations, le tir du Prussien font partie de l'histoire du cinéma, comme la découverte par un journaliste belge (Denis Marion) que Stroheim avait usurpé son identité : le *von* était bidon, il n'était pas catholique, pas plus qu'officier. Quelle importance ?

Reste une douzaine de seconds rôles plus ou moins aboutis, toujours attachants, et qui valent par un mot, une mimique, une confrontation avec un autre grand acteur, comme Jouvet (*L'Alibi* [1937], de Pierre Chenal) ou Sessue Hayakawa (*Macao, l'enfer du jeu* [réalisé en 1939, sorti en 1942], de Jean Delannoy). Et il y a enfin – coup de génie, mais autre continent – le majordome amoureux de Gloria Swanson dans *Sunset Boulevard* (1950), de Billy Wilder, et qui joue du Liszt à l'orgue.

Autant de personnages que Stroheim interprète avec une politesse hautaine et glacée, pour autant qu'on le laisse tirer le rôle à lui et déployer son inimitable imitation de lui-même.

Autres films notables :
Les Disparus de Saint-Agil (1938), de Christian-Jaque ;
Pièges (1939), de Robert Siodmak ;
La Foire aux chimères (1946), de Pierre Chenal.

HÉLÈNE SURGÈRE
(1928-2011)

« On est belles, nous, on n'a pas besoin de perruque ! » Qui est ce « nous » qui, dans une rue de Paris, clame haut et fort un aussi étrange slogan ? Hélène Surgère et sa complice Sonia Saviange, les deux héroïnes de *Femmes femmes* (1974), de Paul Vecchiali. Elles font merveille dans cette embrouille entre deux actrices vieillissantes et oubliées, qui soignent leur nostalgie à grand renfort d'alcool et de scènes domestiques aussi moroses qu'hilarantes. *Femmes femmes* devient une référence encourageante pour toute une génération de cinéphiles et de cinéastes, dont André Téchiné et Pier Palo Pasolini qui, en 1976, transfère (à chaud) le duo Surgère-Saviange dans *Salò ou les 120 journées de Sodome*. Historiennes à la manière de Sade, elles sont le baromètre de l'atmosphère pour le moins tropicale du récit et, lorsque la température frôle l'insupportable, les voilà qui improvisent une scène de commedia dell'arte hilarante.

Femmes femmes n'est pas le premier essai d'Hélène Surgère dans un film de Vecchiali. En 1966, elle est déjà dans *Les Ruses du diable*, une fantaisie surréaliste qui brasse intrigues d'argent et aléas des rencontres. Débute alors une longue histoire de ciné-fidélité entre elle et Paul Vecchiali : neuf films ensemble, de 1972 à 2010, dont quelques sommets, notamment *Corps à cœur* (1979), un mélo qui narre l'amour hors la loi entre une pharmacienne (Surgère) et un jeune garagiste (Nicolas Silberg). Vecchiali explique : « L'impression qui se dégage du film, je crois, c'est le bonheur dans la douleur, les larmes qui font du bien. »

Une impression dont il précise qu'elle doit tout à l'interprétation d'Hélène Surgère, effectivement à la hauteur pour traduire sa folle passion sans perdre sa dignité. De même dans *En haut des marches* (1983), portrait d'une femme bousillée par la guerre et qui tente de renaître.

Hélène Surgère joue des rôles, petits ou grands, sous la bannière d'autres cinéastes, notamment Robert Guédiguian pour *Dieu vomit les tièdes* (1991), où elle est la mère courage de Cochise (Jean-Pierre Darroussin) qui revient au pays de son enfance du côté de Martigues. Mais, n'en démordons pas, elle est l'actrice absolue des films de Paul Vecchiali. Une muse ? Une inspiratrice ? Un double ? Sans doute. Mais surtout, impériale, une grande récitante, un chœur antique à elle seule, qui commente en les jouant les bonheurs et les tragédies de la vie.

Autres films notables :
Barocco (1976), d'André Téchiné ;
Les Belles Manières (1978), de Jean-Claude Guiguet ;
Ma vraie vie à Rouen (2003), d'Olivier Ducastel
et Jacques Martineau.

OMAR SY
(NÉ EN 1978)

17 millions d'entrées. Voilà ce qui arrive à Omar Sy, avec *Intouchables* (2011), d'Olivier Nakache et Éric Toledano. Pour la première fois son nom est tout en haut de l'affiche, joue à joue avec celui de François Cluzet. Pas vraiment un hasard car une complicité de longue date lie l'acteur aux deux cinéastes, qui ont écrit le rôle de Driss pour lui. Pour eux il sera donc cet ex-taulard embauché comme auxiliaire de vie chez un milliardaire tétraplégique, incarné par François Cluzet.

Omar Sy fait un malheur. Le grand escogriffe du *Service après-vente des émissions* sur Canal Plus, qui nous faisait mourir de rire, a fait du chemin en quelques années. Sa puissance comique est intacte, mais il y a ajouté des notes de plus, des moments de tension, d'inquiétude, de colère, qu'on ne lui connaissait pas. Le public français lui fait un triomphe, les Césars itou. Ce qui n'est pas rien, puisqu'il est le premier acteur noir à obtenir cette récompense. Omar Sy atterrit directement à la troisième place du classement des personnalités préférées des Français. Il met du temps à s'habituer à cette extraordinaire popularité : « Acteur, c'était pas prévu. Je le suis devenu avec *Intouchables*, avant, je faisais juste des films un peu comme ça… »

Ce phénoménal succès lui ouvre les portes d'Hollywood. En route pour *Jurassic World* (2015) et les films de superhéros. Pas très concluants sur le plan du septième art. Ce qui n'est pas le cas de *Chocolat* (2016), de Roschdy Zem, qui retrace la vie du clown Rafael Padilla, premier artiste noir de la scène française, au début du XXᵉ siècle. Cette fois, le défi est de taille pour l'acteur auto-didacte : d'abord, on ne s'improvise pas clown mais il lui faut aussi trouver l'accord parfait avec son partenaire, l'acteur James Thierrée, circassien fameux, et petit-fils du grand Chaplin. Et il s'agit enfin de redonner sa place à un grand artiste français oublié. À force de travail et de conviction, Omar Sy se glisse dans la peau de Chocolat et livre le combat de ce clown qui rêvait de jouer Othello. Essai réussi : Omar Sy propose toute la palette des clowns avec pirouettes, mais livre aussi de beaux moments d'intensité dramatique. Solaire et sombre à la fois.

Il sera encore plus convaincant dans un autre projet qui touche de près ce fils d'un tisserand peul : le sort des tirailleurs sénégalais pendant la Grande Guerre. Le film, c'est *Tirailleurs* (2023), de Mathieu Vadepied. Omar Sy y incarne un éleveur peul raflé avec son fils par l'armée française. L'acteur, qui interprète son rôle dans sa langue maternelle, est tout entier dans la retenue, comme s'il craignait de prendre trop de place dans l'histoire. La maturité lui a donné de la gravité, et ça lui va bien. On n'a pas fini d'être surpris par Omar Sy.

Autres films notables :
L'Écume des jours (2013), de Michel Gondry ;
L'Appel de la forêt (2020), de Chris Sanders ;
Police (2020), d'Anne Fontaine.

ODETTE TALAZAC

(1883-1948)

À l'écran, les gros plaisent. Leur taille se remarque, leur agilité surprend. Ainsi d'Odette Talazac, qui disait : « On devrait nous payer double ! »

Elle a commencé avec *Les Deux Timides* (1929), de René Clair, elle qui ne l'était pas. Après, Mère-grand dans *Le Petit Chaperon rouge* (1930), d'Alberto Cavalcanti – le loup, c'est Jean Renoir ! Une fois sa silhouette épaissie, elle tourne presque sans arrêt, souvent portant chapeau, souvent vêtue de noir. Petits rôles, seconds rôles, quarante-six rôles en tout : Odette est toujours preneuse !

La voici sur l'écran, au détour d'un travelling, seule femme du jury du Conservatoire dans *Entrée des artistes* (1938), de Marc Allégret. Elle chante l'opéra chez René Clair, ou « Le temps des cerises » pour Julien Duvivier. Elle se pointe en blanchisseuse, en concierge, en tzigane, en princesse, elle s'active en fermière, en bonne, en nourrice, elle est Poupette, elle est Mme Lanapoule – allusion plaisante au petit port près de Cannes –, elle est parfois « non créditée » au générique des films qu'elle tourne. Elle est surtout la tenancière de la sinistre pension de famille de *L'assassin habite au 21* (1942), de Henri-Georges Clouzot. Fumant la pipe comme lui, elle y héberge Pierre Fresnay déguisé en pasteur – comment pourrait-elle deviner que derrière sa soutane se dissimule l'inspecteur Wens, en pleine enquête criminelle ?

Mais son heure de gloire, c'est Jean Renoir qui la lui offre, en l'anoblissant dans *La Règle du jeu* (1939) : Charlotte de La Plante tape le carton (« Pas le bridge, voyons, la belote ! ») chez le marquis de La Chesnaye (Dalio), au château de la Colinière, où elle assume hardiment son embonpoint. C'est derrière cette cachette providentielle que vient se réfugier Carette, le braconnier poursuivi par Gaston Modot, le garde-chasse jaloux. Plus tard, elle accompagne une saynète au piano, mais quand démarre le spectacle de l'homme-squelette au son de la fameuse *Danse macabre* de Saint-Saëns l'instrument devient mécanique. La caméra panote alors et découvre la chère Odette mise sur la touche et contemplant placidement le piano qui joue tout seul.

Autres films notables :
Le Crime de M. Lange (1936), de Jean Renoir ;
La Fin du jour (1939), de Julien Duvivier ;
L'aventure est au coin de la rue (1944),
de Jacques Daniel-Norman.

JACQUES TATI
(1907-1982)

Les grands comiques de l'écran sont généralement de petite taille. Chaplin, Buster Keaton, Harpo et Chico Marx, Max Linder, Toto, Mel Brooks, de Funès : très peu d'entre eux dépassent le mètre soixante-cinq. Jacques Tati, au contraire, déploie son mètre quatre-vingt-onze sans compter son célèbre petit chapeau surmontant sa belle silhouette interminable.

La plupart d'entre eux se sont créé un personnage, un type, souvent devenu un mythe, et Tati, en interprétant lui-même le rôle de M. Hulot, n'allait pas s'en priver. Il y a la démarche, il y a l'apparence et il y a le langage. La démarche est saccadée, de grands pas, des virages à angle droit, des coups de frein brusques, un corps qui se projette en avant, se plie en deux pour un salut cérémonieux, le tout à une allure qui efface les distances et ajoute une touche humoristique d'une précision aussi parfaite qu'un numéro de mime. Le mime, justement, la danse, le sport, le music-hall, le cirque : Tati emprunte à toutes ces disciplines, en bricoleur de génie et ses gags visuels valent de l'or. Avant d'inventer Hulot, il avait lui-même assuré la tournée du facteur dans *Jour de fête* (1949). Arrive M. Hulot en 1953. Qu'il vienne passer quelques jours à l'hôtel de la plage d'un village breton pour *Les Vacances de M. Hulot*, qu'il rende visite à sa sœur dans une maison au modernisme petit-bourgeois dans *Mon oncle* (1958), ou qu'il se perde dans un Orly futuriste pour *Playtime* (1967), on peut être sûr que sa maladresse, ses contacts malencontreux avec autrui, son rapport aux objets qui l'entourent vont provoquer des ratés : un jet d'eau qui ne jaillit pas quand on le déclenche ou un feu d'artifice qui part inopinément… Sa tenue est souvent la même : des pantalons un peu justes, un vieil imper usé, un parapluie qu'il n'ouvre pas souligne cette géométrie dans l'espace que constitue sa démarche. Quand, dans *Les vacances de M. Hulot*, l'envie lui prend de faire une partie de tennis, il enfile un pantalon long à l'ancienne et la chemise blanche de rigueur à l'époque. Ainsi se détacheront sur le court les gestes hilarants d'un service type fer à repasser. Pour la fête d'adieu de l'hôtel de la plage, il se présentera dans un déguisement de corsaire affublé d'un bandeau noir de pirate. Et que dit-il, le pirate ? Rien, à part son nom quand il se présente et qu'il prononce tout en gardant sa pipe au bec. Les autres émettent des sons bizarres, des borborygmes incompréhensibles. Il n'a pas l'air de s'en étonner.

Hulot, c'est un passant. Il avance de son pas assuré qui ne le mène nulle part. Occupé qu'il est à contempler les tics de ses contemporains, à regarder passer les voitures, se jetant parfois au milieu d'un embouteillage en faisant des moulinets avec ses bras pour y mettre un peu d'ordre. Sinon, il contemple les gens, il écoute leurs propos, on jurerait qu'il prend des notes. Serait-ce pour un film ? Hulot est poli, serviable, il aime fréquenter les humains mais sont-ils ses semblables ? Pas sûr ! Il évolue parmi eux comme un fantôme que personne ne remarque. Il arrive et aussitôt les papiers s'envolent, les objets prennent le pouvoir, les catastrophes s'enchaînent. La banalité du quotidien se transforme en fantaisie insolite, et ce à l'insu d'Hulot dont la seule présence a pourtant mis le feu aux poudres. Serait-il donc un extraterrestre, un satellite espion qui servirait à Tati d'enregistreur de son époque ? Ou simplement un gentil hurluberlu qu'il utiliserait comme déclencheur de gags drôlissimes ? Dans un cas comme dans l'autre, Hulot est l'emblème triomphant de l'univers de Jacques Tati, cinéaste comique français. Sans doute le plus grand.

Autres films notables :
Playtime (1967) ; *Trafic* (1971) ;
Parade (1974), tous réalisés par lui-même.

SYLVIE TESTUD

(NÉE EN 1971)

Sylvie Testud a un jeu animal, qui tient en partie à son visage de jolie loutre. Une loutre dont l'existence et le caractère varie en fonction des films qu'elle habite.

En 1997, dans *Les Raisons du cœur* (1997), de Markus Imhoof, elle joue le double jeu d'une substitution d'identité avec une jeune mariée (Élodie Bouchez). *Flammen im Paradies*, « des flammes au paradis », est le titre original. Bizarre autant qu'étrange, Sylvie Testud, menue et réservée, instille le doute qu'elle pourrait être un incendie. En tout cas, un feu de joie dans *Karnaval* (1999), de Thomas Vincent. En marge du carnaval de Dunkerque, elle est une jeune fêtarde qui délaisse son mari très alcoolisé pour un jeune travailleur qui rêve de Méditerranée. Les deux font la fête et Sylvie Testud, travestie en jeune tambour d'opérette, fluette à souhait est immense.

Chantal Akerman va la faire grandir un peu plus. Bien que Testud se soit endormie lors du premier bout d'essai, la réalisatrice la choisit pour *La Captive* (2000), inspiré de *La Prisonnière* de Marcel Proust. L'Albertine du roman devient Ariane, jeune femme cernée par le désir étouffant de Simon qui devient jaloux de son existence jusqu'à enquêter sur ses rêves. Sylvie Testud, idéalement mystérieuse, déroule le fil d'Ariane, tissant une toile qui n'est pas celle d'une araignée mais celle d'une résistante du quant à soi qui se protège des dévorations de son amant.

La loutre devient une salamandre qui passe par le feu dans *Les Blessures assassines* (2000), de Jean-Pierre Denis, inspiré d'un fameux fait divers de l'entre-deux-guerres. Elle y est Christine, une des deux sœurs Papin, employées de maison ayant assassiné leur patronne en février 1933. Sylvie Testud fait de son visage un masque minéral qui augmente la consistance de ce crime « sans raison ». Ce n'est pas sa violence physique qui fait peur mais son mutisme. Sans doute pour se reposer d'une telle gravité, elle joue ensuite dans *Stupeur et tremblements* (2003), d'Alain Corneau, comédie adaptée d'un roman d'Amélie Nothomb, avec qui elle a noué une relation épistolaire amicale. Pour son rôle d'interprète dans une entreprise de Tokyo, Sylvie Testud a appris le japonais, mais le parle avec un accent français au couteau. Effet hilarant garanti, surtout quand, pour appuyer ses propos, elle esquisse quelques mouvements de karaté qui médusent l'assistance.

Une Sylvie hyperdéconnante, une Testud hypersérieuse. On a un léger faible pour la sérieuse. Dans *La France* (2007), de Serge Bozon, elle joue l'épouse d'un poilu de la guerre de 14, qui va se travestir en homme pour pouvoir le rejoindre sur le front. En petit soldat de l'amour fou, Sylvie Testud définitivement nous enchante.

Autres films notables :
Je rentre à la maison (2001), de Manoel de Oliveira ;
Cause toujours ! (2004), de Jeanne Labrune ;
L'Idiot (2009), de Pierre Léon.

JEAN TISSIER

(1896-1973)

Lui, feignant ? Quelle blague ! Il roupillait dans la phrase, mais ne lambinait pas dans la vie. Il en était même très loin. Témoin sa présence record au générique de deux cent vingt-deux films – qui dit mieux ? –, sans compter le théâtre et le music-hall après des débuts tardifs au cinéma, guerre de 14 oblige.

Jean Tissier donne l'impression d'avoir joué le même personnage jusqu'à plus soif : le dégingandé bonasse qui laisse mourir les répliques de sa voix traînante. De film en film, il promène sa dégaine de second rôle que tout fatigue en quête d'un sofa où s'écrouler. Au point qu'on dirait qu'il se pastiche lui-même. Quel que soit le rôle qu'on lui confie – louche trafiquant dans *L'Enfer des anges* (1941), de Christian-Jaque, flic déguisé en bonne sœur, en 1963, dans *Un drôle de paroissien*, Jean-Pierre Mocky (qui d'autre ?), ou érotomane dans le *Sex-shop* (1972) de Claude Berri, il prend l'air ahuri, feint la fainéantise. Et case tant bien que mal son fameux long nez dans le masque à gaz d'*Une fausse alerte* (1945), de Jacques de Baroncelli. Par ailleurs, il se sépare rarement d'une certaine ambivalence – par exemple, son M. Viot, l'odieux surveillant général du *Petit Chose* (1938), de Maurice Cloche, est doux en apparence, mais ce calme est démenti par son trousseau de clés qui s'agite furieusement, *frinc frinc frinc* !

Jean Tissier restera surtout dans les annales comme le pickpocket au cœur tendre de *J'étais une aventurière* (1938), de Raymond Bernard et le fakir languide de *L'assassin habite au 21* (1942), d'Henri-Georges Clouzot. Tout à son allure de grand méchant mou soudain brutal, il y compose, en symbiose avec Larquey et Roquevert, le trio criminel qui signe ses assassinats d'une simple carte de visite marquée d'un patronyme trompeur, « Monsieur Durand ».

Son rôle de copain fauché qui cherche à vous taper dans *Battement de cœur* (1940), d'Henri Decoin, lui prophétise dénuement et dénouement qui se produiront effectivement trente ans plus tard.

Avril 1973, l'ami Tino Rossi est d'enterrement. Petit papa Noël généreux, il paiera les obsèques de Jean.

Autres films notables :
La Garçonne (1936), de Jean de Limur ;
Premier rendez-vous (1941), d'Henri Decoin ;
Les Compagnons de la marguerite (1967),
de Jean-Pierre Mocky.

PHILIPPE TORRETON
(NÉ EN 1965)

Philippe Torreton entre dans le métier par la grande porte. Celle du Conservatoire, où il est reçu du premier coup. Il emprunte ensuite la voie royale : direction la Comédie-Française, dont il devient très vite pensionnaire. En 1991, Bertrand Tavernier le repère dans *Le Malade imaginaire*. La rencontre entre le cinéaste et l'acteur est déterminante pour la suite de l'histoire, tant les deux hommes se sont trouvés. À l'époque, Tavernier cherche un acteur plausible pour un second rôle de flic dans *L.627*, chronique désenchantée d'une brigade des stups. Ramassé sur lui-même, Philippe Torreton y est une boule d'énergie, courant dans tous les sens, distribuant quelques claques à la volée. Tout est inventé et pourtant tout, dans la performance de l'acteur, sonne vrai. Bertrand Tavernier a trouvé dans la personne de Philippe Torreton, un acteur qui porte haut et fort la voix du cinéaste. Quatre ans plus tard, en 1996, Philippe Torreton passe au premier plan et devient pour Bertrand Tavernier, *Capitaine Conan*, chef d'un groupe de corps francs pendant la guerre de 14, chargé des opérations commandos. Dans la peau de Conan, l'acteur surmultiplie son débit naturel, les mots s'entrechoquent sèchement, le ton monte, on le dirait né pour être ce meneur d'hommes un rien kamikaze, mais qui est aussi une boule d'humanité. La touche Tavernier s'accorde à merveille avec l'intensité dont Philippe Torreton est capable. Ce qu'il prouve une nouvelle fois avec *Ça commence aujourd'hui* (1999), du même Bertrand Tavernier, dans la peau de Daniel, directeur d'école maternelle dans le Nord, confronté à l'extrême pauvreté de la région. Plongé dans l'urgence, Daniel se bat et se débat pour les enfants dont il est chargé. C'est une autre forme de guerre que l'acteur mène dans ce film, le ton a changé, il parle doucement, mais la détermination reste la même, lisible dans son regard buté et tendre à la fois. Et il le fait avec d'autant plus de conviction que déjà la politique le démange, et ses combats de cinéma deviennent des combats pour davantage de théâtre à l'école, de prise de parole.

Sa carrière se concentre alors vers ces rôles d'hommes d'action, de mentors, des grandes figures historiques, jusqu'aux sans-grade. Entreprise louable, indiscutablement sérieuse. Qui souffre peut-être d'un léger manque de comédie.

Autres films notables :
Le Grand Meaulnes (2006), de Jean-Daniel Verhaeghe ;
Ulzhan (2008), de Volker Schlöndorff ;
Les Enfants de la chance (2016), de Malik Chibane.

JEAN-LOUIS TRINTIGNANT
(1930-2022)

En septembre 2022, la Cinémathèque française, dans le cadre d'un hommage à Jean-Louis Trintignant, choisit parmi les cent vingt films tournés par l'acteur de projeter *Le Grand Silence* (1968), de Sergio Corbucci. Un choix intéressant car le film est pour le moins surprenant. Un western-spaghetti tourné dans les Dolomites italiennes, où Trintignant incarne Silence, un ange exterminateur, face à Klaus Kinski dans la peau de Tigrero, un tueur psychopathe au service des puissants. Dernier détail et il n'est pas mince, Silence est muet. Une astuce trouvée par Trintignant pour éviter le doublage systématique des films italiens de l'époque. Et l'occasion idéale, de se délecter de l'art du comédien, qui parvient à exprimer avec son seul visage toute une gamme d'émotions subtiles, mélancolie, désir amoureux, résistance obstinée, et placidité. Silence est impassible.

Cette manière bien spécifique d'en montrer le moins possible est la marque de fabrique de Jean-Louis Trintignant. Il disait que ce masque d'impassibilité venait de sa timidité maladive, de son sens aigu de la pudeur. Hasardons une autre hypothèse, plus intrigante : ce masque, c'est celui des joueurs de poker, le *poker face*, un jeu que le petit Jean-Louis Trintignant apprend auprès de sa maman, dès l'âge de 5 ans, et qu'il pratiquait avec excellence : « Au poker, disait-il, on prend son jeu, on le repose, et puis on regarde les autres. » Des règles du jeu qui ressemblent à la définition du talent si particulier de Jean-Louis Trintignant : ce visage impénétrable de l'antihéros, à la dureté parfois coupante, teintée d'une touche d'arrogance. Prenons par exemple ce Marcello Clerici, le *Conformiste* (1970), de Bernardo Bertolucci, que Trintignant a longtemps considéré comme étant son meilleur rôle. Voilà un homme avide de normalité, dans l'Italie de Mussolini, qui considère que la normalité c'est le fascisme. Cynique, cassant, se gardant de tout sentiment comme de la peste, ignoble avec sa femme et sa maîtresse, Marcello Clerici, avec sa silhouette de gendre idéal, œuvre pour les services secrets en qualité d'assassin d'opposants politiques, sans aucun scrupule. « Lorsque je pense à Trintignant, il y a deux adjectifs qui me viennent en tête : changeant et sinistre. Et ce sont les deux caractéristiques du personnage », disait Bertolucci à propos du *Conformiste.* Ajoutez à cela, le travail d'orfèvre de l'acteur, qui se régalait toujours à jouer les salauds : « C'est bien de jouer les méchants à l'écran. C'est comme au poker, on évacue une partie de sa propre méchanceté. » Cette propension très particulière à jouer la froideur lui avait valu, un an plus tôt, un prix d'interprétation à Cannes pour *Z* (1969), de Costa-Gavras, où il interprétait un petit juge irréductible, au regard dissimulé derrière des lunettes à verres fumés.

Mais il y a aussi chez cet acteur timide une infinie douceur, qui le prédispose aux rôles d'hommes amoureux, révélée dès sa première apparition, remarquée, au cinéma, dans *Et Dieu… créa la femme* (1956), de Roger Vadim. Dans la peau d'un jeune homme transi par la beauté de la toute jeune Brigitte Bardot, Trintignant se trouve très mauvais. Les jeunes premiers, ce n'est pas pour lui. Et pourtant, il y a déjà dans le personnage de ce Michel Tardieu, les germes de Jean-Louis Duroc, veuf inconsolable d'*Un homme et une femme* (1966), de Claude Lelouch jusqu'à la rencontre avec son Anouk Aimée. La fièvre dans le regard, les minitressaillements, le sourire solaire, l'élégance discrète, et puis cette voix unique, une voix du nez qui laisse traîner les phrases, Trintignant est tout simplement irrésistible.

Il y a des blancs dans la filmographie de Jean-Louis Trintignant. Le premier est banal, trois ans de service militaire après le film de Vadim. Il reprend alors le fil de sa carrière en Italie au début des années 1960, où il tournera entre autres le formidable *Fanfaron* (1962), de Dino Risi, avec Vittorio Gassman. Les autres blancs sont des pauses, des éclipses que l'acteur s'accorde de loin en loin, annonçant en finir avec le cinéma dès la fin des années 1980, pour se consacrer au théâtre, où il connaît un véritable triomphe avec la lecture des *Lettres à Lou*, de Guillaume Apollinaire, en duo avec sa fille Marie. Mais ces exils autoproclamés prennent fin dès lors qu'un projet l'intéresse : Krzyzstof Kieślowski, Jacques Audiard et Michael Haneke le ramèneront devant la caméra. Pour ce dernier, Trintignant donnera son meilleur dans *Amour* (2012), face à Emmanuelle Riva. Un film en forme de coup de poing sur la fin de vie, la maladie et l'amour qui lie deux octogénaires. Il a 82 ans, mais le regard est toujours aussi vif, en alerte, il déambule en pyjama dans cet appartement qu'il ne quitte pas, réinvente l'amour à coups de petits mots et de gestes adorables. Délicat jusqu'au bout.

Autres films notables :
Ma nuit chez Maud (1969), d'Éric Rohmer ;
L'Attentat (1972), d'Yves Boisset ;
Vivement dimanche ! (1983), de François Truffaut ;
Regarde les hommes tomber (1994), de Jacques Audiard.

MARIE TRINTIGNANT

(1962-2003)

Le 1er août 2003, un petit chat est mort. Marie Trintignant a été assassinée par son compagnon, un chanteur célèbre dont on répugne même à écrire le nom. Le drame a eu lieu à Vilnius, capitale de la Lituanie, où elle tournait le téléfilm *Colette, une femme libre*, réalisé par sa mère Nadine Trintignant. Si rien ne saurait nous consoler de la mort de Marie Trintignant, sa belle filmographie peut nous apporter un peu de réconfort.

Fille du grand Jean-Louis Trintignant, avec qui elle forme en 1999 un formidable duo sur scène autour des *Poèmes à Lou* de Guillaume Apollinaire, Marie débute très jeune dans des films réalisés par sa mère, notamment le long-métrage *Mon amour, mon amour* (1967). Elle est donc aguerrie quand, à 16 ans seulement, elle devient Mona dans *Série noire* (1979), d'Alain Corneau. Un polar qui renouvelle le genre par son pessimisme, a pour vedette un Patrick Dewaere mélancolique et révèle, donc, une adolescente surdouée. Sous l'emprise d'une vieille maquerelle, la jeune Mona estime que l'amour est forcément fou et hors la loi. Bien que les dialogues soient de Georges Perec, Marie Trintignant ne parle pas beaucoup, mais sa seule présence vaut autant que de longs discours. Si belle, si mystérieuse, si mature malgré son jeune âge. Quelques films plus tard, elle joue dans *Une affaire de femmes* (1988), de Claude Chabrol. Elle y est Lucie, une prostituée amie de Marie Latour (Isabelle Huppert), une mère de famille arrêtée, jugée, condamnée à mort et guillotinée parce qu'elle a commis le « crime » d'aider des femmes à avorter. Inspiré de l'histoire vraie de Marie-Louise Giraud, guillotinée sous le régime de Vichy, le film de Chabrol est comme son titre l'indique : une affaire de femmes, du côté des femmes. La tendresse particulière du réalisateur pour Marie Trintignant est visible à travers des plans affectueux, et l'actrice la lui rend au centuple par la tendresse de son jeu. Elle est au premier plan, de nouveau pour Chabrol, dans *Betty* (1992), portrait d'une femme hagarde, faussement coupable. Quelque chose passe dans les gros plans sur son visage et nous trouble : un soupçon de sourire, un mystère infrangible. Lorsqu'elle apparaît dans *Les Apprentis* (1995), de Pierre Salvadori, elle intègre la fine équipe de bras cassés joués par François Cluzet et Guillaume Depardieu et fait affleurer un fond comique de premier ordre, il est vrai servi par des répliques idoines : « Comment tu fais pour dire autant de conneries ? Tu prends des cours du soir ? »

En 2003, *Les Marins perdus*, de Claire Devers, est son avant-dernier film de cinéma. Dans un univers très masculin de matelots acerbes, elle est Mariette, serveuse dans un bistrot et seul port d'attache d'un homme à la dérive (Bernard Giraudeau). La scène de leur première rencontre, sa magie, doit beaucoup au sourire de fée de Marie Trintignant et à sa façon féline et joyeuse de virevolter. On vous salue, Marie.

Autres films notables :
Cible émouvante (1993), de Pierre Salvadori ;
Ponette (1996), de Jacques Doillon ;
Petites Misères (2002), de Philippe Boon
et Laurent Brandenbourger.

GASPARD ULLIEL
(1984-2022)

Il faudrait un jour rendre un hommage particulier au metteur en scène André Téchiné pour le nombre de jeunes et talentueux acteurs débutants à qui il a, un jour, accordé sa confiance. Gaspard Ulliel est de ceux-là. En 2003, il est Yvan, un gamin perdu sur les routes de l'exode au printemps 1940, qui croise le chemin d'une jeune veuve et de ses deux enfants, à la recherche d'un abri, dans *Les Égarés*. Gaspard Ulliel a 19 ans, et une belle gueule fendue d'une balafre, souvenir d'une mâchoire de doberman. Mais ce qui retient vraiment l'attention, plus que sa taille mannequin, c'est la douceur angélique de son regard clair.

Il sera parfait dans le rôle-titre de *Saint Laurent*, réalisé par Bertrand Bonello, en 2014, son rôle le plus intense. Gaspard Ulliel a travaillé sa voix, par souci non de mimétisme, mais d'évocation, il murmure, chuchote, égrainant ses doutes, ses désirs, jetant le trouble. Au moment de la sortie du film, voici ce qu'il confiait à *Libération* : « En travaillant, ce n'est pas la copie que je recherchais, qui aurait été aussi fausse qu'un déguisement criard. Je voulais à la fois que mon travail soit fidèle [à Yves Saint Laurent], en faire un personnage de fiction et, à travers lui, explorer quelque chose de moi. »

Le jeune cinéaste canadien Xavier Dolan lui propose ensuite d'incarner Louis, un jeune écrivain malade du sida, fils prodigue qui revoit sa famille une dernière fois après douze ans d'absence, pour lui annoncer sa mort prochaine, dans *Juste la fin du monde* (2016). La distinction naturelle de Gaspard Ulliel s'impose, le mettant à l'abri des torrents de vulgarité que lui réservent certains membres de sa famille. Sa présence est fragile comme pour signifier qu'il n'est déjà plus là. Une prestation d'excellence.

Curieux de tout, il sera aussi un soldat français jeté dans l'enfer de la guerre d'Indochine, dans le film de Guillaume Nicloux, *Les Confins du monde* (2018). Face au monstre sacré qu'est Gérard Depardieu, Gaspard Ulliel joue sa partie avec brio. Tous les espoirs sont alors permis. Stoppés net par un tragique accident qui emporte le jeune comédien. Il avait 37 ans.

Autres films notables :
Un long dimanche de fiançailles (2004), de Jean-Pierre Jeunet ;
Hannibal Lecter : les origines du mal (2007), de Peter Webber ;
Sybil (2019), de Justine Triet.

CHARLES VANEL

(1892-1989)

Classé monument historique, Charles Vanel a toujours su parler vrai. « Probité, sobriété, simplicité » pourrait être sa devise. Son physique de menhir, ses sourcils fournis, ses yeux noirs plissés, son regard brillant lui permettent de jouer simplement les gens simples et puissamment les autres. Sa longévité est inégalée. Il est déjà vedette affirmée au glorieux temps du muet. Si on résume le travail de Charles Vanel, le Rennais aux deux cents films et aux soixante-dix ans d'activité, on citera, puisqu'il faut bien choisir : le camionneur fripouillard du *Salaire de la peur* (1953), de Clouzot – sa noyade dans la mare de mazout lui vaudra un prix d'interprétation à Cannes ; le grand avocat d'assises qui défend Bardot avec une impressionnante force de conviction, dans *La Vérité* (1960), de Clouzot, encore ; le Javert implacable des *Misérables* (1934), de Raymond Bernard. Il est aussi ami jaloux dans *La Belle Équipe* (1936), de Julien Duvivier, cocu magnifique dans *L'Équipage* (1935), d'Anatole Litvak, mari garagiste de l'aviatrice dans *Le ciel est à vous* (1944), de Jean Grémillon, dur patron de presse dans *Les affaires sont les affaires !* (1942), de Jean Dréville, directeur de clinique cupide dans *Sept Morts sur ordonnance* (1975), de Jacques Rouffio, vieux banquier souffreteux dans *L'Aîné des Ferchaux* (1963), de Jean-Pierre Melville, et puis, et puis… Dans l'armée, héroïque poilu des *Croix de bois* (1932), de Raymond Bernard, il monte vite en grade : capitaine, commandant, général, deux fois Napoléon. Mais il est aussi policier, truand, grand bourgeois, aviateur, russe au temps des tsars, adepte du colonialisme (*SOS Sahara* [1938], de Jacques de Baroncelli). On sourit de cette manne. Après la guerre, Vanel, auquel étaient réservés les grands rôles, a connu un trou dans sa carrière, ses films d'envergure se raréfient, et il faut que des maîtres italiens comme Rosi, Germi ou Scola s'avisent qu'il est encore là pour que le ciel se dégage.

Avec les grands comédiens, ce ne sont pas forcément les interprétations prestigieuses, les rôles à Oscar, comme on dit, qui permettent le mieux d'explorer leur talent dans toute sa profondeur. Vanel a compris très tôt qu'il ne suffit pas de revêtir les habits du personnage, encore faut-il s'en imprégner de l'intérieur. Dans *La Ferme du pendu* (1945), de Jean Dréville, il a véritablement le parler du paysan, mais aussi cette infinie dureté qui s'acquiert au contact de la nature, des champs, des animaux, une force, une certitude, une folie qui viennent du fond des âges, une démarche qui s'inspire de la manière dont le pied attaque le sillon, la terre grasse, on sent la Beauce éternelle, il y a du Péguy chez cet homme-là, on le voit à son côté madré, brutal ou patelin, lui, le chef de famille qui sait bien que si le frère ou la sœur s'en va et vend ses parts, les vautours guignant l'exploitation fondront sur elle comme un orage de fin d'été. C'en sera fini alors de la ferme, de la famille, de toute une tradition de la paysannerie. Son comportement au café du village, la manière d'avaler sa soupe, de lever le coude ou d'ensemencer le champ sur son tracteur, cela ne s'invente pas, cela ne s'imite pas, cela se recrée par une rumination intérieure de ce que l'on a pu ressentir soi-même au contact des lieux, du milieu, de l'odeur du foin, du bruissement d'un feuillage, du bruit sec dans le seau quand soudain le lait gicle du pis, pressé d'une main sûre. Il faut avoir battu le grain, mené les bêtes aux champs, il faut avoir tué le cochon, vu le sang couler, sorti les entrailles, il faut avoir senti l'odeur du purin à laquelle on ne fait plus attention, le soleil de midi sur la peau qui sue, il faut avoir gratté la mare et garni la mangeoire. Il faut avoir effectué le geste auguste du semeur. Aussi, à la fin du tournage, avant de passer à un autre chantier, Vanel pouvait se dire, à juste titre : « Ça, c'est fait. »

Autres films notables :
La Loi du Nord (réalisé en 1939, sorti en 1942),
de Jacques Feyder ;
Le Bateau à soupe (1947), de Maurice Gleize ;
Cadavres exquis (1976), de Francesco Rosi.

LINO VENTURA
(1919-1987)

On a d'abord cru qu'il nous baratinait en racontant qu'il avait été champion de catch, et puis à voir sa manière de secouer un dur de la bande adverse dans *Touchez pas au grisbi* (1954), de Jacques Becker, on a compris que son histoire était vraie. Mais les pugilistes sont réputés sans cervelle, alors le taiseux se taisait davantage et sa réputation ne risquait pas d'enfler. Jusqu'au jour où l'on vit des rushes : le natif de Parme avait du charisme.

« C'est évident que je peux faire acteur, se disait Lino, à condition de ne pas répéter les grimaces du catch. » On y joue le gentil ou le méchant, il n'y a pas de nuances. C'était donc pour son physique massif que Becker l'avait engagé. Lino a fait ce qu'il lui a dit, mais ne se plaît pas. S'il s'était satisfait d'une prestation honorable, il aurait moisi toute sa vie dans des rôles de flics ou de voyous à la baffe aussi facile que la gâchette. Il sent aussi qu'une étiquette seulement due à son physique d'armoire à glace serait le reflet d'un échec. Alors, il décide de jouer sans rien faire, mais rien. Pas un trait n'exprimera un sentiment, seuls les gestes, la démarche et surtout le regard. Musculeux et impassible, on le découvrira dans l'itinéraire flambant neuf de sa nouvelle vie. On va le voir peu à peu dans des films d'aventures (*Cent Mille dollars au soleil* [1964], d'Henri Verneuil), des comédies (*La Gifle* [1974], de Claude Pinoteau), des films sur la Résistance (*L'Armée des ombres* [1969], de Jean-Pierre Melville) et de grands polars (*Le Deuxième Souffle* [1966], de Melville à nouveau), plus des

Duvivier, Rosi (*Cadavres exquis* [1976]), Granier-Deferre, Deray, Decoin…

Dans *Garde à vue* (1981), de Claude Miller, où il joue l'inspecteur, sa manière de bouger, s'asseoir, compulser un dossier, lever les yeux sur Michel Serrault, le prévenu qu'il interroge, permet de mesurer le chemin parcouru et de voir que l'amateur des débuts est devenu un immense comédien. Toute une gamme de sentiments – perplexité, agacement, irritation, perte de contrôle – est obtenue par un infime jeu de physionomie, l'écarquillement d'une pupille ou la modulation de la voix. Cette réussite absolue a permis à Ventura d'être à l'aise dans des milieux différents et, Gabin mort, de s'assurer un règne splendide. Celui de la force vulnérable, où la blessure physique ou morale n'est jamais loin.

Un hic cependant : les femmes. Pas dans sa vie privée : Odette, née Lecomte, mère de ses enfants, est restée son épouse pendant quarante-cinq ans, sans que sa liaison effective avec une attachée de presse vienne altérer la solidité du couple. Ni la pérennité de la fondation Perce-Neige, qu'il a créée pour aider les enfants handicapés. Non. Dans les films, en revanche, car on ne voyait pas ce grand timide jouer les dragueurs ni échanger des baisers à bouche que veux-tu : trop de pudeur en lui, trop de peur d'on ne sait quel ridicule. Alors ? On aurait pu traiter l'amour sous le registre de l'humour, mais la dérision n'est pas le fort de la maison Ventura, aussi se contente-t-on des prémices et une action urgente repousse souvent le passage à l'acte. Jusqu'à ce que trois cinéastes s'y collent : Lelouch, avec *La Bonne Année* (1973), où Lino tombe amoureux de Françoise Fabian, Robert Enrico, avec *Boulevard du rhum* (1971), où il est vampé par Bardot, sans oublier José Giovanni qui, dans *Dernier Domicile connu* (1970), le fait tomber sous le charme de Marlène Jobert.

En dépit de sa réussite, il arrive à Lino de se souvenir d'où il vient avec un sens de l'autoparodie : *Les Tontons flingueurs*,

Le gorille vous salue bien, *Ne nous fâchons pas*… Ne serait-ce que pour cette humilité, on salue bien la star.

Autres films notables :
Les Grandes Gueules (1965), de Robert Enrico ;
Les Aventuriers (1967), du même ;
Un papillon sur l'épaule (1978), de Jacques Deray.

ANNE VERNON

(NÉE EN 1924)

Elle a fait beaucoup d'autres films, même si elle s'est arrêtée tôt pour se retirer dans le Midi, où elle peignait des figurines du spectacle, mais nul doute qu'en songeant de temps à autre à ce rôle si beau, si vrai, elle devait se dire : « Quel tempérament j'avais en ce temps-là ! »

C'est l'histoire de jeunes mariés qui se disputent sans arrêt mais qui ne peuvent se passer l'un de l'autre. Lui est un pianiste fauché. Elle, pour éviter les scènes, gère au plus près les tracas du quotidien, auquel le manque d'argent vient ajouter son grain de sel. Une soirée où il doit jouer, voire dénicher un contrat, est un grand événement. Ce serait du Bergman, on crierait au génie, ce n'est que du Becker et c'est déjà très bien – d'une justesse et d'une drôlerie qui emportent le spectateur. *Édouard et Caroline* (1951) est la plus hollywoodienne des comédies françaises, coécrite par une épatante scénariste belge, Annette Wademant.

On y trouve la plus spontanée des actrices, Anne Vernon, dans le rôle de Caroline, mariée à Édouard, autrement dit Daniel Gélin. C'est le premier vrai film de cette comédienne venue au cinéma grâce au flair du parfumeur Marcel Rochas, dont elle était la styliste. Parfait exemple qu'on peut réussir à l'écran sans passer par la case Conservatoire. On y gagne en naturel ce qu'on y perd (provisoirement) en technique. Notre protégée fait preuve chez Becker (elle a tourné aussi dans *Rue de l'Estrapade* [1953]) d'une personnalité et d'une authenticité si éclatantes qu'il est impossible de ne pas s'emballer. Dans ce film, cette très jolie jeune femme ne se contente pas d'afficher un sourire charmant, des épaules exquises et des tiroirs en désordre, de chanter juste, comme elle le fera aussi – sans être doublée ! – dans *Les Parapluies de Cherbourg* (1964), de Jacques Demy, dans le rôle de la mère de Catherine Deneuve. Elle use aussi d'un art consommé de l'expression des sentiments les plus nuancés.

Regardons-la dans une scène de colère noire entre elle et son mari après que ses ciseaux ont fait d'une toilette qui a connu des jours meilleurs la plus chic des robes du soir. Fureur de Gélin, qui la gifle. La caméra est sur elle, le visage tordu par la violence du coup. Elle s'écrie : « Je te hais, tu es immonde… », et soudain, étonnamment calme : « Je suis très contente, tu es vraiment comme j'espérais… » Elle parle net tout à coup et la sentence tombe : « Je ne veux plus te revoir, *jamais.* » Elle qui d'habitude asticote son Doudou et lui tient tête avec la plus parfaite mauvaise foi donne, dans ce petit appart où elle cabriolait tout heureuse jusqu'au drame, une démonstration éblouissante de finesse et de changement d'humeur. Elle se demande à présent si son mariage n'est pas une sinistre erreur. Toute sa belle énergie se défait devant une crise qui aboutit à une prise de conscience. Son idéal s'éloigne brutalement, elle entre dans l'ère du désenchantement.

Il arrive qu'un film résume à lui seul l'itinéraire de toute une vie. C'est ainsi qu'*Édouard et Caroline* compose en creux un portrait de femme et d'actrice d'une sincérité formidable. Elle se nomme Anne Vernon et c'est très beau.

Autres films notables :
L'Affaire des poisons (1955), d'Henri Decoin ;
Le Général Della Rovere (1959), de Roberto Rossellini ;
Roger la Honte (1966), de Riccardo Freda.

KARINE VIARD

(NÉE EN 1966)

Il est rare qu'on se détermine à voir un film sur le seul nom de ses vedettes. Dans le monde de la cinéphilie, c'est plus la signature du réalisateur ou de la réalisatrice qui compte. Karine Viard est, à nos yeux, une exception. Chic, chouette et youkoukou, un film avec Karine Viard, allons-y de bon cœur ! Comme s'il s'agissait de prendre des nouvelles d'une personne qui fait partie de notre famille mentale : une sœur, une cousine, une amie, voire une ancienne amoureuse car elle est du genre bien bousculée comme on disait dans les dialogues de Michel Audiard. Elle pourrait dire d'elle-même : « une belle fille comme moi », mais à la façon de Bernadette Lafont dans le film de François Truffaut, c'est-à-dire parfois inquiétante derrière sa beauté et ses drôleries.

Oui, elle est marrante Karine Viard, et notamment dans *Les Randonneurs* (1997), de Philippe Harel, où elle campe l'irrésistible Cora, embarquée dans cette affaire de pieds nickelés du GR parce qu'on lui a prédit qu'elle rencontrera l'amour avec un type qui porte quelque chose sur son dos. Ou encore dans *La Famille Bélier* (2014), d'Éric Lartigau, où, conformément au titre du film, elle fonce tête baissée dans le rôle de Gigi Bélier, mère de famille malentendante et néanmoins très active en faits et gestes hilarants.

Oui, Karine Viard est drôle, même quand le film ne l'est pas. Par exemple, dans *La Nouvelle Ève* (1999), de Catherine Corsini. La voilà en Camille, maître-nageuse qui barbote dans diverses aventures pas forcément sentimentales. Jusqu'au jour où un Alexis surgit, dont elle voudrait qu'il soit son nouvel Adam. Le hic qui lui fait boire la tasse, c'est qu'Alexis est marié et père de famille. Les entourloupes de Camille pour infiltrer l'intimité du gentil couple et si possible le détruire sont un régal de comédie, qui doit tout à Karine Viard, y compris quand sa folle passion pourrait devenir folie tout court. Même ambiguïté dans *21 nuits avec Pattie* (2015), d'Arnaud et Jean-Marie Larrieu. Pattie, c'est elle, gardienne d'une grande baraque dans les montagnes de l'Aude, dont la propriétaire vient de mourir. La fille de cette dernière, Parisienne un peu coincée, débarque pour s'occuper des obsèques et de l'héritage. Mais Pattie n'est pas seulement la dessalée du bled, qui ne crache pas sur ses nombreux amants, elle est aussi l'interlocutrice du fantôme de la défunte. Karin Viard trouble son jeu, entre l'épicurienne qui ne mâche pas le vocabulaire de ses plaisirs et cette étrange passeuse entre les vivants et les morts.

C'est dans *Haut les cœurs !* (1999), film quasi autobiographique de Solveig Anspach, qu'elle réalise au plus haut point cette symbiose entre drôlerie et malaise. Emma, une jeune femme enceinte, apprend qu'elle est atteinte d'un cancer. Contre l'avis de tous, elle garde son enfant pour, littéralement, accoucher d'une nouvelle vie. Karine Viard est ce pur bloc de détermination, magnifique, bouleversante évidemment, mais toujours avec ce sourire radieux qui dit merde à la mort. Fidèle, elle retrouve Solveig Anspach pour *Lulu femme nue* (2014), autre summum de résolution féminine. Lucienne, dite Lulu, à la suite d'un entretien d'embauche raté, décide de plaquer mari et enfants pour vivre une vie dont elle n'a pas la moindre idée. Entre coup de tête et coup de blues, paumée et aventurière, l'actrice est exquise de justesse et de délicatesse. Tout Karine Viard en seul rôle : balbutiante et déterminée, drôle et grave.

Autres films :
L'Emploi du temps (2001), de Laurent Cantet ;
On a failli être amies (2014), d'Anne Le Ny ;
Une nuit (2023), d'Alex Lutz.

HENRI VIDAL

(1919-1959)

Henri Decoin, son réalisateur, n'y est pour rien, mais le titre d'un des six films qu'a tournés Henri Vidal cette année-là, *Pourquoi viens-tu si tard ?* (1959), est particulièrement mal venu puisqu'il s'agit d'un des derniers du comédien dont la mort prématurée, à 40 ans, a ému la France entière. Pourtant, Henri Vidal était taillé en athlète et pouvait exhiber sa musculature en jupette de gladiateur, comme dans *Fabiola* (1949), d'Alessandro Blasetti, sans prêter à sourire. Long péplum en noir et blanc sur la persécution des chrétiens dans la Rome antique. Quatorze scénaristes : un record ! Scènes d'amour brûlantes avec Michèle Morgan, d'autant plus faciles à mimer qu'ils projettent de se marier l'année suivante. Et ils le font. Quel couple ! Elle a de beaux yeux, on le sait. Il est beau, joyeux, l'air engageant d'un jeune premier brun aux yeux bleus, il plaît. Tous deux resplendissent. Les magazines sont contents.

Il a débuté en 1941 grâce à Édith Piaf qui l'a repéré pour *Montmartre-sur-Seine*, de Georges Lacombe. Depuis, il fait l'acteur régulièrement, mais parfois son personnage disparaît du récit au profit de confrères mieux servis par le scénario, comme dans *Port d'attache* (1943), de Jean Choux. Pas bon pour la presse. C'est René Clément qui le lance vraiment, en 1947, dans *Les Maudits*, avec le rôle du docteur Guilbert, embarqué de force dans un sous-marin nazi qui fuit l'Europe après la défaite. Le film fait grand bruit.

On dirait que la vie est belle : il a épousé l'une des plus célèbres et des plus belles actrices qui soient, ils vivent à Paris à l'hôtel Lambert à la pointe de l'île Saint-Louis, il exerce le métier qu'il a choisi, il tourne, et beaucoup, pas seulement de petites comédies enlevées comme *Une Parisienne* (1957), de Michel Boisrond, avec Brigitte Bardot, mais les personnages les plus divers : un sculpteur, un dentiste, un criminel, un agent du deuxième bureau, un scaphandrier, un chasseur de vipères, un général gallo-romain… Des metteurs en scène talentueux l'emploient : Yves Allégret, René Clair, Le Chanois, Guitry, Grémillon, qui lui offre son rôle le plus puissant dans *L'Étrange Madame X* (1951), récit des amours entre une grande bourgeoise mariée et un simple menuisier – mais à l'écran le mariage avec Morgan n'aura pas lieu.

Tout le monde le trouve irrésistible, tout le monde lui dit qu'il a de la chance. Pourtant, un mal le ronge, dont il ne parvient pas à se débarrasser : la drogue. Tout s'est accompli si vite comme dans un roman-photo : le cinéma, le succès, la gloire, l'argent, l'amour. Peut-être n'a-t-il pas su ou pas pu gérer cette orgie de vie et de spectacle. Finie la vigueur de l'athlète qu'il a été : le poison le conduit à l'arrêt cardiaque. On imagine volontiers les femmes qui l'ont aimé réciter sur sa tombe les poèmes de Keats qui célèbrent la vie brève des rossignols.

Autres films notables :
La Belle que voilà (1950), de Jean-Paul Le Chanois ;
La Jeune Folle (1952), d'Yves Allégret ;
Porte des Lilas (1957), de René Clair.

JACQUES VILLERET
(1951-2005)

Il triomphe en 1981 dans une comédie, *La Soupe aux choux*, de Jean Girault, mystérieusement rangée au rayon des films culte. Vêtu d'une combinaison jaune canari à la capuche ornée d'une coque rouge vif, Jacques Villeret est un extraterrestre, surnommé « la Denrée » par les deux compères Louis de Funès et Jean Carmet, qui lui font découvrir les vertus de la soupe aux choux. Un rôle qui va comme un gant à Jacques Villeret avec son air tombé de la lune, ses yeux bleus écarquillés et son étrange langage qui ressemble à s'y méprendre au glouglou du dindon. Il est drôle, très drôle, et plus de 3 millions de spectateurs seront aussi de cet avis. Pourtant, il y a quelque chose dans sa performance qui égratigne le cœur, on a comme de la peine pour cet acteur à qui tout réussit dès lors qu'il joue les souffre-douleur. Impression renforcée par le succès phénoménal, cette fois plus de 9 millions d'entrées, du *Dîner de cons* (1998), de Francis Veber. Il y est François Pignon, le « con » de ce dîner hebdomadaire organisé par une bande de prétentieux pour mieux se moquer de leur victime. Un homme enthousiaste, passionné de maquettes de monuments en allumettes, à qui Jacques Villeret prête son air débonnaire, cette gentillesse si chaleureuse et communicative qu'on en vient finalement à considérer que c'est lui le moins con de ce dîner.

Pourtant, ce comédien si attachant avait montré qu'il était capable de bien autre chose dans *Passe montagne* (1978), de Jean-François Stévenin, où il jouait un architecte parisien égaré dans le massif du Jura qui se lie d'amitié avec Georges (Jean-François Stévenin), le garagiste. Rien de rigolo ni de comique dans le périple de ces deux hommes en quête d'une combe magique, à travers la forêt enneigée. C'est de la poésie pure qui émane de Jacques Villeret dans cette chasse au trésor, de son regard d'enfant aux joues rougies par le froid, de sa diction sans faute, qui trouve un compagnonnage immédiat et évident avec la fantaisie du réalisateur.

D'autres cinéastes, plus grand public, viendront à leur tour mettre en lumière cette facette rêveuse du comédien, tel Jean Becker qui en fait une sorte de successeur de Boudu dans *Les Enfants du marais* (1999), ou un formidable clown qui fait honte à son fils, dans *Effroyables jardins* (2003).

Un souvenir de la puissance comique de Jacques Villeret reste dans nos mémoires, une image qui donne immédiatement le sourire : son Ludwig von Apfelstrudel, demi-frère du Führer, dans *Papy fait de la résistance* (1983), de Jean-Marie Poiré, qui charme Jacqueline Maillan en reprenant « Je n'ai pas changé » de Julio Iglesias. Un sacré moment de cinéma.

Autres films notables :
Robert et Robert (1978), de Claude Lelouch ;
Prénom Carmen (1983), de Jean-Luc Godard ;
Vipère au poing (2004), de Philippe de Broca.

LAMBERT WILSON
(NÉ EN 1958)

Il y a une grande rigueur chez Lambert Wilson. Peut-être un héritage de son père Georges Wilson, monument du théâtre français, compagnon de route de Jean Vilar et directeur du TNP. Une certaine froideur aussi, qui est sa meilleure alliée dès lors qu'il joue des rôles de solitaire, d'homme à part. Ce qui fait de lui, souvent, le meilleur candidat pour endosser des rôles de grandes figures historiques à l'écran, du général de Gaulle au commandant Cousteau en passant par l'abbé Pierre. Ou encore le frère Christian de Chergé, qu'il incarne dans le film de Xavier Beauvois, *Des hommes et des dieux* (2010), moine trappiste à la tête d'un petit monastère dans l'Atlas algérien, plongé dans l'enfer des années noires d'une Algérie confrontée au terrorisme. Un homme qui a donné sa vie à Dieu, c'est comme ça que frère Christian se présente, charitable, mais aussi autoritaire et sec. Lambert Wilson lui prête son incontestable prestance, son charisme et un regard presque illuminé pour l'occasion, rarement chaleureux, apportant ainsi une forme d'ambiguïté bienvenue à un rôle qui ne verse pas dans la simplification. Un homme admirable, mais pas formidablement sympathique. Sans doute l'un des plus beaux rôles du comédien.

Mais Lambert Wilson sait aussi jouer de cette apparente sévérité pour mieux la contourner. Considérons un instant le Mérovingien, le personnage qu'il joue dans les trois derniers volets de la saga *Matrix*, des frères Wachowski. Un méchant, un vrai, ultra-distingué, mince comme un fil, qui parle anglais avec une touche d'accent français (une idée du comédien). Derrière ce masque de férocité, on devine le plaisir de Lambert Wilson, qui se délecte, avec un flegme très britannique, de tant de vilenie assumée. Pas très étonnant, en le voyant ainsi, de découvrir qu'il fut pendant quelque temps un candidat sérieux, encouragé par le producteur Albert Broccoli, pour incarner James Bond. Sans compter que, beau et ténébreux, il a le physique de l'emploi. Mais qui lui vaut aussi une étiquette de bellâtre qui lui colle à la peau, surtout à ses débuts. Dans les années 1980, le jeune Lambert Wilson s'épanouit dans des rôles de jeunes hommes tourmentés, romantiques, à mèche, à l'image de ce Quentin, inquiétant et possessif, dans *Rendez-vous* (1985), d'André Téchiné.

Après une parenthèse de choix hasardeux, Lambert Wilson retrouve les faveurs du public au milieu des années 1990 avec *On connaît la chanson* (1997), d'Alain Resnais, dans un registre beaucoup plus léger. Il y incarne Marc, agent immobilier, un rien satisfait, que l'on découvre à l'écran sur l'air de « J'aime les filles » de Jacques Dutronc. Un sommet est atteint quand il entonne « La plus belle pour aller danser » de Sylvie Vartan. Lambert Wilson se détend et s'aventure du côté de la comédie. Ça lui réussit plutôt bien.

L'humour lui permet de se mettre à distance, comme dans le film de Philippe Le Guay, *Alceste à bicyclette* (2013) : il incarne Gauthier Valence, acteur d'une série télé à succès qui souhaite renouer avec le théâtre classique dans une nouvelle mise en scène du *Misanthrope*. Brushing impeccable, manteau de cachemire blanc, suffisant et ridicule, Lambert Wilson y est formidable d'autodérision, damant ainsi le pion aux étiquettes de ses débuts.

Autres films notables :
Rouge baiser (1985), de Véra Belmont ;
Hiver 54, l'abbé Pierre (1989), de Denis Amar ;
Benedetta (2021), de Paul Verhoeven.

JEAN YANNE
(1933-2003)

« Mais qu'est-ce qu'elle est con celle-là ! », éructe Jean, chemise grande ouverte sur les poils de son torse, à la face de Catherine, au cœur d'une foule qui ne dit mot. La scène est l'une des plus emblématiques du deuxième film de Maurice Pialat, *Nous ne vieillirons pas ensemble*, sorti en 1972. Jean Yanne y campe Jean, un réalisateur raté, amoureux de Catherine, à qui Marlène Jobert prête sa candeur fragile. Enfin amoureux... Avec les lunettes de #MeToo, on parlerait aujourd'hui de relation toxique et de harcèlement moral, tant cet homme aime à dégrader, humilier cette femme. Se rendant compte un peu tard qu'il a tout gâché. Ce rôle de macho égoïste est taillé sur mesure pour Jean Yanne, champion du monde de l'humour grinçant, vachard et râleur. Il recevra d'ailleurs un prix d'interprétation à Cannes pour cette performance qui compte parmi ses meilleures. Son mauvais esprit congénital lui fera dire qu'il a gagné cette Palme en baissant les yeux sur son texte qu'il se vantait de ne pas apprendre. On n'y croit pas une seconde.

Le cinéma arrive assez tard dans la vie de Jean Yanne qui fut, tour à tour, journaliste, animateur de radio, humoriste, chanteur, avant de devenir acteur à 34 ans. Avant le cinéma, Jean Yanne, de son vrai nom Jean Gouyé, a fait rigoler la France entière, avec ses complices Jacques Martin ou encore Daniel Prévot, dans quelques sketches hilarants (« Le permis de conduire », ou encore « Les routiers »). Breton d'origine, mais Parigot d'adoption, Jean Yanne n'a pas son pareil pour faire briller l'accent de Paname, à faire rougir Arletty de jalousie. Il surjoue les beaufs pour commenter une cantate de Bach, ou se refuse catégoriquement, alors qu'il passe son permis de conduire, à prendre une départementale.

C'est une autre facette de Jean Yanne que le cinéma va révéler au public. Beaucoup moins drôle. Le premier révélateur de ce talent à se rendre odieux s'appelle Jean-Luc Godard, en quête d'un couple de Français moyens pour son film *Week-end* (1967). Godard va même plus loin, il cherche des gens antipathiques. Avec Jean Yanne en mode bougon et clope au bec, il va être servi : « Fait chier ce film, on tombe que sur des malades », grommelle l'acteur. Alerté par Stéphane Audran, sa compagne, le cinéaste Claude Chabrol prend le relais et propose à Jean Yanne d'explorer encore davantage cette noirceur. Et il s'en donne à cœur joie en garagiste chauffard, nouveau riche arrogant et vulgaire, qui semble dénué de tout remords après avoir causé la mort d'un enfant, dans *Que la bête meure*, en 1969. Toujours pour Chabrol, il embraye avec *Le Boucher* (1970). Dans un petit village du Périgord, Popaul, ancien combattant d'Algérie et d'Indochine, reconverti dans le steak, aime Mlle Hélène, la directrice de l'école, qui, de son côté, n'est pas tout à fait insensible au charme de cet ours timide et gauche. Qui est aussi un tueur. C'est dans cette paradoxale dualité que Jean Yanne déploie tout son talent, parvenant non seulement à être inquiétant comme il se doit, dans son mutisme, mais aussi bouleversant de solitude et de blessures.

Mais le film de Maurice Pialat marque un tournant, on sent chez Jean Yanne comme une envie de changer de registre. Fini le drame, place à la déconne, et quoi de mieux comme sujet de rigolade que cette société de consommation, présentée à l'époque comme le summum du progrès ? Les plateaux de cinéma ne lui ont pas fait perdre son mauvais esprit – celui qui, en 1968, lui avait fait inventer, sur les ondes, le slogan « Il est interdit d'interdire ! ». Ainsi en 1972, il réalise *Tout le monde il est beau, tout le monde il est gentil*, un film féroce sur le monde de la radio, dans lequel il incarne un animateur au regard incisif sur les tics de son époque. Dans ce film et dans ceux qui vont suivre (*Moi y en a vouloir des sous !* [1973], *Les Chinois à Paris* [1974]), Jean Yanne se glisse dans la peau d'un type cynique et désabusé.

En 1982, il réalise une parodie de péplum, *Deux heures moins le quart avant Jésus-Christ*, offrant à tous ses copains, Darry Cowl, Michel Serrault (qui compose ici un César gay inoubliable), Paul Préboist, etc. des rôles tricotés sur mesure. Jean Yanne, quant à lui, s'est octroyé le rôle de Paulus, chauffeur de taxi de la Rome antique, râlant contre la circulation et les mauvais conducteurs de char. On voit bien qu'il s'amuse, mais ses talents de comédien passent au second plan.

Il n'a pourtant pas perdu la main, comme le prouvent quelques apparitions chez Chabrol ou chez Régis Wargnier. Et alors qu'on n'attendait plus rien de cet acteur, voilà qu'il nous met les larmes aux yeux en représentant de commerce taciturne, dans le premier long-métrage de Jacques Audiard, *Regarde les hommes tomber*, sorti en 1994, film funèbre sur la paternité, sur l'âge. Jean Yanne y campe un pur bloc de tristesse et de solitude, avide de venger la mort de son meilleur ami. Du grand art.

Autres films notables :
Indochine (1992), de Régis Wargnier ;
Le Hussard sur le toit (1995), de Jean-Paul Rappeneau ;
Enfants de salaud (1996), de Tonie Marshall.

ROSCHDY ZEM

(NÉ EN 1965)

Il en impose, Roschdy Zem. Il est grand, très grand. Mais le plus impressionnant chez cet acteur n'est pas tant sa stature que le chemin parcouru au cours de trente ans d'une carrière qui est loin d'être achevée. « Il est au faîte de sa gloire, explique Rebecca Zlotowski, qui l'a dirigé dans *Les Enfants des autres* (2022). Il peut non seulement choisir les rôles qu'il veut, mais aussi briser l'image dans laquelle il a pu se trouver enfermé, le côté "marmoréen", pour devenir féminin, lyrique, intello, drôle… amoureux. »

Reprenons au début. Le petit Roschdy, ainsi nommé en hommage à Rushdy Abaza, star du cinéma égyptien des années 1950, grandit dans la banlieue parisienne, vend des jeans aux puces. Première rencontre : il fait la connaissance de Madona Bouglione, qui donne des cours de théâtre à Mogador. Il se trouve nul mais il se pique au jeu. André Téchiné le repère et lui confie un petit rôle dans *Ma saison préférée* (1993). Mais le réalisateur fait mieux encore. Quand Xavier Beauvois le sollicite au sujet de Roschdy Zem, pour *N'oublie pas que tu vas mourir* (1996), Téchiné aura ces mots : « Tu peux y aller les yeux fermés. »

Jusqu'à la fin des années 1990, les personnages incarnés par l'acteur ont pour prénom Mehdi, Ahmed, Bachir, etc. Pas tout à fait anecdotique quand on est de ces acteurs à la double culture, pour qui se pose trop souvent la question du cliché. Patrice Chéreau change la donne, dans *Ceux qui m'aiment prendront le train* (1998) : Roschdy Zem y est Thierry, le mari de Dominique

Blanc. Un an plus tôt, dans *L'Autre Côté de la mer*, de Dominique Cabrera, il joue un chirurgien. Un cap est franchi.

Le cinéma d'auteur adore son côté brut, direct, taiseux. Il est parfait dans les rôles de flic désagréable, aux méthodes limites. Mais petit à petit, il change, s'étoffe. Travaille comme un dingue, apprenant l'hébreu pour être plausible dans *Va, vis et deviens* (2005), de Radu Mihaileanu. Et n'oublie pas d'être synchrone avec son époque, sa génération qui a soif des histoires enfouies de la colonisation française. Le cinéaste Rachid Bouchareb lui soumet le projet d'*Indigènes*, qui suit trois tirailleurs algériens et un goumier marocain engagés pour libérer la France de l'occupant allemand pendant la Seconde Guerre mondiale. Aux côtés de Roschdy Zem : Sami Bouajila, Samy Naceri et Jamel Debbouze. Un quatuor gagnant couronné du prix d'interprétation masculine au festival de Cannes en 2006.

Mais d'autres sujets travaillent aussi l'acteur. Il se met alors à la mise en scène. Parmi les six films qu'il réalise, on retient *Chocolat* en 2016, avec Omar Sy, et, plus encore que tous les autres, *Les Miens* (2022), tragédie intime où il ne s'épargne pas en se donnant un rôle de journaliste vedette qui n'a plus de temps pour sa famille, en pleine crise après l'accident grave d'un de ses frères. Comme si à travers cette histoire, qui est un peu la sienne, il faisait une sorte d'autocritique.

Il atteint un sommet avec *Roubaix, une lumière*, d'Arnaud Desplechin, en 2019, dans la peau du commissaire Daoud, un homme solitaire, droit et laconique, qui incarne une morale intemporelle. Humaniste et chargé de compassion. L'excellence de l'acteur dans ce rôle fait la preuve de toute son évolution, de sa bonification au fil des ans, comme on le dirait d'un grand cru.

Autres films notables :
Ma petite entreprise (1999), de Pierre Jolivet ;
Le Petit Lieutenant (2005), de Xavier Beauvois ;
L'Innocent (2022), de Louis Garrel.

TABLE DES MATIÈRES

Photocomposition Nord Compo à Villeneuve-d'Ascq

Achevé d'imprimer en avril 2024
par CPI BRODARD & TAUPIN (72200 La Flèche)
pour le compte des Éditions Calmann-Lévy
21, rue du Montparnasse, 75006 Paris

PAPIER CERTIFIÉ

CALMANN LÉVY s'engage pour l'environnement en réduisant l'empreinte carbone de ses livres. Celle de cet exemplaire est de :
1,1 kg éq. CO_2
Rendez-vous sur www.calmann-levy-durable.fr

N° d'éditeur : 1166929/01
N° d'imprimeur : 3056993
Dépôt légal : avril 2024
Imprimé en France.